"十三五"国家重点研发计划项目（2017YFC0804600）
国家自然科学基金面上项目（51874260）
中国安全生产科学研究院基本科研业务费专项资金项目（2019JBKY03）

非煤矿山双重预防机制解析与信息化平台综合应用

梁玉霞　陈友良　覃　璇　胡家国　编著

北　京
冶　金　工　业　出　版　社
2019

内 容 提 要

本书介绍了双重预防机制构建的背景、理论价值和实践意义，详细解析了双重预防机制的核心内容风险分级管控体系和隐患排查治理体系，探索建立了基于双重预防机制的企业版安全管理信息化系统。阐述了非煤矿山企业在建立双重预防管理体系和信息化平台后的持续改进，提出了双重预防机制建设质量的概念，对双重预防机制建设质量过程控制和效果评估进行了讲述。构建了一个基于网络环境的、实时的、可视化的非煤矿山大数据平台，可提升非煤矿山安全生产管理中的风险感知能力，为企业提供风险预警服务，为政府监管部门提供宏观决策支持。

本书可供非煤矿山企业负责人、安全管理人员以及各级安全生产监管部门监管人员阅读，也可供从事非煤矿山安全生产研究的科技人员和研究生参考。

图书在版编目(CIP)数据

非煤矿山双重预防机制解析与信息化平台综合应用/梁玉霞等编著．—北京：冶金工业出版社，2019.10

ISBN 978-7-5024-8305-0

Ⅰ.①非…　Ⅱ.①梁…　Ⅲ.①矿山企业—安全管理—管理信息系统—研究—中国　Ⅳ.①F426.1

中国版本图书馆 CIP 数据核字（2019）第 235211 号

出 版 人　陈玉千

地　　址　北京市东城区嵩祝院北巷 39 号　邮编　100009　电话　(010)64027926

网　　址　www.cnmip.com.cn　电子信箱　yjcbs@cnmip.com.cn

责任编辑　张耀辉　郭冬艳　美术编辑　吕欣童　版式设计　孙跃红

责任校对　卿文春　责任印制　李玉山

ISBN 978-7-5024-8305-0

冶金工业出版社出版发行；各地新华书店经销；三河市双峰印刷装订有限公司印刷

2019 年 10 月第 1 版，2019 年 10 月第 1 次印刷

787mm×1092mm　1/16；17.75 印张；431 千字；274 页

80.00 元

冶金工业出版社　投稿电话　(010)64027932　投稿信箱　tougao@cnmip.com.cn

冶金工业出版社营销中心　电话　(010)64044283　传真　(010)64027893

冶金工业出版社天猫旗舰店　yjgycbs.tmall.com

（本书如有印装质量问题，本社营销中心负责退换）

前　言

2015 年天津港“8·12”瑞海公司危险品仓库特别重大火灾爆炸事故发生后，从国家层面开始重新思考和定位当前的安全监管模式和企业事故预防存在的问题。2016 年 1 月，习近平总书记在中共中央政治局常委会议上发表重要讲话强调，重特大突发事件，不论是自然灾害还是责任事故，其中都不同程度存在主体责任不落实、隐患排查治理不彻底等问题。必须坚决遏制重特大事故频发势头，对易发重特大事故的行业领域采取风险分级管控、隐患排查治理双重预防性工作机制。2016 年 6 月 28 日，国务院安全生产委员会办公室关于实施遏制重特大事故工作指南构建双重预防机制的意见：全面推行安全风险分级管控，进一步强化隐患排查治理，推进事故预防工作科学化、信息化、标准化，实现把风险控制在隐患形成之前、把隐患消灭在事故前面；尽快建立健全安全风险分级管控和隐患排查治理的工作制度和规范，完善技术工程支撑、智能化管控、第三方专业化服务的保障措施，实现企业安全风险自辨自控、隐患自查自治，形成政府领导有力、部门监管有效、企业责任落实、社会参与有序的工作格局。原国家安全生产监督管理总局为贯彻落实党中央国务院安全生产方面的指导精神，特别是安委办〔2016〕11 号的要求，国家安全监管总局办公厅《关于开展非煤矿山双重预防机制建设试点工作的通知》（安监总厅管一〔2017〕63 号），决定在部分非煤矿山企业开展安全风险分级管控和隐患排查治理双重预防机制，公布了全国 114 个非煤矿山独立生产系统开展双重预防机制建设试点，并明确了双重预防机制建设的流程和方法。

虽然政府部门出台了文件要求试点企业建设信息化平台，但试点企业大多实际上只是利用现有安全管理信息上报系统，通过上报隐患的方式来实现平台建设，缺乏对数据的深入挖掘，风险状态、隐患统计分析没有构建内部联系，也没有通过信息化手段挖掘风险管控和隐患排查治理的关联。目前多数非煤矿山企业（非试点企业）在运行过程中信息化手段管理效率不高。在风险辨识过程中，因风险辨识不及时，辨识出的风险也不能及时实现动态管理；在隐患排查治理过程中，因查处的时间不同，需要源源不断地传递罚单，人工传递、管理罚单的成本高、效率低，造成隐患整改“痕迹化”管理不强，因利用信息化平台手段不强，隐患整改过程进行闭环跟踪的整改通知单比较分散，缺乏集中管理手段；在风险分级管控中，绩效奖惩不能自动的无缝对接执行情况，人员干扰性强，不能客观评估安全管理执行效果。这些情况不仅严重影响风险分级管控和隐患排查治理流程的固化，而且制约安全生产管理水平的进一步提高，导致安全生产管理遇到新的瓶颈，因此，非煤矿山企业急需建立基于双重预防机制的安全管理信息系统，利用信息化技术，将安全管理水平推向一个新高度，促使我国非煤矿山企业走向安全管理科学、健康发展之路。

为提高安全风险管控的效率，鼓励非煤矿山企业充分利用现有安全管理信息系统，建立企业安全风险管控信息平台，构建完整的安全风险数据库，开发与安全风险管控相适应的处理模块和表单，将风险分级管控信息和隐患排查治理信息包含其中，并逐步将信息平台与相关单位和政府监管部门的信息终端通过互联网连接，实现企业安全生产信息与当地政府及有关部门互联互通、信息共享，逐步实现政府及有关部门对企业风险分级管控和隐患排查治理情况的实时监控，以及对企业安全风险的实时感知，实现事故后治理向事故前风险管控的转变。大数据在非煤矿山风险分析方面的应用，最基本的功能就是从海量的风险监测数据中寻找非煤矿山运行的规律、预测未来发展趋势，从而有针对性地进行维护、改善，预防非煤矿山事故的发生。利用多源数据采集和加工、大数据分析、可视化分析等关键技术建立基于双重预防机制的非煤矿山大数据平台。平台利用不同区域非煤矿山的运行和监测数据进行大数据挖掘分析得到灾害发生规律，并将其用于指导安全生产管理工作，改变传统的安全生产“事后管理”为“事前预防”的方式，创新安全监管监察方法和手段。因此，有必要建立基于双重预防机制的非煤矿山安全生产大数据平台，对非煤矿山安全生产和风险监测数据进行收集整理和分析，为政府监管部门提供宏观决策支持，为企业提供风险预警服务。

本书以科研项目为背景，第1章首先介绍了双重预防机制构建的背景、理论价值和实践意义，进而明确了非煤矿山双重预防机制构建的程序。第2章在对国内外矿山安全管理理论的剖析基础上，进一步对非煤矿山企业安全管理现状进行了梳理，找出双重预防机制深层理论基础，为建立科学、规范、系统、动态的双重预防安全管理工作机制提供强有力的理论基础。通过对国内外信息化系统建设情况的介绍，明确非煤矿山信息化系统研究的核心内容是建立基于双重预防机制的安全生产大数据平台。第3、4章针对双重预防机制的核心内容风险分级管控体系和隐患排查治理体系的基本概念和创建内容进行了详细解析，从而使读者深刻理解双重预防机制体系建设的步骤、方法、内容。第5章在查明非煤矿山双重预防机制运行难点，通过对非煤矿山运行双重预防机制的要素需求出发，在总结非煤矿山企业安全生产管理工作模式和现状的基础上，探索建立了基于双重预防机制的企业版安全管理信息化系统。第6章阐述了非煤矿山企业在建立双重预防管理体系和信息化平台后的持续改进，提出了双重预防机制建设质量的概念，对双重预防机制建设质量过程控制和效果评估进行了讲述。第7章在前文所述基础上，规范企业的安全风险数据库，分析企业安全生产管理系统建设的主要用户、功能、接口、安全等需求，构建一个基于网络环境的、实时的、可视化的非煤矿山大数据平台，对非煤矿山安全生产和风险数据进行收集整理和分析，为政府监管部门提供宏观决策支持，为企业提供风险预警服务。

本书内容涉及的项目得到了“十三五”国家重点研发计划项目“大型高尾矿库溃坝灾害防控关键技术研究及应用示范”（编号：2017YFC0804600）、国家自然科学基金面上项目“尾矿库尾砂细观相互作用机理及失稳数值仿真方法研究”（批准号：51874260）和中国安全生产科学研究院基本科研业务费专项资金项目“基于双重预防机制的非煤矿山大数据平台研究与实现”（编号：2019JBKY03）的资助，在此致以衷心感谢。

由于作者水平所限，书中不当之处，敬请读者批评指正！

作　者

2019年7月

目　录

1 概　　述

1.1 双重预防机制构建的背景

2015 年 8 月 12 日，天津港“8 · 12”瑞海公司危险品仓库特别重大火灾爆炸事故发生后，从国家层面开始重新思考和定位当前的安全监管模式和企业事故预防存在的问题。2016 年 1 月，习近平总书记在中共中央政治局常委会议上发表重要讲话强调，重特大突发事件，不论是自然灾害还是责任事故，其中都不同程度存在主体责任不落实、隐患排查治理不彻底、法规标准不健全、安全监管执法不严格、监管体制机制不完善、安全基础薄弱、应急救援能力不强等问题。必须坚决遏制重特大事故频发势头，对易发重特大事故的行业领域采取风险分级管控、隐患排查治理双重预防性工作机制。

1.1.1 关于推进安全生产领域改革发展的意见

党的十八大以来，党中央、国务院空前重视安全生产工作，习近平总书记 7 次主持中央政治局常委会和 1 次中央政治局专题学习会，就安全生产工作发表重要讲话，先后 30 余次做出重要批示。党的历次重要会议、全国两会、国务院常务会都对安全生产工作做出重要部署。2016 年 10 月 11 日，习近平总书记主持召开中央全面深化改革领导小组第 28 次会议，审议通过了《中共中央国务院关于推进安全生产领域改革发展的意见》（以下简称《意见》）发布实施。12 月 9 日，中共中央、国务院以中发〔2016〕32 号文件正式印发，并于 12 月 18 日向社会公开发布。以中共中央、国务院名义印发安全生产方面的文件，历史上是第一次，充分体现了以习近平同志为核心的党中央对安全生产工作的高度重视，也标志着我国安全生产事业进入一个新的发展时期。《意见》以习近平总书记关于安全生产系列重要论述和讲话精神为指导，顺应全面建成小康社会的发展形势，总结实践经验，吸收创新成果，借鉴国外有益做法，坚持目标和问题导向，科学谋划了安全生产领域改革发展蓝图。《意见》架构宏大，立意深远，内涵丰富。全文共 6 部分、30 条，从进一步明确安全生产总体要求、健全落实安全生产责任制、改革安全监管监察体制、大力推进依法治理、建立安全预防控制体系、加强安全基础保障能力建设等方面，提出了一系列改革举措和任务要求。

《意见》的全部内容最终要变成安全生产领域改革发展的具体成果，所提出的体制机制法治等方面的改革完善还需要全民共同努力，落到实处，使其具体化。因此，贯彻落实的任务是大量的、繁重的。各地区、各有关部门和单位迅速掀起了学习《意见》精神的热潮，深刻认识《意见》出台的重大现实意义和深远历史意义，自觉把思想和行动统一到党中央、国务院的重大决策部署上来，切实增强抓好贯彻落实的政治自觉和责任自觉，以认真负责的态度和求真务实的工作作风，结合实际创造性地抓好贯彻落实，确保《意见》确定的各项改革任务和工作措施落实到位，尽快见到成效。

1.1.1.1 深刻领会《意见》的精神要旨，准确把握安全生产领域改革发展的大方向

《意见》确定的安全生产领域改革发展的基本要求和大的方向可基本概括为坚守一条红线、把握两个导向、坚持五项原则。

A 坚守一条红线

党的十八大之后，习近平总书记首先明确提出并一再强调，发展绝不能以牺牲安全为代价，这是一条不可逾越的红线。《意见》在“指导思想”中对此做了强调。应当说，总书记讲的这条红线是确保人民生命财产安全和经济社会全面健康发展的保障线，是各级党委政府及社会各方面重视和加强安全生产工作的责任线，也是贯穿《意见》全部内容的主线，是指导我国安全生产工作的大方向、大逻辑。

第一，坚守红线是践行党的根本宗旨的必然要求。1931 年，中华苏维埃临时中央政府就发布了《劳动法》；1942 年，陕甘宁边区政府颁布《边区劳动保护条例草案》。新中国成立后，中央人民政府明确提出“安全生产”的方针；1970 年，毛泽东主席批准发出了《中共中央关于加强安全生产的通知》；1975 年，国务院召开了全国第一次安全生产工作会议。改革开放以来，党和国家采取有力措施推进安全生产法制、责任和基础保障体系建设。特别是党的十八大以来，党中央把安全生产作为协调推进“五位一体”总体布局、“四个全面”战略布局的重要内容和民生大事，摆在前所未有的突出位置，有力推动安全生产形势持续稳定好转。历史可鉴，不同的发展时期尽管主要任务、时代背景、客观条件等都不相同，但党和政府始终重视安全生产工作及对劳动者的保护，并为此付出极大努力。这是由我们党始终坚持“三个先锋队”“三个代表”的性质和马克思主义基本理论以及全心全意为人民服务的根本宗旨所决定的。只有高度重视安全生产工作，坚守安全生产红线，切实防止生产安全事故给人民群众生命财产造成的危害，才能最大限度地实现好、维护好、发展好广大人民群众的根本利益和现实利益，才能始终体现我们党的性质和中国特色社会主义事业发展的目的。

第二，坚守红线是全面建成小康社会的内在要求。全面建成小康社会，关键在于全面发展、全面共享，安全生产是其应有之义。正如习近平总书记所指出的，如果安全生产工作搞不好，人民群众生命财产安全得不到保障，何谈让人民群众生活得更好，何谈全面建成小康社会？当前，我们距全面建成小康社会、实现中华民族伟大复兴的中国梦越来越近，但是我国生产安全事故总量依然较大，安全生产整体状况同建设更为全面、更高质量的小康社会的目标，仍存在明显的差距。只有坚守红线，大力弥补安全生产工作短板，才能顺应我国社会主义现代化建设的大局大势，推动安全生产工作更好地与全面建成小康社会的目标要求相适应。

第三，坚守红线是做好安全生产工作的基本要求。分析一起具体生产安全事故的原因，往往与事故企业生产经营的技术水平、管理水平以及员工素质能力等因素直接相关。但一个阶段生产安全事故总量的变化，则主要与是否坚持和落实正确的发展理念紧密相关。新中国成立以来，安全生产形势的变化可以概括为“三升三降”：“大跃进”“十年动乱”和 1993 年至 2002 年，是生产安全事故高发上升的三个阶段；新中国建立初期、“文革”结束后的一段时间和 2003 年以来，则是生产安全事故总量呈现稳步下降的三个时期。

历史经验和教训表明，红线意识是安全发展观的基本要义，什么时候红线意识强、守得严，安全发展观就树得牢、落得实，安全生产形势就平稳可控；反之，安全隐患和事故就会迭出，人民群众的切身利益就会受到损害。因此，深刻把握、深入贯彻落实《意见》精神，大力推动安全生产领域改革发展，不断推进安全生产形势持续好转，必须强化红线意识，坚守发展底线，并以此统领各项工作，完善落实具体政策措施，切实提高我国安全生产工作的整体水平。

B 把握两个导向

《意见》提出的各项改革举措和政策制度，都是紧紧围绕目标导向和问题导向所确定的。

一是目标导向。多年来，各地区、各部门和各单位瞄准推进安全生产形势持续稳定好转的目标，齐心协力，勇于进取，积极探索，不断推动安全生产工作取得新进展。在经济社会快速发展的情况下，全国生产安全事故起数和死亡人数，连续 14 年实现“双下降”，尤其是重特大事故起数和死亡人数分别下降 70%以上。

站在新的历史起点上，面对安全生产事业发展的新形势、新情况、新要求，党中央、国务院审时度势，在《意见》中提出了到 2020 年实现安全生产总体水平与全面建成小康社会相适应，到 2030 年实现安全生产治理能力和治理体系现代化的目标任务。这“两步走”的战略目标，明确了安全生产领域改革发展的主要方向和时间路线，既相互承接，又各有侧重。所谓相互承接，是要按序前进，积极顺应我国经济发展的大势，顺应社会主义现代化建设“两个百年”目标的实现，坚持标本兼治，不断推动我国安全生产工作的整体水平。所谓各有侧重，是指两个目标的侧重点不同，第一个目标主要解决与全面建成小康社会不适应的问题，全力控制生产安全事故总量，全力遏制重特大事故的频繁发生，使广大人民群众切实感受到安全环境的改善和安全感的提高；第二个目标是在完成第一个目标的基础上，取得安全生产工作更加稳固、更加本质的进步，实现安全生产法制、体制、机制、制度和手段体系的科学、成熟和现代化。目标引领方向、目标凝聚共识、目标汇聚力量。我们要紧紧围绕党中央、国务院确定的目标任务，调动各方面力量，一步一个脚印地推进安全生产改革发展不断向既定目标迈进。

二是问题导向。发现问题、解决问题，是马克思主义世界观和方法论的重要体现，也是促进安全生产工作不断进步的推动力。当前我国仍处在新型工业化、城镇化和农业现代化持续推进的过程中，生产经营规模不断扩大，传统和新型生产经营方式并存，各类事故隐患和安全风险交织叠加，生产安全事故易发多发，一些事故由高危行业领域向其他行业领域蔓延，直接危及生产安全和公共安全。

在深入分析和汲取近年发生的重特大事故教训的基础上，《意见》聚焦和着力解决 9 个方面的问题：

（1）一些地方“党政同责、一岗双责、齐抓共管、失职追责”规定不明确、安全生产责任不明晰不落实的问题。

（2）安全监管体制不顺、职能交叉、存在监管漏洞和薄弱环节的问题。

（3）安全生产法治不彰及法规标准体系不健全、有法不遵、执法不严的问题。

（4）防范工作不科学、不系统、不持续和企业主体责任不落实的问题。

（5）职业健康监管体系不健全、能力不足的问题。

（6）应急救援管理体系不完善的问题。

（7）安全生产基础薄弱的问题。

（8）市场机制不完善、激励约束作用不强的问题。

（9）公众安全意识淡薄和从业人员安全技能素质偏低的问题。

《意见》明确的改革发展思路和措施，就是基于解决这些矛盾问题而制定的，具有很强的针对性和操作性。我们在贯彻落实的过程中，要注重发挥问题导向的推动作用，用实招、求实效，依靠严密的责任体系、严格的法治措施、有效的体制机制、有力的基础保障和完善的系统治理，不断破解安全生产难题，大力提升我国整体安全生产治理能力。

C　坚持五项原则

《意见》提出的推进安全生产领域改革发展的五项基本原则，全面贯彻了“五位一体”总体布局和“四个全面”战略布局的部署，体现了五大发展理念的要求，是进一步加强安全生产工作的根本遵循。

一是坚持安全发展。发展是第一要务，安全是提高发展质量和效益的本质要求。坚持以人民为中心的发展思想，既要让人民富起来，又要让人民的安全和健康得到切实保障。安全发展是科学发展的题中之义，也是确保安全生产的社会基础。对于各级党委政府，保安全就是促进改革发展，维护社会稳定，保证党的宗旨的落实；对于生产经营者，保安全就是保效益、保品牌、保市场；对于广大人民群众，保安全就是保生命、保健康、保幸福。这要求在推进经济社会发展的过程中，要始终坚持生命至上、安全第一，确保经济社会持续健康发展。

二是坚持改革创新。改革开放三十多年的经验表明，改革是我国发展的关键一招，创新是引领发展的第一动力。当前我国经济体制、产业结构和社会面貌都发生了深刻变化，社会主义市场经济的活力不断迸发，新材料、新能源、新工艺广泛运用，新产业、新业态、新领域大量涌现，既给安全生产提供了动力，也带来了新的问题和挑战。安全生产工作要与时俱进，必须在理论、制度、体制、机制、科技、文化等方面改革创新，突破体制制度性障碍，激发全社会安全生产要素的内在活力，推动安全生产工作适应新情况、新要求。

三是坚持依法监管。法治是社会文明程度的核心标志，依法治国是党治国理政的基本方略，依法行政是党治国理政的基本方式。实现我国安全生产治理体系和治理能力的现代化，必须顺应经济社会发展的大势，由计划经济时代以系统内部纵向上下级式的行政管控为主，向市场经济条件下平面依法治理为主转变，着力完善安全生产法律法规和标准，着力强化严格执法和规范执法，着力增强安全监管监察队伍的法治素养和法治能力，着力提高全社会遵守安全法制的意识和履行安全法定责任的观念，全面提升我国安全生产法治化水平。

四是坚持源头防范。加大事故预防的纵深及有效性，必须强调源头防范。只有从源头上、根子上强化预防措施，做到防患于未然，才能牢牢把握安全生产工作的主动权。要牢固树立事故可防可控的观念，坚持谋划在前、预防在先，从每一个项目、每一个环节抓起，把安全生产贯穿城乡规划布局、设计、建设、管理和企业生产经营活动的全过程，建立和实施超前防范的制度措施，严防风险演变、隐患升级导致生产安全事故发生。

五是坚持系统治理。无论从微观还是宏观上看，安全生产工作与政治、经济、文化、社会等各方面的情况密切相关。要提高我国安全生产工作的整体水平，必须坚持系统论的思想，标本兼治、综合施策、多方发力，充分发挥中国特色社会主义制度的优势，在党委和政府的领导下，实行全社会、全要素、全方位的治理模式，科学运用法律、行政、经济、市场等手段，全面落实人防、技防、物防措施，织密齐抓共管、系统治理的安全生产保障网。

1.1.1.2 强化五个方面

《意见》着眼于解决当前安全生产面临的突出问题，坚持改革创新、重点突破，分别从责任、体制、法治、防控、基础五个方面，提出了一系列制度性措施，对做好当前和今后一个时期的安全生产工作，具有很强的现实指导意义。在《意见》学习贯彻中，必须不折不扣地落实，并在实践中不断创新。

A 健全落实安全生产责任制

多年来的经验教训表明，安全生产责任制的健全和落实，是预防事故的基本保障，反之就是最大的隐患。《意见》按照习近平总书记提出的“党政同责、一岗双责、齐抓共管、失职追责”要求，从落实党委和政府领导责任，部门监管监察，系统管理和支持保障责任，企业主体责任，以及健全责任考核机制、严格责任追究制度等5个方面，对完善安全生产责任体系提出明确要求，切实织密织紧安全生产责任网。

一是明确党委和政府领导责任。主要是落实“党政同责、一岗双责、齐抓共管、失职追责”安全生产责任体系，注重充分发挥党委总揽全局、协调各方的作用，明确了地方各级党委的7项安全生产职责和地方各级人民政府的8项安全生产职责，强调要建立安全生产巡查制度。尤其是明确了党政主要负责人是本地区安全生产第一责任人，并同时规定地方各级安委会主任由政府主要负责人担任，成员由同级党委和政府及相关部门负责人组成，进一步将党委和政府的领导责任具体化。

二是明确部门监管责任。目前，综合监管和行业监管职责边界不清，同时随着新情况、新问题和新业态的大量出现，一些重点领域、关键环节存在监管盲区。国务院各部门职责“三定”是2008年制定的，有些部门的安全生产监督管理职责界定不够清晰。《意见》按照“管行业必须管安全、管业务必须管安全、管生产经营必须管安全”和“谁主管谁负责”的原则，明确了4类部门（安全生产监督管理部门、负有安全监管职责的部门、没有监管执法职能但负有安全管理责任的其他行业领域主管部门、党委和政府其他有关部门）的各自职责，并落实到部门工作职责规定中，厘清了安全生产综合监管与行业监管的关系，切实有利于解决安全监管存在的职责交叉和漏洞等问题。

三是严格落实企业主体责任。主要强调了企业必须履行安全生产法定责任，切实做到安全责任、管理、投入、培训和应急救援“五到位”。针对一些企业特别是大量中小企业的法定代表人背后往往还有实际控制人的现状，《意见》明确法定代表人和实际控制人同为安全生产第一责任人。同时，当前不少国有企业改制发展成为混合所有制企业，一些跨行业、跨地区乃至跨国的大型企业集团不断产生，管理层级多、责任链长。为吸取一些重特大事故教训，防止企业重投资效益、轻安全管理的问题，《意见》规定，要落实这些企业投资主体的安全生产责任。同时，考虑到安全生产的专业性特点突出，《意见》规定，要强化企业主要技术负责人的安全生产技术决策和指挥权。

四是健全责任考核机制。主要从建立考核体系、完善考核制度、加大考核权重等方面提出了要求，并明确提出各级人民政府对同级安全生产委员会成员单位和下级政府实施安全生产工作责任考核。为进一步激励各地区各部门加强安全生产工作的积极性，《意见》在总结有关地区经验的基础上，要求实行过程考核与结果考核相结合，严格落实“一票否决”制度。2016 年，国务院办公厅印发了《省级政府安全生产工作考核办法》；国务院安委会出台了 2016 年度考核细则，各地要抓好贯彻落实，并结合实际制定和实施安全生产工作考核办法；原国家安全生产监督管理总局研究制定了《国务院安委会成员单位安全生产工作考核办法》及年度考核细则。

五是严格责任追究制度。一些事故，在调查处理中发现相关责任人虽然已离任，但仍必须要依法依规承担责任、受到追究。对此，《意见》明确提出，实行党政领导干部任期安全生产责任制，做到为官一任，确保一方平安；对企业，就要实行全过程安全责任追溯，促使企业上下游、全链条、每个环节都要严格管理，确保安全。权力和责任清单是安全监管职责的具体化，《意见》要求认真制定并落实到位，做到尽职照单免责、失职照单问责。同时，要求严肃查处安全生产领域权钱交易等腐败行为，对瞒报、谎报、漏报和迟报事故的单位和个人，依法依规追责。

B 改革安全监管监察体制

针对当前安全监管体制不顺、职能交叉、存在监管漏洞和薄弱环节的问题，按照精简、统一、效能原则，《意见》从完善监督管理体制、改革重点行业领域安全监管监察体制、完善地方及功能区监管执法体制、健全应急救援管理体制等 4 个方面，对改革完善安全监管监察体制作出安排部署。

一是完善监督管理体制。要求加强并发挥各级安委会的统筹协调作用，明确安全监管部门承担指导协调、监督检查、巡查考核等综合监管职责，履行本级安委会日常工作。其他有关部门也要健全完善安全生产监管体制，严格落实相应行业领域的监督管理职责。针对当前职业健康监管体系不完善、安全生产与职业健康监管执法脱节等实际情况，《意见》要求，坚持管安全生产必须管职业健康，建立一体化监管执法体制。

二是改革重点行业领域安全监管监察体制。针对煤矿数量大幅下降，而非煤矿山数量众多、监管力量较为薄弱等现状，《意见》提出，依托借助国家煤矿安全监察体制，加强非煤矿山安全生产监管监察，优化安全监察机构布局，并将国家煤矿安全监察机构负责的安全生产行政许可事项移交给地方政府，解决煤矿安全监察机构既当“裁判员”，又当“运动员”的问题。针对危险化学品安全监管存在漏洞的实际问题，《意见》强调，强化危险化学品安全监管体制和力量，明确和落实危险化学品建设项目立项、规划、设计、施工及生产、储存、使用、销售、运输、废弃处置等各个环节的法定安全监管责任，建立有力的协调联动机制，消除监管空白。同时，对完善海洋石油和其他有关行业领域监管体制和职责也提出了要求。

三是进一步完善地方监管执法体制。目前，有的地方安监部门仍是内设二级机构，基层尤其是县乡级的监管执法力量薄弱，县级平均不到 15 人，乡镇平均不足 2 人；事业编制比例偏高，在地方安全监管部门人员中约占 28%、安全生产专门执法队伍人员中约占 82.3%。按照党的十八届三中全会关于强化安全生产基层执法力量的要求，《意见》明确将安全生产监督管理部门作为政府工作部门和行政执法机构，将各级安全生产行政执法队伍建设、强化行政执法职能纳入公务员队伍管理，重点充实市县级安全生产监管执法人员。同时，考虑到全国目前有3300多个开发区，近50%没有专门的安全监管机构，已经有的多数也是管委会所属部门内设机构，监管缺位，其他功能区也存在类似问题。《意见》提出，要完善各类开发区、工业园区、港区、风景区等功能区安全生产监管体制，明确负责建立政府直属的安全生产监督管理的机构，以及港区安全生产地方监管和部门监管责任。

四是健全应急救援管理体制。《意见》发布实施时，国家安全生产应急救援指挥中心作为事业单位，不能有效履行行政管理职能；各级应急救援管理机构不健全，有60%的县没有设立安全生产应急救援管理机构；应急救援基地和队伍专业化、职业化、现代化建设滞后，布局不合理。为此，《意见》明确要求推进安全生产应急救援管理体制改革，强化行政管理职能，提高组织协调能力和现场救援时效，并从管理体制、工作机制、指挥平台、应急救援基地和队伍建设等方面，提出了明确要求。

C　大力推进依法治理

当前安全生产法治不彰及法规标准体系不健全，有法不遵、执法不严的问题较为突出。《意见》按照依法治国的总体要求，从健全法律法规体系、完善标准体系、严格安全准入制度、规范监管执法行为、完善执法监督机制、健全监管执法保障体系、完善事故调查处理机制等7个方面，将安全生产纳入法治化轨道，保证执法严明、依法依规、科学严谨、违法必究。

一是健全法律法规体系。安全生产涉及众多行业领域，相关法律法规存在不配套、内容不一致，甚至缺失和相互抵触等问题。为此，《意见》提出，建立健全安全生产法律法规立、改、废、释工作协调机制，明确由安全监管总局负责加强涉及安全生产相关法规一致性审查。针对安全生产领域的严重违法行为，只有导致严重后果才能追究刑事责任，法律威慑力量不足的问题，借鉴“醉驾入刑”的立法思路，《意见》提出研究修改刑法有关条款，将生产经营过程中极易导致重大生产安全事故的违法行为列入刑法调整的范围。此外，《意见》还提出把安全生产纳入设区的市，根据立法法的精神，加强安全生产地方性法规建设立法范畴，解决区域性安全生产的突出问题。

二是完善标准体系。《意见》发布实施时，安监部门承担原由卫生部门负责的生产经营等用人单位现场职业危害防治监管工作，但相关标准仍由卫生部门负责制定发布，造成标准制定和监督实施相脱节。考虑到安全生产与职业健康密切相关，《意见》提出由国务院安全生产监督管理部门负责生产经营单位国家职业危害预防治理国家标准的制定发布工作。针对安全生产涉及行业领域广泛、制定修订任务重、专业性和时效性强的情况，为了简化程序、提高效率，防止标准之间相互矛盾，《意见》提出由安监部门安全监管总局统筹提出安全生产强制性国家标准立项计划，有关部门按照职责分工，负责统筹提出立项计划和组织起草、审查、实施和监督执行，制定及实施等工作，发布仍由国务院标准化行政主管部门负责及时立项编号、对外通报和批准，并负责发布。

三是严格安全准入制度。在加快供给侧结构性改革，淘汰落后产能的过程中，安全生产是一项重要的衡量标准；同时，按照简政放权的要求，要科学设置安全生产行政许可事项和办理程序，做到既加强监管，又方便企业和群众办事；特别是要吸取一些事故的深刻教训，慎重对待取消或下放的有关许可项目。为此《意见》强调，一方面，对与人民群众生命财产安全直接相关的安全生产许可项目要依法严格管理；另一方面，对确定取消、下放、移交的，要加强事中事后安全监管，确保标准不降低、管理不放松。

四是规范监管执法行为。针对一些生产经营单位监督和管理主体不明确，有的地区甚至层层下放监管责任的问题，《意见》要求完善监管执法制度，加强对每个生产经营单位的监督和管理。为防止安全生产领域有案不移、移交不接和以罚代刑、降格处理的问题，《意见》提出建立健全安全生产行政执法和刑事司法衔接制度，对违法行为当事人拒不执行安全生产行政执法决定的要依法强制执行。同时，借鉴环保公益诉讼做法，提出研究建立安全生产民事和行政公益诉讼制度，对涉及公众利益的安全生产问题，可分别由社会组织和检察机关提起民事公益和行政公益诉讼。

五是完善执法监督机制。主要明确了人大、政协的相关职责，充分发挥其检查监督作用。尤其要求建立执法行为审议和重大行政执法决策机制，健全领导干部干预安全生产监管执法的记录、通报和责任追究制度，完善安全生产执法纠错和执法信息公开制度，从而真正把安全监管权力关进制度的笼子。

六是健全监管执法保障体系。《意见》提出，建立安全监管执法装备、车辆、经费保障机制，加强监管执法制度化、标准化、信息化建设和队伍建设。针对基层普遍反映的安全生产监管执法责任边界、履职内容等缺乏明确规定，导致“不去检查是失职，去检查了是渎职”的问题，借鉴中办、国办印发的《保护司法人员依法履行法定职责规定》，结合一些地区的探索实践，《意见》提出建立安全生产监管执法人员依法履行法定职责制度，与权力和责任清单相衔接，激励监管执法人员忠于职守、履职尽责。为提高执法的严肃性和权威性，《意见》提出统一安全生产执法标志标识和制式服装。

七是完善事故调查处理机制。针对参加事故调查部门协调不够，有的事故性质和责任认定不科学等问题，《意见》提出完善生产安全事故调查组组长负责制。针对基层反映事故调查报告中导致事故的技术和管理原因不清晰，不利于有效吸取教训的问题，《意见》要求所有事故调查报告要设立技术和管理问题专篇，并全文发布。事故调查关键是针对问题，抓好整改，但一些地区对提出的整改措施跟踪不及时、落实不到位，致使同一地区、同一行业领域甚至同一企业类似事故反复发生。为此，《意见》提出建立事故暴露问题整改督办制度，规定在事故结案后一年内，及时组织开展评估，并向社会公开，对履职不力、整改措施不落实的，依法依规严肃处理。同时，对事故调查发现有漏洞和缺陷的有关法律法规和标准制度，及时启动制定修订工作。

D 建立安全预防控制体系

生产安全事故的发生，有其内在的规律，都是由风险失控逐步演变为隐患，最终酿成事故。要有效预防事故，必须坚持关口前移，积极构建风险分级管控、隐患排查治理双重预防机制，力求把事故消灭在萌芽状态。《意见》坚持依据“安全第一、预防为主、综合治理”方针，从加强安全风险管控、建立隐患治理监督机制、强化企业预防措施、增强城市运行安全保障、加强重点领域工程治理、建立完善职业病防治体系等6个方面构建安全预防控制体系，严防风险演变、隐患升级，导致事故发生：

一是加强安全风险管控。主要对安全风险评估论证、安全风险联防联控、重大危险源管理提出要求。一些重特大事故暴露出，在项目规划建设初期把关不严、风险评估识别预测不力，为安全生产埋下隐患。对此，《意见》要求建立完善安全风险评估与论证机制，高危项目审批必须把安全生产作为前置条件，规划、设计、建设、管理必须以安全为前提，实行重大安全风险“一票否决”。同时，要加强新材料、新工艺、新业态的安全风险评估和管控，推动高危产业转型升级；建立完善重大安全风险联防联控机制和重大危险源信息管理体系，加强风险预警控制。

二是强化企业预防措施。安全预防工作的重点在企业，落实到现场关键是要针对高危工艺、设备、物品、场所和岗位，详细制定并严格落实安全规程，加强危害辨识和风险评估管控。同时，《意见》规定企业要建立健全隐患排查治理制度，重大隐患治理情况向负有安全生产监督管理职责部门和企业职代会“双报告”制度，既要自觉服从部门监管，又要落实职工群众的知情权、监督权，确保重大隐患治理到位。《意见》还强调严格执行安全生产和职业健康“三同时”制度，大力推进企业安全生产标准化建设；开展经常性的应急演练和人员避险自救培训，避免盲目施救，造成人员伤亡。

三是建立隐患治理监督机制。重点对政府及负有安全生产监管职责的部门提出要求，要求建立与企业隐患排查治理系统联网的信息平台，完善线上线下配套监管制度。尤其强调对重大隐患整改不到位的企业依法采取停产停业、停止施工、停止供电和查封扣押等强制措施，按规定给予上限经济处罚，对构成犯罪的要移交司法机关依法追究刑事责任。同时规定，要严格重大隐患挂牌督办制度，对整改和督办不力的纳入政府核查问责范围，促进整改措施落实到位，切实做到防患于未然。

四是强化城市运行安全保障。随着经济社会发展，我国城市化进程明显加快，人口、功能和规模急剧扩张，管理日趋复杂，城市运行存在诸多安全风险，一些城市甚至特大城市发生的重特大生产安全事故，严重危害公共安全。为此，《意见》提出定期排查区域内安全风险点和危险源，落实管控措施，推进建设安全发展示范城市建设，提高基础设施配置安全标准，加强重点设施的检测维护和人员密集场所安全监管，强化相关部门的协调联动，严防自然灾害引发事故等要求。

五是加强重点领域工程治理。加强安全防护工程建设是有效遏制事故发生的重要基础。当前，一些重点行业领域风险较高、隐患较多、事故易发多发，必须加强系统化治理，加快基础工程建设，提高安全保障能力。对此，《意见》对矿山、危险化学品、油气输送管道、道路交通等行业领域安全防范工程做出部署。同时，针对装备落后、技术标准低的问题，提出完善长途客运车辆、旅游客车、危险物品运输车辆和船舶生产制造标准，提高安全性能，从源头上消除事故隐患。

六是建立完善职业病防治体系。《意见》发布实施前，一些行业领域职业病危害较为严重，呈高发多发态势，加之潜伏期较长，严重威胁劳动者身体健康和生命安全。为此，《意见》要求各级人民政府将职业病防治纳入民生工程及安全生产工作考核体系，加快职业病危害严重企业技术改造、转型升级和淘汰退出；健全职业健康监管支撑保障体系，加强职业健康技术服务机构、职业病诊断鉴定机构和职业健康体检机构建设，强化职业病危害基础研究、预防控制、诊断鉴定、综合治疗能力。同时，要求加强职业健康监管执法，督促企业落实职业病防治主体责任。针对职业病患者保障待遇落实不到位，救助水平低的问题，《意见》提出，健全完善相关规定，扩大职业病患者救治范围，将职业病失能人员纳入社会保障范围，对符合条件的职业病患者落实医疗和生活救助措施。

E　加强安全基础保障能力建设

针对安全保障能力的主要因素是安全投入不足，安全生产信息化水平低，先进技术装备研发推广应用滞后，社会化服务体系不健全，相关市场机制作用发挥不够等问题，《意见》从完善安全投入长效机制、建立安全科技支撑体系、健全社会化服务体系、发挥市场机制推动作用、健全安全宣传教育体系等5个方面，夯实安全基础，推进社会共治：

一是完善安全投入长效机制。《意见》从政府、企业、社会三个层面提出要求，切实做到“投入增、优惠实、监管严、引导好”。要求各级政府加强安全生产预防及应急相关资金使用管理，加大安全生产与职业健康投入。加强安全生产经济政策研究，完善安全生产专用设备企业所得税优惠目录，支持安全技术装备更新应用。针对一些企业未按规定足额提取安全生产费用或挪作他用，影响正常安全生产投入的问题，《意见》提出，要加强审计监督，落实安全生产费用提取和使用制度，建立企业增加安全投入的激励约束机制；同时要求健全投融资服务体系，引导企业集聚发展安全产业。

二是建立安全科技支撑体系。《意见》从科技强安的战略高度，提出统筹支持安全生产和职业健康领域科研项目，推动研发基地和博士后科研工作站建设，开展事故预防理论研究和关键技术装备研发，加快成果转化和推广应用。针对高危企业技术装备落后，信息化、智能化水平不高等问题，《意见》提出推动工业机器人、智能装备在危险工序和环节的应用，构建安全生产与职业健康信息化全国“一张网”，运用大数据技术开展安全生产规律性、关联性特征分析，提高安全生产决策科学化水平。

三是健全社会化服务体系。针对安全生产社会化服务体系不健全、专业技术力量不足、社会诚信度低等问题，《意见》提出，将安全生产专业技术服务纳入现代服务业发展规划，建立政府购买安全生产服务制度，支持发展安全生产专业化行业组织，强化行业自律。按照《国务院办公厅关于清理规范国务院部门行政审批中介服务的通知》要求，同时考虑到安全生产和职业健康技术服务机构市场发育不完善的情况，《意见》提出逐步改革完善资质管理办法审批制度，并强化日常监管，建立信用评定和公示制度和由第三方实施的信用评定制度。进一步完善注册安全工程师制度，充分发挥注册安全工程师的技术支撑作用。针对大量中小企业缺乏安全技术管理人员，安全基础薄弱的问题，《意见》在总结提炼一些地方和企业有效做法的基础上，提出鼓励中小企业与社会化专业技术服务机构或同类企业签订服务协议，量身定做订单式、协作式服务。

四是发挥市场机制推动作用。安全生产风险抵押金制度自2006年实施以来，逐步暴露出缴存标准不合理、风险防控功能有限、事故赔偿能力不足等问题，特别是长期占压企业资金，加重了企业经营负担，而安全生产责任保险在国外是一项成熟的保险制度。为此，《意见》提出取消安全生产风险抵押金制度，建立健全安全生产责任保险制度，并在矿山、危险化学品、烟花爆竹、交通运输、建筑施工、民用爆炸物品、金属冶炼、渔业生产等高危行业领域强制推行，充分发挥保险机构参与风险管控和事故预防的作用。同时，对完善工伤保险制度，加快制定实施工伤保险事故预防费用的提取比例、使用和管理具体办法提出明确要求。为强化对企业依法依规安全生产经营的激励约束，《意见》提出推进安全生产诚信体系建设，完善企业安全生产不良记录“黑名单”制度，建立失信惩戒和守信激励机制。

五是健全安全宣传教育体系。针对我国公民安全意识和安全知识不足，从业人员安全素质整体不高，普遍缺乏安全技能的问题。《意见》明确把安全知识普及纳入国民教育，建立完善中小学安全教育和高危行业职业安全教育体系，把安全生产纳入农民工技能培训内容，严格落实企业安全教育培训制度。《意见》还对推进安全文化建设，加强警示教育提出要求，进一步强化全民安全意识和法治意识。同时，要求发挥群众团体组织作用，加强公益宣传和舆论监督，完善举报投诉机制，鼓励志愿服务和慈善事业，加强安全生产国际交流合作，学习借鉴国外安全生产与职业健康先进经验。

习近平总书记强调，制定出一个好的文件，只是万里长征走完了第一步，关键还在于落实文件精神。学习贯彻《意见》是一项重大政治任务，我们要自觉把思想统一到党中央、国务院关于推进安全生产领域改革发展的重大决策部署上来，认真学习领会《意见》精神，全面贯彻落实《意见》要求。要切实加强组织领导，明确责任分工，细化工作措施，抓好宣传贯彻，确保各项政策措施落实到位、早见成效，进一步推动全国安全生产形势持续稳定好转，为经济社会平稳健康发展、为全面建成小康社会做出应有的贡献。

1.1.2 关于实施遏制重特大事故工作指南构建双重预防机制的意见

1.1.2.1 着力构建安全风险分级管控和隐患排查治理双重预防性工作机制

2016 年 4 月 28 日，国务院安委会办公室印发《关于印发标本兼治遏制重特大事故工作指南的通知》（安委办〔2016〕3 号）：主要工作目标是到 2018 年，构建形成点、线、面有机结合、无缝对接的安全风险分级管控和隐患排查治理双重预防性工作体系，全社会共同防控安全风险和共同排查治理事故隐患的责任、措施和机制更加精准、有效；构建形成完善的安全技术研发推广体系，安全科技保障能力水平得到显著提升；构建形成严格规范的惩治违法违规行为制度机制体系，使违法违规行为引发的重特大事故得到有效遏制；构建形成完善的安全准入制度体系，淘汰一批安全保障水平低的小矿小厂和工艺、技术、装备，安全生产源头治理能力得到全面加强；实施一批保护生命重点工程，根治一批可能诱发重特大事故的重大隐患；健全应急救援体系和应急响应机制，事故应急处置能力得到明显提升。

（1）健全安全风险评估分级和事故隐患排查分级标准体系。根据存在的主要风险隐患可能导致的后果并结合本地区、本行业领域实际，研究制定区域性、行业性安全风险和事故隐患辨识、评估、分级标准，为开展安全风险分级管控和事故隐患排查治理提供依据。

（2）全面排查评定安全风险和事故隐患等级。在深入总结分析重特大事故发生规律、特点和趋势的基础上，每年排查评估本地区的重点行业领域、重点部位、重点环节，依据相应标准，分别确定安全风险“红、橙、黄、蓝”（红色为安全风险最高级）4 个等级，分别确定事故隐患为重大隐患和一般隐患，并建立安全风险和事故隐患数据库，绘制省、市、县以及企业安全风险等级和重大事故隐患分布电子图，切实解决“想不到、管不到”的问题。

（3）建立实行安全风险分级管控机制。按照“分区域、分级别、网格化”原则，实施安全风险差异化动态管理，明确落实每一处重大安全风险和重大危险源的安全管理与监管责任，强化风险管控技术、制度和管理措施，把可能导致的后果限制在可防、可控范围之内。健全安全风险公告警示和重大安全风险预警机制，定期对红色、橙色安全风险进行分析、评估、预警。落实企业安全风险分级管控岗位责任，建立企业安全风险公告、岗位安全风险确认和安全操作“明白卡”制度。

（4）实施事故隐患排查治理闭环管理。推进企业安全生产标准化和隐患排查治理体系建设，建立自查、自改、自报事故隐患的排查治理信息系统，建设政府部门信息化、数字化、智能化事故隐患排查治理网络管理平台并与企业互联互通，实现隐患排查、登记、评估、报告、监控、治理、销账的全过程记录和闭环管理。

1.1.2.2　健全完善双重预防机制的政府监管体系

2016年10月9日，《国务院安委会办公室关于实施遏制重特大事故工作指南构建双重预防机制的意见》（安委办〔2016〕11号）要求各地区、各有关部门和单位要将构建双重预防机制摆上重要议事日程，切实加强组织领导，周密安排部署。要组织制定具体实施方案，明确工作内容、方法和步骤，落实责任部门，加强工作力量，保障工作经费，确保各项工作任务落到实处。要紧紧围绕遏制重特大事故，突出重点地区、重点企业、重点环节和重点岗位，抓住辨识管控重大风险、排查治理重大隐患两个关键，不断完善工作机制，深化安全专项整治，推动各项标准、制度和措施落实到位。

（1）健全完善标准规范。国务院安全生产监督管理部门要协调有关部门制定完善安全风险分级管控和隐患排查治理的通用标准规范，其他负有安全生产监督管理职责的行业部门要根据本行业领域特点，按照通用标准规范，分行业制定安全风险分级管控和隐患排查治理的制度规范，明确安全风险类别、评估分级的方法和依据，明晰重大事故隐患判定依据。各省级安全生产委员会要结合本地区实际，在系统总结本地区行业标杆企业经验做法基础上，制定地方安全风险分级管控和隐患排查治理的实施细则；地方各有关部门要按照有关标准规范组织企业开展对标活动，进一步健全完善内部安全预防控制体系，推动建立统一、规范、高效的安全风险分级管控和隐患排查治理双重预防机制。

（2）实施分级分类安全监管。各地区、各有关部门要督促指导企业落实主体责任，认真开展安全风险分级管控和隐患排查治理双重预防工作。要结合企业风险辨识和评估结果以及隐患排查治理情况，组织对企业安全生产状况进行整体评估，确定企业整体安全风险等级，并根据企业安全风险变化情况及时调整；推行企业安全风险分级分类监管，按照分级属地管理原则，针对不同风险等级的企业，确定不同的执法检查频次、重点内容等，实行差异化、精准化动态监管。对企业报告的重大安全风险和重大危险源、重大事故隐患，要通过实行“网格化”管理，明确属地基层政府及有关主管部门、安全监管部门的监管责任，加强督促指导和综合协调，支持、推动企业加快实施管控整治措施；对安全风险管控不到位和隐患排查治理不到位的，要严格依法查处。要制定实施企业隐患自查自治的正向激励措施和职工群众举报隐患奖励制度，进一步加大重大事故隐患举报奖励力度。

（3）有效管控区域安全风险。各地区要组织对公共区域内的安全风险进行全面辨识和评估，根据风险分布情况和可能造成的危害程度，确定区域安全风险等级，并结合企业报告的重大安全风险情况，汇总建立区域安全风险数据库，绘制区域“红橙黄蓝”四色安全风险空间分布图。对不同等级的安全风险，要采取有针对性的管控措施，实行差异化管理；对高风险等级区域，实施重点监控，加强监督检查。要加强城市运行安全风险辨识、评估和预警，建立完善覆盖城市运行各环节的城市安全风险分级管控体系。要加强应急能力建设，健全完善应急响应体制机制，优化应急资源配备，完善应急预案，提高城市运行应急保障水平。

（4）加强安全风险源头管控。各地区要把安全生产纳入地方经济社会和城镇发展总体规划，在城乡规划建设管理中充分考虑安全因素，尤其是城市地下公用基础设施如石油天然气管道、城镇燃气管线等的安全问题。加强城乡规划安全风险的前期分析，完善城乡规划和建设安全标准，严格高风险项目建设安全审核把关，严禁违反国家和行业标准规范在人口密集区建设高风险项目，或者在高风险项目周边设置人口密集区。制定重大政策、实施重大工程、举办重大活动时，要开展专项安全风险评估，根据评估结果制定有针对性的安全风险管控措施和应急预案。要明确高危行业企业最低生产经营规模标准，严禁新建不符合产业政策、不符合最低规模、采用国家明令禁止或淘汰的设备和工艺要求的项目，现有企业不符合相关要求的，要责令整改。要积极落实国家关于淘汰落后、化解过剩产能的政策，推进提升企业整体安全保障能力。

1.1.2.3 强化政策引导和技术支撑

（1）完善相关政策措施。各地区、各有关部门要加大政策引导力度，综合运用法律、经济和行政手段支持推动遏制重特大事故工作，以重点行业领域、高风险区域、生产经营关键环节为重点，支持、推动建设一批重大安全风险防控工程、保护生命重点工程和隐患治理示范工程，带动企业强化安全工程技术措施。要鼓励企业使用新工艺、新技术、新设备等，推动高危行业企业逐步实现“机械化换人、自动化减人”，有效降低安全风险。要大力推进实施安全生产责任保险制度，将保险费率与企业安全风险管控状况、安全生产标准化等级挂钩，并积极发挥保险机构在企业构建风险管控体系中的作用；加强企业安全生产诚信制度建设和部门联合惩戒，充分发挥市场机制作用，促进企业主动开展双重预防机制建设。

（2）深入推进企业安全生产标准化建设。要引导企业将安全生产标准化创建工作与安全风险辨识、评估、管控，以及隐患排查治理工作有机结合起来，在安全生产标准化体系的创建、运行过程中开展安全风险辨识、评估、管控和隐患排查治理。要督促企业强化安全生产标准化创建和年度自评，根据人员、设备、环境和管理等因素变化，持续进行风险辨识、评估、管控与更新完善，持续开展隐患排查治理，实现双重预防机制的持续改进。

（3）充分发挥第三方服务机构作用。要积极培育扶持一批风险管理、安全评估、安全培训、检验检测等专业服务机构，形成全链条服务能力，并为其参与企业安全管理和辅助政府监管创造条件。要加强对专业服务机构的日常监管，建立激励约束机制，保证专业服务机构从业行为的规范性、专业性、独立性和客观性。要支持建设检验检测公共服务平台，推动实施第三方检验检测认证结果采信制度。要加快安全技术标准研制与实施，推动标准研发、信息咨询等服务业态发展。政府、部门和企业在安全风险识别、管控措施制定、隐患排查治理、信息技术应用等方面可通过购买服务的方式，委托相关专家和第三方服务机构帮助实施。

（4）强化智能化、信息化技术的应用。各地区、各有关部门要抓紧建立功能齐全的安全生产监管综合智能化平台，实现政府、企业、部门及社会服务组织之间的互联互通、信息共享，为构建双重预防机制提供信息化支撑。要督促企业加强内部智能化、信息化管理平台建设，将所有辨识出的风险和排查出的隐患全部录入管理平台，逐步实现对企业风险管控和隐患排查治理情况的信息化管理。要针对可能引发重特大事故的重点区域、重点单位、重点部位和关键环节，加强远程监测、自动化控制、自动预警和紧急避险等设施设备的使用，强化技术安全防范措施，努力实现企业风险防控和隐患排查治理异常情况自动报警。

1.1.2.4　有关工作要求

（1）强化组织领导。各地区、各有关部门和单位要将构建双重预防机制摆上重要议事日程，切实加强组织领导，周密安排部署。要组织制定具体实施方案，明确工作内容、方法和步骤，落实责任部门，加强工作力量，保障工作经费，确保各项工作任务落到实处。要紧紧围绕遏制重特大事故，突出重点地区、重点企业、重点环节和重点岗位，抓住辨识管控重大风险、排查治理重大隐患两个关键，不断完善工作机制，深化安全专项整治，推动各项标准、制度和措施落实到位。

（2）强化示范带动。要加强对各级安全监管监察部门、行业管理部门以及企业管理人员、从业人员的教育培训，使其熟悉掌握企业风险类别、危险源辨识和风险评估办法、风险管控措施，以及隐患类别、隐患排查方法与治理措施、应急救援与处置措施等，提升安全风险管控和隐患排查治理能力。要大力推进遏制重特大事故试点城市和试点企业工作，积极探索总结有效做法，形成一套可复制、可推广的成功经验，强化示范带动。

（3）强化舆论引导。要充分利用报纸、广播、电视、网络等媒体，大力宣传构建双重预防机制的重要意义、重点任务、工作措施和具体要求，推广一批在风险分级管控、隐患排查治理方面取得良好效果的先进典型，曝光一批重大隐患突出、事故多发的地区和企业，为推进构建双重预防机制创造有利的舆论环境。

（4）强化督促检查。各地区要加强对企业构建双重预防机制情况的督促检查，积极协调和组织专家力量，帮助和指导企业开展安全风险分级管控和隐患排查治理。要把建立双重预防机制工作情况纳入地方政府及相关部门安全生产目标考核内容，加强检查指导、考核奖惩，对消极应付、工作落后的，要通报批评、督促整改。

1.1.3　关于进一步加强隐患排查治理体系建设示范试点工作的通知

2017 年 5 月 24 日，国务院安委会办公室发布《关于进一步加强隐患排查治理体系建设示范试点工作的通知》（安委办〔2018〕15 号），要求各省、自治区、直辖市及新疆生产建设兵团安全生产委员会，各有关单位按照《国务院安委会办公室关于进一步做好隐患排查治理体系建设示范试点工作的通知》（安委办〔2017〕13 号）要求，北京市等 25 个地区坚持“示范引领，提质扩面，以用促建，创新监管”原则，认真开展示范试点工作，加强隐患排查治理体系建设（以下简称“体系建设”）成果运用，开展差异化监管执法，督促企业自主管控风险、治理隐患，落实安全生产主体责任。截至 2017 年底，各示范试点地区共注册入网企业 152 万家，出台制度办法 170 余项，制定查报标准 1200 余个，自查自改隐患超过 1000 万条。其中排查治理重大事故隐患 1.4 万条，各项指标较 2016 年有较大幅度提升，有力加强了安全生产基础工作。但是，体系建设中还存在不少问题，主要表现在：一是有的地区没有把体系建设作为开展差异化监管执法、提升监管效能的抓手，没有把体系建设与推进监管方式创新有效结合起来；二是有的地区标准清单编制质量不高，制度建设、评估考核、培训宣传等工作还没有有效开展起来，体系运转还不够顺畅；三是有的地区工作进展缓慢或原地踏步，督促企业真查、真改、真报，自主排查治理隐患，特别是排查治理重大事故隐患的水平还不高。

为进一步提升隐患排查治理体系创建质量，发挥辐射带动作用，2018 年继续在北京、河北、辽宁、湖北、四川、贵州、云南、甘肃、宁夏等 9 个省（区、市），北京房山区、河北秦皇岛市、内蒙古呼伦贝尔市、吉林长春市、黑龙江哈尔滨市、福建泉州市、山东东营市、广东珠海市、广西柳州市、陕西咸阳市、新疆乌鲁木齐市、江苏江阴市、浙江嘉兴市和德清县等 14 个市（县、区）继续深化示范试点工作。各示范试点地区要按照《国务院安委会关于印发 2018 年工作要点的通知》（安委〔2018〕1 号）推动构建风险分级管控和隐患排查治理预防机制的总体部署，把狠抓体系建设与防灾减灾救灾工作紧密结合起来，更加注重强化基础、源头防范，更加注重绩效考核、监管执法，更加注重体系运行、闭环管理，进一步推动隐患排查治理体系建设迈上新水平。

1.1.3.1 准确把握体系建设工作思路，切实发挥体系建设在安全监管实践中的作用

体系建设的重点是建立完善的工作机制，形成体系化管理，促进安全监管工作精准化和科学化，而不只是建立一套信息系统报送隐患。体系建设要通过制定清单，指导企业识别风险、排查治理隐患，监管部门按照设定的绩效考核指标进行分析研判，分级分类，有针对性地制订监管执法计划，提高监管效能和水平。各示范试点地区推动体系建设要持续在“四个加强”上下功夫，即：加强激励约束机制建设，提高企业全员自主排查隐患的积极性，督促企业落实“一企一清单”；加强风险辨识管控，提升源头隐患排查治理水平；加强运用“互联网+”手段，不断提高监管执法信息化水平；加强绩效考核评估，实施差异化执法，推动监管方式创新。

1.1.3.2 开展差异化监管执法，大力推进依法治理

各示范试点地区要结合企业行业类别、风险大小等因素，量化绩效考核指标，通过信息系统对企业自查自改自报情况进行动态评级，并将评级结果作为开展分类分级监管执法的重要依据。按照《安全生产年度监督检查计划编制办法》（安监总政法〔2017〕150 号）要求，将隐患排查治理落实不到位的企业纳入重点检查单位范围，提高检查频次，加大处罚力度。实行差异化监管、精准化执法，推动“好”的企业自主管理，对“差”的企业重点监管，将安全生产责任有效落实给企业，督促企业建立健全自我约束、持续改进的内生机制。

各示范试点地区要紧密结合相关行业重大事故隐患判定标准、较大危险因素辨识与防范指导手册等标准规范，组织制定行业排查标准，督促企业针对危险场所、工艺、设备、物品和岗位，完善事故隐患排查清单，逐级落实企业、车间、班组和岗位责任，实行隐患自查自改自报闭环管理。

1.1.3.3 完善配套制度办法，健全激励约束机制

各示范试点地区要切实加强组织领导，安全监管部门主要负责人要亲自研究部署，明

确工作目标任务、时间进度和保障措施。要制定好实施方案，健全企业自查自改自报与部门监督检查相结合的工作机制，统筹推进体系建设工作，确保各项目标、任务和措施落实到位。

要加大政策引导力度，综合运用法律、经济和行政手段支持体系建设。推进实施安全生产责任保险差别费率，将隐患排查治理情况与浮动费率挂钩；加强安全生产诚信制度建设，将企业隐患排查治理情况作为守信联合激励、失信联合惩戒的依据，充分发挥市场机制推动作用；将体系建设作为衡量企业安全生产标准化运行质量的重要指标，严格考核，严格把关。通过制定实施企业自查自改自报隐患的正向激励措施，对记录、报送隐患弄虚作假，不主动开展隐患排查治理和安全风险管控的企业，严格依法查处。

1.1.3.4　开展宣传培训交流，加强基础工作支撑

国务院安委会办公室将继续组织示范试点地区开展互查互学，组织专题研讨交流，研究解决普遍性问题，推动示范试点成效不断深化。结合原国家安全监管总局与国际劳工组织开展的企业可持续发展合作（SCORE）项目，及时总结浙江湖州、北京房山等地区SCORE项目与体系建设相结合的试点经验，提高示范试点地区体系创建水平。同时，通过政府网站体系建设专栏和微信群，共享示范清单和经验做法，促进各地区共同提高。

各示范试点地区要着力抓好培训和宣传工作，通过专题培训、举办现场会、建立微信群等多种形式，切实提高基层监管人员和企业负责人的理念认识，推动体系建设落地生根。

1.1.3.5　发挥示范引领作用，不断强化提质增效

各示范试点地区要大力推进有条件的单位和企业先行先试，通过树企业标杆、抓区域示范，发挥以点带面的引领作用。要积极探索体系建设对推动企业落实安全生产主体责任、改革创新监管机制的好经验、好做法，强化成果运用，尽快形成可复制、可推广的建设模式，不断提升建设水平，推动安全监管方式创新。对工作开展不到位、示范试点成效不明显的地区，将取消示范试点。

1.1.4　非煤矿山安全生产“十三五”规划

2017年8月21日，原国家安监总局发布了《非煤矿山安全生产“十三五”规划》，提出要全面深入实施安全风险分级管控和隐患排查治理双重预防性工作机制，强化风险管控技术、制度和管理措施，健全安全风险公示警示和重大安全风险预警机制；充分利用现代信息技术，推动建立互联网+隐患排查治理机制，建立健全政府与矿山企业互联互通的隐患排查治理信息管理系统，切实排查重大事故隐患。

规划提出要推进安全生产信息化建设，推进信息技术与安全生产的深度融合，统一安全生产信息化标准，依托国家电子政务网络平台，完善安全生产信息基础设施和网络系统。全面推进安全监管监察部门安全生产大数据等信息技术应用，构建国家、省、市、县四级重大危险源管理体系，实现跨部门、跨地区数据资源共享共用，提升重大危险源监测、隐患排查、风险管控、应急处置等预警监控能力。推动矿山、金属冶炼等高危企业建设安全生产智能装备、在线监测监控、隐患自查自改自报等安全管理信息系统。推进危险

化学品、民爆物品、烟花爆竹等企业建设全过程信息化追溯体系。鼓励中小企业通过购买信息化服务提高安全生产管理水平。

1.1.5 关于开展非煤矿山双重预防机制建设试点工作的通知

2017 年 7 月 26 日，为贯彻落实《国务院安委会办公室关于实施遏制重特大事故工作指南构建双重预防机制的意见》（安委办〔2016〕11 号），原国家安全监管总局决定在部分非煤矿山企业开展安全风险分级管控和隐患排查治理双重预防机制（以下简称双重预防机制）建设试点工作。国家安全监管总局办公厅印发《关于开展非煤矿山双重预防机制建设试点工作的通知》（安监总厅管一〔2017〕63 号），要求各省级安全监管部门及有关中央企业及时转发各试点单位，督促指导所属试点单位有序开展试点工作。

1.1.5.1 工作要求和保障措施

（1）加强组织领导。各试点单位要成立以主要负责人为组长的领导小组，明确试点工作的专门协调部门；要制定试点工作方案，明确工作目标、实施内容、责任部门、保障措施、工作进度和工作要求等相关内容；要建立部门协调机制，落实工作经费，扎实做好试点工作。各省级安全监管部门和有关中央企业要加强对所属试点单位的督促指导，推动试点工作有序开展。

（2）强化宣贯培训。各试点单位要组织对全体员工开展双重预防机制知识培训，使全体员工掌握风险辨识、评估和管控，以及隐患排查治理的基本技能，为双重预防机制建设奠定坚实的基础。国家安全监管总局将采取专家授课、分片辅导和现场交流等多种形式，帮助指导各级安全监管部门和试点单位进一步统一认识、理清思路、明确任务、找准方法，确保试点工作落地生根。

（3）注重问题导向。各试点单位要及时研究解决双重预防机制建设过程中存在的问题，紧紧围绕防范和遏制重特大事故，抓住辨识管控重大风险和排查治理重大隐患这两个关键，不断完善工作机制，推动试点工作落到实处。各省级安全监管部门和有关中央企业要积极协调和组织专家力量，对所属试点单位进行指导，及时帮助解决试点工作中遇到的困难和问题；要加强检查推动，对消极应付、工作落后的，要退出试点；遇到重大问题，请及时向上级安全主管部门反映。

（4）适时总结推广。各省级安全监管部门和有关中央企业要督促指导所属试点单位深入分析研究，定期梳理和总结可复制、可推广的经验举措及其成效；要通过示范引领、以点带面，在辖区内或所属企业全面开展双重预防机制建设工作。国家安全监管总局将加强对试点工作的督促推动和评估总结，统筹协调解决试点工作中遇到的问题，及时调度各地区试点工作进展，强化经验总结，及时在全国范围内推广。

1.1.5.2 试点基本流程和主要任务

各试点单位要参照《非煤矿山企业构建双重预防机制基本流程（试行）》（1.3 节详细介绍），结合各自实际情况，开展双重预防机制建设。

试点工作至少要完成以下主要任务：全面辨识安全风险并建立安全风险清单，制定并严格落实安全风险分级管控措施，建立安全风险公告制度，绘制安全风险四色分布图，完善隐患排查治理闭环管理，实现安全风险分级管控和隐患排查治理信息化管理。

1.2　双重预防机制的理论价值与实践意义

1.2.1　“预控为主”的思想，能够切断事故发生的因果链

危险有害因素是指可能导致人员伤害或疾病、财产损失、工作环境破坏或这些情况组合的根源或状态。危险有害因素有 3 种载体，即人、机（包括机器设备、材料、设施等）、环。对危险有害因素管控存在缺陷时，就可能导致人的不安全行为、机的不安全状态和环境的不安全条件。人的不安全行为就是传统企业安全管理中提到的“三违”，机的不安全状态和环境的不安全条件就是“隐患”。因此，危险有害因素的失控就能够导致“三违”和“隐患”的产生，人的不安全行为、机的不安全状态和环境的不安全条件未能及时消除，在时间和空间等条件具备时，就能够导致事故的发生，事故发生的因果链见图 1-1。

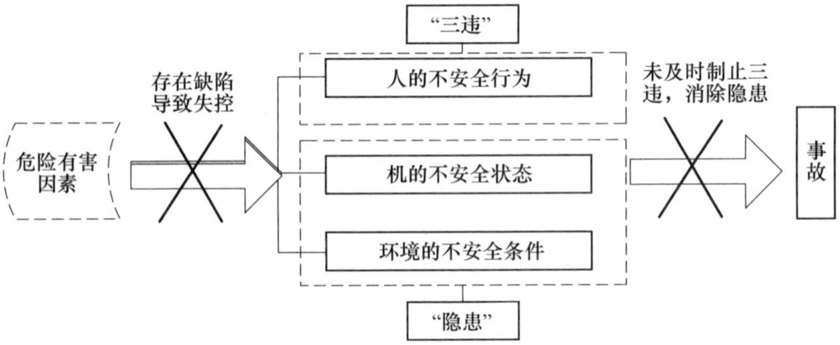

图 1-1　事故发生的因果链

风险分级管控是在事前管控，通过风险识别、评估和采取预控措施的步骤，能够有效切断由危险源向“三违”和“隐患”发展的链条，如图 1-1 中左边的叉。工作过程中，通过安全检查和隐患排查，能够及时发现个别因预控措施失效而导致的“三违”和“隐患”，及时制定措施，纠正人的不安全行为，整改机的不安全状态和环境的不安全条件，切断由“三违”和“隐患”向事故发展的链条，如图 1-1 中右边的叉。

风险分级管控和隐患排查治理，充分体现了“预控为主”的思想，能够分别切断由危险有害因素向隐患和“三违”发展、隐患向事故发展的链条，构成安全管控的两道防线。

1.2.2　主动安全控制的思想，能够提升全体员工的风险意识

双重预防机制的推广和实施，要求企业干部和员工对危险有害因素进行辨识、评估、分级，预先采取措施进行控制。这些措施都是工作之前制定和采用的，因此，可以说是主动对危险有害因素进行控制的措施，转变了以往仅在发生事故后才举一反三，以及出现隐患后才被动整改的局面。这些预控措施的制定，需要管理人员以及部分员工参与，需要全体员工的执行，随着双重预防机制的深入推广和实施，必将逐步提升企业全体员工的风险意识。逐步由被动的背诵、被动的学习、被动的执行，转变为员工自己能够辨识危险有害因素，评估其风险，主动采取措施的局面。

企业建设双重预防机制，将能进一步落实企业安全生产主体责任，改善安全生产条

件，提高管理水平，预防事故，对保障生命财产安全有着重大意义。具体来讲，主要体现在以下五个方面：

（1）落实企业安全生产主体责任的必要途径。双重预防机制工作要求企业将安全生产责任从企业的法定代表人开始，逐一落实到每个基层单位、每个从业人员、每个操作岗位，强调安全生产工作的规范化和标准化，建立起自我约束机制，主动遵守各项安全生产法律、法规、规章、标准，从而真正落实企业作为安全生产主体的责任，保证企业的安全生产。

（2）强化企业安全生产基础工作的长效制度。双重预防机制建设涵盖了增强人员安全素质、提高装备设施水平、改善作业环境、强化岗位责任落实等各个方面，是一项长期的、基础性的系统工程，有利于全面促进企业提高安全生产保障水平，使企业生产始终处于良好的安全运行状态，以适应企业发展的需要，满足从业人员安全生产的愿望。

（3）有效防范事故发生的重要手段。双重预防机制是以风险识别和隐患排查治理为基础，强调任何事故都是可以预防的理念，将传统的事后处理转变为事前预防，要求企业建立健全岗位标准，严格执行岗位标准，杜绝违章指挥、违章作业和违反劳动纪律现象，切实保障广大人民群众生命和财产安全。

（4）维护从业人员合法权益的重要体现。安全生产工作的最终目的是为了保护人民群众的生命财产安全。安全生产工作做不好，安全生产没有保证，企业不仅没有进入市场、参与竞争的能力，甚至会被淘汰，生存发展就成为一句空话。只有抓好安全生产标准化，做到强基固本，才能迎接市场经济的挑战，在市场竞争中立于不败之地。

（5）企业树立良好社会形象的需要。一个现代化企业，除了它的经济实力和技术能力外，还应具有强烈的社会责任感，树立对职工安全和健康负责的良好社会形象。现代企业在市场中的竞争不仅是资本和技术的竞争，也是品质和形象的竞争。因此，开展双重预防机制建设，将逐渐成为现代企业的普遍需求。

企业开展双重预防机制建设，一方面可以改善作业条件，增强劳动者身心健康，提高劳动效率；另一方面，由于有效地预防和控制了工伤事故及职业危险、有害因素，对企业的经济效益和生产发展具有长期的积极效应。

1.3 双重预防机制构建程序

1.3.1 双重预防机制构建基本程序

双重预防机制构建是安全生产工作中的一项基础性工作，是新时期安全生产领域的一大创举。具体流程包括10个重点环节（详见图1-2）：

（1）前期准备。确定管控对象，培训安全风险分级管控及隐患排查治理相关人员，准备辨识评估基础资料。

（2）危害辨识与风险识别。根据GB/T 13861和GB 6441，对生产系统、装置设施、作业环境、作业活动等进行危险有害因素分析和风险辨识。

（3）风险评估。对不同类别的安全风险，采用相应的风险评估方法（如LEC法、风险矩阵法等）确定安全风险大小。突出遏制重特大事故，高度关注暴露人群，聚焦重大危险源、劳动密集型场所、高危作业工序和受影响的人群规模。

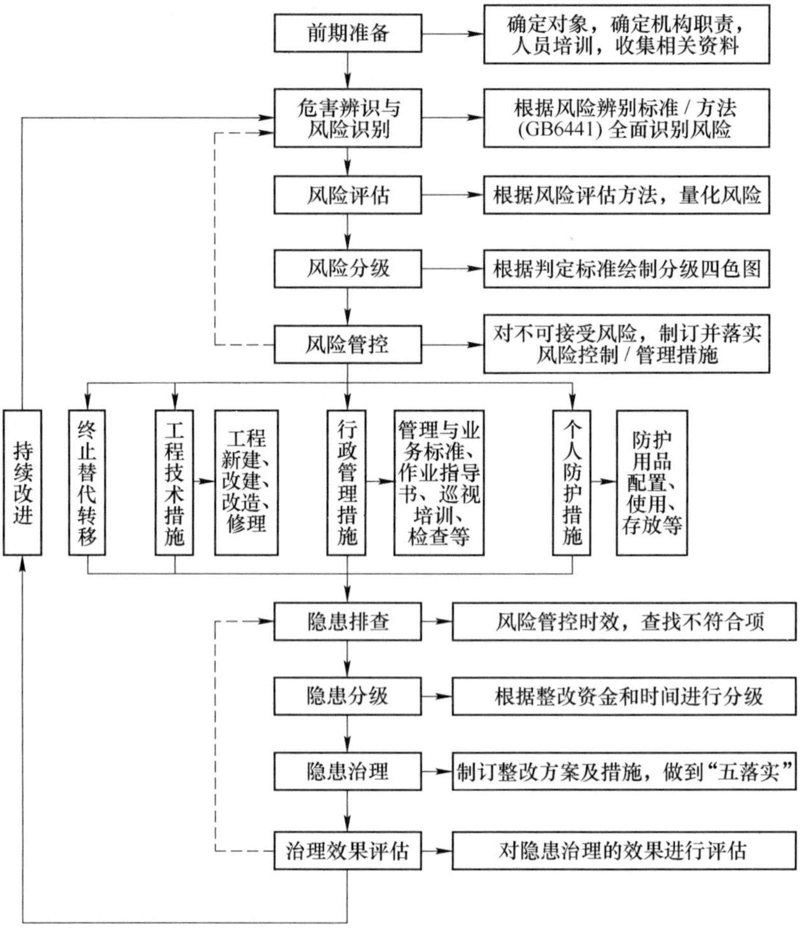

图 1-2　双重预防机制构建流程图

（4）风险分级。将安全风险从高到低划分为重大风险、较大风险、一般风险和低风险四个等级，分别用红、橙、黄、蓝四种颜色标示。建立安全风险清单，绘制“红橙黄蓝”四色安全风险空间分布图。不同企业和城市可根据国家推荐标准和自身实际情况，进行更详细的分级。

（5）风险管控。针对不同的安全风险特点，通过隔离危险源、采取技术手段、实施个体防护、设置监控设施等措施降低和监测风险。对安全风险分级、分层、分类、分专业进行管理，强化对重大危险源和存在重大安全风险的生产经营系统、生产区域、岗位的重点管控。实施安全风险公告警示。

（6）隐患排查。及时排查风险管控措施失效或弱化而形成的隐患，制订符合实际的隐患排查清单，明确和细化隐患排查的事项、内容和频次，推动全员参与自主排查隐患。强化对存在重大风险的场所、环节、部位的隐患排查。

（7）隐患分级。从隐患治理时间和资金两个方面对隐患进行分级。对于重大事故隐患，应当向负有安全生产监督管理职责的部门报告。

（8）隐患治理。制订并实施隐患治理方案，做到责任、措施、资金、时限和预案

"五落实"。事故隐患整治过程中无法保证安全的，应停产停业或停止使用相关设施设备，及时撤出相关作业人员。

(9) 效果评估。组织技术人员和专家对重大事故隐患的治理情况进行评估。

(10) 持续改进。对风险分级管控与隐患排查治理工作程序进行回顾、检查或分析，及时完善辨识、分级、评估、控制、治理等步骤，形成一套科学有效的闭环体系。

1.3.2 非煤矿山企业构建双重预防机制基本流程

非煤矿山企业双重预防机制构建工作基本流程包括：策划与准备、安全风险评估（包括安全风险辨识、安全风险分析、安全风险评估）、安全风险管控、检查与考核、改进提升。

1.3.2.1 策划与准备

为确保构建双重预防机制工作的顺利开展，非煤矿山企业要精心组织策划，做好相关准备工作。重点应做好以下几个方面的工作：

(1) 建立工作制度。要制定完善本企业双重预防机制建设的相关制度，明确工作内容、职责分工、保障措施等相关内容；明确各级负责人、部门管理人员和班组员工的具体职责，避免职责不清、相互推诿。工作制度应该具体，有针对性和可操作性，为企业双重预防机制常态化运行提供制度保障。

(2) 全面培训人员。全体人员风险管理的意识和技能是双重预防机制建设的基础。非煤矿山企业尤其是中小型矿山企业，要根据基础薄弱、技术人员匮乏、员工尤其是外包队伍员工整体素质较差的客观实际，对包括主要负责人、管理人员、普通员工和外包单位管理及作业人员在内的全体人员进行有针对性的持续培训。要组织开展关于风险管理知识、风险辨识评估和双重预防机制建设方法等内容的培训，使全体员工真正树立起风险意识，掌握双重预防机制建设相关知识，具备参与风险辨识、评估和管控的基本能力。

(3) 收集相关信息。

要充分挖掘确认相关资源信息，为构建双重预防机制提供必要的外部和内部基础资料。

1) 外部信息。包括企业适用的非煤矿山安全生产有关法律、法规、规章、标准、规范性文件以及安全监管要求；企业所处区域的自然环境状况；矿山企业供应商、承包商以及矿山周边企业、居民等相关方和矿山企业的关系，相关方的诉求和安全风险承受度；国内外同类企业发生过的典型事故情况。

2) 内部信息。包括企业管理现状、中高层管理人员和专业人员的知识结构、专业经验；普通员工的知识结构、年龄结构等；生产工艺流程、作业环境和设备设施情况；建设、生产运行过程中形成的勘查、设计、评估评价、检测检验、专项研究、实验报告等；企业成立以来的事故情况。

1.3.2.2 安全风险评估

A 合理划分评估单元

为便于安全风险评估工作的全面开展，避免出现遗漏，首先要对整个生产系统进行合理划分，确定评估的基本单元。单元划分应该分层次逐级进行，一般可以将整个生产系统依次划分成主单元、分单元、子单元、岗位（设备、作业）单元。主单元可以结合矿山生产工艺流程，按照矿山生产系统划分（见表1-1），岗位（设备、作业）单元是安全风险评估的最基本单元。非煤矿山企业在实施过程中，可以根据自身生产工艺复杂程度、设备设施分布状况和管理需要等情况灵活增减单元划分的层级和数量，以金属非金属地下矿山为例，见表1-2。

表1-1 非煤矿山主单元例表

序号	矿山类型	主 单 元
1	地下矿山	开拓、采矿、提升运输、防排水、通风防尘、供配电、充填、压气、通信、供水消防、工业场地、排土场
2	露天矿山	开拓运输、采矿（穿孔爆破）、边坡、供配电、防排水、排土场、工业场地及周边环境
3	尾矿库	放矿筑坝、坝体（包括排渗）、排水、回水、周边环境

表1-2 金属非金属地下矿山安全风险评估单元划分例表

序号	主单元	分单元	子单元	岗位（设备设施/作业活动）单元
1	开拓	…	…	…
2	采矿	…	…	…
3	提升运输	竖井（罐笼）	机房	操作台
				…
			提升装置	提升机
				…
			制动装置	工作制动
				…
			保护装置	过卷保护装置
				…
			…	…
		…	…	…
4	通风防尘	…	…	…
⋮	⋮	⋮	⋮	⋮

B 选择适用的评估方法

风险评估方法可以是定性的、半定量的、定量的，或者是这些方法的组合。常用的定性方法包括头脑风暴法、德尔菲法、情景分析法、检查表法、预先危险分析法（PHA）等；常用的定量方法包括失效模式和效果分析法（FMEA）、决策树分析法等；常用的半定量方法包括风险矩阵法、因果分析法、事故树分析法（FTA）等。各种风险评估方法的适用范围、技术特点等可以参考《风险管理 风险评估技术》（GB/T 27921—2011）。非煤矿山企业应该根据自身安全风险评估的目标、范围、专业技术力量、获取评估所需信息的难易程度等因素，选择适合自身特点、简单易行、便于操作的评估方法。各种评估方法对于安全风险评估各阶段而言适用性各不相同，非煤矿山企业可以在安全风险评估各阶段选用适用的风险评估方法。对于重要的环节和场所，可选用几种评估方法对同一评估对象进行评估，互相补充、互为验证，以提高评估结果的准确性。

C 安全风险辨识

安全风险辨识是安全风险分级管控的前提和基础，其目的是要识别出企业生产活动中存在的各种危险有害因素、可能导致的事故类型及其原因、影响范围和潜在后果。

非煤矿山企业开展安全风险辨识时，要充分利用现有安全生产标准化、安全评估及安全专项研究等工作的成果，对这些工作中辨识出的危险源（危险有害因素）认真梳理，在此基础上，从不同的角度和层次进一步充分挖掘可能存在的风险，拓展风险辨识的深度和广度，同时提高辨识准确性和效率。为提高安全风险辨识的完整性和准确性，要充分调动员工的积极性和创造性，发动全体员工特别是生产一线作业人员参与安全风险辨识，利用岗位人员对作业活动熟悉的优势，对单元中的作业活动、作业环境、设备设施、岗位人员、安全管理等方面进行全面的安全风险辨识。

要突出关键岗位或危险场所，尤其是凿岩工、提升机司机、爆破工和通风工等关键岗位和大面积采空区、头顶库、高陡边坡、排土场、水文地质条件复杂和与煤伴生矿采掘工作面、深部矿井岩爆区域等危险场所的安全风险辨识，查明风险影响因素、成因、可能的影响范围和事故类型，将其作为管控风险、遏制重特大事故的重点。

D 安全风险分析

安全风险分析就是要在安全风险辨识的基础上，对事故发生可能性及其后果严重性进行分析，为安全风险评估分级和管控提供支持。分析过程中要充分考虑现有安全风险管控措施的有效性。对于事故发生可能性及其后果严重性，可以通过对事故或事故组合的结果建模确定，或通过实验研究推导确定，也可以通过对行业内同类型事故的分析确定。

在建模、试验和工程风险类别分析时，应首先满足非煤矿山领域相关技术标准、规范和规定的强制性要求，如对尾矿库、排土场稳定性的模拟分析结论，应符合相应规范规定；同时，应关注非煤矿山企业生产系统或场所因矿体赋存条件、工程地质结构、矿岩性质、生产单元或系统布置形式、周边自然环境地理条件等因素的差异可能导致的风险的显著变化。

在研究分析时，应尽量获取现场实测的勘察、试验、检测、设计等基础性数据，确保分析的准确性和可靠性。由于叠加或累积效应，矿山采空区、边坡、尾矿库、排土场等场所随着规模的增大，其安全风险敏感度也在加大，所以，在分析时，不仅要掌握其当前风险的后果和可能性，更要全面研究分析这些敏感场所今后的风险变化趋势。

要重点关注可能导致发生重特大事故的风险，如乘载人数 30 人以上的提升罐笼、边坡高度 200 米以上的露天矿山高陡边坡、堆置高度 200 米以上的排土场边坡、下游一千米以内居民超过 30 人的“头顶库”、暴露面积大于 5000 平方米的独立采空区、工程地质水文地质条件复杂的地下矿山采掘工作面等的安全风险，并高度关注此类安全风险影响范围内的人员分布情况。

E 安全风险评估

安全风险评估就是要将安全风险分析的结果与企业确定的安全风险准则比较，确定每一项安全风险的等级，以便做出安全风险应对的决策。安全风险等级从高到低划分为重大风险、较大风险、一般风险和低风险。安全风险评估完成时，要形成企业安全风险评估结果表（见表1-3）。

表1-3　企业安全风险评估结果表

序号	岗位（设备设施/作业活动）单元	安全风险辨识					安全风险分析			安全风险评估
		危险有害因素	事故类型	原因	后果	影响范围	可能性	严重性	现有措施有效性	安全风险等级

注：危险有害因素分类按照《生产过程危险和有害因素分类与代码》（GB/T 13816—2009）执行。

在对单元风险进行评估的基础上，还要对企业各生产区域的风险进行综合评估。对于每个生产区域，可以根据安全风险关联或组合情况，按照短板原理选择单元安全风险的最高等级作为该生产区域的安全风险等级，也可采用综合加权的方法确定其区域安全风险等级。

F　绘制安全风险空间分布图

非煤矿山企业要根据风险评估分级的结果，分别用红色、橙色、黄色、蓝色标示重大风险、较大风险、一般风险和低风险的生产区域，在矿区总平面布置图、井上井下工程对照图、尾矿库周边环境图等图纸上绘制全矿"红橙黄蓝"四色安全风险空间分布图，并用信息化手段将矿山内部各生产区域的安全风险等级展示出来。对于重要单元或区域，可根据风险管控的需要绘制单独的风险分级分布图。如对大型复杂系统，可按生产中段平面分层绘制。

非煤矿山企业可充分利用先进的电子技术、矿山地理信息系统等，建立企业安全风险数据库，不断积累和完善风险评估基础数据，并据此绘制风险分布电子图，可从多角度观察各级风险在企业的分布及变化情况，并可与相关风险信息、避灾线路、应急预案紧密联系到一起，提高风险管控的效能。

非煤矿山企业要认真分析红区、橙区、黄区、蓝区安全风险的特点，有针对性地制定管控措施，实行差异化管理，尤其要加大对较大以上风险区域的安全风险管控力度。

G　建立非煤矿山企业安全风险管控信息平台

为提高安全风险管控的效率，非煤矿山企业应充分利用现有安全管理信息系统，建立企业安全风险管控信息平台，构建完整的安全风险数据库，开发与安全风险管控相适应的处理模块和表单，将风险类型、风险等级和相应管控措施清单，以及安全风险管理制度、安全风险辨识技术支撑体系信息（安全风险事件库、安全风险辨识方法模型库、相关标准等）包含其中，并逐步将信息平台与相关单位和政府监管部门的信息终端通过互联网连接，实现企业安全生产信息与当地政府及有关部门互联互通、信息共享，逐步实现政府及有关部门对企业风险分级管控和隐患排查治理情况的实时监控，以及对企业安全风险的实时感知，实现由事故后治理向事故前风险管控的转变。同时，信息平台的数据应及时更新。

1.3.2.3　安全风险管控

非煤矿山企业要根据安全风险评估的结果，制定和完善安全风险管控措施（包括降低事故发生可能性或者削减事故后果的措施），确保将安全风险控制在可接受范围。

A　制定安全风险管控措施

针对辨识出的每一项安全风险，非煤矿山企业都要从管理、制度、技术和应急等方面综合考虑，制定完善有效的管控措施；单独的措施不足以有效管控安全风险时，应考虑选择多种措施组合使用，并确定实施这些措施的优先顺序。可以通过消除、终止、替代、隔离等措施消减风险，如露天矿高陡边坡的削坡、减载，井下矿山采空区的充填治理，水患矿井的帷幕堵水。也可以通过改造、修理等工程技术手段或个体防护手段降低风险，如井下员工配备自救器。非煤矿山企业要采用管理和监控手段监控风险，如高陡边坡的稳定性监测系统，井下通风系统远程集中监控系统，尾矿库在线监测系统。制定管控措施时，要与各岗位、车间和部门相关人员进行交流，充分论证，确保管控措施的合规性、可行性和有效性。要注重先进适用技术的应用，加强远程监测预警、自动化控制和紧急避险、自救互救的能力建设，积极推进"机械化换人、自动化减人"，严格执行设备定期更新，及时淘汰落后工艺装备。如《金属非金属矿山禁止使用的设备及工艺目录》中所列的淘汰工艺、设备和材料，必须在规定的时间内淘汰。确定的管控措施必须紧密结合生产实际，与现有的生产管理各个环节及现有管控措施充分融合，并符合现有标准对设备设施及作业活动的技术和管理要求。

B　实施安全风险分级管控

非煤矿山企业要对现有管理流程进行梳理，优化完善安全管理体系相关要求、标准和制度，将安全风险分级管控整合到现有管理体系尤其是安全生产标准化体系中，融入企业的整个生产活动与业务流程中，使之成为企业管理过程中的一部分。要根据安全风险分级结果，明确各等级安全风险相对应的企业、车间、班组和岗位人员分级管控的范围和责任，将责任分解到与生产过程相关的领导、部门、车间、班组的每个人，形成企业安全风险分级管控表（表1-4）。尤其要重点关注和管控较大以上安全风险，对于重大风险和较大风险应实施多级联合管控，确保管控措施落实到位，有效遏制重特大事故。

表1-4　企业安全风险分级管控表

序号	岗位（设备设施/作业活动）单元	危险有害因素	安全风险等级	管控措施	责任部门	责任人

岗位风险管控是企业安全管理的核心和基础，在员工进入作业岗位时，必须按照安全风险分级管控表对岗位的安全风险状况和各项管控措施进行安全确认，并开展班组安全风险预知、设备检查等活动，消除不规范行为，做到任务到人、责任到岗、管控到位。企业现场安全管理人员要做好安全风险预知预控的复核检查，确保管控措施有效落实。对岗位出现的异常情况或临时生产活动，应立即进行现场风险分析，制定相应对策措施，在落实管控措施后方可进行后续相关活动。金属非金属矿山的采掘工作面、生产巷道、运输道

路、边坡、尾矿坝等处于不断变化中的场所，其安全风险也是动态变化的，因此，对这类场所的安全风险随变动情况要适时进行评估，并及时调整管控措施。

C　安全风险公告警示

非煤矿山企业要建立完善的安全风险公告制度，在矿山入井（坑）口、交接班室等醒目位置和重点区域分别设置安全风险公告栏（样式见表 1-5）。将危险有害因素、事故类型、后果、影响范围、风险等级、管控措施和应急措施、责任人、有效期、报告电话等信息标识清楚，公告内容应及时更新和建档。要制作重点岗位安全风险告知卡（样式见表 1-6），标明岗位安全操作要点、主要安全风险、可能引发的事故类别、管控措施及应急措施等内容，便于员工随时进行安全风险确认，指导员工安全规范操作。要将岗位安全风险告知卡作为岗位人员安全风险教育和技能培训的基础资料之一，并在应用中不断补充完善。

表 1-5　非煤矿山企业安全风险公告栏

序号	环节或部位	危险有害因素	事故类型	后果	影响范围	风险等级	管控措施	应急措施	责任人	有效期	报告电话

表 1-6　非煤矿山重点岗位风险告知卡

岗位名称：

<table>
<tr><td>工作内容</td><td></td><td>工作场所</td><td colspan="3"></td></tr>
<tr><td rowspan="4">危险有害因素</td><td></td><td rowspan="4">事故类别</td><td></td><td rowspan="4">管控措施</td><td></td></tr>
<tr><td></td><td></td><td></td></tr>
<tr><td></td><td></td><td></td></tr>
<tr><td></td><td></td><td></td></tr>
<tr><td>应急措施</td><td colspan="5"></td></tr>
</table>

1.3.2.4　检查与考核

A　强化检查督促落实

非煤矿山企业要根据工作实际要求和职责分工，从矿级负责人、车间（部门）负责人直至班组长，层层带头示范，级级传导压力，逐月对安全风险管控措施和责任落实情况进行检查；在日常管理中对相关单位、责任人通过查阅相关记录、抽样检查、现场考试等方式，对其安全风险管控认知、岗位风险识别、管控措施落实等方面进行检查，并认真做好检查记录。检查记录应真实、准确、可追溯，确保各项风险管控措施落到实处，避免出现重形式、轻实效的现象。

B　及时排查治理隐患

对于检查过程中发现的生产安全事故隐患，非煤矿山企业要进一步完善隐患排查治理制度，明确主要负责人、分管负责人、部门和岗位人员隐患排查治理的职责范围和工作任务，完善现有的隐患排查治理工作流程，实现隐患排查、登记、评估、治理、报告、销账的闭环管理。要制定并实施严格的隐患治理方案，做到责任、措施、资金、时限和预案“五落实”，确保隐患得到及时治理。对于重大隐患，要按照相关规定报送安全监管部门。

金属非金属矿山企业应重点关注以下重大隐患：

（1）金属非金属地下矿山。

1）多个矿山的通风系统互联互通，且未采取相应措施。

2）露天转地下开采，地表与井下形成贯通，且未按照设计要求采取相应措施。

3）地表水系穿过矿区，且未按照设计要求采取防治水措施。

4）相邻矿山开采错动线重叠，且未按照设计要求采取相应措施。

5）开采错动线以内存在居民村庄、重要设备设施，未按照设计要求采取相应措施。

6）安全出口不符合规程及设计要求。

7）使用明令禁止使用的设备、材料、工艺。

8）矿井（中段、分段、井筒）保安矿柱未按照设计要求留设，且形式及参数劣于设计值；或者擅自开采各种保安矿柱。

9）未按照设计要求对生产形成的采空区进行处理或处理不到位。

10）具有严重地压条件，但未采取预防地压灾害措施（如卸压等）。

11）排水系统主要排水设施与设计要求不符，且排水能力降低。

12）井口标高在当地历史最高洪水位1米以下，且未采取相应防护措施。

13）未按设计留设或者擅自开采各种防隔水矿柱。

14）水文地质类型为中等及复杂的矿井，没有设立专门防治水机构、配备专门（兼职）探放水作业队伍和配齐专用探放水设备。

15）水文地质类型复杂的矿山中段（分段），防水门位置、型号、数量等与设计要求不一致。

16）在突水威胁区域或可疑区域进行采掘作业，未按规定进行探放水。

17）受地表水倒灌威胁的矿井，在强降雨天气或其来水上游发生洪水期间，不实施停产撤人。

18）矿井未建立或未按照设计要求建立机械通风系统，或风速、风量、风质不符合规定要求。

19）未配齐具有矿用产品安全标志的便携式气体检测报警仪和自救器。

20）提升系统的防坠器、阻车器等安全保护装置和信号闭锁措施失效；未按规定进行定期试验或者检测检验。

21）一级负荷没有采用双回路或双电源供电，或者单一电源不能满足全部一级负荷需要。

22）向井下供电的变压器和井下使用的变压器违规采用中性接地。

23）没有及时填图，现状图纸与实际严重不符。

24）不稳定巷道、采场顶板未采取支护措施。

（2）金属非金属露天矿山。

1）地下转露天开采，未探明采空区及未对采空区实施专项安全技术措施而进行作业。

2）使用明令禁止使用的设备、材料和工艺。

3）未采用自上而下、分层或分台阶的方式进行开采。

4）开采或破坏设计规定保留的矿（岩）柱、挂帮矿体。

5）雷雨天气实施爆破作业。

6）边坡存在滑移现象。

7）工作帮坡角大于设计工作帮坡角，或者台阶（分层）高度超过设计高度。

8）封闭圈深度 30 米及以上的凹陷露天矿山，未按照设计要求建设防洪、排洪设施。

9）危险级排土场。

10）高度超过 200 米（含）的边坡或排土场未按照标准要求进行在线监测。

11）上山道路坡度大于设计坡度 10%以上。

（3）尾矿库。

1）库区存在乱采、滥挖、非法爆破等活动。

2）坝体出现贯穿性横向裂缝，且出现较大管涌，水质混浊，挟带泥沙，或坝体渗流在堆积坝坡有较大范围逸出，且出现流土变形。

3）坝外坡坡比陡于设计坡比。

4）坝体超过设计坝高，或超设计库容储存尾矿。

5）尾矿堆积坝上升速率大于设计堆积上升速率。

6）浸润线埋深小于控制浸润线埋深，并被判定为险库。

7）安全超高或干滩长度小于设计规定。

8）排水系统、排洪系统构筑物严重堵塞、坍塌，导致排水能力急剧下降。

9）设计以外的尾矿、废料或者废水进库。

10）多种矿石性质不同的尾砂混合排放时，未按设计要求进行排放。

11）未按规程要求对坝体稳定性进行评估。

12）尾矿库冬季未采用冰下放矿作业。

C　强化实施绩效考核

非煤矿山企业要制定安全风险分级管控绩效考核办法和经济责任制考核细则，依据检查结果，重点从风险评估与实施职责落实、风险管控流程覆盖的深度和广度、风险管控措施落实情况、事故隐患排查治理情况、企业实际安全绩效等方面进行综合考核，并对相关责任人进行必要的奖惩激励，确保按进度计划完成风险管控任务，实现风险管控绩效。

1.3.2.5　改进提升

A　及时纠正偏差

针对日常和定期检查中发现的生产安全事故隐患以及安全风险管控措施落实不到位的情况，非煤矿山企业要认真分析原因，剖析安全风险分级管控体系中存在的制度漏洞和管理缺陷，对发现的偏差及时逐项纠正，确保实现双重预防机制的持续改进和闭环管理。

B　动态评估风险

非煤矿山企业要根据内部和外部条件的变化情况，对安全风险进行动态评估。特别是在实施改扩建工程项目、应用新设备设施或工艺技术、大型设备安装与检修、停产复工、发现重大不符合项、地质条件出现显著变化，以及发生生产安全事故等方面后，必须对安全风险重新进行评估，并根据评估结果制定实施新的管控措施。

2 双重预防机制理论研究和信息化平台建设现状

2.1 国内外矿山安全管理理论研究

2.1.1 国内矿山安全管理理论

2.1.1.1 国内矿山安全管理理论研究

人类要生存、要发展，就需要认识自然、改造自然，通过生产活动和科学研究，掌握自然变化规律。科学技术的不断进步，生产力的不断发展，使人类生活越来越丰富，但也产生了威胁人类安全与健康的安全问题。

人类“钻木取火”的目的是利用火，如果不对火进行管理，火就会给使用火的人们带来灾难。我国早在先秦时期，《周易》书中就有“水火相忌”“水在火上，既济”的记载，说明了用水灭火的道理。自秦人开始兴修水利以来，几乎历朝历代都设有专门管理水利的机构。到北宋时代，消防组织已相当严密。据《东京梦华录》一书记载，当时的首都汴京消防组织相当完善，消防管理机构不仅有地方政府，而且由军队担负值勤任务。

我国对安全管理理论的研究起步比较晚，现代安全生产管理理论、方法、模式是20世纪50年代进入我国的。在20世纪60、70年代，我国开始吸收并研究事故致因理论、事故预防理论和现代安全管理思想。20世纪80、90年代，开始研究企业安全风险评价、危险源辨识和监控，一些企业管理者开始尝试安全生产风险管理。20世纪末，我国几乎与世界工业化国家同步研究并推行了职业健康安全管理体系。进入21世纪以来，现代安全管理被认为是安全风险的识别、评价、预警和对安全事故的应急处理，系统化的安全管理雏形由此诞生。

傅贵从组织行为科学的角度建立了安全管理模型，并进行了组织诊断和模型分析，认为安全文化、组织行为和组织管理可以涵盖安全管理的基本内容，对安全文化进行了定义；定量分析了安全文化指标与安全业绩的关系，认为安全文化对于企业安全管理和安全状况的改善具有重要作用。

陈金国利用平衡记分卡工具，对安全文化的绩效指标进行了评价，并通过结论分析，认为安全文化绩效完成度越高的企业，其生产安全状况也越好。

张江石对安全文化与安全生产事故的关联性进行了调查研究，提出企业安全文化的建设状况与安全管理状况具有一致性，企业安全文化的建设是防止事故发生的重要手段。

刘素霞对安全绩效与安全管理的关系以及在安全管理中的作用进行了详细的论述和评估，梳理了企业安全绩效的研究成果和未来研究方向，认为安全绩效与安全文化、安全氛围、员工行为都有密切关系，对安全管理有着重要意义。

宫运华提出了企业安全管理诊断理论，对企业安全管理诊断的方法、依据、如何得出结论、如何分析诊断结果并依据诊断结果对企业的安全管理进行进一步改进做了论述。

佟瑞鹏、刘亚飞等在《基于行为安全理论的安全管理评价普适模型与实证分析》一文中以行为安全管理理论为基础，提出了安全管理的体系、行为、状态、绩效之间的关系和相互作用机理，并建立了安全管理评价普适模型。

安全管理涉及的范畴和内容十分广泛，以往学者多从安全管理的某一个具体方面进行研究，也更偏重于学术和理论性的探讨，针对企业尤其是非煤矿山企业的研究还比较少。

2.1.1.2　和谐管理理论

和谐管理理论是和谐理论在管理学领域中的发展和应用。和谐理论的基本思想，是设法在各个子系统中形成和谐状态，从而达到整体和谐的目的。和谐管理的要旨是，组织为了达到其目标，在变动的环境中，围绕和谐主题，以优化和消减不确定性为主要手段，从而提出问题的解决方案的实践活动。其中和谐主题指的是："在特定的环境中，在人要素与物要素的互动中所产生的核心组织问题。"

和谐管理理论的主要假设为：（1）环境因素（包括自然的、社会的、文化的和技术的等）是一切管理理论的影响条件；（2）人是管理活动中不确定性的基本因素（相对的，在管理意义上，物要素的不确定性是可以认知和适度控制的）；（3）非人管理要素目标的实现方式可以在人的认知范围内被无限优化。

和谐管理理论是基于其假设前提，放弃了"计划、组织、领导和控制"的基本框架，实际成为紧密依赖于环境的"围绕和谐主题的问题解决学"，其实质是辨析和应对"此时、此地、此行业下的和谐主题"的辨析和应对。按"人"与"物"的划分，以及管理活动常常面临的"人的不确定性"、"物要素的匹配、互动和组合优化性"和"环境的复杂多变性"，相应地分化出"和"与"和则"，"谐"与"谐则"等两类概念。其中，"和"定义为人及人群的观念、行为在组织中的"合意"的"嵌入"，主要关注人的主观性、主动性；由和的概念直接派生出"和则"，并应对组织中"人的永恒的不确定性"所显现的规律的概念，以协调人际间的共处，人与组织的共处，乃至组织间、组织与环境间的共处，如制度、规则、契约、文化、舆论、社会观念等均是和则所考察的内容。"谐"是指一切物要素在组织中的"合理"的"投入"，是一种客观、被动的状态；"谐则"作为"谐"的派生概念，是指任何可以被最终要素化的管理问题，是可以通过数学或量化处理模式根据目标需求得以解决的。它可以是质量技术标准，也可以是结构；可以是静态的，也可以是动态的。因此，和谐管理理论的终极目标是：针对复杂多变环境下充满不确定性因素的一系列管理问题，提出一种较为周全的解决方法。其理论能对已发生、正在发生以及将要发生的管理现象有广泛且良好的解释力与预见力，同时具有紧贴管理实践、易操作、简捷的特点。

根据和谐管理的基本概念，在和谐管理理论中，环境、组织和领导特征决定战略的制定，战略执行中所需解决的核心任务和管理难题的关键在于确定和谐主题。和谐主题被确定下来之后，总能够找到相应的和则与谐则解决方法的组合。围绕和则与谐则的互动耦合，可以形成和谐的组织运行机制，从而保证组织健康运行并取得良好的绩效。

2.1.1.3 事故唯物辩证因果连锁理论

事物的联系是普遍的、客观的、有条件的、具体的和多样性的。在事物的多种联系中，原因和结果的联系是人们在实践中经常遇到的一种联系，是用以探索和揭示事物奥秘的一种重要联系。

许多现象会引发其他现象的产生，任何现象的产生都由其他现象所引发。这种引发与被引发的关系，称之为因果联系。

引发某种现象产生的现象，称之为原因；被某种现象引发的现象，称之为结果。

因果关系的逻辑就是：因为A，所以B；或者说如果出现现象A，必然就会出现现象B（充分关系）。这是一种引发和被引发的关系，而且是原因A在前，结果B在后。一切先后关系不一定就是因果关系，比如昼夜的交替。但并不是一切必然联系都是引发和被引发的关系，比如，单身汉就是一个没有成家的男人，这是一种必然关系。在正常情况下，因果关系是，这个男人没有成家，所以他是单身汉；而不是因为他是单身汉，所以他没有成家（除非他自己不想成家）。只有有了引发和被引发关系的必然联系，才是属于因果联系，而必然联系并不一定是引发和被引发关系。但引发和被引发却是因果联系的本质规定。

发生事故时，事故肯定是因为某种行为或者失误引起的，事故发生原因出现了，必然就发生事故。事故与事故发生的原因是引起与被引起的关系。要研究事故，就必须深刻研究事故发生的原因。

2.1.2 国外矿山安全管理理论及典型

2.1.2.1 国外矿山安全管理理论研究

1960年代，国外就开始对企业安全生产进行研究。早期研究重点为安全评估方法，最早的研究成果是1964年美国道化学公司提出的火灾爆炸指数法。在此基础上，沿着“指数法”和“概率风险评估”两个方向开发出许多评估方法。后来国外学者从立法、企业管理制度、矿工个人行为以及安全文化等方面开展了大量的研究。

A. R. Green研究澳大利亚新南威尔士州颁布的危险管理规章制度的实施效果。David Laurence对矿山安全规章制度和事故之间的因果关系进行研究，通过调查分析得出以下三个结论：安全管理的规章制度并非越详尽越好；详尽的安全规章制度不会对矿工的安全产生影响；详尽的安全规章制度并不会减少事故的发生。

J. Fuller Luminico评估美国、加拿大、南非以及澳大利亚的南威尔士州和西澳大利亚州等地有关矿山职业安全与健康的立法情况。Mark Freeman对新南威尔士州职业健康与安全管理体系（OHS）的运行进行了分析总结，从承包商管理、风险管理、安全管理制度、安全培训、安全监察五个方面分析了矿山安全事故发生的原因，认为职业健康与安全管理（OHS）法案需要进一步完善。

Karlene H. Robort，Robert Bea和Dean L. Bartles强调组织的重要性，通过建立一个高可靠性组织来预防和避免常规事故的发生。作为企业管理者，应该积极搜集各种信息、设计奖金和激励制度、全面沟通。

Neil Bridge，Bob Ferguson 提出一个安全改进计划。这个计划目前在澳大利亚矿业实行，且被各个矿厂联盟广泛支持。它通过员工的广泛参与和承诺，更好地实现了对工作场所的风险控制。

J. C. Groombridge 阐述了安全案例模式的基本概念及实施要点，并认为技术安全是最好的自我管制模式，一个结构良好的安全管理模式能够使危险管理正式化并使适当的行动优先。

Justine Evesson 主要分析了合同制和承包制在矿业的运用情况以及对安全管理的实质影响。此外，美国杜邦公司在总结 100 多年的发展过程中，提出了“所有的事故都是可以防止的”等 10 大安全管理理念。

2.1.2.2 杜邦安全理念

杜邦公司成立于 1802 年，主要生产黑火药。一百年前，它的业务重心转向全球的化学制品、材料和能源，是一家面向市场的科学企业，提供以科学为基础的产品及服务。如今，杜邦在全球拥有 6 万多名员工，业务遍及 90 多个国家和地区，以广泛的创新产品和服务涉及农业与食品、楼宇与建筑、通信和交通等众多领域。

杜邦不断适应变化的能力和对科学永无止境的探索，使得公司在两个世纪的历史进程中成为世界上最具创新能力的公司之一。然而，面对不断的变化、创新和发现，他们的核心价值却始终保持不变，这就是致力于安全、健康和环境、遵循最高的职业操守，以及尊重人与平等待人。

A 安全发展历程

第一阶段是自然本能反应阶段。该阶段企业和员工对安全管理的重视程度仅仅是一种本能的自然保护反应，没有或少有安全的预防意识。员工以服从为目标，对安全是一种被动的服从，各级管理层认为安全是安全部门和安全经理的责任，缺少高级管理层的参与。

第二阶段是依赖严格的监督。这一阶段已建立起了安全管理系统和规章制度，各级管理层责任人做出承诺，但员工意识和行为往往是被动的，员工遵守安全规定仅仅是害怕被解雇或受到处罚，员工执行安全规章是被动的。各级管理层监督和控制安全行为并反复强调安全的重要性，制定具体的安全目标。企业把安全视为一种价值，管理层和员工参加安全培训。

第三阶段是独立自主管理阶段。这时企业已具有良好的安全管理体系，安全获得各管理层的承诺，各级管理层和全体员工具备完好的管理技巧、能力及安全意识，表现出的安全行业特征为员工自觉按规章制度进行生产，安全意识深入员工之心，员工把安全作为个人价值的一部分，安全不但为自己也为家庭和亲人，安全无时不在员工工作和生活中受到重视，把安全视为个人成就。

第四阶段是互助团队阶段。员工表现的安全行为特征为，不但自己遵守各项规章制度，而且帮助别人遵守各项规章制度；不但观察自己岗位，而且留心别人岗位上的不安全行为和条件。员工将自己的安全意识和经验分享给其他同事，关心其他员工，关注其他员工异常情绪变化，提醒安全操作。员工将安全视为一项集体荣誉。

在杜邦这四个阶段中，第一阶段事故发生率最高，尽管制定了“进厂马匹不得钉铁掌并包棉布，员工不能带火种、必须穿工作服”等一系列防范措施和操作规程，但杜邦公司为此仍付出了高昂的代价。在成立之初十几年的黑火药生产，使杜邦家族几位亲人及公司员工付出血的代价，最严重的一次爆炸事故发生在 1818 年，拥有 100 多名员工的杜邦公司有 40 多人死伤，公司濒临破产。为此，杜邦在 1818 年开始建立了安全管理的三项政策和一项制度。同时，在长期的安全管理过程中树立了 10 大安全理念。

B 理念与制度

a 杜邦的安全理念

杜邦的安全理念为：从矿级、部门、区队车间、班组到个人，对自己和管辖范围内安全负责，分为 10 大方面：

（1）所有的安全事故是可以防止的。从高层到基层，都有这样的信念，采取一切可能的办法，防止、控制事故的发生。

（2）各级管理层对各自的安全直接负责。因为安全包括公司各个层面、每个角落、每位员工点点滴滴的事，只有从公司高层管理层对所管辖的范围安全负责，下属对各自范围安全负责，到车间主任对车间的安全负责，到生产组长对管辖的范围安全负责，直到小组长对员工的安全负责，涉及的每个层面、每个角落安全都有人负责，这个公司的安全才能真正做到有人负责。安全部门不管有多强，人员都是有限的，不可能深入到每个角落、每个地方 24 小时监督，所以，安全必须是从高层到各级管理层到每位员工自身的责任，安全部门则从技术上提供强有力的支持。企业由员工组成，只有每位员工对自己负责，每位员工对每个单位负责，每个员工、组长对安全负责，安全才有人负责，最后总裁才有信心说我对企业安全负责，否则总裁、高级管理层对底下安全哪里会出问题都不知道。这就是直接负责制，是员工对各自领域安全负责，是相当重要的一个理念。

（3）所有安全操作隐患是可以控制的。在安全生产过程中，所有的隐患都要有计划地排查，有投入地控制。

（4）安全是被雇佣的条件。在员工与杜邦的合同中明确写着，只要违反安全操作规程，随时可以被解雇。每位员工从参加工作的第一天就意识到这家公司是讲安全的，从法律上讲只要违反公司安全规程就可能被解雇。这是把安全与人事管理结合起来。

（5）员工必须接受严格的安全培训。要让员工安全操作，就要进行严格的安全培训，要尽可能想办法，对所有操作进行安全培训；要求安全部门与生产部门合作，知道这个部门要进行哪些安全培训。

（6）各级主管必须进行安全检查。这个检查是全面的、鼓励性的，以收集数据、了解信息，然后发现问题、解决问题为主。如对一个员工的不安全行为，不是批评，而是先分析好的方面在哪里，然后通过交谈，了解这个员工为什么这么做；还要分析领导有什么责任。这样做的目的是拉近距离，让员工谈出内心的想法，为什么会有这么不安全的动作，知道真正的原因在哪里。是这个员工不按操作规程做，安全意识不强；还是上级管理不够、重视不够。这样拉近了管理层与员工的距离，鼓励员工通过各种途径把对安全想法反映到高层管理者，只有知道了底下的不安全行为、因素，才能对整个企业安全管理提出规划、整改。如果不了解这些信息，抓安全是没有针对性的，不知道要抓什么。当然，安全部门也要抓安全，重点是检查下属、同级管理人员有没有抓安全，对这些人员的管理进行评估，让高级管理人员知道这个人在这个岗位上安全重视程度怎么样，为管理提供信息。这是两个不同层次的检查。

（7）发现安全隐患必须及时消除。在安全检查中会发现许多隐患，要分析隐患发生的原因是什么，哪些是可以当场解决的，哪些是需要不同层次管理人员解决的，哪些是需要投入力量来解决的。重要的是必须把发现的隐患加以整理、分类，知道这个部门主要的安全隐患有哪些，解决需要多少时间，不解决会造成多大风险；哪些需要立即加以解决，哪些是需要加以投入的。安全管理真正落到了实处，就有了目标。这是发现的安全隐患必须及时排除的真正含义。

（8）工作外的安全和工作内的安全同样重要。

（9）良好的安全就是一门好的生意。这是一种战略思想，如何看待安全投入，如果把安全投入放到对业务发展投入同样重要的位置考虑，就不会说这是成本，而是生意。这个理论是一个概念，在实际上也是很重要的。抓好安全是帮助企业发展，创造良好的环境、条件，实施企业发展目标；否则，企业每时每刻都在高风险下运作。

（10）员工的直接参与是关键。没有员工的参与，安全是空想。因为安全是每一位员工的事，没有每位员工的参与，公司的安全就不能落到实处。

b　杜邦的三项政策与一项制度

杜邦的三项政策为：

（1）管理层对安全负责的制度，即安全生产必须由生产管理人直接负责。从总经理、厂长、部门主管、车间主任、班组长对安全负责，而不是由安全部门负责。

（2）建立了公积金安全保险制度即现在的工伤保险制度和安保基金制度。员工安全公积金个人缴纳一部分，公司缴纳一部分。

（3）关注员工关心员工，包括受伤员工家属、子女抚养安置，即现在的以人为本的相关政策。

除上述三项政策外，还规定了一项制度：一项新的产品、工艺或一个新的工厂开工，最高管理层操作之前，任何员工不允许进入工厂，必须由厂长经理先行操作，目的就是体现管理者对安全的承诺和重视。

杜邦公司在互助团队的安全管理模式下，自 2000 年以来，370 个工厂和部门中 80%没有发生过因职业卫生导致的病假及安全事故，至少 50%的工厂没有出现过可记录的伤害，20%的工厂超过 10 年以上没有发生过安全伤害记录。

2.1.2.3　壳牌安全管理

壳牌石油公司是一家雇员约 10 万人、业务遍及全球 90 多个国家和地区的国际能源化工集团。在技术领域，壳牌不断创新，帮助人们应对未来的种种能源挑战。在安全领域，壳牌追求的目标是实现零伤亡。

壳牌无论在哪里运营，都竭力防止一切危害人员安全的事故发生，将确保安全作为工作的重中之重。为了实现这个具有重大意义的“零”，壳牌运用严格的安全标准与训练有素的人员来确保执行力。

A　系统管理

壳牌的安全理念与实践，源自公司对 HSSE（健康、安全、保安、环境）和社会业绩（SP）的系统管理。为提供能源产品或服务，壳牌在全球的员工每年需驱车总里程近 15 亿千米。他们有的在艰苦或极端条件下建设新工厂，有的在遥远的海上平台工作，有的运营炼油厂和化工厂。但无论在何种情况下，壳牌都会努力确保运营安全，以对社会和环境负责的方式，帮助社会满足能源需求。为降低对环境和社会的影响，壳牌制定了一套包括 HSSE 和 SP 在内的综合性业务原则和严格标准。关于 HSSE 与 SP 的承诺和政策，反映了壳牌的运营目标以及与社会的相处之道。这些目标包括：不对人员造成伤害，保护环境，遵守所有 HSSE 法律法规。

所有壳牌下属公司、承包商和由壳牌控制运营的合资公司，都必须按照关于 HSSE 与 SP 的政策和承诺、当地法律和有关许可来管理 HSSE 与 SP。为帮助员工和承包商将该承诺与政策付诸实践，壳牌于 2009 年推出 HSSE 与 SP 控制框架。该框架包括一整套强制性标准和手册，内容涉及控制温室气体排放、对生物多样性的影响、道路安全和保安等方面。此外，壳牌在规划、设计和投资新项目时，要考虑环境与社会因素。他们不但要确定与业务活动相关的 HSSE 风险，而且通过相关控制措施，努力降低这些风险。壳牌业务经理负责确定 HSSE 风险，并对其潜在影响进行评估，同时利用控制与恢复措施降低或消除风险。壳牌对业务进行审计，并努力确保 HSSE 和 SP 各项要求贯彻落实。壳牌要求业务部门和职能部门负责人在每年底将他们如何应用业务原则和标准以及所采用控制措施的成效，向首席执行官报告。壳牌内部审计机构负责对作假、合规及其他控制事故进行调查。他们还将 HSSE 政策和业绩向壳牌集团执委会和董事会报告。壳牌的工艺安全专家负责进行专门的安全审计。壳牌的主要工厂都通过了包括 ISO14001 在内的国际环境体系标准的认证。外部事务委员会和观察员也在帮助壳牌监控环境。

B 安全文化

壳牌努力创建强有力的安全文化，对控制最重大的 HSSE 风险予以格外关注。壳牌于 2009 年推出 12 条“救命”规则。规定员工和承包商人员必须了解和做到这些“救命”规则，以防止发生重伤或死亡事故。比如：驾车时务必系上安全带，不要超速或使用手机，即使免提电话也不可以。如果违反规定，员工将受到纪律处分，甚至被解雇；同时，可现场解除违规的承包商人员的职务，并禁止其参与壳牌以后的相关工作。

此外，壳牌还举办面向员工和承包商人员的全球年度安全日活动，使其能反思自己在壳牌安全工作方面发挥的作用。

C 员工训练有素

壳牌不断对员工进行培训，以确保在整个公司充分实现 HSSE 卓越管理的承诺。

HSSE 和 SP 还是壳牌评估和选择承包商的关键考虑因素。良好的 HSSE 业绩有赖于高素质员工。壳牌希望执行任务的员工受过相应培训，健康状况适合履行其职责，并且精力充沛、警觉性高。

壳牌的 HSSE 能力相关要求依托法规和业界标准，并在 HSSE 和 SP 控制框架中进行相关规定。对于那些工作任务中具有重大 HSSE 风险的个人，由壳牌核查其是否接受过必要培训和具备相应技能。其中包括，负责具有重大 HSSE 风险的一线运营工作的人员，规划和监管具有重大 HSSE 风险的工作人员，HSSE 专业人员和担任领导职务的人员。

壳牌要求由员工和承包商组成的各级 HSSE 负责人，都为实现良好的 HSSE 业绩做出贡献。公司通过年度考核制度和保证体系对 HSSE 负责人进行评测。

可以通过学习公司内部的壳牌公开大学课程，参加课堂培训、在岗教育和实践等多样化的途径，来提高必要的 HSSE 能力。此外，针对海上作业以及道路安全等高风险领域，壳牌还开设了为具体工作量身定制的综合课程。

D 工艺安全

对壳牌而言，工艺安全意味着确保工厂要精心设计、安全运营，并进行适当检查和维护。壳牌竭力防止发生可能致使员工、临近社区、环境或设施处于危险之中的工艺安全事故。简言之，工艺安全的目标在于确保公司资产安全。

壳牌的设计完整性、技术完整性和运营完整性，共同构成完整性领导力的三大支柱。壳牌拥有的设计工程惯例已经超过 350 种。这表明，壳牌在安全可靠地应用行业设计标准和规范方面拥有多年丰富经验；在勘探、钻井、生产、加工、运输或存放危险物质或能源方面，拥有强制性设计和建设技术标准。壳牌采用严格流程，对于强制性技术标准的偏差情况进行监测和审核，并对变更进行管理；针对新工厂和工厂改造，进行工艺安全审核。

壳牌还对现有工厂进行定期审核，评估所做的变更，包括采用新设计标准、新技术以及从事故中汲取的运营经验和教训等。

设备完整性与工艺安全是壳牌工作的重点。无论设备的使用年限或所处位置，壳牌都竭力以不低于企业内部标准和有关法律法规要求的方式运营所有设备。同时，不断投资，保持和改进运营安全和可靠性。其中包括在上游业务中投入 50 多亿美元改进设备。

壳牌有详细的维修保养，以确保持续关注工厂的技术完整性。其中包括事故防范设施得到良好维护和控制。

壳牌规程注重预期的明确性、透明度和与员工的开放式沟通，目的是确保经理和员工都能清楚和理解安全操作范围和操作规程，并确保制定严格的资产监控方案。

壳牌的管理层在避免发生工艺安全事故方面发挥着重要作用，他们必须展现看得见、摸得着的领导力。在工厂寿命周期的每个阶段，壳牌经理都对工艺安全管理负责。所有经理都具备职位所需的技术与专业素质和经验，了解工厂存在的危险和降低工艺安全风险的措施。经理要与员工定期沟通，确保明确工艺安全预期和责任。此外，他们还负责对事故进行调查，并负责采取纠正措施，分享经验教训。为确保工厂的安全运营，壳牌经理各尽其责。譬如，详尽的安全准则没有到位，经理就不能启动工厂或让工厂恢复运行。其中包括确保员工和承包商具备相应能力，确保实施相应规程，在规定的操作范围内操作设备。

壳牌还会通过统一的方式与邻近社区进行交流，利用社区事务委员会提供的信息和开放日活动，了解他们对工厂安全问题的担忧，并为其提供事故防范措施的相关信息。

2.1.3 国内外安全管理体系对比

目前，在国内外矿山企业应用比较成熟、完善、广泛的系统安全管理体系，包括 OHSMS、HSE、NOSA、非煤矿山安全生产标准化等。

2.1.3.1 OHSMS

“OHSMS”是职业健康安全管理体系（Occupation Health Safety Management System）的英文简写，是 20 世纪 80 年代后期在国际上兴起的现代安全生产管理模式。它与 ISO9000 和 ISO14000 等标准体系一并称为“后工业化时代的管理方法”。职业健康安全管理体系产生的主要原因是企业自身发展的要求。随着企业规模扩大和生产集约化程度的提高，对企业的质量管理和经营模式提出了更高的要求。企业必须采用现代化的管理模式，使包括安全生产管理在内的所有生产经营活动科学化、规范化和法制化。

OHSMS 一般包括 7 个主要部分：初始状态评审；安全卫生方针；规划；实施与运行；检查与改进措施；审核和定期评审总结。核心内容是方针、计划、实施、改进、审核这 5 个要素和持续改进的循环。

一般状态下，OHSMS 的运行从初始状态评审开始，依次进行到评审总结，就完成了第一次循环；第二次循环的初始状态评审确定一个新的高于第一次循环的起点；而第三次循环的起点线又高于第二次，逐次提高，持续改进。OHSMS 是企业总的管理体系中的一个子系统，其循环也是企业整个管理体系循环的一个子循环。企业通过 OHSMS 不断循环运行和改善。

值得提到的还有 OHSAS。OHSAS 全称为：Occupational Health and Safety Assessment Series。就是说，职业健康安全所依据的标准为 OHSAS，建成的体系称为 OHSMS。

OHSAS 是 1999 年国家经贸委等同采用 13 个区域组织联合推出的 18001 时的叫法，翻译过来的名称是《职业安全卫生管理体系》。

OHSMS18001 是国家质检总局将 18001 等同转化为 GB/T 28001 时国家认监委的叫法，标准名称叫《职业健康安全管理体系》，也是现在所有审核机构采用的标准。

OHSAS（原国家经贸委颁发 18001 标准）与 OHSMS18001（GB/T 28001）两者内容基本相同。这就类似于 14001 认可机构未整合时，国家技术质量监督局和国家环保总局分别对 14001 认证机构认可授权一样。两家认可机构都同时参加 IAF（International Accreditation Forum）论坛，现在认可机构已经整合。国家安全生产监督管理总局与国家环保总局 18001 与 14001 认可委都已合并于国家认监委，所以国家经贸委颁发的 18001 标准不再在认证中作为审核标准。

OHSMS 的特点是需要组织采取系统化的管理机制，建立体系结构、提供结构化运行机制和国际通用评审依据。

OHSMS 遵循自愿原则，不改变组织法律责任。OHSMS 不是法律，而是规定组织如何遵守法律，基于原有国家地方行业的法律。

OHSMS 未对绩效提出绝对要求，不确定取得最佳结果。不同基础与绩效的组织都可能满足 OHSMS 要求，同基础与绩效的组织不一定取得一样的结果。

OHSMS 不必独立于其他管理系统体系，具有广泛适用性，适于各种类型规模、地理、文化和社会条件；具有很大灵活性，没有行为标准；关心的是如何实现目标，不注重目标是什么；坚持持续改进和工伤职业病预防，安全第一和预防为主贯穿于持续改进中。

2.1.3.2 HSE

健康、安全与环境管理体系，简称为 HSE 管理体系，或简单地用 HSE MS（Health Safety and Enviromen Management System）表示。HSE MS 是近几年出现的国际石油天然气行业通行的管理体系。它集各国同行管理经验之大成，体现当今石油天然气企业在大城市环境下的规范运作，突出了预防为主、领导承诺、全员参与、持续改进的科学管理思想，是石油天然气行业实现现代管理，走向国际大市场的准行证。健康、安全与环境管理体系的形成和发展是石油勘探开发多年管理工作经验积累的成果，体现了完整的一体化管理思想。

2.1.3.3　NOSA

NOSA是国际职业安全协会（National Occupational Safety Association）简称。它创建于1951年，是一个非牟利组织。当时，由于南非工矿企业较多，工作环境差，人员素质低，经常发生人身伤亡事故。南非政府迫切需要改善这种不安全状况，由南非劳动局制定了一系列的安全审核制度，通过对企业的定期进行安全审核，对安全表现提供客观的评估，指出需要改善之处，以减少企业不安全因素，从而提高安全水平，并取得了显著成绩。而NOSA“安全五星”管理系统是在上述基础上从1970年代发展起来的，它经过10万多次的调查、考察和评估，发展至今已形成一个集安全、环保、健康于一体的管理体系。

NOSA“安全五星”管理系统适用范围较为宽泛，如电力、机械制造、矿山、捕鱼等行业。同时在国际上也得到了广泛的公认，具有一定的权威性。五星安全管理系统在国际上推行以来，验证了该系统在减少人员伤亡、厂房及设备损坏，减少职业病和其他损失等方面是成功的。

NOSA自1987年开始提供对邻国服务，目前，已有10多个国家和地区采用NOSA“安全五星”管理系统，如美国、加拿大、澳大利亚、南非、印度、印尼、孟加拉国、智利、巴基斯坦、肯尼亚、尼日利亚、巴西和中国香港等。广州蓄能水电厂在1995年开始引进NOSA安全五星管理系统，1996年11月份，由南非NOSA“安全五星”评核员对该厂进行正式评核，取得了“三星级”良好成绩，并颁发了“三星级”证书。

NOSA“安全五星”管理系统对用户带来的利益为：减少意外事故的发生；改善工作环境；提高员工的积极性及职业道德；增加产品数量；提高产品质量；增加公司效益；改善沟通和合作关系；减少资金或其他方面的损失。

NOSA“安全五星”管理系统评审内容及其评级准则：评审内容主要包含以下两个方面：

（1）五大项目72要素（共2000分）。

1）楼宇和管理（含11个元素，占320分）。

2）机械、电气和个人安全防护（含17个元素，占600分）。

3）消防及防火（含9个元素，占220分）。

4）意外事故的记录及调查（含7个元素，占160分）。

5）安全管理（含24个元素，占700分）。

（2）工伤意外事故率（DIFR）。

五星系统除了上述五大类别组成外，还有一个统计工伤意外发生率的指标。这是一个关键指标，显示每年受伤员工占总数的百分率，其统计方法：

$$\text{DIFR} = \text{工伤意外次数} \times 200000 / \text{全体员工的工作小时数}$$

评级准则：五星评估员根据五大类别72个元素的要求对企业进行评分，并计算工伤意外发生率，其与星级对应关系见表2-1。

表 2-1 评分与星级对应关系

星 级	表示意义	工伤意外率	实际得分
NOSCAR	优秀	≤0.8	95~100
五星	优	≤1	91~94
四星	良好	≤2	75~90
三星	好	≤3	61~74
两星	一般	≤4	51~60
一星	差	≤5	40~50

2.1.3.4 非煤矿山安全生产标准化

在矿山安全管理体系方面，目前我国金属非金属矿山企业推行的管理体系主要是金属非金属矿山安全标准化体系。原国家安全生产监督管理总局于 2006 年 10 月 1 日正式发布了《金属非金属矿山安全标准化规范》（AQ2007. X—2006）。随后又相继发布了相关的金属非金属矿山安全标准化实施指南及评分标准。金属非金属矿山安全标准化体系以危险源辨识与风险评价为基础，注重安全管理的全员参与和过程控制，以 PDCA 循环改进的模式运行，是一个科学、规范、系统的现代安全管理体系。金属非金属矿山企业安全标准化等级分为一级、二级和三级，其中三级为最低等级。安全标准化体系将金属非金属矿山安全管理系统划分为安全生产方针与目标、安全生产法律法规与其他要求、安全生产组织保障等 14 个核心要素，每个核心要素又包含若干子要素，每个子要素赋予一定的分值。考评人员通过对每个子要素的考察和评分，确定企业安全标准化体系的等级。

安全生产标准化通过建立安全生产责任制，制定安全管理制度和操作规程，排查治理隐患和监控重大危险源，建立预防机制，规范生产行为，使各生产环节符合有关安全生产法律法规和标准规范的要求，人、机、物、环处于良好的生产状态，并持续改进，不断加强企业安全生产规范化建设。

据《非煤矿山安全生产标准化建设工作的通知》（安监总管一〔2011〕104 号），非煤矿山安全生产标准化的目标是：2011 年底前，大中型金属非金属矿山和三等以上尾矿库达到三级以上安全生产标准化水平，颁布实施 HSE 管理体系分级及评分办法；2013 年底前，所有非煤矿山和尾矿库达到三级以上安全生产标准化水平；2015 年底前，80%的大中型非煤矿山达到二级以上安全生产标准化水平。

2012 年以来，非煤矿山安全生产标准化在非煤矿山领域全面铺开。据《非煤矿山安全生产十二五规划中期评估》，截至 2012 年底，非煤矿山企业安全生产标准化达标企业共 27364 家，达标率为 46.8%；其中一级标准化企业 33 家、二级标准化企业 1402 家、三级标准化企业 25929 家。全国有 15 个省（区）的标准化达标率超过 70%。

从总体上来看，各类管理体系的评价方法主要分为两类，即审核法和考评打分法。OHSMS 管理体系、EHS 管理体系及 QHSE 管理体系采用的均是体系审核法，即对照标准的一般要求来考察企业的符合程度。由于这些管理体系所提供的标准并不针对某一具体的对象，适用于任何组织，缺乏安全绩效准则，因此通过管理体系审核，只能从宏观上和形式上总体把握企业实施体系要求的基本情况，并不能具体掌握矿山企业的实际安全工作水平。我国安全标准化体系和 NOSA 五星安全管理系统的评价方法都属于考评打分法。考评打分法为管理评价提供了具体、详细的评价项目，并给每个考评项目赋予一定的分值，最终的考评得分能够衡量不同企业的安全管理水平。但该方法也存在着一定的缺陷：

（1）体系的考评打分往往仅由少数几个考评人员完成，使得打分结果具有很大的主观局限性。少数几个考评人员在较短时间内不可能对企业所有涉及内容进行核查，而只能随机抽取少量的样本，若样本的特征或结果不明确，企业得分将受到考评人员的能力、知识、偏好等个人因素的影响，考评人员所打的分数将不能准确、客观地表现企业的实际管理状况，最终将导致评价结果失去一定的真实性。

（2）在考评打分时，不同的考评人员对同一考评内容可能会存在不同的打分意见，因不同意见发生的争执将给整个考核进程带来一些麻烦。这些争执可能使考评工作变得草率，另一方面也可能使考评工作变得较为困难，这就带来了一个考评打分法的操作性问题。

（3）安全标准化考评打分法的结果只是一个简单的分数，一个等级。这种考评结果不能清晰地展示出企业安全管理工作的强项与弱项，更无法从系统和宏观的角度反映企业安全管理整体水平与发展趋势，不利于企业对安全管理工作的全面认识与发展方向的把握。

2.2 非煤矿山双重预防机制理论研究

2.2.1 安全风险分级管控理论

2.2.1.1 危险源理论的研究

对风险进行分级管控，最重要的环节就是危险源的辨识，而要准确、高效的辨识非煤矿山危险源，就需要对其定义有一定的了解。近年来由于各生产企业伤亡事故频发，“危险源”一词已众所周知，但是目前国内外对危险源的概念和分类都没有明确的界定，学者们对于危险源的定义和分类也各持己见。

A 国外危险源理论的研究

国外对于危险源理论的研究始于工业化的生产过程，学者们集中在研究危险源的定义上，各学者、机构的观点不同，多倾向于美国化工行业对于危险源的定义。

英国的健康与安全委员会（HSC，Health and Safety Commission）将危险源定义为可能造成事故发生的生产装置、设施或场所，危险源是事故发生的根源。

英国的 HSE（Health and Safety Executive）认为危险源是一种来源于物质固有特性或者运行中的可能引起损害的潜在危害。

Willie Hammer 将危险源定义为：可导致人员伤亡或物质损失事故的潜在不安全因素。

美国化工行业将危险源定义为：存在于生产系统中，并能产生和释放能量的物质，在一定的触发条件下，足以导致人员伤亡、职业危害和财产损失事故发生的潜在的各种不安全因素。

B 国内危险源理论的研究

国内学者对危险源理论的定义的也持有不同观点：

何学秋认为危险源是产生和强化负效应的核心和危险能量的爆发点。

李继胜认为危险源是可能导致人身伤害或财产损失等环境中潜在的或固有的不安全因素。

江兵认为危险源是对人类自身、财产、环境有损害潜能的固有的物理、化学属性及危险物质、操作环境及意外的致灾事件等。

于首行认为危险源是由于人在生产过程中的管理、决策等方面的影响，在某些条件下使系统或物质的能量意外释放，造成人身伤亡和财产损失的各种不安全因素。

2.2.1.2 风险分级理论基础

风险是事故发生可能性和严重程度的函数。风险分级的基本思路同样可用数学关系表示：风险值=危险概率×危险严重度。即通过计算得出的风险值和风险水平，然后进行具体细分。但是，运用到现实操作应用中，会遇见风险值难以精确定量计算的难题。因此，为了风险分级较为准确常用定性或半定量的方法进行。在设计过程中加入敏感性概念，即重大危险源生产使用的时间与空间因素，从三个维度进行重大危险源风险评价。即：

$$R=f(P, L, S) \tag{2-1}$$

式中，R 表示风险，风险是事故发生可能性和严重程度的函数；

P 表示可能性，指导致事故发生概率，可能性越大，事故发生的概率越大；

$$\text{概率函数}: P=f(4M)=f(\text{人的因素},\text{机的因素},\text{环境因素},\text{管理因素}) \tag{2-2}$$

L 表示严重性，指事故发生可能导致的后果严重程度；

$$\text{后果函数}: L=f(\text{人员影响},\text{财产影响},\text{环境影响},\text{社会影响}) \tag{2-3}$$

S 表示敏感性，指导致事故发生的时间或空间敏感程度，外界条件越敏感，事故后果可能越严重。

$$\text{情境函数}: S=f(\text{时间因素},\text{空间因素}) \tag{2-4}$$

各类事故隐患风险分级的原则参照 ALARP 最低合理可行准则，如图 2-1 所示。ALARP 即“风险最合理可行原则”。从理论上来说，为了降低事故的风险是可以采取无限制的措施的，但是绝对安全的生产活动同时也表明需要不可估量的各种人力和物力成本。在现实企业的安全生产管理活动中，企业的监管力度、安全科学的水平受到各方面的制约。所以，理性的安全管理活动应当应用 ALARP 原则。

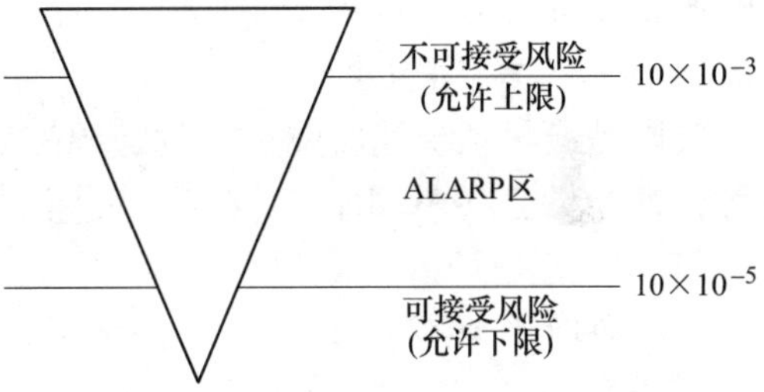

图 2-1 ALARP 原则分区

ALARP 原则通过两个风险分界将风险分成 3 个区域：

（1）风险水平处在不可接受的范围：假如风险值超过能接受风险的最大值，即风险无法接受，需要立即整改。

（2）风险处在可控制的接受范围内的水平：假如风险值低于能接受风险的最小值，说明这类风险是能够被接受的，不需要对安全管理采取改进措施。

（3）风险处在需要预警的水平：假如风险值处在能接受风险的最大值和最小值之间，说明需要对这样的风险进行预警，同时对安全管理采取改进措施来降低风险水平。

风险评价最重要的环节是风险分级，而进行风险分级时，应遵循以下原则：

（1）系统性：是指运用系统工程相应的方法对分析的系统进行分析，将其所具备的初始、边际条件进行归类形成完备统一的整体。

（2）实用性和可操作性：分级过程中应该充分考虑现实因素和条件，将理论与实际情况相结合，提高其实际可行性。

（3）针对性：由于风险分级的现实条件不同，进行风险分级需要具体问题具体分析，针对不同情况做出相应的优化和改进，不可盲目地“因评价而评价”，“因分级而分级”。

2.2.1.3　风险管控的研究

风险在人类的历史一直存在且不断变化着。在人类漫长的生产发展过程中，特别是在18世纪中叶产业革命之后，随着机器业代替手工业，随着社会生产规模化愈加繁荣，使得工伤、环境风险以及职业病风险不可避免地增加，人们对风险的认识也越来越深入。

A　国外风险管控的研究

20世纪，美国的金融保险行业率先提出风险管理这个概念，经过几十年的演化，逐渐形成了一门具有科学意义的学科，并形成了一套完善的风险管理系统工程。然而整个监控制度和相关规定是在几次特大事故的背景下形成的，从20世纪70年代以来，发生了意大利维索工厂的环乙烷泄漏事故；西班牙液化丙烯罐车爆炸事故；1984年印度博帕尔毒气泄漏事故；1990年美国阿科化学公司废水罐爆炸事故等。这一系列重特大事故是重大危险源监控制度产生的直接背景。

国际上通常采用《欧共体指南》（塞韦索指南，1984）标定重大危险源的临界量。1982年，欧共体颁布了《工业活动中重大事故危险法令》（即《塞韦索法令》）。1996年，欧盟颁布《塞韦索法令Ⅱ》替代了《塞韦索法令》。2003年，对《塞韦索法令Ⅱ》进行修订，颁布《塞韦索法令》（2003/501/EEC）。欧盟制定了一系列风险管理政策，对重大危险源企业进行多米诺效应分析，同时也颁布了一系列法律、法规，为重大危险源的辨识、评估工作奠定了依据。

英国是最早系统地研究重大危险源控制技术的国家。1974年，英国设立了一个重大危险源咨询委员会（ACMH）；同年在英国的卫生与安全监察局专门设置了重大危险源管理处。ACMH在1976年向英国卫生与安全监察局提交了第一份重大危险源控制技术研究报告。英国政府于1982年颁布了《关于报告处理危害物质设施的报告规程》，于1984年颁布了《重大工业事故控制规程》，于1999年颁布了《重大事故危险控制条例》（COMAH），作为监管重大危险源的主要依据。后来，又颁布了《重大事故危险控制条例》，建立了相关的重大危险源监管体系。该《条例》将重大危险源分为高危等级和低危等级，并将危险设施分为低危险性和高危险性两类，对危险化学品给出了低限值和高限值，还提出多种危险化学品限量标准的计算方法。在英国，重大危险源安全责任的主体是企业，企业负有管理重大危险源的法律责任，政府部门则加强管理高风险设施。

20世纪60年代，美国道化学公司研究开发了“火灾、爆炸危险指数评价法”，它通过输入特定参数，结合经验公式计算，定量评估危化品火灾爆炸风险大小，最终得出暴露面积、危害系数和可能导致的经济损失等，是评价化工工艺过程和生产装置的火灾、爆炸危险性的方法。此外，1990年，美国职业安全卫生管理局（OSHA）和环保局以国家空气污染禁令（clean air act）修正案作为预防泄漏事故等工作的指导性文件（Michelle

R. Murphy，1994，John E. Auger，1995）。1992 年，美国劳工部职业安全卫生管理局（OSHA）制定了《高度危害化学物质处理过程的安全管理》（PSM）法规，列出了当时 137 种危险物质和临界量，主要用于保护生产区内工作人员；同时颁布了 OSHA 易燃易爆化学品储存标准（OSHA 29 CFR 1910.106）。之后，美国环保局为保护公众和外部环境安全而起草了《预防化学泄漏事故的风险管理程序》。

国际劳工组织（ILO）在 1985 年就召开了重大工业危险源控制方法三方讨论会，大会讨论结果认定，不同国家应根据本国具体工业生产情况制定适合本国国情的重大危险源辨识标准。1988 年，出版了《重大危险源控制手册》；1991 年 1 月，ILO 在曼谷召开了重大危险源控制区域性讨论会（靳江红，等，2003），并出版了预防重大工业事故实施细则；1993 年 6 月，ILO 召开了第 80 届国际劳工大会，大会专门通过了《预防重大工业事故公约》，要求各成员国监控和管理重大危险源。

法国国家安全健康委员会在《塞维索法令》颁布后便发布了《重大工业事故预防措施》，1987 年 7 月又颁布了《重大风险预防》法规。2003 年 7 月颁布的《技术风险和自然风险预防与灾害恢复》，要求企业有责任采取措施控制重大危险源风险，监督检查本国的重大危险源技术，同时审核企业安全生产报告。

欧盟国家建立了一套重大危险源监控系统（Sergio Contini，2000），该系统利用地理信息系统技术，探测欧盟国家的重大危险源地理环境信息资料，评价重大危险源风险，制定应急救援计划，实现企业、专家和公众三方面的风险信息交流。

1993 年，澳大利亚国家职业安全卫生委员会颁布了国家标准《重大危险设施控制》。1996 年，澳大利亚颁布了关于重大危险源的国家标准［NOHSC：1014(1996)］和国家标准导则［NOHSC：2016(1996)］。目前澳大利亚各州控制重大工业危险源便以 2002 年修改后的标准［NOHSC：1014(2002)］为立法依据。

日本、印度、巴基斯坦、韩国等亚洲国家也都开展了重大危险源管理工作，部分国家还建立了国家级重大危险源管理控制系统。

B 国内风险管控的研究

20 世纪 80 年代前后，我国开始逐步意识到重大危险源辨识、分析的重要性，随即开始初步研究，并将所得成功应用到企业生产实际中，并取得了一定的成果。20 世纪 90 年代年起，我国逐步开展对具有重大风险及重大危险源的行业进行监管。同年的“八五”国家科技攻关计划也将重点风险行业的监控工作纳入其中，并列入重点项目进行相关研究。当时由劳动部组织并领导完成了“八五”国家科技攻关课题《重大危险源的评价和宏观控制技术研究》。20 世纪末，我国政府开始普查北京、天津、上海、深圳、青岛和成都六城市的重大危险源现存状况，并展开全国范围内的重大危险源申报、登记及监控等工作。1995 年，劳动部颁布实施《重大事故隐患管理规定》。

进入 21 世纪后，我国颁布了作为危险源评判依据的《重大危险源辨识》（GB 28218—2000），同时相继在河北、福建、广西、甘肃和重庆开展了重大风险申报登记试点工作。这一系列措施为如今的危险源监控工作夯实了基础，指引了明确的方向。2009 年，颁布《危险化学品重大危险源辨识》（GB 18218—2009）代替 GB 18218—2000。该标准规定了辨识危险化学品重大危险源的依据和方法，修订了部分化学品的临界量，并将采矿业中涉及危险化学品的加工工艺和储存活动纳入其范围。2018 年，原国家安监总局修订了国家标准《危险化学品重大危险源辨识》（GB 18218—2018），将“危险化学品”的定义修改为：具有毒害、腐蚀、爆炸、燃烧、助燃等性质，对人体、设施、环境具有危害的剧毒化学品和其他化学品。将“危险化学品重大危险源”最新定义为：长期地或临时地生产、储存、使用和经营危险化学品，且危险化学品的数量等于或超过临界量的单元。

自 2003 年开始，原国家安监总局颁布了众多关于重大危险源安全监督管理、申报登记的文件及法律法规。2004 年，原国家安监总局发布了《关于开展重大危险源监督管理工作的指导意见》，规定将贮罐区（贮罐）；库区（库）；生产场所；压力管道；锅炉；压力容器；煤矿（井工开采）；金属非金属地下矿山；尾矿库列入重大危险源申报范围。同年颁布了《危险化学品生产企业安全生产许可制度实施办法》，严格规范了从事危险化学品生产活动的企业，并印发了《危险化学品经营单位安全评价导则（试行）》，规定了危险化学品事故应急救援预案编制的基本要求。随后几年又相继修订了《危险化学品生产企业安全生产许可证实施办法》，《危险化学品安全管理条例》等法规条例。2007 年，形成了关于《重大危险源辨识》《重大危险源分级标准》《重大危险源（储罐区、库区和生产场所）安全监控通用技术规范》和《重大危险源（罐区）现场安全监控装备设置规范》的征求意见稿，健全完善了重大危险源监督管理的相关标准，规范了重大危险源监督管理工作。2011 年，修订通过了新《危险化学品安全管理条例》（原 2002 年版），规定危化品企业应对重大危险源进行登记、管理、备案等。同年，国家安监总局又颁布了《危险化学品重大危险源监督管理暂行规定》，进一步加强了危险化学品重大危险源的安全监督分级管理。2014 年，国家颁布新《安全生产法》，对危化品生产企业，煤矿及非煤矿山明确提出推进安全生产标准化工作，促进企业安全生产水平持续提高。2015 年 3 月底，国家安全监管总局制定了《危险化学品目录（2015 版）》，于 2015 年 5 月 1 日起实施。

对于重大危险源的分级，原国家安监总局在 2005 年下发了《关于规范重大危险源监督与管理工作的通知》。该通知规定：按照重大危险源的种类和能量在意外状态下可能发生事故的最严重后果，将重大危险源分为四级，一级：可能造成特别重大事故；二级：可能造成重大事故；三级：可能造成较大事故；四级：可能造成一般事故。其中，事故类别见表 2-2。

表 2-2　生产安全事故分级表

事故等级	人员伤亡或者直接经济损失
特别重大事故	一次死亡 30 人以上，或者 100 人以上重伤（包括急性工业中毒，下同），或者 1 亿元以上直接经济损失的事故
重大事故	一次造成 10 人以上 30 人以下死亡，或者 50 人以上 100 人以下重伤，或者 5000 万元以上 1 亿元以下直接经济损失的事故
较大事故	一次造成 3 人以上 10 人以下死亡，或者 10 人以上 50 人以下重伤，或者 1000 万元以上 5000 万元以下直接经济损失的事故
一般事故	一次造成 3 人以下死亡，或者 10 人以下重伤，或者 1000 万元以下直接经济损失的事故

注：引自生产安全事故报告和调查处理条例，2011。

国内现有的重大危险源最早的分级方法是死亡半径分级法，即预测重大危险源可能导致的事故后果，计算事故发生后的死亡半径，以死亡半径为主要评价指标进行分级。该方法将重大危险源分为四级：

一级重大危险源：$R \geqslant 200$m；

二级重大危险源：$200 > R \geqslant 100$m；

三级重大危险源：$100 > R \geqslant 50$m；

四级重大危险源：$R < 50$m。

劳动部劳动保护研究所等单位完成的我国“八五”国家科技攻关专题“易燃、易爆、有毒重大危险源辨识、评价技术研究”中，提出重大危险源的评价方法分为固有危险性评价与现实危险性评价。该评价方法将易燃、易爆、有毒重大危险源的分级依据划分为单元内重大危险源固有危险性大小，以 10 万元为缩尺单位，根据其固有危险性的评分值为基础进行分级（分为四级），见表 2-3。

表 2-3 易燃、易爆、有毒重大危险源分级标准

重大危险源级别	一级	二级	三级	四级
A（固有危险性）/10 万元	≥3.5	2.5~3.5	1.5~2.5	<1.5

刘骥、高建明等在国家科技支撑计划项目《安全生产关键技术标准研究》（2006BAK04A09）中，将重大危险源事故后果作为分析基础，研究事故死亡概率模型，根据模型计算事故可能造成的死亡人数，以此为标准进行重大危险源分级，见表 2-4。

表 2-4 依据死亡人数的重大危险源分级标准

危险源等级	分级依据
	可能造成死亡人数
一级	30 人（含）以上
二级	10~29 人
三级	3~9 人
四级	1~2 人

2011 年，原国家安监总局颁布《危险化学品重大危险源监督管理暂行规定》，将重大危险源临界量比值经厂外暴露人员校正系数校正后的比值之和 R 作为分级指标（原国家安监总局网站），将重大危险源分为四个等级，见表 2-5。

表 2-5 依据 R 值的重大危险源分级标准

重大危险源级别	R 值
一级	$R \geqslant 100$
二级	$100 > R \geqslant 50$
三级	$50 > R \geqslant 10$
四级	$R < 10$

同时，由中国安全生产科学研究院起草的《金属与非金属地下矿山重大危险源辨识与

分级标准》《尾矿库重大危险源辨识与分级标准》征求意见稿，分别选取 21 项和 17 项风险评价指标，对金属与非金属地下矿山重大危险源和尾矿库重大危险源设计相应的数学模型，计算模型最终评价指数得出重大危险源分级标准，具体分级标准见表 2-6 和表 2-7。

表 2-6　金属与非金属地下矿山重大危险源分级标准

金属非金属矿井重大危险源级别	一级	二级	三级	四级
评价指数	$7 \leqslant P \leqslant 9$	$5 \leqslant P<7$	$4 \leqslant P<5$	$1 \leqslant P<4$

表 2-7　尾矿库重大危险源分级标准

尾矿库重大危险源级别	一级	二级	三级	四级
评价指数	$7 \leqslant P \leqslant 9$	$5 \leqslant P<7$	$4 \leqslant P<5$	$1 \leqslant P<4$

2016 年，原国家安监总局发布《关于非煤矿山安全生产风险分级监管工作的指导意见》，指出从固有风险、设备设施、安全管理、人员素质和安全业绩 5 个方面，综合评估企业风险程度和存在的重点问题，从而采取有针对性的监管措施。结合安全生产标准化评级和专家“会诊”结果，采用定性分析的方式评估企业固有风险、设备设施、安全管理、人员素质和安全业绩，倡导采用权重设置、赋值分析等定量分析方法，将企业按照风险程度由低到高划分为 A、B、C、D 四个级别，并通过“一票否决”的方式，将存在特定重大隐患的企业评定为 D 级，并责令其限期整改隐患；逾期不整改或者整改不到位的，依法予以关闭。根据企业风险因素变化情况，及时调整企业风险级别，并对不同风险级别的企业在执法检查频次、执法检查内容等方面体现差异化。要求企业在醒目位置设置公告栏，标明本企业的风险级别、主要风险及应对措施，以及安全监管部门对企业实施的监管措施；为每名员工量身定制风险告知卡，列出岗位职责、岗位风险、岗位安全规程、事故预防及应急措施等内容。并且要求各省级安全监管局结合当地实际，科学制定本地区的风险分级监管实施办法。

2.2.2　隐患治理理论与分级闭环管理模型

2.2.2.1　隐患治理理论

Heinrich（1931）提出的著名“1∶29∶300 Heinrich′s triangle”法则（安全金字塔，也称之为冰山理论）。该法则认为，在 1 个死亡重伤害事故（major injury）背后，有 29 起轻伤事故（minor injuries），有 300 起无伤害未遂事故（near misses），以及大量的不安全行为（unsafe practices）和不安全状态（unsafe conditions）存在。许多国内学者将这种不安全状态称之为隐患。Heinrich 揭示了一种重要的事故预防原理：要预防死亡重伤害事故，必须预防轻伤事故；预防轻伤事故，必须预防无伤害未遂事故；预防无伤害未遂事故，必须消除不安全行为和不安全状态；而能否消除日常不安全行为和不安全状态，这是作为预防死亡重伤事故的最重要的基础，实际上也是隐患治理的理论依据。

在国外安全管理与职业健康研究中，较为通用的是危险源（hazard）一词。国家标准职业健康安全管理体系规范（GB/T 28001—2001），将危险源定义为可能导致伤害或疾病、财产损失、工作环境破坏或这些情况组合的根源或状态。危险源是事故风险后果产生的根本原因，危险源的存在导致事故风险的存在，危险源的潜在性导致了事故风险的不确定性和潜在性。造成事故发生的直接原因是风险的实际发生，即潜在的风险变成了实际的事故，风险的不确定性又导致了事故的随机性和潜在性。安全措施的存在阻止了潜在的风险向事故的转化，在某种程度上，虽然有风险的存在，但若有完善有效的安全措施，事故也是可以避免的。而隐患正是阻止危险源（及风险）转化为事故的安全措施上的缺陷，它的存在使危险源（及风险）转化为事故有了可能（危险源、风险、安全措施、隐患与事故之间的关系如图 2-2 所示）。可以说危险源、风险、隐患与事故之间存在着因果关系。

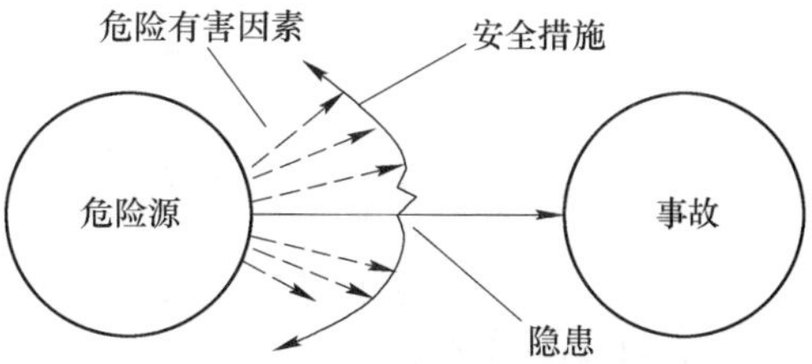

图 2-2　危险源、风险、安全措施、隐患与事故之间的关系

为预防事故的发生，首先要对危险源进行辨识和控制，其次对风险（危险有害因素）进行消除或控制，第三对隐患进行查找或消除。有效做好这三点，可确保事故得到有效的控制。

从以上对隐患和危险源的定义及分析来看，危险源管理和隐患治理都是预防事故发生的途径，两者在侧重上又有所不同。这些概念相对来说，危险源管理比隐患治理在时间上更具有提前性。但危险源的范畴比隐患的范畴要大，一个系统内的危险源可能很多，如果管理得当则可能不会释放出危险有害因素（风险），进而不会发生事故。隐患治理则是保障将失控的危险源消除或控制在许可范围之内。笔者认为，在矿山企业安全管理中，首先应该注重对危险源的管理，但由于生产任务及安全措施投入的限制，危险源管理不可能做到完全有效。对于已经失控发展成为危险有害因素的，则需要采取安全措施进行控制，进而对安全措施的漏洞就需要进行管理，即隐患治理。隐患治理是预防事故发生的直接环节，因此，必须保证隐患治理的有效性、及时性，基于此，根据反馈闭环的控制理论、分级管理的思想、限时治理的手段，设计了隐患分级闭环管理模型，如图 2-3 所示。

2.2.2.2　隐患分级闭环管理模型

当前，在矿山企业的实际管理过程中，由于生产和安全管理工作繁重、管理制度不规范等原因，造成隐患排查后对于发现隐患的整改和复查工作缺乏时效性、规范性，矿山企业隐患管理重排查轻治理的现象在实际工作中屡见不鲜。这就导致有些隐患不能够及时处理或隐患治理不彻底而最终引发事故。例如，很多见诸报端的矿山企业事故发生后的调查发现，先前已经查出的隐患没有及时治理是造成事故的直接原因。因此，在隐患治理工作中，应将隐患的闭环管理纳入其中，从而确保隐患治理的透明性、规范性和时效性。根据安全事故“冰山理论”，越来越多的隐患出现，是重大事故发生的征兆。因此，矿山企业安全管理不仅要能够做到隐患排查的全面，更应该确保矿山企业生产过程中发现隐患的及时处理。即加快隐患的处理速度来降低单位时间内的平均隐患数量，以实现对事故的预防和控制。

A　隐患处理方式

如图 2-3 所示，隐患闭环管理工作的流程主要包括隐患信息查找、隐患信息录入、隐患预警、隐患信息处理、隐患整改确认、隐患复查、隐患闭合、相关责任人处罚等工作环节。

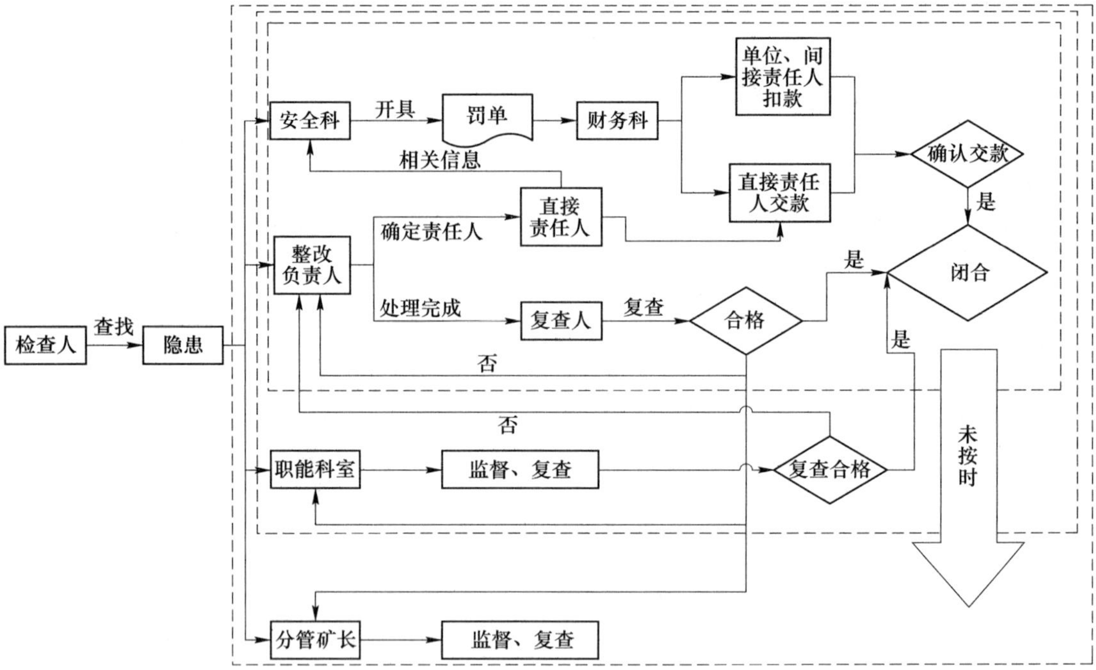

图 2-3　隐患分级闭环管理模型

另外，在隐患预警及处理上，为体现分级管理的思想，采用分级预警及处理的方式，参考企业现行的隐患划分标准，依据隐患处理的难易程度进行分类分级。总体上将隐患分为三个等级（A 级、B 级、C 级）：A 级隐患是指矿井自身处理不了，需要报公司领导，由公司领导协调资源进行处理的隐患；B 级隐患是矿井各部门、各区队内部处理不了，需要公司专业职能部门进行处理的隐患；C 级隐患表示矿井下属区队内部能够处理的隐患以及工作现场设备质量、环境卫生等较低风险等级的隐患。较低级别的 C 级隐患只有参与处理的部门和单位能获知该隐患信息；B 级隐患除了参与隐患处理的部门外，相应的职能科室也能获知该隐患信息；高级别的 A 级隐患则是包括分管矿长、相关职能科室以及参与隐患处理的各部门单位都能获知该隐患的信息，即隐患级别越高，通知到的管理人员的级别越高。

矿山企业生产过程中发现的隐患，有的需要立即处理；有的因涉及处理方法、所需资源限制等无法立即处理的，需要确定整改时间，必须在规定的时间内整改完成，否则会影响矿山企业安全。对于所有整改过的隐患，都必须进行复查，以确保整改合格。对于整改不合格的隐患，必须退回重新进行整改、反馈，并在规定时间内整改合格为止。对在规定时间内未完成处理的隐患，应进行隐患升级（C 到 B，B 到 A），从而使更高级别的人员能看到该条隐患，从而督促隐患的整改。

B　隐患处理流程

下面具体说明每类级别单条隐患处理的流程。

（1）对于 C 级隐患，在检查人查找发现隐患后，将隐患信息（应包括隐患内容、隐患地点、隐患专业、隐患级别、检查时间、整改负责人、复查人、限期整改时间等）通过短信、整改通知单、电子信息等形式同时传达给整改负责人、复查人以及安全科，整改负责人的工作有两个：一是调用人力物力等资源对隐患进行整改，整改完成后闭合信息；二是对需要对责任人进行处理的隐患上报该隐患的直接责任人（间接责任人根据规定确定，可能涉及分管副队长、队长、分管副井长等）。安全科的工作主要是针对该条隐患对该条隐患的责任单位以及直接、间接责任人开具罚单（如果隐患信息中包含要求罚款的信息则开具罚单，对未包含罚款信息的不需开具罚单）；另一项工作是对隐患处理进度进行监督，并对最终处理结果进行随机抽查。当整改负责人整改完成并闭合信息后，该条隐患信息将传递给该隐患指定的复查人。复查人对整改结果进行复查，若复查合格则闭合信息，复查不合格则将该条隐患信息发回整改负责人，由整改负责人继续进行整改，直到该条隐患整改合格。财务科主要工作是根据安全科开具的罚单对该隐患涉及单位、间接责任人进行扣款，并在隐患直接责任人亲自到财务科交款后，发出确认交款信息（无须罚款项直接跳过此过程）。当财务科确认交款且整改负责人确定整改合格后，该条隐患完成闭合，自动解除预警，隐患归档待统计查询。

（2）对于B级隐患，除了C级隐患处理的流程，多了职能科室的监督、复查处理，职能科室根据隐患所属专业对隐患处理进程进行监督，待隐患复查人闭合确定隐患整改合格后，信息传递给职能科室，由职能科室进行复查，复查不合格则发回整改负责人继续整改，复查合格则闭合，待财务科确认交款后，完成该条隐患的闭合。

（3）对于A级隐患，除了按照B级隐患的流程进行处理外，多了分管矿长的监督、处理，即分管矿长等高级别的管理人员被告知该级别的隐患，高级别管理人员在被告知后将对隐患的整改进度、发生原因等进行关注，并对整改结果进行确认，从而使A级隐患在高级管理人员的协调下，尽快完成整改。

在隐患闭环管理工作流程中具有隐患检查权限的人员单位有：矿领导、安全科、职能科室（通风科、技术科、机电科）、检查员、安全员等；各区队负责对发生隐患的处理；具有复查权限的人员单位有：隐患信息中指定的复查人、安全科、相应专业职能科室；对隐患整改进度进行监督的单位有：安全科（负责全矿井隐患）、各职能科室（负责相应专业的隐患）；对A级隐患历史数据统计分析权限的人员单位有：矿领导、各职能部门（针对各负责专业统计）、安全科。

C 隐患处理内容

以上所介绍的隐患闭环管理工作流程主要涉及的是隐患中的机、环两方面的因素，对于这类隐患（包括物、环境等需要对现场、实体做出处理的不安全因素）处理时包括两方面内容，一是消除隐患，二是追究相关人员单位的责任。

其首要的工作是及时消除隐患，之后才是追究相关人员单位的责任。而对于人的管理，主要通过对人员“三违”（违章指挥、违章操作、违反劳动纪律）行为的治理来完成的。针对人员的不安全行为的管理，设计的“三违”管理工作流程见图2-4，其工作的重点是对相关责任人进行处罚，并且需责任人亲自到财务科完成交款（而不是财务科进行扣款），才能完成工作流程的闭合。若责任人到期未交款，则三违信息重新发回安全科，安全科根据相关规定重新开具罚单，加重处罚。

本节首先通过阐述危险源、风险、安全措施、隐患与事故之间的关系，提出了目前预防事故发生的三种方法，即为有效地防止事故发生：首先要对危险源进行辨识和控制，其

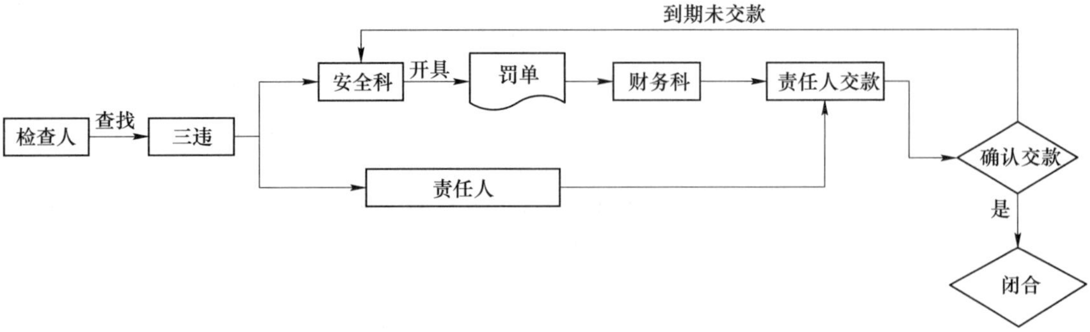

图 2-4　“三违”管理工作流程

次对风险（危险有害因素）进行消除或控制，第三对隐患进行查找或消除。做好这三点，可保障事故得到有效的控制。从而进一步引出了隐患治理的理论，理论认为，在矿山企业安全管理中，首先应该注重对危险源的管理，但由于生产任务及安全措施投入的限制，危险源管理不可能做到完全有效，对于已经失控发展成为危险有害因素的，则需要采取安全措施进行控制，进而对安全措施的漏洞就需要进行管理，即隐患治理。隐患治理是预防事故发生的直接环节，因此，为保证生产的安全进行，必须保证隐患治理的有效性。

其次根据反馈闭环的控制理论，建立了隐患分级闭环管理模型，并对模型的信息处理流程做了较为详细的说明。此隐患分级闭环管理模型是隐患预警系统信息流传递的依据与核心。

2.3　非煤矿山大数据平台建设现状

2.3.1　国外非煤矿山大数据平台建设现状

世界上一些主要工业化国家在 20 世纪 90 年代初即建立了较为完善的政府安全生产信息系统。

（1）美国矿山安全信息中心建有安全生产业务信息系统，致力于采集矿山危险源实时数据，通过对数据进行分析、判断和预测，及时发现事故隐患；通过记录隐患整改情况，及时通知现场安全监察人员进行监察；根据检查结果进行处置，有效减少事故隐患，防范生产安全事故，并将日常的执法监察工作流程，建设成为一套安全生产业务信息系统。该系统能够通过网上传输的手段接收现场安全管理信息，对相关信息进行分析统计，明确下一步安全生产工作重点任务，通过合理调配各种资源，及时发布安全管理信息，实现对安全管理工作的实时和动态监管。在灾害事故救援、职业健康网络培训等方面采用现代通信、信息网络、数据库、视频等技术，推行计算机模拟、虚拟现实等信息化新技术的应用，也可以大幅度提升安全管理信息化水平，实现资源共享，减少了各类意外险情，不仅提高了安全水平，还提高了工作效率。

（2）德国有一套内外分离、集中处理、便捷高效的信息平台。主要由两套系统组成：一是德国危机预防信息系统（deNIS），面对全社会开放的集中了互联网上所有可以找到的危机预防措施信息；二是德国危机预防信息系统 2（deNIS2），建立了一套民事保护和灾难防护领域的内部信息网络系统，来支持突发的危险和损失发生时迅速进行信息分析。在这里，联邦职能部门、各州、研究机构的信息得到汇总和加工处理，然后传递给有资格获得的需求者。

德国企业更加侧重应用先进的信息化技术，为企业安全生产工作提供更直接的服务和支持，针对井下矿工的工作方式，为了提高矿山安全管理水平，它们更多的是利用“超越现实”提高安全性通信技术、检查机器故障的“数字眼镜”以及“井下无线局域网”等新技术。德国煤矿开采采用“数字眼镜”技术，可实现全自动车自动选煤，通过电脑来自动识别原煤和杂物，能部分替代矿工执行危险工序，在恶劣地下环境中分拣煤等。“井下无线局域网系统”，由德国石煤股份公司、德国矿冶技术有限公司及多家科研机构共同研制。这种技术利用安装在矿工头盔上的摄像头传送地下煤矿实时图像，并通过手机、耳麦等移动通信设备，借助微型电脑进行数据传输等，给矿工的工作提供实时的有关信息，指导矿工工作，提高矿工的工作效率，降低了危险发生的概率。

（3）英国健康安全执行局通过将全球卫星导航定位系统与危险源进行绑定，建立动态监管的重大危险源控制系统，实现对危险品运输的全程进行实时的跟踪和监控，防止重大事故的发生，并使事故产生的影响降至最小。这一方法已经成为国际上通行的、行之有效的主要安全管理手段。

（4）欧盟国家 CEFIC（欧洲化学工业协会）充分发挥协会的统筹协作功能，建立欧盟国家内部和欧盟国家之间的运输事故应急救援网络，实施国际性的化学事故应急救援行动。当欧盟国家的产品发生事故时，在该“网络”的运作下，各相关国家都能得到有效的“救助”，从而使运输事故的危害在欧盟国家降至最低。

综合发达国家安全信息化发展的实际情况和主要收获可知，必须将安全管理工作与先进的安全技术理论和辅助科技相结合，实现信息共享、统一协调，通过建立信息化管理系统，为企业和合作区域安全生产决策提供支持，从而实现风险分析、风险控制、信息共享、快速处置的良好的运行机制。

2.3.2 国内非煤矿山大数据平台建设现状

目前国内理论界和实践工作者对安全生产工作做了大量研究，形成了许多文献著作。宋力刚在《安全生产监管全书》中全面地论述了我国目前的安全生产工作，对最近几年我国发生的重特大事故进行了分析，介绍了国外发达国家的安全管理理论和经验，结合我国的实际情况，提出了下一步我国安全生产监管的工作方向和要求。肖兴志在《政府监管理论与政策》一文中紧密结合了国内外政府安全监管的实践工作，对相关监管理论进行了透彻的分析和运用，并对安全监管实践中的重点问题进行了解释，特别关注了中国现阶段条件下政府监管理论的发展与方法的创新。姜威、郭军鄂的《安全生产监察实务》总结了安全生产行政执法的经验与教训，为安全生产监管人员开展安全监管工作提供了指导性意见。

各级相关部门高度重视安全生产信息化的建设，原国家安全生产监督管理局 2003 年发布了《国家安全生产发展规划纲要（2004—2010）》，指出要加快安全生产信息化建设。

国务院办公厅 2011 年 10 月 1 日印发的《安全生产“十二五”规划》，提出了要推进安全生产监管监察信息化建设，建成覆盖各级安全监管、煤矿安全监察和安全生产应急管理机构的信息网络与基础数据库。

2016 年 12 月 27 日，原国家安全监管总局印发了《全国安全生产信息化总体建设方案》，明确提出了全国安全生产信息化的建设思路，形成了对全国安全生产信息化工作的指导性技术文件。提出全国安全生产信息化总体建设目标是按照原国家安全监管总局党组关于信息化工作的要求部署，统一规划，统一标准，统筹中央、地方和企业协调推进。到 2020 年，建成安全生产信息网络、基础环境、大数据、应用服务、安全与运维、标准规范等六大支撑保障和应用服务体系，实现全国安全生产信息化“一张网、一张图、一张表、一盘棋”的基本格局，信息化水平显著提高。

国务院办公厅 2017 年 1 月 12 日印发的《安全生产“十三五”规划》，提出要推进安全生产信息化建设；推进信息技术与安全生产的深度融合，统一安全生产信息化标准，依托国家电子政务网络平台，完善安全生产信息基础设施和网络系统；全面推进安全监管监察部门安全生产大数据等信息技术应用，构建国家、省、市、县四级重大危险源管理体系，实现跨部门、跨地区数据资源共享共用，提升重大危险源监测、隐患排查、风险管控、应急处置等预警监控能力；推动矿山、金属冶炼等高危企业建设安全生产智能装备、在线监测监控、隐患自查自改自报等安全管理信息系统；推进危险化学品、民爆物品、烟花爆竹等企业建设全过程信息化追溯体系；鼓励中小企业通过购买信息化服务提高安全生产管理水平。

原国家安全生产监管总局为贯彻落实党中央国务院安全生产方面的指示，特别是安委办〔2016〕11 号的要求，原国家安全监管总局办公厅发布《关于开展非煤矿山双重预防机制建设试点工作的通知》（安监总厅管一〔2017〕63 号）精神，决定在部分非煤矿山企业开展安全风险分级管控和隐患排查治理双重预防机制，公布了全国 114 个非煤矿山独立生产系统开展双重预防机制建设试点，并明确了双重预防机制建设的流程和方法。

为提高安全风险管控的效率，鼓励非煤矿山企业充分利用现有安全管理信息系统，建立企业安全风险管控信息平台，构建完整的安全风险数据库，开发与安全风险管控相适应的处理模块和表单，将风险类型、风险等级和相应管控措施清单，以及安全风险管理制度、安全风险辨识技术支撑体系信息（安全风险事件库、安全风险辨识方法模型库、相关标准等）包含其中，并逐步将信息平台与相关单位和政府监管部门的信息终端通过互联网连接，实现企业安全生产信息与当地政府及有关部门互联互通、信息共享，逐步实现政府及有关部门对企业风险分级管控和隐患排查治理情况的实时监控，以及对企业安全风险的实时感知，实现事故后治理向事故前风险管控的转变。同时，信息平台的数据应及时更新。

通过调研发现，虽然政府部门出台了文件，要求试点企业建设信息化平台，试点企业作为非煤矿山企业的优秀代表，大部分企业疲于应付，只是利用现有安全管理信息上报系统，通过上报隐患的方式来实现平台建设，缺乏对数据的深入挖掘，风险状态、隐患统计分析没有构建内部联系，也没有通过信息化手段挖掘风险管控和隐患排查治理的关联。目前多数非煤矿山企业（非试点企业）在运行过程中因信息化手段不强，在风险辨识过程中，风险辨识不及时，辨识出的风险也不能及时实现动态管理；在隐患排查治理过程中，因查处的时间不同，需要源源不断地传递罚单，不仅浪费大量的资源，而且人工传递、管理罚单的成本高、效率低；另外，隐患整改“痕迹化”管理不强，因信息化平台利用不足，隐患整改过程进行闭环跟踪的整改通知单比较分散，缺乏集中管理手段；在风险管控中，执行情况和绩效评估奖惩不能自动无缝对接，人员干扰性太大；同时，安全生产过程中的一些事务性工作无法通过手机短信、系统等手段自动提醒，等等。这些情况不仅严重影响双重预防管理流程的固化，而且制约安全生产管理水平的进一步提高，导致安全生产管理遇到新的瓶颈，因此，非煤矿山企业急需建立基于双重预防机制的安全管理信息化平台，利用信息化技术，将安全管理水平推向一个新高度，促使我国非煤矿山企业走向安全管理科学、健康发展之路。

大数据在非煤矿山风险分析方面的应用，最基本的功能就是从海量的风险监测数据中寻找非煤矿山运行的规律、预测未来发展趋势，从而有针对性地进行维护、改善，预防非煤矿山事故的发生。平台利用不同区域非煤矿山的运行和监测数据进行大数据挖掘分析得到灾害发生规律，并将其用于指导安全生产管理工作，改变传统的安全生产“事后管理”为“事前预防”的方式，创新安全监管监察方法和手段。

因此，有必要建立基于双重预防机制的非煤矿山安全生产大数据平台，对非煤矿山安全生产和风险监测数据进行收集整理和分析，为政府监管部门提供宏观决策支持，为企业提供风险预警服务。

3 企业风险分级管控体系构建

3.1 基本概念

3.1.1 风险管理

（1）危险源。危险是一个相对的状态概念，是认识主体受到损伤和威胁超过某一限度的状态。危险源（Hazard）是危险的来源。W. 哈默（Willie Hammer）将危险源定义为：可能导致人员伤害或财务损失事故的、潜在的不安全因素。罗云等将危险源定义为一个系统中具有潜在能量和物质释放危险的、在一定的触发因素作用下可转化为事故的部位、区域、场所、空间、岗位、设备及其位置。危险源是能量、危险物质集中的核心，是能量从那里传出来或爆发的地方。

（2）隐患。国家安全监管总局令第16号《安全生产事故隐患排查治理暂行规定》将事故隐患定义为生产经单位违反安全生产法律、法规、规章、标准、规程和安全生产管理制度的规定，或者因其他因素在生产经营活动中存在可能导致事故发生的物的危险状态，人的不安全行为及管理上的缺陷。

（3）事故风险。从定性上说，事故风险指某系统现存的潜在的可能导致事故的因素与状况，在一定条件下，它可能发展成事故。从定量上说，事故风险指由危险转化为事故的可能性，常以概率表示。事故风险通常被用来描述未来事件可能造成的损失，就是说它总涉及不可靠性和不能肯定的事件。在生产过程中，正是由于大量不确定因素的存在，使得人们在从事生产的同时都承担着一定的风险。因此，对事故风险应当进行准确的评估，以便采取预防性措施，减少风险，使其达到可接受水平。

（4）风险、危险源、事故之间的相互关系。风险与危险源、事故三者各不相同，但关系密切。

危险源的英文为“hazard source”，英文词典给出其词义为“危险的源头”（A Source of Danger）。危险源的定义是可能造成人员伤亡或疾病、财产损失、工作环境破坏的根源或状态。这种根源和状态来源于人的不安全行为、机（物）和环境的不安全状态、管理漏洞和缺陷。危险源最根本的特征是破坏性、潜在性。除此之外，还具有以下特征：

1）复杂性。危险源的复杂性是由于系统实际情况和作业活动的复杂性决定的。

2）多变性。生产过程中，某些危险源可能随时在发生变化。如每次作业尽管任务相同，但由于参加作业的人员、作业的场所地点、使用的工具以至于所采取的作业方式的不同，可能存在的危险源也会不同。相同的危险源也有可能存在于不同的作业过程中。

3）可知性。危险源虽然具有潜在性，但是按照辩证的观点来看，一切客观事物都是可知的。根据多年生产的经验和对已发生的事故进行总结分析，可以在生产作业中预先识别出危险源，这也是危险源辨识的基础和前提。

4）可预控性。危险源的可知性决定了人们可以事先识别出危险源，相应地采取有效的措施或利用先进的技术控制危险源。

一般对事故的定义为：人们在实现其某一意图而采取行动的过程中，突然发生了与人的意志相反的情况，迫使这种行动暂时地或永久地停止的事件。事故是由于客观某种不安全因素的存在，随时间进程产生某种意外情况而显现出的一种现象。事故具有因果性、随机性、潜在性的特征：

1）因果性。因果性指某一现象作为另一现象发生的依据的两种现象之关联性。事故是相互联系的诸原因的结果。

2）随机性。随机性指事故是在一定条件下可能发生，也可能不发生的随机事件。

3）潜在性。潜在性指人们在人在生产活动中所经过的时间和空间，不安全的因素是潜在的，条件成熟时在特有的时间场所就会显现为事故。

根据危险源、风险、事故的定义和特征，不难看出这三者之间的关系：危险源是风险后果产生的根本原因，危险源的存在导致风险的存在，危险源的潜在性导致了风险的不确定性和潜在性。而造成事故发生的直接原因是风险的实际发生，即潜在的风险变成了实际的事故，风险的不确定性又导致了事故的随机性和潜在性。因此可以说，危险源、风险与事故之间存在因果关系，为预防事故的发生，首先必须研究风险；而研究风险，又必须以研究的危险源为起点。

3.1.2 金属非金属矿山风险管理的内涵

金属非金属矿山风险管理是指通过对金属非金属矿山生产运行中存在的风险进行识别、评估，并在此基础上优化组合各种风险管理技术，对风险实施有效的控制，以达到以最低成本实现最大安全保障的科学管理方法。

由此定义可以看出，金属非金属矿山风险管理由风险识别、评估、控制等环节组成。其中风险识别和评估是风险管理的基础，风险控制是风险管理的关键和目的。可以通过以下内容来理解这几个环节的含义，以助于更加深刻的认识金属非金属矿山风险管理的程序和内涵：

（1）风险识别。风险识别是对现实和潜在的风险进行鉴别的过程，风险识别是风险管理的基础。风险识别主要任务首先是明确单位或企业所面临的所有风险的种类、可能发生的风险后果，其次是分析各种事故存在和可能发生的原因。矿山所面临的主要事故风险（即水、火、顶板、机电、运输、放炮及其他事故风险），分析这些事故存在和可能发生的原因，是风险识别的重点工作。这个工作就是通常的矿山危险源的辨识。因此，危险源辨识是金属非金属矿山风险管理的第一步工作。

（2）风险评估。风险评估是评估风险大小的过程。在这个过程中，要对风险发生的可能性以及可能造成的损失程度进行估计和衡量。此过程往往伴随着对风险的排序、分级。

（3）风险控制。风险控制是风险管理中最为关键的环节，具体又可分为事前控制、事中控制和事后控制三个小环节。事前控制的主要工作任务是在风险识别和评估的基础上，针对风险产生原因——危险源，制定合理的管理标准和管理措施，使得风险管理“有法可依”。事中控制主要是对危险源的监测过程，事实上也就是管理标准和管理措施贯彻落实的过程，同时也是对前面工作进行跟进审核的过程。事后控制是在对危险源监测的基础上，通过采集到的危险源动态信息，分析其风险状态，对已出现的风险进行预警、控制，达到预防事故发生的目的。

金属非金属矿山风险管理的这三个环节互为前提，紧密相连，缺一不可，且互相渗透。由于风险的不确定性，人们对风险的认识不可能一蹴而就，需要在实践中不断地补充、更新，对风险的评估也要随着实际情况的改变而重新进行。所以，在风险控制阶段，同时需要识别新出现的风险并及时对其进行评估。

3.2 安全风险辨识

3.2.1 危险、有害因素

3.2.1.1 危险、有害因素定义

危险因素是指能造成人身伤亡或造成物品突发性损坏的因素（强调社会性和突发作用），有害因素是指能影响人的身体健康、导致疾病或对物造成慢性损坏的因素（强调在一定时间内的累积作用）。区分危险因素和有害因素，是为了区别客体对人体不利作用的特点和效果，有时对两者不加区分，统称危险、危害因素。

3.2.1.2 危险、有害因素产生原因

所有的危险、有害因素尽管其表现形式不同，但从本质上讲，之所以能造成危险、有害的后果，都可归结为存在危险有害物质、能量和危险有害物质、能量失去控制两方面因素的综合作用，并导致危险有害物质的泄漏、散发和能量的意外释放。因此，存在危险有害物质、能量和危险有害物质、能量失去控制，是危险、有害因素转换为事故的根本原因。

危险有害物质和能量失控主要体现在人的不安全行为、物的不安全状态和管理缺陷等3个方面。

在《企业职工伤亡事故分类》（GB 6441—1986）中，分别对人的不安全行为、物的不安全状态、安全管理缺陷做了相应的规定。

A 人的不安全行为

将人的不安全行为分为操作错误、造成安全装置失效、使用不安全设备等13大类。

（1）操作错误、忽视安全、忽视警告：

未经许可开动、关停、移动机器；

开动、关停机器时未给信号；

开关未锁紧，造成意外转动、通电或泄漏等；

忘记关闭设备；

忽视警告标志、警告信号；

操作错误（指按钮、阀门、扳手、手柄等的操作）；

奔跑作业；

供料或送料速度过快；

机械超速运转；
违章驾驶机动车；
酒后作业；
客货混载；
冲压机作业时，手伸进冲压模；
工件紧固不牢；
用压缩空气吹铁屑；
其他。
（2）造成安全装置失效：
拆除了安全装置；
安全装置堵塞，失掉了作用；
调整的错误造成安全装置失效；
其他。
（3）使用不安全设备：
临时使用不牢固的设施；
使用无安全装置的设备；
其他。
（4）用手代替工具操作：
用手代替手动工具；
用手清除切屑；
不用夹具固定，用手拿工件进行机加工。
（5）物体（指成品、半成品、材料、工具、切屑和生产用品等）存放不当。
（6）冒险进入危险场所：
冒险进入涵洞；
接近漏料处（无安全设施）；
采伐、集材、运材、装车时，未离危险区；
未经安全监察人员允许进入油罐或井中；
未“敲帮问顶”，就开始作业；
冒进信号；
调车场超速上下车；
易燃易爆场合明火；
私自搭乘矿车；
在绞车道行走；
未及时瞭望。
（7）攀、坐不安全位置（如平台护栏、汽车挡板、吊车吊钩）。
（8）在起吊物下作业、停留。
（9）机器运转时加油、修理、检查、调整、焊接、清扫等工作。
（10）有分散注意力行为。
（11）在必须使用个人防护用品用具的作业或场合中，忽视其使用：

未戴护目镜或面罩；
未戴防护手套；
未穿安全鞋；
未戴安全帽；
未佩戴呼吸护具；
未佩戴安全带；
未戴工作帽；
其他。

(12) 不安全装束：
在有旋转零部件的设备旁作业穿过肥大服装；
操纵带有旋转零部件的设备时戴手套；
其他。

(13) 对易燃、易爆等危险物品处理错误。

B　物的不安全状态

将物的不安全状态分为防护、保险、信号等装置缺乏或有缺陷，设备、设施、工具、附件有缺陷，个人防护用品、用具缺少或有缺陷，以及生产（施工）场地环境不良等4大类。

(1) 防护、保险、信号等装置缺乏或有缺陷：
无防护：
　　无防护罩；
　　无安全保险装置；
　　无报警装置；
　　无安全标志；
　　无护栏或护栏损坏；
　　(电气) 未接地；
　　绝缘不良；
　　局扇无消声系统、噪声大；
　　危房内作业；
　　未安装防止“跑车”的挡车器或挡车栏；
　　其他。
防护不当：
　　防护罩未在适当位置；
　　防护装置调整不当；
　　坑道掘进、隧道开凿支撑不当；
防爆装置不当：
　　采伐、集材作业安全距离不够；
　　放炮作业隐蔽所有缺陷；
　　电气装置带电部分裸露；
　　其他。

（2）设备、设施、工具、附件有缺陷：

设计不当，结构不合安全要求：

通道门遮挡视线；

制动装置有缺欠；

安全间距不够；

拦车网有缺陷；

工件有锋利毛刺、毛边；

设施上有锋利倒梭；

其他。

强度不够：

机械强度不够；

绝缘强度不够；

起吊重物的绳索不合安全要求；

其他。

设备在非正常状态下运行：

设备带“病”运转；

超负荷运转；

其他。

维修、调整不良：

设备失修；

地面不平；

保养不当、设备失灵；

其他。

（3）个人防护用品用具——防护服、手套、护目镜及面罩、呼吸器官护具、听力护具、安全带、安全帽、安全鞋等缺少或有缺陷：

无个人防护用品、用具；

所用的防护用品、用具不符合安全要求。

（4）生产（施工）场地环境不良：

照明光线不良：

照度不足；

作业场地烟雾（尘）弥漫，视物不清；

光线过强；

通风不良：

无通风；

通风系统效率低；

风流短路；

停电停风时放炮作业；

瓦斯排放未达到安全浓度放炮作业；

瓦斯超限；

其他。

作业场所狭窄：

作业场地杂乱；

工具、制品、材料堆放不安全；

采伐时，未开“安全道”；

迎门树、坐殿树、搭挂树未做处理；

其他。

交通线路的配置不安全。

操作工序设计或配置不安全。

地面湿滑：

地面有油或其他液体；

冰雪覆盖；

地面有其他易滑物；

贮存方法不安全。

环境温度、湿度不当。

C　安全管理的缺陷

可参考以下分类：

(1) 对物（含作业环境）性能控制的缺陷，如设计、监测和不符合处置方面的缺陷。

(2) 对人失误控制的缺陷，如教育、培训、指示、雇用选择、行为监测方面的缺陷。

(3) 工艺过程、作业程序的缺陷，如工艺、技术错误或不当，无作业程序或作业程序有错误。

(4) 用人单位的缺陷，如人事安排不合理、负荷超限、无必要的监督和联络、禁忌作业等。

(5) 对来自相关方（供应商、承包商等）的风险管理的缺陷，如合同签订、采购等活动中忽略了安全健康方面的要求。

(6) 违反安全人机工程原理，如使用的机器不适合人的生理或心理特点。此外，一些客观因素，如温度、湿度、风雨雪、照明、视野、噪声、振动、通风换气、色彩等，也会引起设备故障或人员失误，是导致危险、有害物质和能量失控的间接因素。

3.2.1.3　危险、有害因素与事故

根据危险因素在安全事故发生、发展中的作用，以及从导致事故和伤害的角度，我们把危险因素划分为“固有”和“失效”两类危险因素。

A　固有危险因素的含义

根据能量释放论，事故是能量或危险物质的意外释放，作为用于人体的过量能量或干扰人体与外界能量交换的危险物质是造成人员伤害的直接原因。于是把系统中存在的、可能发生意外释放而伤害人员和破坏财物的能量或危险物质称为“固有危险因素”。

能量与有害物质是危险、有危害因素产生的根源，也是最根本的危险、有害因素。一般来说，系统具有的能量越大，存在的有害物质数量越多，其潜在危险性和危害性就越

大。另一方面，只要进行生产活动，就需要相应的能量和物质（包括有害物质），因此危险、有害因素是客观存在的。

一切产生、供给能量的能源和能量的载体，在一定条件下都可能是危险、有害因素。例如，锅炉、压力容器或爆炸物爆炸时产生的冲击波和压力能，高处作业（或吊起的重物等）的势能，带电导体上的电能，行驶车辆（或各类机械运动部件、工件等）的动能，噪声的声能，激光的光能，高温作业和热反应工艺装置的热能以及各类辐射能等，在一定条件下都能造成各类事故；静止的物体棱角、毛刺、地面等之所以能伤害人体，也是人体运动、摔倒时的动能、势能造成的。这些都是由于能量意外释放形成的危险因素。

有害物质在一定条件下能损伤人体的生理机能和正常代谢功能，破坏设备和物品的效能，也是危险、有害因素。例如，作业或储存场所中存在有毒物质、腐蚀性物质、有害粉尘、窒息性气体等有害物质，当它们直接或间接与人体、物体发生接触时，会导致人员的伤亡、职业病、财产损失或环境破坏等。

B 失效危险因素的含义

在生产实践中，能量与危险物质在受控条件下，按照人们的意志在系统中流动、转换，进行生产。如果发生失效（没有控制、屏蔽措施或控制措施失效），就会发生能量与有害物质的意外释放和泄漏，造成人员伤亡和财产损失。因此，失效也是一类危险、有害因素，主要体现在故障（或缺陷）、人的失误和管理缺陷、环境因素等方面，并且这几个方面可相互影响。伤亡事故调查分析的结果表明，能量或危险物质失控都是由于人的不安全行为或物的不安全状态造成的。

在实际生产和生活中，必须让能量按照人们的意图在系统中流动、转换和做功，必须采取措施约束、限制能量，即必须控制危险因素。约束、限制能量的屏蔽应该可靠地控制能量，防止能量意外地释放，防止事故的意外发生。实际上，绝对可靠的控制措施并不存在。在许多因素的复杂作用下，约束、限制能量的控制措施可能失效，能量屏蔽可能被破坏而导致事故的发生。所以，导致约束、限制能量措施失效或破坏的各种不安全因素，称为“失效危险因素”，它们是导致系统固有危险因素失去控制（包括硬件故障、人员失误或环境恶化）的因素。例如，在煤炭开采中，对于赋存能量的顶板采取一系列有效的措施进行控制，在巷道中采取木支护、金属支架、锚杆（网支护）等，在回采中采取单体液压支柱、液压支架等，这些都属于对能量控制的措施或“屏蔽”，一旦失效，就成为危险因素。

C 危险因素与事故的关系

一起灾害事故的发生是系统中“固有危险因素”和“失效危险因素”共同作用的结果，如图 3-1 所示。

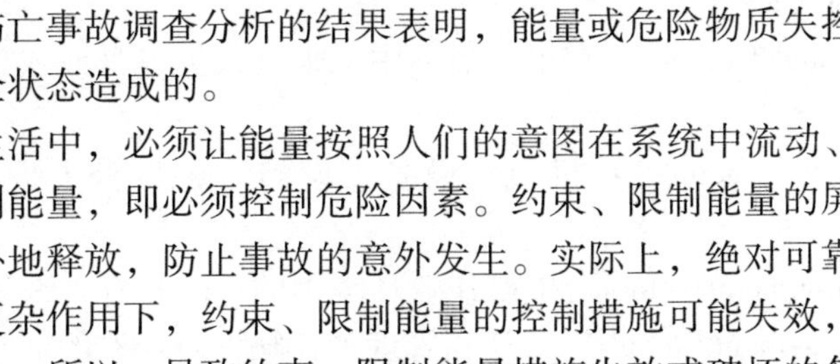

图 3-1 危险因素与事故的关系

在事故的发生、发展过程中，固有危险因素和失效危险因素是相辅相成、相互依存的。一方面，固有危险因素是灾害事故发生的前提，决定着事故后果的严重程度；另一方面，失效危险因素出现的难易程度决定着事故发生的可能性大小，失效危险因素的出现是导致固有危险因素产生事故的必要条件。

3.2.2　危险、有害因素的分类

危险、危害因素的分类方法多种多样，这里主要介绍按导致事故和危害的直接原因进行分类的方法，以及参照事故类别、职业病类别进行危险、有害因素分类的方法。

3.2.2.1　按导致事故原因分类

中华人民共和国国家标准《生产过程危险和有害因素分类与代码》（GB/T 13861）于2009年10月15日公布，于2009年12月1日实施。代替《生产过程危险和有害因素分类与代码》（GB/T 13861—1992）。本标准与GB/T 13861—1992相比，主要变化如下：

——增加了“规范性引用文件”。

——增加了“术语和定义”：

生产过程（process）：劳动者在生产领域从事生产活动的全过程；

危险和有害因素（hazardous and harmful factors）：可对人造成伤亡、影响人的身体健康甚至导致疾病的因素；

人的因素（personal factors）：在生产活动中，来自人员自身或人为性质的危险和有害因素；

物的因素（material factors）：机械、设备、设施、材料等方面存在的危险和有害因素；

环境因素（environment factors）生产作业环境中的危险和有害因素；

管理因素（management factors）管理和管理责任缺失所导致的危险和有害因素。

——代码结构由“三层”改为“四层”。

——大类设置由六类改为四类，分别是“人的因素”“物的因素”“环境因素”和“管理因素”。

A　人的因素

a　心理、生理性危险和有害因素

（1）负荷超限：

1）体力负荷超限——指易引起疲劳、劳损、伤害等的负荷超限。

2）听力负荷超限。

3）视力负荷超限。

4）其他负荷超限。

（2）健康状况异常——指伤、病期等。

（3）从事禁忌作业。

（4）心理异常：

1）情绪异常。

2）冒险心理。

3）过度紧张。

4）其他心理异常。

（5）辨识功能缺陷：

1）感知延迟。

2）辨识错误。

3）其他辨识功能缺陷。

（6）其他心理、生理性危险和有害因素。

b 行为性危险和有害因素

（1）指挥错误：

1）指挥失误——包括生产过程中的各级管理人员的指挥。

2）违章指挥。

3）其他指挥错误。

（2）操作错误：

1）误操作。

2）违章作业。

3）其他操作错误。

（3）监护失误。

（4）其他行为性危险和有害因素——包括脱岗等违反劳动纪律行为。

B 物的因素

a 物理性危险和有害因素

（1）设备、设施、工具、附件缺陷：

1）强度不够。

2）刚度不够。

3）稳定性差——抗倾覆、抗位移能力不够。包括重心过高、底座不稳定、支承不正确等。

4）密封不良——指密封件、密封介质、设备辅件、加工精度、装配工艺等缺陷以及磨损、变形、气蚀等造成的密封不良。

5）耐腐蚀性差。

6）应力集中。

7）外形缺陷——指设备、设施表面的尖角利棱和不应有的凹凸部分等。

8）外露运动件——指人员易触及的运动件。

9）操纵器缺陷——指结构、尺寸、形状、位置、操纵力不合理及操纵器失灵、损坏等。

10）制动器缺陷。

11）控制器缺陷。

12）设备、设施、工具、附件其他缺陷。

（2）防护缺陷：

1）无防护。

2）防护装置、设施缺陷——指防护装置、设施本身安全性、可靠性差，包括防护装置、设施、防护用品损坏、失效、失灵等。

3）防护不当——指防护装置、设施和防护用品不符合要求、使用不当。不包括防护距离不够。

4）支撑不当——包括矿井、建筑施工支护不符合要求。

5）防护距离不够——指设备布置、机械、电气、防火、防爆等安全距离不够和卫生防护距离不够等。

6）其他防护缺陷。

（3）电伤害：

1）带电部位裸露——指人员易触及的裸露带电部位。

2）漏电。

3）静电和杂散电流。

4）电火花。

5）其他电伤害。

（4）噪声：

1）机械性噪声。

2）电磁性噪声。

3）流体动力性噪声。

4）其他噪声。

（5）振动危害：

1）机械性振动。

2）电磁性振动。

3）流体动力性振动。

4）其他振动危害。

（6）电离辐射（包括 X 射线、γ 射线、α 粒子、β 粒子、中子、质子、高能电子束等）。

（7）非电离辐射：

1）紫外辐射。

2）激光辐射。

3）微波辐射。

4）超高频辐射。

5）高频电磁场。

6）工频电场。

（8）运动物伤害：

1）抛射物。

2）飞溅物。

3）坠落物。

4）反弹物。

5）土、岩滑动。

6）料堆（垛）滑动。

7）气流卷动。
8）其他运动物伤害。
（9）明火。
（10）高温物质：
1）高温气体。
2）高温液体。
3）高温固体。
4）其他高温物质。
（11）低温物质：
1）低温气体。
2）低温液体。
3）低温固体。
4）其他低温物质。
（12）信号缺陷：
1）无信号设施——指应设信号设施处无信号，如无紧急撤离信号等。
2）信号选用不当。
3）信号位置不当。
4）信号不清——指信号量不足。如响度、亮度、对比度、信号维持时间不够等。
5）信号显示不准——包括信号显示错误、显示滞后或超前等。
6）其他信号缺陷。
（13）标志缺陷：
1）无标志。
2）标志不清晰。
3）标志不规范。
4）标志选用不当。
5）标志位置缺陷。
6）其他标志缺陷。
（14）有害光照（包括直射光、反射光、眩光、频闪效应等）。
（15）其他物理性危险和有害因素。
b　化学性危险和有害因素（依据 GB 13690 中的规定）
（1）压缩气体和液化气体。
（2）易燃液体。
（3）易燃固体、自燃物品和遇湿易燃物品。
（4）氧化剂和有机过氧化物。
（5）有毒品。
（6）放射性物品。
（7）腐蚀品。
（8）粉尘与气溶胶。
（9）其他化学性危险和有害因素。

c　生物性危险和有害因素

（1）致病微生物：

1）细菌。

2）病毒。

3）真菌。

4）其他致病微生物。

（2）传染病媒介物。

（3）致害动物。

（4）致害植物。

（5）其他生物性危险和有害因素。

C　环境因素

环境因素包括室内、室外、地上、地下（如隧道、矿井）、水上、水下等作业（施工）环境。

a　室内作业场所环境不良

（1）室内地面滑——指室内地面、通道、楼梯被任何液体、熔融物质润湿，结冰或有其他易滑物等。

（2）室内作业场所狭窄。

（3）室内作业场所杂乱。

（4）室内地面不平。

（5）室内梯架缺陷——包括楼梯、阶梯、电动梯和活动梯架，以及这些设施的扶手、扶栏和护栏、护网等。

（6）地面、墙和天花板上的开口缺陷——包括电梯井、修车坑、门窗开口、检修孔、孔洞、排水沟等。

（7）房屋基础下沉。

（8）室内安全通道缺陷，包括无安全通道、安全通道狭窄、不畅等。

（9）房屋安全出口缺陷——包括无安全出口、设置不合理等。

（10）采光照明不良——指照度不足或过强、烟尘弥漫影响照明等。

（11）作业场所空气不良——指自然通风差、无强制通风、风量不足或气流过大、缺氧、有害气体超限等。

（12）室内温度、湿度、气压不适。

（13）室内给、排水不良。

（14）室内涌水。

（15）其他室内作业场所环境不良。

b　室外作业场地环境不良

（1）恶劣气候与环境，包括风、极端的温度、雷电、大雾、冰雹、暴雨雪、洪水、浪涌、泥石流、地震、海啸等。

（2）作业场地和交通设施湿滑，包括铺设好的地面区域、阶梯、通道、道路、小路等被任何液体、熔融物质润湿，冰雪覆盖或有其他易滑物等。

（3）作业场地狭窄。

（4）作业场地杂乱。

（5）作业场地不平，包括不平坦的地面和路面，有铺设的、未铺设的、草地、小鹅卵石或碎石地面和路面。

（6）航道狭窄、有暗礁或险滩。

（7）脚手架、阶梯和活动梯架缺陷，包括这些设施的扶手、扶栏和护栏、护网等。

（8）地面开口缺陷，包括升降梯井、修车坑、水沟、水渠等。

（9）建筑物和其他结构缺陷（包括建筑中或拆毁中的墙壁、桥梁、建筑物；筒仓、固定式粮仓、固定的槽罐和容器；屋顶、塔楼等）。

（10）门和围栏缺陷，包括大门、栅栏、畜栏和铁丝网等。

（11）作业场地基础下沉。

（12）作业场地安全通道缺陷，包括无安全通道，安全通道狭窄、不畅等。

（13）作业场地安全出口缺陷，包括无安全出口、设置不合理等。

（14）作业场地光照不良指光照不足或过强、烟尘弥漫影响光照等。

（15）作业场地空气不良指自然通风差或气流过大、作业场地缺氧、有害气体超限等。

（16）作业场地温度、湿度、气压不适。

（17）作业场地涌水。

（18）其他室外作业场地环境不良。

c　地下（含水下）作业环境不良

不包括以上室内室外作业环境已列出的有害因素。

（1）隧道/矿井顶面缺陷。

（2）隧道/矿井正面或侧壁缺陷。

（3）隧道/矿井地面缺陷。

（4）地下作业面空气不良（包括通风差或气流过大、缺氧、有害气体超限等）。

（5）地下火。

（6）冲击地压，指井巷（采场）周围的岩体（如煤体）等物质在外载作用下产生的变形能，当力学平衡状态受到破坏时，瞬间释放，将岩体、气体、液体急剧、猛烈抛（喷）出造成严重破坏的一种井下动力现象。

（7）地下水。

（8）水下作业供氧不当。

（9）其他地下作业环境不良。

d　其他作业环境不良

（1）强迫体位（指生产设备、设施的设计或作业位置不符合人类工效学要求而易引起作业人员疲劳、劳损或事故的一种作业姿势显示有两种以上作业环境致害因素且不能分清主次的情况）。

（2）综合性作业环境不良。

（3）以上未包括的其他作业环境不良。

D　管理因素

（1）职业安全卫生组织机构不健全，包括组织机构的设置和人员的配置。

（2）职业安全卫生责任制未落实。

（3）职业安全卫生管理规章制度不完善：

1）建设项目“三同时”制度未落实。

2）操作规程不规范。

3）事故应急预案及响应缺陷。

4）培训制度不完善。

5）其他职业安全卫生管理规章制度不健全（包括隐患管理、事故调查处理等制度不健全）。

（4）职业安全卫生投入不足。

（5）职业健康管理不完善，包括职业健康体检及其档案管理等不完善。

（6）其他管理因素缺陷。

3.2.2.2　按事故类别分类

《企业职工伤亡事故分类》（GB 6441—1986）是劳动安全管理的基础标准，适用于企业职工伤亡事故统计工作。对起因物，定义为导致事故发生的物体、物质，称为起因物（表 3-1）；对致害物，定义为指直接引起伤害及中毒的物体或物质（表 3-2）；对伤害方式，定义为致害物与人体发生接触的方式（表 3-3）。

表 3-1　起因物

分类号	起因物名称	分类号	起因物名称
3.01	锅炉	3.15	煤
3.02	压力容器	3.16	石油制品
3.03	电气设备	3.17	水
3.04	起重机械	3.18	可燃性气体
3.05	泵、发动机	3.19	金属矿物
3.06	企业车辆	3.20	非金属矿物
3.07	船舶	3.21	粉尘
3.08	动力传送机构	3.22	梯
3.09	放射性物质及设备	3.23	木材
3.10	非动力手工具	3.24	工作面（人站立面）
3.11	电动手工具	3.25	环境
3.12	其他机械	3.26	动物
3.13	建筑物及构筑物	3.27	其他
3.14	化学品		

表 3-2 致害物

分类号	致害物名称
4.01 煤、石油产品	4.01.1 煤 4.01.2 焦炭 4.01.3 沥青 4.01.4 其他
4.02 木材	4.02.1 树 4.02.2 原木 4.02.3 锯材 4.02.4 其他
4.03 水	
4.04 放射性物质	
4.05 电气设备	4.05.1 母线 4.05.2 配电箱 4.05.3 电气保护装置 4.05.4 电阻箱 4.05.5 蓄电池 4.05.6 照明设备 4.05.7 其他
4.06 梯	
4.07 空气	
4.08 工作面（人站立面）	
4.09 矿石	
4.10 黏土、砂、石	
4.11 锅炉、压力容器	4.11.1 锅炉 4.11.2 压力容器 4.11.3 压力管道 4.11.4 安全阀 4.11.5 其他
4.12 大气压力	4.12.1 高压（指潜水作业） 4.12.2 低压（指空气稀薄的高原地区）
4.13 化学品	4.13.1 酸 4.13.2 碱 4.13.3 氢 4.13.4 氨 4.13.5 液氧 4.13.6 氯气 4.13.7 酒精 4.13.8 乙炔 4.13.9 火药 4.13.10 炸药 4.13.11 芳香烃化合物 4.13.12 砷化物 4.13.13 硫化物 4.13.14 二氧化碳 4.13.15 一氧化碳 4.13.16 含氰物 4.13.17 卤化物 4.13.18 金属化合物 4.13.19 其他
4.14 机械	4.14.1 搅拌机 4.14.2 送料装置 4.14.3 农业机械 4.14.4 林业机械 4.14.5 铁路工程机械 4.14.6 铸造机械 4.14.7 锻造机械 4.14.8 焊接机械 4.14.9 粉碎机械 4.14.10 金属切削机床 4.14.11 公路建筑机械 4.14.12 矿山机械 4.14.13 冲压机 4.14.14 印刷机械 4.14.15 压辊机 4.14.16 筛选、分离机 4.14.17 纺织机械 4.14.18 木工刨床 4.14.19 木工锯机 4.14.20 其他木工机械 4.14.21 皮带传送机 4.14.22 其他

续表 3-2

分类号	致害物名称
4.15 金属件	4.15.1 钢丝绳 4.15.2 铸件 4.15.3 铁屑 4.15.4 齿轮 4.15.5 飞轮 4.15.6 螺栓 4.15.7 销 4.15.8 丝杠、光杠 4.15.9 绞轮 4.15.10 轴 4.15.11 其他
4.16 起重机械	4.16.1 塔式起重机 4.16.2 龙门式起重机 4.16.3 梁式起重机 4.16.4 门座式起重机 4.16.5 浮游式起重机 4.16.6 甲板式起重机 4.16.7 桥式起重机 4.16.8 缆索式起重机 4.16.9 履带式起重机 4.16.10 叉车 4.16.11 电动葫芦 4.16.12 绞车 4.16.13 卷扬机 4.16.14 桅杆式起重机 4.16.15 壁上起重机 4.16.16 铁路起重机 4.16.17 千斤顶 4.16.18 其他
4.17 噪声	
4.18 蒸气	
4.19 手工具（非动力）	
4.20 电动手工具	
4.21 动物	
4.22 企业车辆	
4.23 船舶	

表 3-3　致害物与人体发生接触的伤害方式

分类号	伤害方式
5.01 碰撞	5.01.1 人撞固定物体 5.01.2 运动物体撞人 5.01.3 互撞
5.02 撞击	5.02.1 落下物 5.02.2 飞来物
5.03 坠落	5.03.1 由高处坠落平地 5.03.2 由平地坠入井、坑洞
5.04	跌倒
5.05	坍塌
5.06	淹溺
5.07	灼烫
5.08	火灾
5.09	辐射
5.10	爆炸
5.11 中毒	5.11.1 吸入有毒气体 5.11.2 皮肤吸收有毒物质 5.11.3 经口
5.12	触电
5.13 接触	5.13.1 高低温环境 5.13.2 高低温物体
5.14	掩埋
5.15	倾覆

参照《企业职工伤亡事故分类》（GB 6441—1986），综合考虑起因物、引起事故的诱导性原因、致害物、伤害方式等，将危险、有害因素分为 20 类。

（1）物体打击。指物体在重力或其他外力的作用下产生运动，打击人体造成人身伤亡事故，不包括机械设备、车辆、起重机械、坍塌、爆炸引发的物体打击。也可以说，物体打击是指失控物体的惯性力造成人身伤亡事故。如落物、滚石、锤击、碎裂、砸伤和造成的伤害。

（2）车辆伤害。指机动车辆在行驶中引起的人体坠落和物体倒塌、下落、挤压等事故，不包括起重设备提升、牵引车辆和车辆停驶时发生的事故。这里的车辆伤害特指本企业机动车辆引起的机械伤害事故。如机动车在行驶中的挤、压、撞车或倾覆等事故，在行驶中上下车、搭乘电瓶车、矿车或放飞车引起的事故，以及车辆脱钩、跑车事故。

（3）机械伤害。指机械设备运动（静止）部件、工具、加工件直接与人体接触引起的夹击、碰撞、剪切、卷入、绞、碾、割、刺等伤害。也可以说机械伤害是指机械设备与工具引起的绞、碾、碰、割、戳、切等伤害。如工具或刀具飞出伤人，切削伤人，手或身体被卷入，手或其他部位被刀具碰伤，被转动的机具缠压住等。不包括车辆、起重机械引起的伤害。

（4）起重伤害。指各种起重作业（包括起重机安装、检修、试验）中发生的挤压、坠落（吊具、吊重）、物体打击。起重伤害也是指从事各种起重作业时引起的机械伤害事故。不包括触电、检修时制动失灵引起的伤害，上下驾驶室时引起的坠落。

（5）触电。指电流流经人身，造成生理伤害的事故，包括雷击伤亡事故。

（6）淹溺。包括高处坠落淹溺，不包括矿山、井下、隧道、硐室透水淹溺。

（7）灼烫。指火焰烧伤、高温物体烫伤、化学灼伤（酸、碱、盐、有机物引起的体内外灼伤）、物理灼伤（光、放射性物质引起的体内外灼伤），不包括电灼伤和火灾引起的烧伤。

（8）火灾。火灾指造成人员伤亡的企业火灾事故，不包括非企业原因造成的火灾。

（9）高处坠落。指在高处作业中发生坠落造成的伤亡事故，包括脚手架、平台、陡壁施工等高于地面的坠落，也包括由地面坠入坑、洞、沟、升降口、漏斗等情况，不包括触电坠落事故。

（10）坍塌。指建筑物、构筑物、堆置物等倒塌以及土石塌方引起的事故，也就是指物体在外力或重力作用下，超过自身的强度极限或因结构稳定性遭到破坏而造成的事故，适用于因设计或施工不合理而造成的倒塌，以及土方、岩石发生的塌陷事故。如建筑物倒塌、脚手架倒塌、堆置物倒塌，挖掘沟、坑、洞时土石塌方等情况，不适用于矿山冒顶片帮和爆炸、爆破引起的坍塌。

（11）冒顶片帮。指隧道、硐室矿井工作面、巷道侧壁由于支护不当、压力过大造成的坍塌，称为片帮；拱部、顶板垮落为冒顶。两者常同时发生，简称冒顶片帮。

（12）透水。指矿山、地下隧道、洞室开采或其他坑道作业时，意外水源带来的伤亡事故。

（13）放炮。指爆破作业中发生的伤亡事故。

（14）火药爆炸。指火药、炸药及其制品在生产、加工、运输、储存中发生的爆炸事故。

（15）瓦斯爆炸。指可燃性气体瓦斯、煤尘与空气混合形成了达到燃烧极限的混合物，接触火源时，引起的化学性爆炸事故。

（16）锅炉爆炸。指锅炉发生的物理性爆炸事故。

（17）容器爆炸。容器（压力容器、汽瓶的简称）是指比较容易发生事故，且事故危害性较大的承受压力载荷的密闭装置。容器爆炸是指压力容器破裂引起的气体爆炸即物理性爆炸。包括容器内盛装的可燃性液化气在容器破裂后，立即蒸发，与周围的空气形成爆炸性气体混合物，遇到火源时形成的化学爆炸，也称容器的二次爆炸。

（18）其他爆炸。包括可燃性气体、粉尘等与空气混合形成爆炸性混合物接触引爆能源时发生的爆炸事故。

（19）中毒和窒息。指人体接触有毒物质的中毒和窒息，包括中毒、缺氧（窒息、中毒性窒息）。如在误吃有毒食物或呼吸有毒气体引起的人体急性中毒事故，或在废弃的坑道、横通道、暗井、涵洞、地下管道等不通风的地方工作，因为氧气缺乏有时会发生突然晕倒甚至死亡的事故，称为窒息。不适用于病理变化导致的中毒和窒息事故，也不适用于慢性中毒和职业病导致的死亡。

（20）其他伤害。凡不属于上述伤害的事故均称为其他伤害。如摔、扭伤、跌伤、冻伤、野兽咬伤、钉子扎伤和非机动车碰撞、轧伤等。

3.2.2.3　按职业健康分类

参照《职业病范围和职业病患者处理办法的规定》，将危险、有害因素分为生产性粉尘、毒物、噪声与振动、高温、低温、辐射（电离辐射、非电离辐射）及其他有害因素等7类。

3.2.3　危险、有害因素辨识原则

（1）科学性。危险、有害因素的辨识是分辨、识别、分析确定系统内存在的危险，它是预测安全状态和事故发生途径的一种手段。这就要求进行危险、有害因素识别时必须有科学的安全理论指导，使之能真正揭示系统安全状况、危险、有害因素存在的部位和方式、事故发生的途径及其变化规律，并予以准确描述，以定性、定量的概念清楚地表示出来，用严密的合乎逻辑的理论予以解释。

（2）系统性。危险、有害因素存在于生产活动的各个方面，因此要对系统进行全面、详细的剖析，研究系统与系统以及各子系统之间的相关和约束关系，分清主要危险、有害因素及其危险性。

（3）全面性。辨识危险、有害因素时不要发生遗漏，以免留下隐患。要从厂址、自然条件、储存运输、建（构）筑物、生产工艺、生产设备装置、特种设备、公用工程、安全管理系统、设施、制度等各个方面进行分析与识别。不仅要分析正常生产运行时的操作中存在的危险、有害因素，还要分析识别开车、停车、检修、装置受到破坏及操作失误等情况下的危险、有害性。

（4）预测性。对于危险、有害因素，还要分析其触发事件，即危险、有害因素出现的条件或设想的事故模式。

3.2.4　危险、有害因素辨识内容

危险、有害因素辨识的内容主要包括以下几个方面。

3.2.4.1　总体布置及建筑物

（1）厂址。从厂址的工程地质、地形地貌、水文、气象条件、周围环境、交通运输条

件、自然灾害、消防支持等方面进行分析辨识。

（2）总平面布置。功能分区——生产、管理、辅助生产、生活区；防火间距和安全间距、风向、建筑物朝向；危险、有害物质设施——氧气站、乙炔气站、压缩空气站、锅炉房、液化石油气站；危险品设施布置——易燃、易爆、高温、有害物质、噪声、辐射。

（3）道路及运输。道路包括施工便道、各施工作业区、作业面、作业点的贯通道路以及与外界联系的交通路线等；运输路线包括从运输、装卸、消防、疏散、人流、物流、平面交叉运输等方面进行分析辨识。

（4）建筑物。从厂房的生产火灾危险性分类、耐火等级、结构、层数、占地面积、防火间距、安全疏散等方面进行分析辨识。

3.2.4.2 按照安全措施主次辨识

（1）对设计阶段是否通过合理的设计进行考查，尽可能从根本上避免危险、危害因素的发生。例如是否采用无害化工艺技术，以无害物质代替有害物质并实现过程自动化等。

（2）当消除危险、有害因素有困难时，对是否采取了预防性技术措施来预防危险、有危害的发生进行考查。例如是否设置安全阀、防爆阀（膜）；是否有有效的泄压面积和可靠的防静电接地、防雷接地、保护接地、漏电保护装置等。

（3）当无法消除危险或危险难以预防时，对是否采取了减少危险、有害发生的措施进行考查。例如是否设置防火堤、涂防火涂料；是否是敞开或半敞开式的厂房；防火间距、通风是否符合国家标准的要求；是否以低毒物质代替高毒物质；是否采取减振、消声和降温措施等。

（4）当无法消除、预防和减少危险的发生时，对是否将人员与危险、有害因素隔离等进行考查。例如是否实行遥控、设置隔离操作室、安装安全防护罩、配备劳动保护用品等。

（5）当操作者失误或设备运行达到危险状态时，对是否能通过连锁装置来终止危险有害的发生进行考察。例如考察是否设置锅炉极低水位时停炉连锁保护等。

（6）在易发生故障或危险性较大的地方，对是否设置了醒目的安全色、安全标志和声光警示装置等进行考查。例如厂内铁路或道路交叉口、危险品库、易燃易爆物质区等。

3.2.4.3 作业环境的危险辨识

作业环境中的危险、有害因素主要有危险物质、生产性粉尘、工业噪声与振动、温度与湿度以及辐射等。

（1）危险物质。生产中的原材料、半成品、中间产品、副产品以及储运中的物质以气态、液态或固态存在，它们在不同的状态下具有不同的物理、化学性质及危险、有害特性，因此，了解并掌握这些物质固有的危险特性，是进行危险辨识、分析和评估的基础。

危险物质的辨识应从其理化性质、稳定性、化学反应活性、燃烧及爆炸特性、毒性及健康危害等方面进行。

（2）生产性粉尘。在有粉尘的作业环境中长时间工作并吸入粉尘，就会引起肺部组织纤维化、硬化，丧失呼吸功能，导致肺病（尘肺病）。粉尘还会引起刺激性疾病、急性中毒或癌症。当爆炸性粉尘在空气中达到一定浓度（爆炸下限浓度）时，遇火源会发生爆炸。

生产性粉尘主要产生在开采、破碎、粉碎、筛分、包装、配料、混合、搅拌、散粉装卸及输送除尘等生产过程中。在对其进行辨识时，应根据工艺、设备、物料、操作条件等，分析可能产生的粉尘种类和部位，用已经投产的同类生产厂、作业岗位的检测数据或模拟实验测试数据进行类比辨识。通过分析粉尘产生的原因、粉尘扩散的途径、作业时间、粉尘特性等来确定其危害方式和危害范围。

（3）工业噪声与振动。工业噪声能引起职业性耳聋或引起神经衰弱、心血管疾病及消化系统疾病的高发，会使操作人员的操作失误率上升，严重时会导致事故发生。

工业噪声可以分为机械噪声、空气动力性噪声和电磁噪声等 3 类。

噪声危害的辨识主要根据已经掌握的机械设备或作业场所的噪声确定噪声源、声级和频率振动危害有整体振动危害和局部振动危害，可导致人的中枢神经、植物神经功能紊乱，血压升高，还会导致设备、部件的损坏。

振动危害的辨识应先找出产生振动的设备，然后根据国家标准，参照类比资料确定振动的危害程度。

（4）温度与湿度。温度与湿度的危险、有害主要表现为：高温、高湿环境影响劳动者的体温调节、水盐代谢、物质系统、消化系统、泌尿系统等。当热调节发生障碍时，轻者影响劳动能力，重者可引起别的病变，如中暑等。水盐代谢的失衡可导致血液被缩、尿液浓缩、尿量减少，这样就增加了心脏和肾脏的负担，严重时引起循环衰竭和热痉挛。高温作业的工人，高血压发病率较高，而且随着工龄的增加而增加。高温还可以抑制中枢神经系统，使工人在操作过程中注意力分散，肌肉工作能力降低，有导致工伤事故的危险。高温可造成灼伤，低温可引起冻伤。

另外，温度急剧变化时，因热胀冷缩，造成材料变形或热应力过大，会导致材料被破坏；在低温下金属会发生晶型转变，甚至破裂；高温、高湿环境会加速材料的腐蚀；高温环境可使火灾危险性增大。

生产性热源主要有：工业炉窑（冶炼炉、焦炉、加热炉、锅炉等）、电热设备（电阻炉、工频炉等）、高温工件（如铸锻件）、高温液体（如导热油、热水）、高温气体（如蒸汽、热风、热烟气）等。

在进行温度、湿度危险、有害辨识时，应注意了解生产过程中的热源及其发热量，表面绝热层的有无，表面温度的高低，与操作者的接触距离等情况。还应了解是否采取了防灼伤、防暑、防冻措施，是否采取了通风（包括全面通风和局部通风）换气措施，是否有作业环境温度、湿度的自动调节控制措施等。

（5）辐射。辐射主要分为电离辐射（如 α 粒子、β 粒子、γ 粒子和中子）和非电离辐射（如紫外线、射频电磁波、微波）等两类。电离辐射伤害由 α 粒、β 粒子、γ 粒子和中子极高剂量的放射性作用所造成。非电离辐射中的射频辐射危害主要表现为射频致热效应和非致热效应两个方面。

3.2.5　危险、有害因素辨识方法

3.2.5.1　直观经验法

不同种类的危险、危害因素有不同的辨识方法，对于有可供参考的先例的，可以用直

观经验法辨识。直观经验法包括对照分析法和类比推断法。

（1）对照分析法。即对照有关标准、法规、检查表或依靠分析人员的观察能力，借助其经验和判断能力，直观地对分析对象的危险因素进行分析。对照分析法具有简单、易行的优点，但由于它是借鉴以往的经验，因此容易受到分析人员的经验、知识和占有资料局限等方面的限制。

（2）类比推断法。类比推断法也是实践经验的积累和总结，它是利用相同或类似工程中作业条件的经验以及安全的统计来类比推断被评估对象的危险、危害因素。新建的工程可以考虑借鉴具有同类规模和装备水平的企业的经验来辨识危险、危害因素，其结果具有较高的置信度。

3.2.5.2　系统安全分析方法

对复杂的系统进行分析时，应采用系统安全分析方法。常用的系统安全分析方法有安全检查表分析法、预先危险分析法、作业危险性分析法、故障类型及影响分析法、危险与可操作性研究分析法、事故树分析方法、危险指数法、概率危险评价方法、故障假设分析法等。这些方法与安全评估方法有相同之处，将在本书安全风险评估方法中分别介绍。

危险辨识是发现、识别系统中危险的工作。这是一种非常重要的工作，是危险控制的基础，只有辨识了危险之后，才能有的放矢地考虑如何采取措施控制危险。

以前，人们主要根据以往的事故经验进行危险因素的识别工作。例如，美国的海因里希建议通过与操作者交谈或到现场检查，查阅以往的事故记录等方式发现危险。由于危险是“潜在的”不安全因素，比较隐蔽，所以危险辨识是件非常困难的工作。在系统比较复杂的场合，危险辨识工作更加困难，需要许多知识和经验。这些必需的知识和经验主要包括：关于辨识对象系统的详细知识，诸如系统的构造、系统的性能、系统的运行条件、系统中能量、物质和信息的流动情况等；与系统设计、运行、维护等有关的知识、经验和各种标准、规范、规程等；关于辨识对象系统中的危险及其危害方面的知识。

3.2.6　危险、有害因素辨识时应注意的问题

在危险、有害因素辨识工作中，要始终坚持“横向到边、纵向到底、不留死角”的原则，尽可能包括“三个所有”，即所有人员、所有活动、所有设施。还要注意考虑可能出现的各种事故类型。

3.2.6.1　识别危险、有害因素时要考虑典型危害类型

（1）机械危险、有害因素——加速、减速、活动零件、旋转零件、弹性零件、接近固定部件上的运动零件、角形部件、粗糙/光滑的表面、锐边、机械活动性、稳定性；还有机械可能造成人体砸伤、压伤、倒塌压埋伤、割伤、刺伤、擦伤、扭伤、冲击伤、切断伤等。

（2）电气危险、有害因素——带电部件、静电现象、短路、过载、电压、电弧、与高压带电部件无足够距离、在故障条件下变为带电零件等；设备设施安全装置缺乏或损坏造成的火灾、人员触电、设备损害等。

（3）热危险、有害因素——热辐射、火焰、具有高温或低温的物体或材料等。

（4）噪声危险、有害因素——作业过程、运动部件、气穴现象、气体高速泄漏、气体

啸声等。

（5）振动危险、有害因素——机器/部件振动、机器移动、运动部件偏离轴心、刮擦表面、不平衡的旋转部件等。

（6）辐射危险、有害因素——低频率电磁辐射、无线频率电磁辐射、光学辐射（红外线，可见光和紫外线）等。

（7）材料和物质产生的危险、有害因素——易燃物、可燃物、爆炸物、粉尘、烟雾、悬浮物、氧化物、纤维等；还有各种有毒有害化学品的挥发、泄漏所造成的人员伤害、火灾等；生物病毒、有害细菌、真菌等造成的发病感染。

（8）与人类工效学原则有关的危险、有害因素——出入口、指示器和视觉显示单元的位置、控制设备的操作和识别费力、照明、姿势、重复活动、可见度等；人体工程危害还有不适宜的作业方式、作息时间、作业环境等引起的人体过度疲劳危害。

（9）与机器使用环境有关的危险、有害因素——雨、雪、风、雾、温度、闪电、潮湿、粉尘、电磁干扰、污染等。

（10）综合危险、有害因素——重复的活动+费力+高温环境等。

3.2.6.2　识别危险、有害因素时要考虑的三种时态和三种状态

（1）三种时态

1）过去——作业活动或设备等过去的安全控制状态及发生过的人体伤害事故。曾经发生过的安全事故给人们留下了惨痛的教训，每次事故发生后都会有相应的原因分析和预防对策。我们在进行危险、有害因素辨识时，应积极通过安监部门、行业、企业等多种渠道查找以往的事故记录，明确引发事故的安全隐患，并将其列入危险行列，从而充分辨识危险。

2）现在——作业活动或设备等现在的安全控制状况。

3）将来——作业活动发生变化、系统或设备等在发生改进、报废后将会产生的危险因素。

（2）三种状态

1）正常——作业活动或设备等按其工作任务连续长时间进行工作的状态。

2）异常——作业活动或设备等周期性或临时性进行工作的状态，如设备的开启、停止、检修等状态。

3）紧急情况——发生火灾、水灾、交通事故等状态。

纵观安监部门的人身伤亡事故统计报告发现，在非常规作业活动中发生的安全事故占有相当的比例。因此关注非常规作业，辨识非常规作业中的危险源，并进行有效的风险控制，是避免安全事故发生的关键工作之一。

所谓非常规作业，是指除正常工作状态外的异常或紧急作业，比较典型的有故障维修、定期保养等作业。它与常规生产作业的最大不同之处，就是作业的不确定性和不连续性。例如，在故障维修过程中，应辨识出“有无防止设备误启动的锁止装置”这一危险源，以便采取措施，避免维修人员伤亡事故的发生。

3.3　安全风险评估单元

3.3.1　评估单元的划分

评估单元就是在危险、有害因素识别与分析的基础上，根据评估目标和评估方法的需

要，将系统分成有限的、确定范围的评估单元。

一个作为评估对象的建设项目、装置（系统），一般是由相对独立、相互联系的若干部分（子系统、单元）组成。各部分的功能、含有的物质、存在的危险和有害因素、危险性和危害性以及安全指标均不尽相同。以整个系统作为评估对象实施评估时，一般按一定原则将评估对象分成若干个评估单元，分别进行评估，再综合为整个系统的评估。将系统划分为不同类型的评估单元进行评估，不仅可以简化评估工作、减少评估工作量、避免遗漏，而且由于能够得出各评估单元危险性（危害性）的比较概念，避免了以最危险单元的危险性（危害性）来表征整个系统的危险性（危害性），夸大整个系统危险性（危害性）的可能，从而提高了评估的准确性，降低了采取对策措施所需的安全投入。

3.3.2 评估单元划分原则和方法

为便于安全风险评估工作的进行，有利于提高评估工作的准确性，评估单元一般以生产工艺、工艺装置、物料的特点和特征与危险、有害因素的类别与分布，有机结合进行划分，还可以按评估的需要将一个评估单元再划分为若干子评估单元或更细致的单元。由于至今尚无一个明确通用的“规则”来规范单元的划分方法，因此，不同的评估人员对同一个评估对象所划分的评估单元有所不同。由于评估目标不同，各评估方法均有自身特点，只要达到评估的目的，评估单元划分并不要求绝对一致。

评估单元划分应遵循的原则及方法如下：

（1）以危险、有害因素的类别为主划分评估单元。将具有共性危险、有害因素的场所和装置划为一个单元。按危险因素的类别各划分一个单元，再按工艺、物料、作业特点（即其潜在危险、有害因素的不同）划分成子单元分别评估；或者进行安全评估时，可按有害因素（有害作业）的类别划分评估单元。例如，将噪声、辐射、粉尘、毒物、高温、低温、体力劳动强度危害的场所各划分一个评估单元。

（2）以装置的特征划分评估单元。

1）按装置工艺功能划分。例如，按原料贮存区域，反应区域，产品蒸馏区域，吸收或洗涤区域；中间产品贮存区域；产品贮存区域，运输装卸区域，催化剂处理区域；副产品处理区域；废液处理区域；通人装置区的主要配管桥区；其他（过滤、干燥、固体处理、气体压缩等）区域。

2）按设备布置的相对独立性划分。以安全距离、防火墙、防火堤、隔离带等与（其他）装置隔开的区域或装置部分可作为一个评估单元。贮存区域内通常以一个或共同防火堤（防火墙、防火建筑物）内的贮罐、贮存空间作为一个评估单元。

3）按装置工艺条件划分评估单元。按操作温度、压力范围的不同，划分为不同的评估单元；按开车、加料、卸料、正常运转、添加剂、检修等不同作业条件划分评估单元。

（3）以物质的特征划分评估单元。按贮存、处理危险物质的潜在化学能、毒性和危险物质的数量划分评估单元。一个贮存区域内（如危险品库）贮存不同危险物质，为了能够正确识别其相对危险性，可作不同单元处理。为避免夸大评估单元的危险性，评估单元的可燃、易燃、易爆等危险物质应有最低限量。

（4）以事故后果范围划分评估单元。将发生事故能导致停产、波及范围大、造成巨大损失和伤害的关键设备作为一个评估单元，将危险、有害因素大且资金密度大的区域作为一个评估单元，将危险、有害因素特别大的区域、装置作为一个评估单元，将具有类似危险性潜能的单元合并为一个大评估单元。

（5）依据评估方法的有关具体规定划分。ICI 蒙德火灾、爆炸、毒性指标法，需结合物质系数以及操作过程、环境或装置，采取措施前后的火灾、爆炸、毒性和整体危险性指数等，划分评估单元；故障假设分析方法则按问题分门别类，例如按照电气安全、消防、人员安全等问题分类划分评估单元；模糊综合评估法需要从不同角度（或不同层面）划分评估单元，再根据每个单元中多个制约因素对事物作综合评估，建立各评估集。

综上所述，划分评估单元应注意在进行危险、有害因素识别、安全评估工作之前，应设计一套合适的工作表格，按照一定的方法来划分企业的作业活动，保证危险、有害因素识别工作的全面性。另外，在划分作业活动单元时，一般不会单一采用某一种方法，往往是多种方法同时采用。但是应注意，在同一划分层次上，一般不使用第二种划分方法。因为如果这样做，很难保证对危险、有害因素识别的全面性。

3.4　安全风险评估方法

3.4.1　安全检查表方法（SCL）

为了查找工程、系统中各种设备、设施、物料、工件、操作、管理和组织措施中的危险、有害因素，事先把检查对象加以分解，将大系统分割成若干小的子系统，以提问或打分的形式，将检查项目列表逐项检查，避免遗漏。这种表称为安全检查表。

编制安全检查表的目的是分析利用检查条款按照相关的标准、规范等，对已知的危险、有害因素类别、设计缺陷以及与一般工艺设备、操作、管理有关的潜在危险性和有害性进行判别检查。

3.4.1.1　编制安全检查表所需资料

编制安全检查表所需要的资料为：

（1）有关标准、规程、规范及规定。

（2）国内外事故案例。

（3）系统安全分析事例。

（4）研究的成果等有关资料。

3.4.1.2　不同类型的安全检查表

为了编制一张标准的检查表，评估人员应确定检查表的标准设计或操作规范，然后依据缺陷和不同差别来编制一系列带问题的检查表。

随着具体情况的不同，采用不同的检查表，可以简单的分成为检查结果的定性化、半定量化或定量化的安全检查表。但要注意：安全检查表只能作定性分析，不能定量，也就是说，它们不能提供危险度的分级。

A　检查结果的定性化

安全检查表应列举需查明的所有导致事故的不安全因素，通常采用提问方式，并以“是”或“否”来回答，“是”表示符合要求；“否”表示还存在问题，有待于进一步改进；“部分符合”表示有一部分符合条件，另一部分不符合条件。回答是的符号为“√”，表示否的符号为“×”，“≈”表示部分符合。所以，在每个提问后面也可以设有改进措施栏。每个检查表均需要注明检查时间、检查者、后面的直接责任人，以便分清责任。

为了使提出的问题有所依据，可以收集有关此项问题的规章制度、规范标准，在有关条款后面注明名称和所在章节（表 3-4）。

表 3-4 提问型安全检查表

序号	检查项目和内容	检查结果		标准依据	备注
		是	否		

B 检查结果的半定量化

安全检查表可采用检查表判分-分级系统。其中作为安全检查表的判分系统，采用的是三级判分系列 0—1—2—3，0—1—3—5，0—1—3—5—7，其中评判的“0”为不能接受的条款；低于标准较多的，判给“1”；稍低于标准的条件，判给低于最大值的分数；符合标准条件的，判给最大的分数。

判分的分数是一种以检查人员的知识和经验为基础的判断意见，检查表中分成不同的检查单元进行检查。为了得到更为有效的检查结果，用所得总分数除各种类别的最大总分数的比值，以便衡量各单元的安全程度。

在汇总表上（表 3-5），分数的总和除以所检查种类的数目，此数表示所检查的有效的平均百分数。

表 3-5 半定量打分法的安全检查表

<table>
<tr><td rowspan="2">序号</td><td rowspan="2">检查项目和内容</td><td colspan="2">检查结果</td><td rowspan="2">备注</td></tr>
<tr><td>可判分数</td><td>判给分数</td></tr>
<tr><td rowspan="3"></td><td rowspan="2">检查条款</td><td>0—1—2—3（低度危险）
0—1—3—5（中度危险）
0—1—5—7（高度危险）</td><td></td><td rowspan="2"></td></tr>
<tr><td>总的满分</td><td>总的判分</td></tr>
<tr><td colspan="4">百分比＝总的分数/总的可能的分数＝判分/满分</td></tr>
</table>

注：选取 0—1—2—3 时，条款属于低危险程度，对条款的要求为“允许稍有选择，在条件许可的条件下首先应该这样做”；选取 0—1—3—5 时，条款属于中等危险程度，对条款的要求为“严格，在正常的情况下均应这样做”；选取 0—1—5—7 时，条款属于高危险程度，对于条款的要求为“很严格，非这样做不可”。

C 检查结果的定量化

根据安全检查表检查结果及各分系统或子系统的权重系数，按照检查表的计算方法，首先计算出各子系统或分系统的评估分数值，再计算出各评估系统的评估得分，最后计算出评估系统（装置）的评估得分，确定系统（装置）的安全评估等级。

（1）划分系统

1）以装置作为总系统，例如将评估系统划分为生产运行、储存运输、公用动力、生产辅助、厂区与作业环境、职业卫生、检测和综合安全管理等若干个系统，其中综合安全管理系统对其余七个系统起制约和控制作用。

2）每个系统又依次分为若干分系统和子系统，对最后一层各子系统（或分系统），根据不同的评估对象制订出相应的安全检查表。

（2）评分方法

1）采用安全检查表赋值法，安全检查表按检查内容和要求逐项赋值，每一张检查表以 100 分计。

2）不同层次的系统、分系统、子系统给予权重系数，同一层次各系统权重系数之和等于 1。

3）评估时从安全检查表开始，按实际得分逐层向前推算，根据子系统的分数值和权重系数计算上一层分系统的分数值，最后得到系统的评估得分。系统满分应为 100 分。

（3）安全检查表检查的实施办法

1）每张检查表归纳了子系统（或分系统）内应检查的内容和要求，并制订评分标准和应得分。

2）依照制订的安全检查表中各项检查的内容及要求，采取现场检查或查资料、记录、档案或抽考有关人员等方法，对评估对象进行检查。对不符合要求之项，根据“评分标准”给予扣分，扣完为止，不计负分。

3）根据检查表检查的实得分，按系统划分图逐层向前推算，计算出评估系统的最终得分，并根据分数值划分安全等级，最后，汇总安全检查中发现的隐患，提出相应的整改措施。

（4）安全评估结果计算方法

1）系统或分系统评估分数值计算：

$$M_i = \sum_{j=1}^{n} k_{ij} m_{ij}$$

式中　M_i——分系统或子系统分数值；

k_{ij}——分系统或子系统的权重系数；

m_{ij}——分系统或子系统的评估分数值；

n——分系统或子系统的数目。

2）缺项计算。用检查表检查如出现缺项的情况，其检查结果由实得分与应得分之比乘以 100 得到，即：

$$m_i = \frac{\sum_{j=1}^{n} k_{ij} m_{ij}}{\sum_{j=1}^{n} k_{ij}}$$

式中　m_i——安全检查表评估得分；

m_{ij}——安全检查表实得分；

k_{ij}——安全检查表除去缺项应得分。

3）装置最终评估结果计算：

$$A = \frac{g}{100} \sum_{i=1}^{7} k_i M_i$$

式中　A——装置最终评估分数值；

g——综合安全管理分系统分数值；

k_i——各系统权重系数；

M_i——各系统评估分数值。

装置满分应为 100 分。

（5）系统（装置）安全等级划分。根据评估系统最终的评估分数值，按表 3-6 确定系统（装置）的安全等级。

表 3-6　系统（装置）安全评估等级划分

安全等级	系统安全评估分值范围
特级安全级	$A \geqslant 95$
安全级	$95 > A \geqslant 80$
临界安全级	$80 > A \geqslant 50$
危险级	$A < 50$

3.4.1.3　安全检查表编制程序

安全检查表的编制程序如图 3-2 所示。

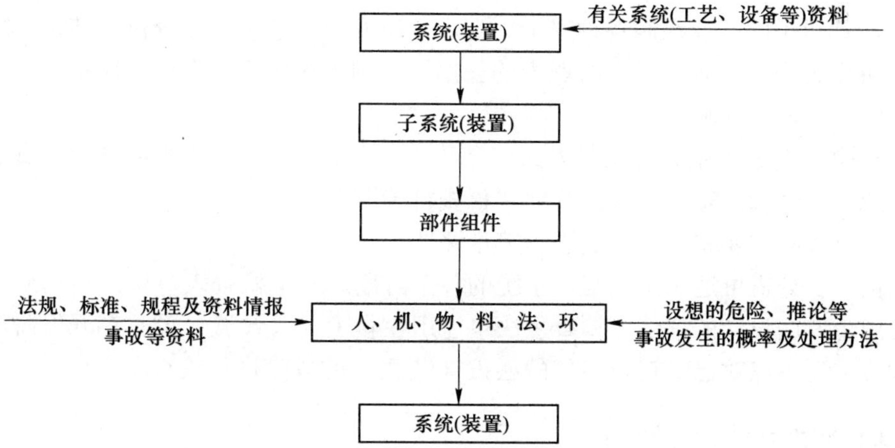

图 3-2　安全检查表编制程序框图

一旦确定检查的范围，安全检查表分析应包括 3 个主要步骤。

A　选择安全检查表

安全检查表分析方法是一种经验为主的方法。安全评估人员从现有的检查表中选取一种适宜的检查表（例：已有的机械工厂安全检查表、非煤矿山安全检查表、石油化工安全检查表等），如果没有具体的、现成的安全检查表可用，分析人员必须借助已有的经验，编制出合适的安全检查表。

编制安全检查表评估人员应有丰富的经验，最好具备丰富生产工艺操作经验，熟悉相关的法规、标准和规程。

安全检查表的条款应尽可能完善，以便可以有针对性地对系统的设计和操作进行检查。(对工艺部分：安全检查表应比一般的安全检查表增添一些细节部分内容，以便检查更彻底。)

B　安全检查

对现有系统装置的安全检查，应包括巡视和自检检查主要工艺单元区域。在巡视过程中，检查人员按检查表的项目条款对工艺设备和操作情况逐项比较检查。检查人员依据系统的资料、对现场巡视检查、与操作人员的交谈以及凭个人主观感觉来回答检查条款。当检查的系统特性或操作有不符合检查表条款上的具体要求时，分析人员应记录下来。对新工艺的安全检查表分析，在开工之后，检查小组通常应开会研究，针对工艺流程图进行检查，与检查表条款相比较，对设计不足之处进行讨论。

C　评估结果

检查完成后，将检查的结果汇总计算，最后列出具体的安全建议和措施。

3.4.1.4　安全检查表方法特点与适应性

安全检查表具有下列优点：

(1) 能根据预定的目的要求进行检查，突出重点、避免遗漏，便于发现和查明各种危险及隐患。

(2) 可针对不同行业编制各种安全检查表，使安全检查和事故分析标准化、规范化。

(3) 可作为安全检查人员履行职责的凭据，有利于落实安全生产责任制，有利于安全人员提高现场安全检查水平。

(4) 安全检查表关系到每位工人的切身利益，它能将安全工作推向群众，做到人人关系安全生产、个个参加安全管理，达到“群查群治”的目的。

安全检查表的主要缺点是不能进行定量评估。

安全检查表分析可适用于工程、系统的各个阶段。安全检查表可以评估物质、设备和工艺，常用于专门设计的评估。检查表法也能用在新工艺（装置）的早期开发阶段，判定和估测危险，还可以对已经运行多年的在役（装置）的危险进行检查。

3.4.2　工作危害分析法（JHA）

工作危害分析法（JHA）的主要目的是防止从事某项作业活动的人员、设备和其他系统受到影响或损害。该方法包括作业活动划分、选定、危险有害因素识别、风险评估、判定风险等级、制定控制措施等内容。

3.4.2.1　作业活动的划分

按生产流程的阶段、地理区域、装置、作业任务、生产阶段/服务阶段或部门划分，也可结合起来进行划分。如：

(1) 日常操作：工艺操作、设备设施操作、现场巡检。

(2) 异常情况处理：停水、停电、停气（汽）、停风、停止进料的处理，设备故障处理。

（3）开停车：开车、停车及交付前的安全条件确认。

（4）作业活动：动火、受限空间、高处、临时用电、动土、断路、吊装、盲板抽堵等特殊作业；装车、卸车、正常开车、正常停车、紧急停车、原料出入库、氯气出入库；合成反应、氯气汽化、偶氮反应、蒸馏反应、热熔反应、精制反应；离心、干燥包装、产品入库等其他作业。

（5）管理活动：变更管理、现场监督检查、应急演练等。

3.4.2.2 作业危害分析的主要步骤

（1）划分并确定作业活动，填入《作业活动清单》（表 3-7）。

表 3-7 作业活动清单

序号	岗位/地点	作业活动	活动频率	备 注
1				
2				

注：活动频率分为频繁进行、特定时间进行、定期进行 3 类。

（2）将作业活动分解为若干个相连的工作步骤（应按实际作业划分，明确作业时如何进行的，对操作人员能起到指导作用）。

（3）辨识每一步骤的潜在危害填入《工作危害分析（JHA）评估表》（表 3-8）。

表 3-8 工作危害分析（JHA）评估表

工作任务： 区域/工艺过程： 分析人员： 日期： 编号：

序号	工作步骤	危险、有害因素或潜在事件（人、物、作业环境、管理）	主要后果	现有安全控制措施	L	C	R	风险等级	建议/增加控制措施

审核人： 审核日期： 审定人： 审定日期：

（备注：审核人为所在岗位/工序负责人，审定人为上级负责人）

可以从能量和物质的角度进行提示。1）从能量的角度可以考虑机械能、电能、化学能、热能和辐射能等。例如，机械能可造成物体打击、车辆伤害、机械伤害、起重伤害、高处坠落、坍塌等；热能可造成灼烫、火灾；电能可造成触电；化学能可导致中毒、火灾、爆炸、腐蚀。2）从物质的角度可以考虑压缩或液化气体、腐蚀性物质、可燃性物质、氧化性物质、毒性物质、放射性物质、病原体载体、粉尘和爆炸性物质等。

（4）识别现有安全控制措施，可以从技术工程控制、管理措施和教育培训、个体防护各方面考虑。如果这些控制措施不足以控制此项风险，应提出建议的控制措施。

3.4.3 作业条件危险分析法（LEC 法）

作业条件的危险分析法（格雷厄姆-金尼法）是作业人员在具有潜在危险性环境中进行作业时的一种危险性半定量评估方法。它是由美国人格雷厄姆（K. J. Graham）和金尼

（G. F. Kinney）提出的，他们认为，影响作业条件危险性的因素是 L（事故发生的可能性）、E（人员暴露于危险环境的频繁程度）和 C（一旦发生事故可能造成的后果）。

3.4.3.1 作业条件危险分析法的特点与适应性

作业条件危险分析法的优点为作业条件危险分析法评估人们在某种具有潜在危险的作业环境中进行作业的危险程度，该方法简单易行，危险程度级别划分比较清楚、醒目。

其缺点为：只能半定量，方法中影响危险性因素的分数值主要是根据经验来确定的，因此具有一定的主观性和局限性。

该方法一般用于企业作业现场的局部性评估（如员工抱怨作业环境差），不能普遍适用于整体、系统的完整的评估。

3.4.3.2 作业条件危险分析法实施步骤

作业条件危险分析法的评估步骤如下：

（1）以类比作业条件比较为基础，由熟悉类比条件的设备、生产、安技人员组成专家组。

（2）对于一个具有潜在危险性的作业条件，确定事故的类型，找出影响危险性的主要因素：发生事故的可能性大小；人体暴露在这种危险环境中的频繁程度；一旦发生事故可能会造成的损失后果。

（3）由专家组成员按规定标准对 L、E、C 分别评分，取分值集的平均值作为 L、E、C 的计算分值，用计算的危险性分值（D）来评估作业条件的危险性等级。用公式来表示，则为：

$$D = L \times E \times C$$

式中 L——发生事故可能性的大小，取值见表 3-9；

E——人员暴露于危险环境中的频繁程度，取值见表 3-10；

C——发生事故产生的后果，取值见表 3-11；

D——风险值，确定危险等级的划分标准见表 3-12。

表 3-9 事故发生的可能性分值 L

分数值	10	6	3	1	0.5	0.2	0.1
事故发生的可能性	完全会被预料到	相当可能	可能，但不经常	完全意外，很少可能	可以设想，很少可能	极不可能	实际上不可能

表 3-10 暴露于危险环境的频繁程度分值 E

分数值	10	6	3	2	1	0.5
暴露于危险环境的频繁程度	连续暴露	每天工作时间内暴露	每周一次或偶然暴露	每月暴露一次	每年几次暴露	非常罕见暴露

表 3-11 事故造成的后果分值 C

分数值	100	40	15	7	3	1
事故造成的后果	十人以上死亡	数人死亡	一人死亡	严重伤残	有伤残	轻伤，需救护

表 3-12 危险性等级划分标准

危险性分值 D	≥320	≥160~320	≥70~160	≥20~70	<20
危险程度	极度危险，不能继续作业	高度危险，需要整改	显著危险，需要整改	比较危险，需要注意	稍有危险，可以接受

一般情况下，事故发生的可能性越大，风险越大；暴露于危险环境的频繁程度越大，风险越大；事故产生的后果越大，风险越大。运用作业条件危险评估分析法进行分析时，危险等级为 1 级、2 级的，可确定为属于可接受的风险；危险等级为 3~5 级的，则确定为属于不可接受的风险。

3.4.4 作业风险分析方法（风险矩阵法）

3.4.4.1 风险矩阵法的特点与适应性

作业风险分析方法（风险矩阵）由英国石油化工行业最先采用，就是识别出每个作业活动可能存在的危害，并判定这种危害可能产生的后果及产生这种后果的可能性，两者相乘，得出所确定危害的风险值。然后进行风险分级，根据不同级别的风险，采取相应的风险控制措施。

通过 JHASCL 识别出每个作业活动设备设施可能存在的危害，并判定这种危害可能产生的后果以及产生这种后果的可能性，两者相乘，得出所确定危害的风险。然后进行风险分级，根据不同级别的风险，采取相应的风险控制措施。

3.4.4.2 风险矩阵法实施步骤

风险矩阵法的评估步骤如下：

（1）以类比作业条件比较为基础，由熟悉类比条件的设备、生产、安技人员组成专家组。

（2）对于一个具有潜在危险性的作业条件，确定事故的类型，找出影响危险性的主要因素：发生事故的可能性大小；人体暴露在这种危险环境中的频繁程度；一旦发生事故，可能会造成的损失后果。

（3）由专家组成员按规定标准对 L、S 分别评分，取分值集的平均值作为 L、S 的计算分值，用计算的风险度分值（R）来评估作业条件的危险性等级。用公式来表示，则为：

$$R = L \times S$$

式中，R 为风险度；L 为发生伤害的可能性；S 为发生伤害后果的严重程度（表 3-13~表 3-16）。

表 3-13 事故发生的可能性 L 判断准则

等级	标 准
5	在现场没有采取防范、监测、保护、控制措施，或危害的发生不能被发现（没有监测系统），或在正常情况下经常发生此类事故或事件
4	危害的发生不容易被发现，现场没有检测系统，也未发生过任何监测，或在现场有控制措施，但未有效执行或控制措施不当，或危害发生或预期情况下发生
3	没有保护措施（如没有保护装置、没有个人防护用品等），或未严格按操作程序执行，或危害的发生容易被发现（现场有监测系统），或曾经做过监测，或过去曾经发生类似事故或事件

续表 3-13

等级	标　准
2	危害一旦发生能及时发现，并定期进行监测，或现场有防范控制措施，并能有效执行，或过去偶尔发生事故或事件
1	有充分、有效的防范、控制、监测、保护措施，或员工安全卫生意识相当高，严格执行操作规程。极不可能发生事故或事件

表 3-14　事件后果严重性 *S* 判别准则

等级	法律、法规及其他要求	人 员	财产损失/万元	停工	企业形象
5	违反法律、法规和标准	死亡	≥30	生产装置停工	行业内影响
4	潜在违反法规和标准	丧失劳动能力	≥20	2 套装置停工、或设备停工	地区影响
3	不符合上级公司或行业的安全方针、制度、规定等	截肢、骨折、听力丧失、慢性病	≥10	部分设备停工	公司内及周边范围影响
2	不符合企业的安全操作程序、规定	轻微受伤、间歇不舒服	<10	受影响不大，几乎不停工	车间内影响
1	完全符合	无伤亡	无损失	没有停工	形象没有受损

表 3-15　安全风险等级判定准则及控制措施 *R*

风险度	等级		应采取的行动/控制措施	实施期限
20~25	1 级	巨大风险	在采取措施降低危害前，不能继续作业，对改进措施进行评估	立刻
15~16	2 级	重大风险	采取紧急措施降低风险，建立运行控制程序，定期检查、测量及评估	立即、近期整改
9~12	3 级	中等	可考虑建立目标、建立操作规程，加强培训及沟通	2 年内治理
4~8	4 级	可接受	可考虑建立操作规程、作业指导书但需定期检查	有条件、有经费时治理
< 4	5 级	轻微或可忽略的风险	无须采用控制措施	需保存记录

表 3-16　风险矩阵表

	风险度（*R*）					
严重性（*S*）	5	低	中	高	很高	很高
	4	低	低	中	高	很高
	3	较低	低	中	中	高
	2	较低	低	低	低	中
	1	较低	较低	较低	低	低
可能性（*L*）		1	2	3	4	5

3.4.5 作业条件风险程度评估法（MES 法）

3.4.5.1 作业条件风险程度评估法特点与适应性

其优点为：作业条件风险程度法评估人们在某种具有潜在危险的作业环境中进行作业的危险程度，该方法简单易行，危险程度级别划分比较清楚、醒目。

其缺点为：此方法只能半定量，方法中影响危险性因素的分数值主要是根据经验来确定的，因此具有一定的主观性和局限性。

3.4.5.2 作业条件风险程度法实施步骤

作业条件风险程度法的评估步骤如下：

（1）以类比作业条件比较为基础，由熟悉类比条件的设备、生产、安技人员组成专家组。

（2）对于一个具有潜在危险性的作业条件，确定事故的类型，找出影响危险性的主要因素：发生事故的可能性大小；人体暴露在这种危险环境中的频繁程度；一旦发生事故可能会造成的损失后果。

（3）由专家组成员按规定标准对 M、E、S 分别评分，取分值集的平均值作为 M、E、S 的计算分值，用计算的危险性分值（R）来评估作业条件的危险性等级。用公式来表示，则为：

$$R = M \times E \times S$$

1）控制措施的状态 M。对于特定危害引起特定事故（这里“特定事故”一词既包含“类型”的含义，如碰伤、灼伤、轧入、高处坠落、触电、火灾、爆炸等；也包含“程度”的含义，如死亡、永久性部分丧失劳动能力、暂时性全部丧失劳动能力、仅需急救、轻微设备损失等）而言，无控制措施时发生的可能性较大，有减轻后果的应急措施时发生的可能性较小，有预防措施时发生的可能性最小。

控制措施的状态 M 的赋值见表 3-17。

表 3-17 控制措施的状态 *M*

分数值	控制措施的状态
5	无控制措施
3	有减轻后果的应急措施，如警报系统、个体防护用品
1	有预防措施，如机器防护装置等，但须保证有效

2）人体暴露或危险状态出现的频繁程度 E。人体暴露于危险状态的频繁程度越大，发生伤害事故的可能性越大；危险状态出现的频次越高，发生财产损失的可能性越大。人体暴露的频繁程度或危险状态出现的频次 E 的赋值见表 3-18。

3）事故的可能后果 S。表 3-19 表示按伤害、职业相关病症、财产损失、环境影响等方面不同事故后果的分档赋值。

表 3-18　人体暴露的频繁程度或危险状态出现的频次 E

分数值	E_1（人身伤害和职业相关病症）：人体暴露于危险状态的频繁程度	E_2（财产损失和环境污染）：危险状态出现的频次
10	连续暴露	常态
6	每天工作时间内暴露	每天工作时间出现
3	每周一次，或偶然暴露	每周一次，或偶然出现
2	每月一次暴露	每月一次出现
1	每年几次暴露	每年几次出现
0.5	更少的暴露	更少的出现

注：1. 8 小时不离工作岗位，算"连续暴露"；危险状态常存，算"常态"。

2. 8 小时内暴露一至几次，算"每天工作时间暴露"；危险状态出现一至几次，算"每天工作时间出现"。

表 3-19　事故的可能后果 S

分数值	事故的可能后果			
	伤害	职业相关病症	财产损失/万元	环境影响
10	有多人死亡		>1000	有重大环境影响的不可控排放
8	有 1 人死亡或多人永久失能	职业病（多人）	100~1000	有中等环境影响的不可控排放
4	永久失能（1 人）	职业病（1 人）	10~100	有较轻环境影响的不可控排放
2	需医院治疗，缺工	职业性多发病	1~10	有局部环境影响的可控排放
1	轻微，仅需急救	职业因素引起的身体不适	<1	无环境影响

注：表中财产损失一栏的分档赋值，可根据行业和企业的特点进行适当调整。

4）根据可能性和后果确定风险程度 $R=L\cdot S=MES$。将控制措施的状态 M、暴露的频繁程度 $E(E_1$ 或 $E_2)$、一旦发生事故会造成的损失后果 S 分别分为若干等级，并赋予一定的相应分值。风险程度 R 为三者的乘积。将 R 亦分为若干等级。针对特定的作业条件，恰当选取 M、E、S 的值，根据相乘后的积确定风险程度 R 的级别。风险程度的分级见表 3-20。

表 3-20　风险程度的分级

$R=MES$	风险程度（等级）
>180	一级
90~150	二级
50~80	三级
20~48	四级
≤18	五级

注：风险程度是可能性和后果的二元函数。当用两者的乘积反映风险程度的大小时，从数学上讲，乘积前面应当有一系数。但系数仅是乘积的一个倍数，不影响不同乘积间的比值；也就是说，不影响风险程度的相对比值。因此，为简单起见，将系数取为 1。

3.5　安全风险分级管控

3.5.1　风险控制措施策划与风险分级管控考核方法

（1）风险控制措施策划。企业应依次按照工程控制措施、安全管理措施、个体防护措施以应急措施等四个逻辑顺序对每个风险点制定精准的风险控制措施。

（2）风险分级管控考核方法。为确保该项工作有序开展及事故纵深预防效果，企业应对风险分级管控制定实施内部激励考核方法。

3.5.2 风险分级控制

3.5.2.1 安全生产风险等级划分

在对单元风险进行评估的基础上，还要对企业各生产区域的风险进行综合评估。对于每个生产区域，可以根据安全风险关联或组合情况，按照短板原理选择单元安全风险的最高等级作为该生产区域的安全风险等级，也可采用综合加权的方法确定其区域安全风险等级。

非煤矿山企业要根据风险评估分级的结果，分别用红色、橙色、黄色、蓝色标示重大风险、较大风险、一般风险和低风险的生产区域。划分标准见表3-21。

表3-21 风险分级表

风险等级	矩阵法	LEC法	MES法
红	Ⅰ级	$D>320$	$R>180$
橙	Ⅱ级	$160<D<320$	$90<R<150$
黄	Ⅲ级	$70<D<160$	$50<R<80$
蓝	Ⅳ级	$D<70$	$R<48$

3.5.2.2 风险控制责任

（1）生产经营单位是安全生产风险管控的主体，应主动查找风险，并根据辨识和评估出的安全生产风险等级，明确安全风险分级管控岗位的责任，按照治理负责单位，分为班组级、车间级、企业级和集团级，由各级负责管理。本级能够控制的，不得推给上一级。

（2）对于生产经营单位自身无法解决，需要政府协调的风险，按照相关规定及时上报政府相关部门。

1）一级风险必须由生产经营单位企业级或集团级直接领导管控，对预控措施按立项要求制定管控方案和具体实施计划，明确相应的责任、时间和具体措施，保证相应的资源投入，综合运用工程技术和管理等措施，将预控措施纳入相应的安全操作规程，全面整改，降低风险级别。不能立即整改的，必须制定相应的日常监测技术手段。

2）二级风险可由生产经营单位企业级直接领导管控，也可由风险源所在部门（车间或以上级）管控，企业级提供支持。制定管控计划，明确相应的责任、时间和具体措施，保证相应的资源投入，优先运用工程技术措施，同采取管理措施，视需要将预控措施纳入相应的安全操作规程，降低风险级别。不能立即整改的，必须制定相应的日常监测技术手段。

3）三级风险主要由车间级管控，提出管控要求，明确相应的责任、时间和具体措施，保证相应的资源投入，视需要运用工程技术措施，主要采取管理措施，对相关人员进行培训，对措施的落实情况进行监督检查，对人员的管控能力进行考核。

4）四级风险由班组或岗位管控，明确具体措施并落实，相关人员应了解风险源和管控情况。

3.5.3 风险控制措施

生产经营单位应组织落实安全生产风险预控措施，检查本单位的安全生产状况，制止和纠正违章指挥、强令冒险作业、违反操作规程的行为，督促落实安全生产整改措施。

3.5.3.1 安全技术对策措施

A 安全技术措施概述

安全技术措施是指运用工程技术手段消除物的不安全因素，实现生产工艺和机械设备等生产条件本质安全的措施。

安全技术措施也可简称为安全技术，其最根本目的就是实现生产过程中的本质安全。即便是人的本身发生不安全行为而违章作业，或者由于个别部件发生了故障，都会因为安全的可靠性作用而避免事故的发生。为了达到这个目的，就要研制在各种生产环境下能确保安全的装置。实现生产过程的机械化与自动化，不仅是发展生产的重要手段，而且也是安全技术措施的奋斗方向，是安全技术首选的理想措施。凡是有条件的地方，都应优先选择这种方案。

B 安全技术措施的分类

a 按导致事故的原因分类

按照导致事故的原因可分为：防止事故发生的安全技术措施和减少事故损失的安全技术措施。防止事故发生的安全技术措施是指为了防止事故发生，采取的约束、限制能量或危险物质，防止其意外释放的安全技术措施。常用的预防事故发生的安全技术措施有：消除危险源、限制能量或危险物质、隔离、故障——安全设计、减少故障和失误。减少事故损失的安全技术措施是指防止意外释放的能量引起人的伤害或物的损坏，或减轻其对人的伤害或对物的破坏的技术措施。该类技术措施是在事故发生后，迅速控制局面，防止事故的扩大，避免引起二次事故的发生，从而减少事故造成的损失。常用的减少事故损失的安全技术措施有：隔离、设置薄弱环节、个体防护、避难与救援。

b 按危险、有害因素类别分类

按照危险、有害因素的类别可分为：防火防爆安全技术措施、锅炉与压力容器安全技术措施、机械安全技术措施、电气安全技术措施等。

c 按消除危险程度分类

按消除危险程度可以将安全技术措施分为：直接安全技术措施、间接安全技术措施、指示性安全技术措施和个人防护安全技术措施。其中：

（1）直接安全技术措施是生产设备本身应具有本质安全性能，不出现任何事故和危害。

（2）间接安全技术措施是在不能或不完全能实现直接安全技术措施时，必须为生产设备设计出一种或多种安全防护装置（不得留给用户去承担），最大限度地预防、控制事故或危害的发生。

（3）指示性安全技术措施是在间接安全技术措施也无法实现或实施时，须采用检测报警装置、警示标志等措施，警告、提醒作业人员注意，以便采取相应的对策措施或紧急撤离危险场所。

（4）个人防护安全技术措施是在间接、指示性安全技术措施实施后，仍然不能避免事故、危害发生，则应采用个体防护安全技术措施，预防、减弱系统的危险、危害程度。

C 安全技术措施的实施原则

根据安全技术措施等级顺序的要求，应优先采用的顺序原则是消除、预防、减弱、隔离、连锁和警告。

(1) 消除。通过合理的设计和科学的管理，尽可能从根本上消除危险、有害因素，如采用无害化工艺技术，生产中以无害物质代替有害物质，实现自动化、遥控作业等。

(2) 预防。当消除危险、有害因素有困难时，可采取预防性技术措施，预防危险、危害的发生，如使用安全阀、安全屏护、漏电保护装置、安全电压、熔断器、防爆膜、事故排放装置等。

(3) 减弱。在无法消除危险、有害因素和难以预防的情况下，可采取降低危险、危害的措施，如加设局部通风排毒装置，生产中以低毒性物质代替高毒性物质，采取降温措施，设置避雷、消除静电、减振、消声等装置。

(4) 隔离。在无法消除、预防、减弱的情况下，应将人员与危险、有害因素隔开和将不能共存的物质分开，如遥控作业，设安全罩、防护屏、隔离操作室、安全距离、事故发生时的自救装置（如防护服、各类防毒面具）等。

(5) 连锁。当操作者失误或设备运行一旦达到危险状态时，应通过连锁装置终止危险、危害的发生。

(6) 警告。在易发生故障和危险性较大的地方，应设置醒目的安全色和安全标志；必要时设置声、光或声光组合报警装置。

3.5.3.2 安全管理对策措施

A 安全管理措施的定义

安全管理是以实现生产过程安全为目的的现代化、科学化的管理。其基本任务是按照国家有关安全生产的方针、政策、法律、法规的要求，从本企业实际出发，为构筑企业安全生产的长效机制，规范企业安全生产经营活动，而采取相关的安全管理对策，科学有效地发现、分析和控制生产过程中的危险、有害因素，并制定相应的安全技术措施和安全管理规章制度，主动防范与控制事故或职业病的发生，避免或减少相关损失。

安全管理对策措施是通过一系列管理手段，将人、设备、物质、环境等涉及安全生产工作的各个环节有机地结合起来，进行整合、完善、优化，以保证企业在生产经营活动全过程的职业安全和健康，使已经采取的安全技术对策能在制度上、组织上、管理上得到保证。

B 安全管理对策措施的内容

各类危险、危害存在于生产经营活动之中，只要有生产经营活动，就可能有事故发生。即使本质安全性能较高的自动化生产装置，也不可能彻底控制、预防所有的危险、有害因素（例如维修等辅助生产作业中存在的、生产过程中设备故障造成的危险、有害因素等）和作业人员的失误，必须采取有效的安全管理措施给予保证。因此，安全管理对策对于所有生产经营单位都是企业管理的重要组成部分，是保证安全生产必不可少的措施。

安全管理措施的内容较多，主要包括以下方面：

(1) 建立各项安全管理制度。主要包括建立健全企业安全生产责任制制定各项安全生产规章制度和操作规程。

（2）安全管理机构和人员。主要包括安全管理机构和人员的配置；安全管理机构的主要职责和任务。

（3）安全培训、教育和考核。主要包括单位主要负责人的安全培训教育；安全管理人员的安全培训教育；从业人员的安全培训教育，特种作业人员的安全培训教育。

（4）安全投入与安全设施。主要内容包括满足安全生产条件所必需的安全投入、安全技术措施计划的制定和安全设施的配备。

（5）安全生产的过程控制和管理。主要包括工艺操作过程控制、重要岗位、特种作业、特种设备、重大危险源、消防、防尘与防毒、物资储存、储罐区、电气安全、施工与检修、设备内作业、检修完工后的处理、动土作业、安全装置和防护用品（器具）、建设项目“三同时”等。其重点是对重大危险源、特种设备、特种作业和安全标志的控制与管理。

（6）安全生产监督与检查。主要包括各种危险和隐患的督促整改；各项安全规章制度的监督实施。检查的主要形式包括职工自查、对口互查、综合检查、专业检查、季节性检查、节假日检查、夜间抽查和日常检查。

3.5.4　安全风险公告警示

3.5.4.1　矿山安全风险评估结果表

对非煤矿山企业现有管理流程进行梳理，优化完善安全管理体系的相关要求、标准和制度，将安全风险分级管控整合到现有管理体系尤其是安全生产标准化体系中，融入整个生产活动与业务流程，使之成为管理过程中的一部分。要根据安全风险分级结果，明确各等级安全风险相对应的企业、车间、班组和岗位人员分级管控的范围和责任，将责任分解到与生产过程相关的领导、部门、车间、班组的每个人。尤其要重点关注和管控较大以上安全风险，对于重大风险和较大风险应实施多级联合管控，确保管控措施落实到位，有效遏制重特大事故。对于矿山采掘工作面、生产巷道、运输道路、尾矿坝等处于不断变化中的场所，其安全风险也是动态变化的，因此，要对这类场所的安全风险随变动情况适时进行评估，并及时调整管控措施。建立企业安全风险数据库，对企业安全风险评估结果表进行汇总，不断积累和完善风险评估基础数据。表 3-22 和表 3-23 为地下矿山安全风险评估表（开拓单元）示例和尾矿库安全风险评估表示例。

3.5.4.2　企业安全风险公告栏示例

要建立完善的安全风险公告制度，在矿山入井（坑）口、交接班室等醒目位置和重点区域分别设置安全风险公告栏。将危险有害因素、事故类型、后果、影响范围、风险等级、管控措施和应急措施、责任人、有效期、报告电话等信息标识清楚，公告内容应及时更新和建档。

以下内容为采矿系统、选矿厂和尾矿库部分场所公告栏示例。

（1）采矿系统部分场所安全风险公告栏示例见表 3-24 和表 3-25。

（2）选矿厂部分场所安全风险公告栏示例见表 3-26 和表 3-27。

（3）尾矿库安全风险公告栏示例见表 3-28。

表 3-22 地下矿山安全风险评估表（开拓单元）示例

主单元	分单元	子单元	岗位（作业活动）单元	安全风险辨识					安全风险分析与评估					管控措施	责任部门	责任人
				危险有害因素	事故类型	原因	后果	影响范围	L	E	C	D	风险等级			
开拓系统	巷道掘进	巷道掘进	巡检作业	设备、设施、工具、附件缺陷	物体打击、冒顶片帮	撬棍有松动开裂与变形	人员伤害	作业人员、外委人员	3	3	15	135	黄	更换合格撬棍	外委项目部	项目经理
开拓系统	巷道掘进	巷道掘进	巡检作业	设备、设施、工具、附件缺陷	物体打击、冒顶片帮	支护的材料不符合规格和质量不符合支护设计要求	人员伤害	作业人员、外委人员	3	6	15	270	橙	检查，配备齐工具、材料	企划科	科长
开拓系统	巷道掘进	巷道掘进	巡检作业	设备、设施、工具、附件缺陷	物体打击、冒顶片帮	使用有裂纹、变形及有大疤节的支护材料	人员伤害	作业人员、外委人员	3	6	7	126	黄	更换合格撬棍	外委项目部	项目经理
开拓系统	巷道掘进	巷道掘进	巡检作业	作业场地空气不良	中毒窒息	巷道有毒有害气体、炮烟、粉尘通风不畅	人员伤害	作业人员、外委人员	3	6	40	720	红	加强通风、进行气体检测、佩戴防尘口罩	矿	分管矿长
开拓系统	巷道掘进	巷道掘进	巡检作业	采光照明不良	其他伤害	巷道照明不能满足作业需要	人员伤害	作业人员、外委人员	6	6	7	252	橙	增加照明	企划科	科长
开拓系统	巷道掘进	巷道掘进	巡检作业	无标志、门和围栏缺陷	高处坠落	防护栏（安全网）警示装置不全	人员伤害	作业人员、外委人员	3	10	7	210	橙	恢复护栏、安全警示标识	企划科	科长

续表 3-22

主单元	分单元	子单元	岗位（作业活动）单元	安全风险辨识					安全风险分析与评估					管控措施	责任部门	责任人
				危险有害因素	事故类型	原因	后果	影响范围	L	E	C	D	风险等级			
开拓系统	巷道掘进	巷道掘进	巡检作业	作业场地不平	其他伤害	巷道毛坡（底板）陡坡摔倒	人员伤害	作业人员、外委人员	3	6	7	126	黄	平整路面	外委项目部	项目经理
开拓系统	巷道掘进	巷道掘进	通风降尘作业	作业场地空气不良	炮烟中毒	巷道有毒有害气体、炮烟、粉尘、通风不畅	人员伤害	作业人员、外委人员	6	3	15	270	橙	通风、佩戴防尘口罩、进行气体检测	企划科	科长
开拓系统	巷道掘进	巷道掘进	凿岩作业	其他设备、设施、工具、附件缺陷	其他伤害	风水管松脱伤人	人员伤害	作业人员、外委人员	6	6	7	252	橙	捆扎、加固	企划科	科长
开拓系统	巷道掘进	巷道掘进	凿岩作业	爆炸品	爆炸	盲炮未处理	人员伤害	作业人员、外委人员	3	6	40	720	红	处理盲炮	矿	分管矿长
开拓系统	巷道掘进	巷道掘进	凿岩作业	其他管理因素缺陷	其他伤害	无安全确认票	人员伤害	作业人员、外委人员	6	6	7	252	橙	开具安全确认票	企划科	科长
开拓系统	巷道掘进	巷道掘进	凿岩作业	飞溅物、坠落物、其他地下作业环境不良、误操作	冒顶片帮	凿岩震动造成围岩冒落伤人	人员伤害	作业人员、外委人员	6	6	7	252	橙	先检查、处理浮石	企划科	科长
开拓系统	巷道掘进	巷道掘进	凿岩作业	操作错误	机械伤害	戴手套扶钎杆	人员伤害	作业人员、外委人员	3	6	7	126	黄	严禁戴手套	外委项目部	项目经理

续表 3-22

主单元	分单元	子单元	岗位（作业活动）单元	安全风险辨识					安全风险分析与评估					管控措施	责任部门	责任人
				危险有害因素	事故类型	原因	后果	影响范围	L	E	C	D	风险等级			
开拓系统	巷道掘进	巷道掘进	凿岩作业	操作错误、飞溅物	其他伤害	凿岩时岩屑伤眼	人员伤害	作业人员、外委人员	3	6	15	270	橙	正确操作、佩戴好个人防护用品	企划科	科长
开拓系统	巷道掘进	巷道掘进	凿岩作业	机械性噪声	其他伤害	凿岩机产生的噪声	人员伤害	作业人员、外委人员	3	6	3	54	蓝	佩戴耳塞	班组	小组长
开拓系统	巷道掘进	巷道掘进	凿岩作业	其他地下作业环境不良	其他伤害（尘肺）	凿岩产生的粉尘	人员伤害	作业人员、外委人员	6	6	3	108	黄	通风、洒水、佩戴口罩	外委项目部	项目经理
开拓系统	巷道掘进	巷道掘进	凿岩作业	违章作业	火药爆炸	炸药、雷管存放不当	人员伤害	作业人员、外委人员	3	6	15	270	橙	安全存放	企划科	科长
开拓系统	巷道掘进	巷道掘进	凿岩作业	冒险心理	物体打击	冒险蛮干（站位不当）	人员伤害	作业人员、外委人员	6	6	7	252	橙	教育培训，严格按照操作规程操作	企划科	科长
开拓系统	巷道掘进	巷道掘进	凿岩作业	健康状况异常	其他伤害	身体状况不佳	人员伤害	作业人员、外委人员	6	6	3	108	黄	做好岗前三确认	外委项目部	项目经理
开拓系统	巷道掘进	巷道掘进	凿岩作业	违章作业、非正常地下水、其他作业环境不良	透水	在积水区域作业采空区打眼	人员伤害、设备损坏	作业人员、外委人员	6	6	15	540	红	严禁在积水区域作业采空区打眼，先探水、再打眼	矿	分管矿长
开拓系统	巷道掘进	巷道掘进	爆破作业	其他管理因素缺陷	其他伤害	领料单未签名、盖章	人员伤害	作业人员、外委人员	3	6	15	270	橙	填写好领料单、签字、盖章	企划科	科长

续表 3-22

主单元	分单元	子单元	岗位（作业活动）单元	安全风险辨识					安全风险分析与评估					管控措施	责任部门	责任人
				危险有害因素	事故类型	原因	后果	影响范围	L	E	C	D	风险等级			
开拓系统	巷道掘进	巷道掘进	爆破作业	误操作	其他伤害	爆破作业人员未清点爆破器材	人员伤害	作业人员、外委人员	3	6	15	270	橙	清点爆破器材	企划科	科长
开拓系统	巷道掘进	巷道掘进	爆破作业	违章作业	火药爆炸	炸药与雷管未分开背运	人员伤害	作业人员、外委人员	3	6	15	270	橙	分开背运	企划科	科长
开拓系统	巷道掘进	巷道掘进	爆破作业	误操作	火药爆炸	爆破器材存放不安全可靠	人员伤害	作业人员、外委人员	3	6	15	270	橙	分开、安全存放	企划科	科长
开拓系统	巷道掘进	巷道掘进	爆破作业	其他管理因素缺陷	火药爆炸	炸药箱无双锁、双人保管	人员伤害	作业人员、外委人员	3	6	15	270	橙	配置双锁、双人保管	企划科	科长
开拓系统	巷道掘进	巷道掘进	爆破作业	其他设备、设施、工具、附件缺陷	其他伤害	炸药箱损坏	人员伤害	作业人员、外委人员	3	6	15	270	橙	配置好炸药箱	企划科	科长
开拓系统	巷道掘进	巷道掘进	爆破作业	监护失误、防护不当	火药爆炸	装药时无人监护	人员伤害	作业人员、外委人员	6	6	7	252	橙	派人员监护	企划科	科长
开拓系统	巷道掘进	巷道掘进	爆破作业	误操作	火药爆炸	未对盲炮进行检查	人员伤害	作业人员、外委人员	6	6	15	540	红	检查炮孔、处理盲炮	矿	分管矿长
开拓系统	巷道掘进	巷道掘进	爆破作业	误操作	火药爆炸	未按顺序装药	人员伤害	作业人员、外委人员	3	6	40	720	红	按顺序装药	矿	分管矿长
开拓系统	巷道掘进	巷道掘进	爆破作业	违章作业	火药爆炸	使用铁器捣固炸药	人员伤害	作业人员、外委人员	3	6	40	720	红	制止、更换	矿	分管矿长

续表 3-22

主单元	分单元	子单元	岗位（作业活动）单元	安全风险辨识					安全风险分析与评估					管控措施	责任部门	责任人
				危险有害因素	事故类型	原因	后果	影响范围	L	E	C	D	风险等级			
开拓系统	巷道掘进	巷道掘进	爆破作业	误操作	火药爆炸	交叉作业，未按顺序起爆	人员伤害	作业人员、外委人员	3	6	40	720	红	严格按照爆破操作规程作业	矿	分管矿长
开拓系统	巷道掘进	巷道掘进	爆破作业	误操作、地下作业面通风不良	炮烟中毒	爆破后的炮烟通风不到位，就进入	人员伤害	作业人员、外委人员	6	10	7	420	红	加强通风、进行气体检测	矿	分管矿长
开拓系统	巷道掘进	巷道掘进	爆破作业	其他作业环境不良	透水	存在透水险兆	人员伤害、设备损坏	作业人员、外委人员	3	6	40	720	红	打探眼	矿	分管矿长
开拓系统	巷道掘进	巷道掘进	爆破作业	误操作	火药爆炸	工具、设备未转移到安全地点	设备损坏	作业人员、外委人员	3	6	7	126	黄	及时转移工具、设备	外委项目部	项目经理
开拓系统	巷道掘进	巷道掘进	爆破作业	误操作	火药爆炸	疏散周边人员不到位	人员伤害	作业人员、外委人员	3	3	40	360	红	及时疏散周边人员	矿	分管矿长
开拓系统	巷道掘进	巷道掘进	爆破作业	操作错误	火药爆炸	未按规定发出三次警报	人员伤害	作业人员、外委人员	3	6	40	720	红	按规定发出三次警报	矿	分管矿长
开拓系统	巷道掘进	巷道掘进	爆破作业	违章作业	火药爆炸	起爆安全距离不够	人员伤害	作业人员、外委人员	3	6	40	720	红	遵守爆破操作规程	矿	分管矿长
开拓系统	巷道掘进	巷道掘进	支护作业	操作错误	其他伤害（尘肺）	作业前未进行洒水	人员伤害	作业人员、外委人员	3	6	7	126	黄	洒水除尘	外委项目部	项目经理

续表 3-22

主单元	分单元	子单元	岗位（作业活动）单元	安全风险辨识					安全风险分析与评估					管控措施	责任部门	责任人
				危险有害因素	事故类型	原因	后果	影响范围	L	E	C	D	风险等级			
开拓系统	巷道掘进	巷道掘进	支护作业	操作错误	物体打击	撬毛时未选定安全避让位置	人员伤害	作业人员、外委人员	3	6	7	126	黄	选定安全避让位置	外委项目部	项目经理
开拓系统	巷道掘进	巷道掘进	支护作业	健康状况异常	其他伤害物体打击	作业人员精力、体力不支	人员伤害	作业人员、外委人员	3	6	3	54	蓝	暂停、休息、换人、消除疲劳	班组	小组长
开拓系统	巷道掘进	巷道掘进	支护作业	健康状况异常	冒顶、片帮	作业人员冒险蛮干	人员伤害	作业人员、外委人员	3	6	7	126	黄	教育培训，严格按照操作规程操作	外委项目部	项目经理
开拓系统	巷道掘进	巷道掘进	支护作业	其他作业环境不良	其他伤害（尘肺）	撬毛产生的粉尘危害	人员伤害	作业人员、外委人员	3	6	7	126	黄	通风、洒水降尘，佩戴口罩	外委项目部	项目经理
开拓系统	巷道掘进	巷道掘进	支护作业	操作错误	冒顶、片帮物体打击	撬毛时存在撬前带后	人员伤害	作业人员、外委人员	3	6	40	720	红	选定安全避让位置	矿	分管矿长
开拓系统	巷道掘进	巷道掘进	支护作业	操作错误	其他伤害	操作姿势不正确	人员伤害	作业人员、外委人员	3	6	7	126	黄	按操作规程规范操作	外委项目部	项目经理
开拓系统	巷道掘进	巷道掘进	支护作业	监护失误、防护不当	其他伤害物体打击	撬毛作业无人监护	人员伤害	作业人员、外委人员	3	6	7	126	黄	一人作业、一人监护，杜绝违章作业	外委项目部	项目经理
开拓系统	巷道掘进	巷道掘进	支护作业	操作错误	冒顶、片帮	危岩未采取临时措施、未及时汇报	人员伤害	作业人员、外委人员	3	6	15	270	橙	采取临时措施及时汇报	企划科	科长

续表 3-22

主单元	分单元	子单元	岗位（作业活动）单元	安全风险辨识					安全风险分析与评估					管控措施	责任部门	责任人
				危险有害因素	事故类型	原因	后果	影响范围	L	E	C	D	风险等级			
开拓系统	巷道掘进	巷道掘进	支护作业	其他作业环境不良、防护不当	冒顶、片帮	支护不及时	人员伤害	作业人员、外委人员	3	6	15	270	橙	及时支护	企划科	科长
开拓系统	巷道掘进	巷道掘进	支护作业	操作错误	冒顶、片帮	支护方式不合理	人员伤害	作业人员、外委人员	3	6	15	270	橙	选择安全的支护方式	企划科	科长
开拓系统	巷道掘进	巷道掘进	支护作业	操作错误	冒顶、片帮	未对危岩进行探测、处理	人员伤害	作业人员、外委人员	3	6	7	126	黄	地音监测、敲帮问顶	外委项目部	项目经理
开拓系统	巷道掘进	巷道掘进	支护作业	操作错误	冒顶、片帮	未选定安全的处理方法，便进行作业	人员伤害	作业人员、外委人员	3	6	15	270	橙	选择安全的支护方式	企划科	科长
开拓系统	巷道掘进	巷道掘进	铲装作业	其他作业环境不良	其他伤害（尘肺）	铲渣时产生的粉尘	人员伤害	作业人员、外委人员	3	6	7	126	黄	通风、气体检测、防尘口罩	外委项目部	项目经理
开拓系统	巷道掘进	巷道掘进	铲装作业	机械性噪声	其他伤害	铲运机噪音大	人员伤害	作业人员、外委人员	3	6	3	54	蓝	佩戴耳塞	班组	小组长
开拓系统	巷道掘进	巷道掘进	铲装作业	健康状况异常	机械伤害	作业人员精神状态不佳	人员伤害	作业人员、外委人员	3	6	3	54	蓝	暂停、休息、换人、消除疲劳	班组	小组长
开拓系统	巷道掘进	巷道掘进	铲装作业	监护失误、防护不当	其他伤害	现场无人监护	人员伤害	作业人员、外委人员	3	6	7	126	黄	现场有人监护	外委项目部	项目经理

续表 3-22

主单元	分单元	子单元	岗位（作业活动）单元	安全风险辨识					安全风险分析与评估					管控措施	责任部门	责任人
				危险有害因素	事故类型	原因	后果	影响范围	L	E	C	D	风险等级			
开拓系统	巷道掘进	巷道掘进	铲装作业	无标志、门和围栏缺陷	高处坠落	斗井格筛损坏	人员伤害	作业人员、外委人员	3	6	15	270	橙	及时检查、修复、消除隐患	企划科	科长
开拓系统	巷道掘进	巷道掘进	铲装作业	操作错误	其他伤害	未系安全带	人员伤害	作业人员、外委人员	3	6	15	270	橙	系好安全带	企划科	科长
开拓系统	巷道掘进	巷道掘进	铲装作业	操作错误	高处坠落	倒渣时速度过快	人员伤害、设备损坏	作业人员、外委人员	6	6	7	252	橙	控制速度	企划科	科长
开拓系统	巷道掘进	巷道掘进	铲装作业	操作错误	火灾	加油时未熄火	人员伤害、设备损坏	作业人员、外委人员	3	6	7	126	黄	加油时必须熄火	外委项目部	项目经理
开拓系统	巷道掘进	巷道掘进	铲装作业	操作错误	车辆伤害	维修时未熄火	人员伤害	作业人员、外委人员	3	6	7	126	黄	停机处理故障	外委项目部	项目经理
开拓系统	巷道掘进	巷道掘进	铲装作业	操作错误	车辆伤害	行人抢道	人员伤害	作业人员、外委人员	6	6	3	108	黄	注意避让	外委项目部	项目经理
开拓系统	巷道掘进	巷道掘进	铲装作业	违章作业	车辆伤害	铲运机载人	人员伤害	作业人员、外委人员	6	6	3	108	黄	禁止铲运机载人	外委项目部	项目经理

续表 3-22

主单元	分单元	子单元	岗位（作业活动）单元	安全风险辨识					安全风险分析与评估					管控措施	责任部门	责任人
				危险有害因素	事故类型	原因	后果	影响范围	L	E	C	D	风险等级			
开拓系统	巷道掘进	巷道掘进	铲装作业	操作错误	高处坠落	斜坡、溜井边停车	人员伤害、设备损坏	作业人员、外委人员	3	6	15	270	橙	禁止斜坡、溜井边停车	企划科	科长
开拓系统	巷道掘进	巷道掘进	铲装作业	操作错误	车辆伤害	断电、空挡滑行	人员伤害、设备损坏	作业人员、外委人员	3	6	15	270	橙	禁止断电、空挡滑行	企划科	科长
开拓系统	巷道掘进	巷道掘进	铲装作业	操作错误	物体打击、其他伤害	大臂、铲斗下方站人	人员伤害	作业人员、外委人员	3	6	15	270	橙	禁止大臂、铲斗下方站人	企划科	科长
开拓系统	巷道掘进	巷道掘进	铲装作业	操作错误、带电部位裸露	触电	手拉带电电缆	人员伤害	作业人员、外委人员	3	6	7	126	黄	禁止手拉带电电缆	外委项目部	项目经理
开拓系统	巷道掘进	巷道掘进	铲装作业	操作错误	车辆伤害	高速行驶	人员伤害、设备损坏	作业人员、外委人员	3	6	7	126	黄	禁止高速行驶	外委项目部	项目经理
开拓系统	巷道掘进	巷道掘进	铲装作业	操作错误	车辆伤害	铲运机转弯过急	人员伤害、设备损坏	作业人员、外委人员	6	6	3	108	黄	禁止铲运机转弯过急	外委项目部	项目经理
开拓系统	巷道掘进	巷道掘进	铲装作业	操作错误	车辆伤害	铲运机工身体伸出车外	人员伤害	作业人员、外委人员	6	6	3	108	黄	禁止铲运机工身体伸出车外	外委项目部	项目经理

续表 3-22

主单元	分单元	子单元	岗位（作业活动）单元	安全风险辨识					安全风险分析与评估					管控措施	责任部门	责任人
				危险有害因素	事故类型	原因	后果	影响范围	L	E	C	D	风险等级			
开拓系统	巷道掘进	巷道掘进	铲装作业	其他防护缺陷	触电	接地链断落	人员伤害	作业人员、外委人员	3	6	7	126	黄	恢复接地链	外委项目部	项目经理
开拓系统	巷道掘进	巷道掘进	铲装作业	操作错误	车辆伤害	铲运机高举大臂转弯	设备损坏	作业人员、外委人员	3	6	15	270	橙	禁止铲运机高举大臂转弯	企划科	科长
开拓系统	巷道掘进	巷道掘进	铲装作业	操作错误	车辆伤害	铲斗撬毛	设备损坏	作业人员、外委人员	3	6	7	126	黄	禁止铲斗撬毛	外委项目部	项目经理
开拓系统	巷道掘进	巷道掘进	铲装作业	电伤害	触电其他伤害	电机炽热	设备损坏	作业人员、外委人员	3	6	7	126	黄	及时检查、消除隐患	外委项目部	项目经理
开拓系统	巷道掘进	巷道掘进	铲装作业	带电部位裸露	触电	电缆破损	人员伤害	作业人员、外委人员	3	6	7	126	黄	包扎电缆	外委项目部	项目经理
开拓系统	巷道掘进	巷道掘进	漏井、天井反扩作业	设备、设施、工具、附件缺陷	物体打击	操作不当	人员伤害	作业人员、外委人员	3	6	3	54	蓝	及时检查、消除隐患	班组	小组长
开拓系统	巷道掘进	巷道掘进	漏井、天井反扩作业	操作错误	触电	手拉带电电缆	人员伤害	作业人员、外委人员	3	6	7	126	黄	禁止手拉带电电缆	外委项目部	项目经理
开拓系统	巷道掘进	巷道掘进	漏井、天井反扩作业	带电部位裸露	触电	电缆破损	人员伤害	作业人员、外委人员	3	6	15	270	橙	包扎电缆	企划科	科长

续表 3-22

主单元	分单元	子单元	岗位（作业活动）单元	安全风险辨识					安全风险分析与评估					管控措施	责任部门	责任人
				危险有害因素	事故类型	原因	后果	影响范围	L	E	C	D	风险等级			
开拓系统	巷道掘进	巷道掘进	漏井、天井反扩作业	电伤害 漏电	触电	线路、控制柜检查	人员伤害	作业人员、外委人员	3	6	7	126	黄	及时检查、消除隐患	外委项目部	项目经理
开拓系统	巷道掘进	巷道掘进	漏井、天井反扩作业	监护失误、防护不当	其他伤害	现场无人监护、安全防护装置未恢复到位	人员伤害	作业人员、外委人员	3	6	40	720	红	现场派人监护、恢复安全防护装置	矿	分管矿长
开拓系统	巷道掘进	巷道掘进	漏井、天井反扩作业	操作错误	机械伤害其他伤害	作业人员精神状态不佳	人员伤害	作业人员、外委人员	3	6	3	54	蓝	暂停作业、换人、休息消除疲劳	班组	小组长
开拓系统	水平中段	巷道掘进	电机车运输作业	操作错误	车辆伤害	身体部位伸出车外	人员伤害	作业人员、外委人员	3	6	7	126	黄	禁止身体部位伸出车外	外委项目部	项目经理
开拓系统	水平中段	巷道掘进	电机车运输作业	操作错误	车辆伤害	电机车运行时上下车	人员伤害	作业人员、外委人员	3	6	15	270	橙	电机车运行时禁止上下车	企划科	科长
开拓系统	水平中段	巷道掘进	电机车运输作业	操作错误	车辆伤害	会车时未减速行驶	人员伤害、设备损坏	作业人员、外委人员	3	6	7	126	黄	会车时减速慢行	外委项目部	项目经理
开拓系统	水平中段	巷道掘进	电机车运输作业	操作错误	机械伤害	电机车未停稳摘挂环	人员伤害	作业人员、外委人员	6	6	7	252	橙	禁止电机车未停稳摘挂环	企划科	科长
开拓系统	水平中段	巷道掘进	电机车运输作业	防护装置、设施缺陷	车辆伤害	电机车漏油	设备损坏、环境破坏	作业人员、外委人员	3	6	7	126	黄	及时检查、消除隐患	外委项目部	项目经理

续表 3-22

主单元	分单元	子单元	岗位（作业活动）单元	安全风险辨识					安全风险分析与评估					管控措施	责任部门	责任人
				危险有害因素	事故类型	原因	后果	影响范围	L	E	C	D	风险等级			
开拓系统	水平中段	巷道掘进	电机车运输作业	防护装置、设施缺陷	车辆伤害	电机车驾驶室顶棚脱焊	人员伤害、设备损坏	作业人员、外委人员	3	6	7	126	黄	焊接电机车驾驶室顶棚	外委项目部	项目经理
开拓系统	水平中段	巷道掘进	电机车运输作业	防护装置、设施缺陷	车辆伤害	电机车两翼脱焊	人员伤害、设备损坏	作业人员、外委人员	3	6	7	126	黄	焊接电机车两翼	外委项目部	项目经理
开拓系统	水平中段	巷道掘进	电机车运输作业	防护装置、设施缺陷	触电	电机车灭弧罩缺失（电线凌乱、裸露）	人员伤害、设备损坏	作业人员、外委人员	3	6	15	270	橙	恢复防护罩、整理电线	企划科	科长
开拓系统	水平中段	巷道掘进	电机车运输作业	控制器缺陷	触电	电机车制动装置损坏	人员伤害、设备损坏	作业人员、外委人员	3	6	15	270	橙	修复电机车制动装置	企划科	科长
开拓系统	水平中段	巷道掘进	电机车运输作业	设备、设施、工具、附件缺陷	机械伤害	轨道、道口损坏	设备损坏	作业人员、外委人员	3	6	40	720	红	修复轨道、道口	矿	分管矿长
开拓系统	水平中段	巷道掘进	电机车运输作业	设备、设施、工具、附件缺陷	其他伤害	溜井进出轨道设备损坏	设备损坏	作业人员、外委人员	3	6	40	720	红	修复矿仓进出轨道设备	矿	分管矿长
开拓系统	水平中段	巷道掘进	电机车运输作业	操作错误	矿车伤害 机械伤害	掉道时未使用千斤顶	人员伤害	作业人员、外委人员	6	6	7	252	橙	必须使用千斤顶	企划科	科长
开拓系统	水平中段	巷道掘进	电机车运输作业	无标志	机械伤害	处理故障时未设置警示标志	人员伤害	作业人员、外委人员	3	6	7	126	黄	设置标志标识	外委项目部	项目经理

续表 3-22

主单元	分单元	子单元	岗位（作业活动）单元	安全风险辨识					安全风险分析与评估					管控措施	责任部门	责任人
				危险有害因素	事故类型	原因	后果	影响范围	L	E	C	D	风险等级			
开拓系统	水平中段	巷道掘进	电机车运输作业	指挥失误	其他伤害	作业人员协调、沟通不到位	人员伤害	作业人员、外委人员	3	6	7	126	蓝	必须协调沟通到位	班组	小组长
开拓系统	水平中段	巷道掘进	电机车运输作业	健康状况异常	其他伤害	操作人员精神疲惫	人员伤害	作业人员、外委人员	3	6	7	126	黄	暂停作业、换人、休息消除疲劳	外委项目部	项目经理
开拓系统	水平中段	巷道掘进	电机车运输作业	操作错误	其他伤害	放渣时站在漏斗前面或通过	人员伤害	作业人员、外委人员	3	6	15	270	橙	禁止放矿时站在漏斗前面或通过	企划科	科长
开拓系统	水平中段	巷道掘进	电机车运输作业	操作错误	其他伤害	处理卡斗撬棍尾部对准人	人员伤害	作业人员、外委人员	3	6	7	126	黄	处理卡斗撬棍尾部不准对人	外委项目部	项目经理
开拓系统	水平中段	巷道掘进	电机车运输作业	监护失误	冒顶片帮	处理卡斗监护不到位	人员伤害	作业人员、外委人员	3	6	7	126	黄	必须监护到位	外委项目部	项目经理
开拓系统	水平中段	巷道掘进	电机车运输作业	电伤害	触电	架线松脱	人员伤害	作业人员、外委人员	3	6	7	126	黄	及时检查、消除隐患	外委项目部	项目经理
开拓系统	水平中段	巷道掘进	电机车运输作业	操作错误	触电	湿手操作振动电机按钮	人员伤害	作业人员、外委人员	3	6	7	126	黄	禁止湿手操作	外委项目部	项目经理

续表 3-22

主单元	分单元	子单元	岗位（作业活动）单元	安全风险辨识					安全风险分析与评估					管控措施	责任部门	责任人
				危险有害因素	事故类型	原因	后果	影响范围	L	E	C	D	风险等级			
开拓系统	水平中段	巷道掘进	电机车运输作业	作业场地光照不良	其他伤害	放渣漏斗无照明	人员伤害	作业人员、外委人员	3	6	7	126	黄	恢复照明	外委项目部	项目经理
开拓系统	水平中段	巷道掘进	电机车运输作业	其他防护缺陷	物体打击	放渣漏斗、挡板损坏	人员伤害	作业人员、外委人员	3	6	7	126	黄	及时检查、消除隐患	外委项目部	项目经理
开拓系统	水平中段	巷道掘进	电机车运输作业	电伤害	触电	控制按钮、漏电	人员伤害	作业人员、外委人员	3	6	7	126	黄	及时检查、消除隐患	外委项目部	项目经理
开拓系统	火药	巷道掘进	民爆器材搬运、保管、发放作业	明火	火药爆炸	携带火种和通信器材	人员伤害、环境破坏	作业人员、外委人员	3	6	40	720	红	禁止携带火种和通信器材进入库区	矿	分管矿长
开拓系统	火药	巷道掘进	民爆器材搬运、保管、发放作业	静电爆炸品	火药爆炸	进入库区未做到静电释放	人员伤害、环境破坏	作业人员、外委人员	3	6	15	270	橙	进库前进行静电释放	企划科	科长
开拓系统	火药	巷道掘进	民爆器材搬运、保管、发放作业	爆炸品	火药爆炸	民爆器材混存、超存	人员伤害、环境破坏	作业人员、外委人员	3	6	40	720	红	禁止混存、超存	矿	分管矿长
开拓系统	火药	巷道掘进	民爆器材搬运、保管、发放作业	爆炸品	火药爆炸	民爆物品搬运未做到轻拿轻放	人员伤害、环境破坏	作业人员、外委人员	3	6	15	270	橙	按操作规程规范操作	企划科	科长

续表 3-22

主单元	分单元	子单元	岗位（作业活动）单元	安全风险辨识					安全风险分析与评估					管控措施	责任部门	责任人
				危险有害因素	事故类型	原因	后果	影响范围	L	E	C	D	风险等级			
开拓系统	火药	巷道掘进	民爆器材搬运、保管、发放作业	作业场地杂乱	其他伤害	工作结束后未清理工具和现场	人员伤害	作业人员、外委人员	3	6	7	126	黄	现场安全确认，做好收尾工作	外委项目部	项目经理
开拓系统	火药	巷道掘进	民爆器材搬运、保管、发放作业	爆炸品	火药爆炸	民爆器材混存	人员伤害、环境破坏	作业人员、外委人员	3	6	40	720	红	民爆器材分开存放	矿	分管矿长
开拓系统	火药	巷道掘进	民爆器材搬运、保管、发放作业	带电部位裸露	火药爆炸	电气线路破损	人员伤害	作业人员、外委人员	3	6	15	270	橙	班前检查，消除隐患	企划科	科长
开拓系统	新溜矿系统	巷道掘进	钢模安装作业	防护装置、设施缺陷	高处坠落	未系安全带	人员伤害	作业人员、外委人员	3	6	40	720	红	高空作业必须系安全带	矿	分管矿长
开拓系统	新溜矿系统	巷道掘进	钢模安装作业	防护装置、设施缺陷	高处坠落	班前吊盘稳车未检查	人员伤害	作业人员、外委人员	6	6	15	540	红	作业前设备、设施检查	矿	分管矿长
开拓系统	新溜矿系统	巷道掘进	钢模安装作业	防护装置、设施缺陷	物体打击	钢丝绳断裂	人员伤害	作业人员、外委人员	6	6	15	540	红	作业前设备、设施检查	矿	分管矿长
开拓系统	新溜矿系统	巷道掘进	钢模安装作业	操作错误	物体打击	钢模吊运时，上下配合不到位	人员伤害	作业人员、外委人员	3	3	40	360	红	加强学习，做到协调一致	矿	分管矿长

续表 3-22

主单元	分单元	子单元	岗位（作业活动）单元	安全风险辨识					安全风险分析与评估					管控措施	责任部门	责任人
				危险有害因素	事故类型	原因	后果	影响范围	L	E	C	D	风险等级			
开拓系统	新溜矿系统	巷道掘进	混凝土浇固	操作错误	高处坠落	未系安全带	人员伤害	作业人员、外委人员	6	3	40	720	红	高空作业必须系安全带	矿	分管矿长
开拓系统	新溜矿系统	巷道掘进	混凝土浇固	防护装置、设施缺陷	高处坠落	班前吊盘稳车未检查	人员伤害	作业人员、外委人员	6	6	15	540	红	作业前设备、设施检查	矿	分管矿长
开拓系统	新溜矿系统	巷道掘进	混凝土浇固	监护失误、防护不当	物体打击其他伤害	无人监护	人员伤害	作业人员、外委人员	3	6	15	270	橙	现场派人监护	企划科	科长
开拓系统	新溜矿系统	巷道掘进	混凝土浇固	稳定性差	冒顶、片帮	井壁未安全确认，浮石未清理	人员伤害	作业人员、外委人员	6	6	15	540	红	检查、处理浮石	矿	分管矿长
开拓系统	新溜矿系统	巷道掘进	混凝土浇固	操作错误、飞溅物	其他伤害	水泥浆石伤眼	人员伤害	作业人员、外委人员	3	6	15	270	橙	按操作规程正确操作	企划科	科长
开拓系统	新溜矿系统	巷道掘进	混凝土浇固	健康状况异常	其他伤害	身体状况不佳	人员伤害	作业人员、外委人员	3	6	7	126	黄	暂停作业、换人、休息消除疲劳	外委项目部	项目经理
开拓系统	新溜矿系统	巷道掘进	混凝土浇固	其他作业环境不良、防护不当	机械伤害	操作不当	人员伤害	作业人员、外委人员	3	3	15	135	黄	按操作规程正确操作	外委项目部	项目经理

表 3-23 尾矿库安全风险评估表示例

主单元	分单元	子单元	岗位（作业活动）单元	安全风险辨识					安全风险分析与评估					管控措施	责任部门	责任人
				危险有害因素	事故类型	原因	后果	影响范围	L	E	C	D	风险等级			
坝体	初期坝	初期坝	巡坝作业	其他管理因素缺陷	坍塌	人员未经培训及取得特种作业证	人身伤害	作业人员	3	6	15	270	橙	必须经过培训并取得特种作业证	车间	车间主任
坝体	初期坝	初期坝	巡坝作业	其他管理因素缺陷	坍塌	未制定应急救援预案	人身伤害	作业人员、其他人员	0.2	6	100	120	黄	应制定应急救援预案	生产班	值班长
坝体	初期坝	初期坝	巡坝作业	其他管理因素缺陷	坍塌	未落实应急救援保证措施	人身伤害	作业人员、其他人员	0.2	6	100	120	黄	应切实落实应急救援保证措施	生产班	值班长
坝体	初期坝	初期坝	巡坝作业	其他管理因素缺陷、误操作	其他伤害	不查看交接班记录	人身伤害	作业人员	1	6	7	42	蓝	查看交接班记录	班组	小组长
坝体	初期坝	初期坝	巡坝作业	致害动物	其他伤害	巡坝时野外毒虫毒蛇叮咬	人身伤害	作业人员	3	6	3	54	蓝	正确穿戴好劳保用品。如长袖上衣和长裤	班组	小组长
坝体	初期坝	初期坝	巡坝作业	作业场地不平	其他伤害	地面不平	人身伤害	作业人员	6	6	1	36	蓝	穿防滑鞋	班组	小组长
坝体	初期坝	初期坝	巡坝作业	有害光照、高温气体	其他伤害	阳光辐射	人身伤害	作业人员	3	6	3	54	蓝	避免长时间强光下作业，备足饮用水	班组	小组长
坝体	初期坝	初期坝	巡坝作业	雷电、辨识错误	其他伤害	雷击	人身伤害	作业人员	1	3	40	120	黄	雷雨天气禁止在坝上打手机	生产班	值班长

续表 3-23

主单元	分单元	子单元	岗位（作业活动）单元	安全风险辨识					安全风险分析与评估					管控措施	责任部门	责任人
				危险有害因素	事故类型	原因	后果	影响范围	L	E	C	D	风险等级			
坝体	初期坝	初期坝	巡坝作业	土、岩滑动	坍塌、其他伤害	抗洪抢险时发生自然灾害	人身伤害、环境破坏	作业人员、其他人员	3	0.5	100	150	黄	听从指挥、协同作业	生产班	值班长
坝体	初期坝	初期坝	巡坝作业	土、岩滑动	坍塌	坝面排水沟未完善或损坏堵塞	人身伤害、环境破坏	作业人员、其他人员	0.1	10	100	100	黄	应完善坝面排水沟，及时修复疏通排水沟	生产班	值班长
坝体	初期坝	初期坝	巡坝作业	土、岩滑动	坍塌	渗水点渗水跑浑	人身伤害、环境破坏	作业人员、其他人员	0.2	6	100	120	黄	覆盖防渗膜加注充填物	生产班	值班长
坝体	初期坝	初期坝	巡坝作业	土、岩滑动	坍塌	塌陷区裂纹或下沉	人身伤害、环境破坏	作业人员、其他人员	6	0.5	100	300	橙	加强检查及时反映，采取有效措施处理	车间	车间主任
坝体	初期坝	初期坝	巡坝作业	土、岩滑动	坍塌	浸润线过高	人身伤害、环境破坏	作业人员、其他人员	0.2	10	100	200	橙	加强监控发现新增渗水点、原有渗水量增大，立即降低水位	车间	车间主任
坝体	二期子坝	二期子坝	巡坝作业	其他管理因素缺陷	坍塌	人员未经培训及取得特种作业证	人身伤害、环境破坏	作业人员	3	6	15	270	橙	必须经过培训并取得特种作业证	车间	车间主任
坝体	二期子坝	二期子坝	巡坝作业	其他管理因素缺陷	坍塌	未制定应急救援预案	人身伤害、环境破坏	作业人员	0.2	6	100	120	黄	应制定应急救援预案	生产班	值班长

续表 3-23

主单元	分单元	子单元	岗位（作业活动）单元	安全风险辨识					安全风险分析与评估					管控措施	责任部门	责任人
				危险有害因素	事故类型	原因	后果	影响范围	L	E	C	D	风险等级			
坝体	二期子坝	二期子坝	巡坝作业	其他管理因素缺陷	坍塌	未落实应急救援保证措施	人身伤害、环境破坏	作业人员	0.2	6	100	120	黄	应切实落实应急救援保证措施	生产班	值班长
坝体	二期子坝	二期子坝	巡坝作业	其他管理因素缺陷、误操作	其他伤害	不查看交接班记录	人身伤害	作业人员	1	6	7	42	蓝	查看交接班记录	班组	小组长
坝体	二期子坝	二期子坝	巡坝作业	致害动物	其他伤害	巡坝时野外毒虫毒蛇叮咬	人身伤害	作业人员	3	6	3	54	蓝	正确穿戴好劳保用品。如长袖上衣和长裤	班组	小组长
坝体	二期子坝	二期子坝	巡坝作业	作业场地不平	其他伤害	地面不平	人身伤害	作业人员	6	6	1	36	蓝	穿防滑鞋	班组	小组长
坝体	二期子坝	二期子坝	巡坝作业	有害光照、高温气体	其他伤害	阳光辐射	人身伤害	作业人员	3	6	3	54	蓝	避免长时间强光下作业，备足饮用水	班组	小组长
坝体	二期子坝	二期子坝	巡坝作业	雷电、辨识错误	其他伤害	雷击	人身伤害	作业人员	1	3	40	120	黄	雷雨天气禁止在坝上打手机	生产班	值班长
坝体	二期子坝	二期子坝	巡坝作业	土、岩滑动	坍塌、其他伤害	抗洪抢险时发生自然灾害	人身伤害	作业人员	3	0.5	100	150	黄	听从指挥、协同作业	生产班	值班长
坝体	二期子坝	二期子坝	巡坝作业	土、岩滑动	坍塌	坝面排水沟未完善或损坏堵塞	人身伤害、环境破坏	作业人员、其他人员	0.1	10	100	100	黄	应完善坝面排水沟，及时修复疏通排水沟	生产班	值班长

续表 3-23

主单元	分单元	子单元	岗位（作业活动）单元	安全风险辨识					安全风险分析与评估					管控措施	责任部门	责任人
				危险有害因素	事故类型	原因	后果	影响范围	L	E	C	D	风险等级			
坝体	二期子坝	二期子坝	巡坝作业	土、岩滑动	坍塌	渗水点渗水跑浑	人身伤害、环境破坏	作业人员、其他人员	0.2	6	100	120	黄	覆盖防渗膜加注充填物	生产班	值班长
坝体	二期子坝	二期子坝	巡坝作业	土、岩滑动	坍塌	塌陷区裂纹或下沉	人身伤害、环境破坏	作业人员、其他人员	6	0.5	100	300	橙	加强检查及时反映，采取有效措施处理	车间	车间主任
坝体	二期子坝	二期子坝	巡坝作业	土、岩滑动	坍塌	浸润线过高	人身伤害、环境破坏	作业人员、其他人员	0.2	10	100	200	橙	加强监控发现新增渗水点、原有渗水量增大，立即降低水位	车间	车间主任
坝体	三期子坝	三期子坝	巡坝作业	其他管理因素缺陷	坍塌	人员未经培训及取得特种作业证	人身伤害、环境破坏	作业人员、其他人员	3	6	15	270	橙	必须经过培训并取得特种作业证	车间	车间主任
坝体	三期子坝	三期子坝	巡坝作业	其他管理因素缺陷	坍塌	未制定应急救援预案	人身伤害、环境破坏	作业人员、其他人员	0.2	6	100	120	黄	应制定应急救援预案	生产班	值班长
坝体	三期子坝	三期子坝	巡坝作业	其他管理因素缺陷	坍塌	未落实应急救援保证措施	人身伤害、环境破坏	作业人员、其他人员	0.2	6	100	120	黄	应切实落实应急救援保证措施	生产班	值班长
坝体	三期子坝	三期子坝	巡坝作业	其他管理因素缺陷、误操作	其他伤害	不查看交接班记录	人身伤害	作业人员	1	6	7	42	蓝	查看交接班记录	班组	小组长

续表 3-23

主单元	分单元	子单元	岗位（作业活动）单元	安全风险辨识					安全风险分析与评估					管控措施	责任部门	责任人
				危险有害因素	事故类型	原因	后果	影响范围	L	E	C	D	风险等级			
坝体	三期子坝	三期子坝	巡坝作业	致害动物	其他伤害	巡坝时野外毒虫毒蛇叮咬	人身伤害	作业人员	3	6	3	54	蓝	正确穿戴好劳保用品。如长袖上衣和长裤	班组	小组长
坝体	三期子坝	三期子坝	巡坝作业	作业场地不平	其他伤害	地面不平	人身伤害	作业人员	6	6	1	36	蓝	穿防滑鞋	班组	小组长
坝体	三期子坝	三期子坝	巡坝作业	有害光照、高温气体	其他伤害	阳光辐射	人身伤害	作业人员	3	6	3	54	蓝	避免长时间强光下作业，备足饮用水	班组	小组长
坝体	三期子坝	三期子坝	巡坝作业	雷电、辨识错误	其他伤害	雷击	人身伤害	作业人员	1	3	40	120	黄	雷雨天气禁止在坝上打手机	生产班	值班长
坝体	三期子坝	三期子坝	巡坝作业	土、岩滑动	坍塌、其他伤害	抗洪抢险时发生自然灾害	人身伤害、环境破坏	作业人员	3	0.5	100	150	黄	听从指挥、协同作业	生产班	值班长
坝体	三期子坝	三期子坝	巡坝作业	土、岩滑动	坍塌	坝面排水沟未完善或损坏堵塞	人身伤害	作业人员、其他人员	0.1	10	100	100	黄	应完善坝面排水沟，及时修复疏通排水沟	生产班	值班长
坝体	三期子坝	三期子坝	巡坝作业	土、岩滑动	坍塌	泄洪井腐蚀、歪斜、破损、坍塌、堵塞	人身伤害、环境破坏	作业人员、其他人员	0.2	10	100	200	橙	汛期增加巡坝次数，发现问题及时汇报并整改。	车间	车间主任

续表 3-23

主单元	分单元	子单元	岗位（作业活动）单元	安全风险辨识					安全风险分析与评估					管控措施	责任部门	责任人
				危险有害因素	事故类型	原因	后果	影响范围	L	E	C	D	风险等级			
坝体	三期子坝	三期子坝	巡坝作业	土、岩滑动	坍塌	排水涵管堵塞	人身伤害、环境破坏	作业人员、其他人员	0.2	10	100	200	橙	应及时疏通	车间	车间主任
坝体	三期子坝	三期子坝	巡坝作业	土、岩滑动	坍塌	渗水点渗水跑浑	人身伤害、环境破坏	作业人员、其他人员	0.2	6	100	120	黄	覆盖防渗膜加注充填物	生产班	值班长
坝体	三期子坝	三期子坝	巡坝作业	土、岩滑动	坍塌	塌陷区裂纹或下沉	人身伤害、环境破坏	作业人员、其他人员	6	0.5	100	300	橙	加强检查及时反映，采取有效措施处理	车间	车间主任
坝体	三期子坝	三期子坝	巡坝作业	土、岩滑动	坍塌	浸润线过高	人身伤害、环境破坏	作业人员、其他人员	0.2	10	100	200	橙	加强监控发现新增渗水点、原有渗水量增大，立即降低水位	车间	车间主任
坝体	四期子坝	四期子坝	巡坝作业	其他管理因素缺陷	坍塌	人员未经培训及取得特种作业证	人身伤害、环境破坏	作业人员、其他人员	3	6	15	270	橙	必须经过培训并取得特种作业证	车间	车间主任
坝体	四期子坝	四期子坝	巡坝作业	其他管理因素缺陷	坍塌	未制定应急救援预案	人身伤害、环境破坏	作业人员、其他人员	0.2	6	100	120	黄	应制定应急救援预案	生产班	值班长
坝体	四期子坝	四期子坝	巡坝作业	其他管理因素缺陷	坍塌	未落实应急救援保证措施	人身伤害	作业人员、其他人员	0.2	6	100	120	黄	应切实落实应急救援保证措施	生产班	值班长
坝体	四期子坝	四期子坝	巡坝作业	其他管理因素缺陷、误操作	其他伤害	不查看交接班记录	人身伤害	作业人员	1	6	7	42	蓝	查看交接班记录	班组	小组长

续表 3-23

主单元	分单元	子单元	岗位（作业活动）单元	安全风险辨识					安全风险分析与评估					管控措施	责任部门	责任人
				危险有害因素	事故类型	原因	后果	影响范围	L	E	C	D	风险等级			
坝体	四期子坝	四期子坝	巡坝作业	作业场地不平	其他伤害	地面不平	人身伤害	作业人员	6	6	1	36	蓝	穿防滑鞋	班组	小组长
坝体	四期子坝	四期子坝	巡坝作业	有害光照、高温气体	其他伤害	阳光辐射	人身伤害	作业人员	3	6	3	54	蓝	避免长时间强光下作业，备足饮用水	班组	小组长
坝体	四期子坝	四期子坝	巡坝作业	雷电、辨识错误	其他伤害	雷击	人身伤害	作业人员	1	3	40	120	黄	雷雨天气禁止在坝上打手机	生产班	值班长
坝体	四期子坝	四期子坝	巡坝作业	带电部位裸露、误操作	触电	电器损坏裸露及盲目操作	人身伤害	作业人员	3	6	3	54	蓝	通知有专业人员进行维修处理	班组	小组长
坝体	四期子坝	四期子坝	巡坝作业	土、岩滑动	坍塌、其他伤害	抗洪抢险时发生自然灾害	人身伤害	作业人员	3	0.5	100	150	黄	听从指挥、协同作业	生产班	值班长
坝体	四期子坝	四期子坝	巡坝作业	土、岩滑动	坍塌	渗水点渗水跑浑	人身伤害、环境破坏	作业人员、其他人员	0.2	6	100	120	黄	覆盖防渗膜加注充填物	生产班	值班长
坝体	四期子坝	四期子坝	巡坝作业	土、岩滑动	坍塌	塌陷区裂纹或下沉	人身伤害、环境破坏	作业人员、其他人员	6	0.5	100	300	橙	加强检查及时反映，采取有效措施处理	车间	车间主任
坝体	四期子坝	四期子坝	巡坝作业	土、岩滑动	坍塌	浸润线过高	人身伤害、环境破坏	作业人员、其他人员	0.2	10	100	200	橙	加强监控发现情况立即降低水位	车间	车间主任

续表 3-23

主单元	分单元	子单元	岗位（作业活动）单元	安全风险辨识					安全风险分析与评估					管控措施	责任部门	责任人
				危险有害因素	事故类型	原因	后果	影响范围	L	E	C	D	风险等级			
坝体	新筑坝	新筑坝	巡坝作业	其他管理因素缺陷	坍塌	人员未经培训及取得特种作业证	人身伤害、环境破坏	作业人员、其他人员	3	6	15	270	橙	必须经过培训并取得特种作业证	车间	车间主任
坝体	新筑坝	新筑坝	巡坝作业	其他管理因素缺陷	坍塌	未制定应急救援预案	人身伤害、环境破坏	作业人员、其他人员	0.2	6	100	120	黄	应制定应急救援预案	生产班	值班长
坝体	新筑坝	新筑坝	巡坝作业	其他管理因素缺陷	坍塌	未落实应急救援保证措施	人身伤害、环境破坏	作业人员、其他人员	0.2	6	100	120	黄	应切实落实应急救援保证措施	生产班	值班长
坝体	新筑坝	新筑坝	巡坝作业	其他管理因素缺陷、误操作	其他伤害	不查看交接班记录	人身伤害	作业人员	1	6	7	42	蓝	查看交接班记录	班组	小组长
坝体	新筑坝	新筑坝	巡坝作业	作业场地不平	其他伤害	地面不平	人身伤害	作业人员	6	6	1	36	蓝	穿防滑鞋	班组	小组长
坝体	新筑坝	新筑坝	巡坝作业	有害光照、高温气体	其他伤害	阳光辐射	人身伤害	作业人员	3	6	3	54	蓝	避免长时间强光下作业，备足饮用水	班组	小组长
坝体	新筑坝	新筑坝	巡坝作业	雷电、辨识错误	其他伤害	雷击	人身伤害	作业人员	1	3	40	120	黄	雷雨天气禁止在坝上打手机	生产班	值班长
坝体	新筑坝	新筑坝	巡坝作业	带电部位裸露、误操作	触电	电器损坏裸露及盲目操作	人身伤害	作业人员	3	6	3	54	蓝	通知专业人员进行维修处理	班组	小组长
坝体	新筑坝	新筑坝	巡坝作业	土、岩滑动	坍塌、其他伤害	抗洪抢险时发生自然灾害	人身伤害	作业人员	3	0.5	100	150	黄	听从指挥、协同作业	生产班	值班长

续表 3-23

主单元	分单元	子单元	岗位（作业活动）单元	安全风险辨识					安全风险分析与评估					管控措施	责任部门	责任人
				危险有害因素	事故类型	原因	后果	影响范围	L	E	C	D	风险等级			
坝体	新筑坝	新筑坝	巡坝作业	土、岩滑动	坍塌	坝面排水沟未完善或损坏堵塞	人身伤害、环境破坏	作业人员、其他人员	0.1	10	100	100	黄	应完善坝面排水沟，及时修复疏通排水沟	生产班	值班长
坝体	新筑坝	新筑坝	巡坝作业	土、岩滑动	坍塌	渗水点渗水跑浑	人身伤害、环境破坏	作业人员、其他人员	0.2	6	100	120	黄	覆盖防渗膜加注充填物	生产班	值班长
坝体	新筑坝	新筑坝	巡坝作业	土、岩滑动	坍塌	塌陷区裂纹或下沉	人身伤害、环境破坏	作业人员、其他人员	6	0.5	100	300	橙	加强检查及时反映，采取有效措施处理	车间	车间主任
坝体	新筑坝	新筑坝	巡坝作业	土、岩滑动	坍塌	浸润线过高	人身伤害、环境破坏	作业人员、其他人员	0.2	10	100	200	橙	加强监控发现新增渗水点、原有渗水量增大，立即降低水位	车间	车间主任
排水	泄洪井	泄洪井	巡坝作业	其他管理因素缺陷	坍塌	人员未经培训及取得特种作业证	人身伤害、环境破坏	作业人员、其他人员	3	6	15	270	橙	必须经过培训并取得特种作业证	车间	车间主任
排水	泄洪井	泄洪井	巡坝作业	其他管理因素缺陷	坍塌	未制定应急救援预案	人身伤害、环境破坏	作业人员、其他人员	0.2	6	100	120	黄	应制定应急救援预案	生产班	值班长
排水	泄洪井	泄洪井	巡坝作业	其他管理因素缺陷	坍塌	未落实应急救援保证措施	人身伤害、环境破坏	作业人员、其他人员	0.2	6	100	120	黄	应切实落实应急救援保证措施	生产班	值班长

续表 3-23

主单元	分单元	子单元	岗位（作业活动）单元	安全风险辨识					安全风险分析与评估					管控措施	责任部门	责任人
				危险有害因素	事故类型	原因	后果	影响范围	L	E	C	D	风险等级			
排水	泄洪井	泄洪井	巡坝作业	其他管理因素缺陷、误操作	其他伤害	不查看交接班记录	人身伤害	作业人员	1	6	7	42	蓝	查看交接班记录	班组	小组长
排水	泄洪井	泄洪井	巡坝作业	有害光照、高温气体	其他伤害	阳光辐射	人身伤害	作业人员	3	6	3	54	蓝	避免长时间强光下作业，备足饮用水	班组	小组长
排水	泄洪井	泄洪井	巡坝作业	雷电、辨识错误	其他伤害	雷击	人身伤害	作业人员	1	3	40	120	黄	雷雨天气禁止在坝上打手机	生产班	值班长
排水	泄洪井	泄洪井	巡坝作业	土、岩滑动	坍塌、其他伤害	抗洪抢险时发生自然灾害	人身伤害	作业人员	3	0.5	100	150	黄	听从指挥、协同作业	生产班	值班长
排水	泄洪井	泄洪井	巡坝作业	土、岩滑动	坍塌	库内存水太多	人身伤害、环境破坏	作业人员、其他人员	0.2	10	100	200	橙	应严格控制库内水位	车间	车间主任
排水	泄洪井	泄洪井	巡坝作业	土、岩滑动	坍塌	泄洪井腐蚀、歪斜、破损、坍塌、堵塞	人身伤害、环境破坏	作业人员、其他人员	0.2	10	100	200	橙	汛期增加巡坝次数，发现问题及时汇报并整改	车间	车间主任
排水	泄洪管	泄洪管	巡坝作业	其他管理因素缺陷	坍塌	人员未经培训及取得特种作业证	人身伤害、环境破坏	作业人员、其他人员	3	6	15	270	橙	必须经过培训并取得特种作业证	车间	车间主任

续表 3-23

主单元	分单元	子单元	岗位（作业活动）单元	安全风险辨识					安全风险分析与评估					管控措施	责任部门	责任人
				危险有害因素	事故类型	原因	后果	影响范围	L	E	C	D	风险等级			
排水	泄洪管	泄洪管	巡坝作业	其他管理因素缺陷	坍塌	未制定应急救援预案	人身伤害、环境破坏	作业人员、其他人员	0.2	6	100	120	黄	应制定应急救援预案	生产班	值班长
排水	泄洪管	泄洪管	巡坝作业	其他管理因素缺陷	坍塌	未落实应急救援保证措施	人身伤害、环境破坏	作业人员、其他人员	0.2	6	100	120	黄	应切实落实应急救援保证措施	生产班	值班长
排水	泄洪管	泄洪管	巡坝作业	其他管理因素缺陷、误操作	其他伤害	不查看交接班记录	人身伤害	作业人员	1	6	7	42	蓝	查看交接班记录	班组	小组长
排水	泄洪管	泄洪管	巡坝作业	作业场地不平	其他伤害	地面不平	人身伤害	作业人员	6	6	1	36	蓝	穿防滑鞋	班组	小组长
排水	泄洪管	泄洪管	巡坝作业	有害光照、高温气体	其他伤害	阳光辐射	人身伤害	作业人员	3	6	3	54	蓝	避免长时间强光下作业，备足饮用水	班组	小组长
排水	泄洪管	泄洪管	巡坝作业	雷电、辨识错误	其他伤害	雷击	人身伤害	作业人员	1	3	40	120	黄	雷雨天气禁止在坝上打手机	生产班	值班长
排水	泄洪管	泄洪管	巡坝作业	土、岩滑动	坍塌	排水涵管堵塞	人身伤害、环境破坏	作业人员、其他人员	0.2	10	100	200	橙	及时疏通	车间	车间主任
排水	泄洪闸门	泄洪闸门	巡坝作业	其他管理因素缺陷	坍塌	人员未经培训及取得特种作业证	人身伤害、环境破坏	作业人员、其他人员	3	6	15	270	橙	必须经过培训并取得特种作业证	车间	车间主任
排水	泄洪闸门	泄洪闸门	巡坝作业	其他管理因素缺陷	坍塌	未制定应急救援预案	人身伤害、环境破坏	作业人员、其他人员	0.2	6	100	120	黄	应制定应急救援预案	生产班	值班长

续表 3-23

主单元	分单元	子单元	岗位（作业活动）单元	安全风险辨识					安全风险分析与评估					管控措施	责任部门	责任人
				危险有害因素	事故类型	原因	后果	影响范围	L	E	C	D	风险等级			
排水	泄洪闸门	泄洪闸门	巡坝作业	其他管理因素缺陷	坍塌	未落实应急救援保证措施	人身伤害、环境破坏	作业人员、其他人员	0.2	6	100	120	黄	应切实落实应急救援保证措施	生产班	值班长
排水	泄洪闸门	泄洪闸门	巡坝作业	其他管理因素缺陷、误操作	其他伤害	不查看交接班记录	人身伤害	作业人员	1	6	7	42	蓝	查看交接班记录	班组	小组长
排水	泄洪闸门	泄洪闸门	巡坝作业	作业场地不平	其他伤害	地面不平	人身伤害	作业人员	6	6	1	36	蓝	穿防滑鞋	班组	小组长
排水	泄洪闸门	泄洪闸门	巡坝作业	有害光照、高温气体	其他伤害	阳光辐射	人身伤害	作业人员	3	6	3	54	蓝	避免长时间强光下作业，备足饮用水	班组	小组长
排水	泄洪闸门	泄洪闸门	巡坝作业	雷电、辨识错误	其他伤害	雷击	人身伤害	作业人员	1	3	40	120	黄	雷雨天气禁止在坝上打手机	生产班	值班长
排水	泄洪闸门	泄洪闸门	巡坝作业	带电部位裸露、误操作	触电	电器损坏裸露及盲目操作	人身伤害	作业人员	3	6	3	54	蓝	通知有专业人员进行维修处理	班组	小组长
排水	泄洪闸门	泄洪闸门	巡坝作业	土、岩滑动	坍塌	排水涵管堵塞	人身伤害	作业人员	0.2	10	100	200	橙	及时疏通	车间	车间主任
排水	水泵	水泵	水泵作业	坠落物	物体打击、其他伤害	未按规定穿戴好劳保用品	人身伤害	作业人员	3	6	3	54	蓝	严禁没有正确穿戴好劳保用品进入工作现场	班组	小组长

续表 3-23

主单元	分单元	子单元	岗位（作业活动）单元	安全风险辨识					安全风险分析与评估					管控措施	责任部门	责任人
				危险有害因素	事故类型	原因	后果	影响范围	L	E	C	D	风险等级			
排水	水泵	水泵	水泵作业	其他设备、设施、工具、附件缺陷、辨识错误	物体打击、其他伤害	工具有缺陷	人身伤害	作业人员	3	6	3	54	蓝	作业前对工具进行确认，严禁使用有缺陷的工具	班组	小组长
排水	水泵	水泵	水泵作业	感知延迟、辨识错误	其他伤害	上下楼梯未扶稳	人身伤害	作业人员	3	3	3	27	蓝	上下楼梯注意安全、要扶稳	班组	小组长
排水	水泵	水泵	水泵作业	带电部位裸露	触电	线头裸露、漏电	人身伤害	作业人员	6	2	7	84	黄	及时报修	生产班	值班长
排水	水泵	水泵	水泵作业	室内地面滑、辨识错误	其他伤害	地面或楼梯有障碍物、积水和油污	人身伤害	作业人员	3	3	3	27	蓝	及时清除障碍物、积水、油污	班组	小组长
排水	水泵	水泵	水泵作业	误操作、电伤害	触电	湿手操作按钮	人身伤害	作业人员	6	2	7	84	黄	擦干手	生产班	值班长
排水	水泵	水泵	水泵作业	防护装置、设施缺陷	高处坠落	现场周围护栏损坏、脱焊	人身伤害	作业人员	6	2	7	84	黄	更换或补焊护栏	生产班	值班长
排水	水泵	水泵	水泵作业	防护不当、误操作	高处坠落	高处检查、维修管道	人身伤害	作业人员	6	3	7	126	黄	佩戴安全带	生产班	值班长
排水	水泵	水泵	水泵作业	其他设备、设施、工具、附件缺陷	机械伤害	三角皮带及飞轮防护罩损坏、脱焊	人身伤害	作业人员	6	2	7	84	黄	更换或补焊防护罩	生产班	值班长

续表 3-23

主单元	分单元	子单元	岗位（作业活动）单元	安全风险辨识					安全风险分析与评估					管控措施	责任部门	责任人
				危险有害因素	事故类型	原因	后果	影响范围	L	E	C	D	风险等级			
排水	水泵	水泵	水泵作业	其他设备、设施、工具、附件缺陷	机械伤害	设备传动部位防护罩松动、脱焊	人身伤害	作业人员	6	3	7	126	黄	安装防护罩加固	生产班	值班长
排水	水泵	水泵	水泵作业	违章作业、冒险心理	其他伤害	清理泵池杂物单人作业	人身伤害	作业人员	6	3	7	126	黄	清理泵池杂物严禁单人作业	生产班	值班长
排水	水泵	水泵	水泵作业	其他设备、设施、工具、附件缺陷	其他伤害	使用撬杠和用加力杆开启闸门时没有确认环境且用力过猛	人身伤害	作业人员	1	6	7	42	蓝	使用撬杠时要站稳，确认撬杠或加力杆卡牢后，均匀用力	班组	小组长
排水	水泵	水泵	维保作业	无防护、辨识错误	机械伤害	检修后设备传动部位防护罩未安装到位	人身伤害	作业人员	6	3	7	126	黄	及时安装防护罩等防护装置	生产班	值班长
排水	水泵	水泵	维保作业	操作错误	机械伤害	更换安装对轮螺丝用手指摸孔校对安装	人身伤害	作业人员	3	6	3	54	蓝	严禁用手指摸孔校对安装	班组	小组长
排水	水泵	水泵	维保作业	室内地面滑、室内作业场所杂乱	其他伤害	过道、铁楼梯积水、积油污、积矿浆	人身伤害	作业人员	3	3	3	27	蓝	及时清除积水、油污和矿浆	班组	小组长

续表 3-23

主单元	分单元	子单元	岗位（作业活动）单元	安全风险辨识					安全风险分析与评估					管控措施	责任部门	责任人
				危险有害因素	事故类型	原因	后果	影响范围	L	E	C	D	风险等级			
排水	水泵	水泵	维保作业	误操作	机械伤害	设备故障处理时意外启动	人身伤害	作业人员	6	2	7	84	黄	断电并挂“禁止合闸”警示牌	生产班	值班长
排水	水泵	水泵	维保作业	违章作业、冒险心理	其他伤害	换泵单人作业	人身伤害	作业人员	1	6	7	42	蓝	严禁单人作业	班组	小组长
排水	水泵	水泵	维保作业	操作错误、辨识错误	机械伤害	故障处理手代替工具操作	人身伤害	作业人员	1	6	7	42	蓝	严禁用手代替工具	班组	小组长
排水	水泵	水泵	水泵作业	坠落物	物体打击、其他伤害	未按规定穿戴好劳保用品	人身伤害	作业人员	3	6	3	54	蓝	严禁没有正确穿戴好劳保用品进入工作现场	班组	小组长
排水	水泵	水泵	水泵作业	其他设备、设施、工具、附件缺陷、辨识错误	物体打击、其他伤害	工具有缺陷	人身伤害	作业人员	3	6	3	54	蓝	作业前对工具进行确认，严禁使用有缺陷的工具	班组	小组长
排水	水泵	水泵	水泵作业	感知延迟、辨识错误	其他伤害	上下楼梯未扶稳	人身伤害	作业人员	3	3	3	27	蓝	上下楼梯注意安全、要扶稳	班组	小组长
排水	水泵	水泵	水泵作业	带电部位裸露	触电	线头裸露、漏电	人身伤害	作业人员	6	2	7	84	黄	及时报修	生产班	值班长
排水	水泵	水泵	水泵作业	室内地面滑、辨识错误	其他伤害	地面或楼梯有障碍物、积水和油污	人身伤害	作业人员	3	3	3	27	蓝	及时清除障碍物、积水、油污	班组	小组长

续表 3-23

主单元	分单元	子单元	岗位（作业活动）单元	安全风险辨识					安全风险分析与评估					管控措施	责任部门	责任人
				危险有害因素	事故类型	原因	后果	影响范围	L	E	C	D	风险等级			
排水	水泵	水泵	水泵作业	误操作、电伤害	触电	湿手操作按钮	人身伤害	作业人员	6	2	7	84	黄	擦干手	生产班	值班长
排水	水泵	水泵	水泵作业	防护装置、设施缺陷	高处坠落	现场周围护栏损坏、脱焊	人身伤害	作业人员	6	2	7	84	黄	更换或补焊护栏	生产班	值班长
排水	水泵	水泵	水泵作业	防护不当、误操作	高处坠落	高处检查、维修管道	人身伤害	作业人员	6	3	7	126	黄	佩戴安全带	生产班	值班长
排水	水泵	水泵	水泵作业	其他设备、设施、工具、附件缺陷	机械伤害	三角皮带及飞轮防护罩损坏、脱焊	人身伤害	作业人员	6	2	7	84	黄	更换或补焊防护罩	生产班	值班长
排水	水泵	水泵	水泵作业	其他设备、设施、工具、附件缺陷	机械伤害	设备传动部位防护罩松动、脱焊	人身伤害	作业人员	6	3	7	126	黄	安装防护罩加固	生产班	值班长
排水	水泵	水泵	水泵作业	违章作业、冒险心理	其他伤害	清理泵池杂物单人作业	人身伤害	作业人员	6	3	7	126	黄	清理泵池杂物严禁单人作业	生产班	值班长
排水	水泵	水泵	水泵作业	其他设备、设施、工具、附件缺陷	其他伤害	使用撬杠和用加力杆开启闸门时，没有确认环境且用力过猛	人身伤害	作业人员	1	6	7	42	蓝	使用撬杠时要站稳，确认撬杠或加力杆卡牢后，均匀用力	班组	小组长

续表 3-23

主单元	分单元	子单元	岗位（作业活动）单元	安全风险辨识					安全风险分析与评估					管控措施	责任部门	责任人
				危险有害因素	事故类型	原因	后果	影响范围	L	E	C	D	风险等级			
排水	水泵	水泵	维保作业	无防护、辨识错误	机械伤害	检修后设备传动部位防护罩未安装到位	人身伤害	作业人员	6	3	7	126	黄	及时安装防护罩等防护装置	生产班	值班长
排水	水泵	水泵	维保作业	操作错误	机械伤害	更换安装对轮螺丝用手指摸孔校对安装	人身伤害	作业人员	3	6	3	54	蓝	严禁用手指摸孔校对安装	班组	小组长
排水	水泵	水泵	维保作业	室内地面滑、室内作业场所杂乱	其他伤害	过道、铁楼梯积水、积油污、积矿浆	人身伤害	作业人员	3	3	3	27	蓝	及时清除积水、油污和矿浆	班组	小组长
排水	水泵	水泵	维保作业	误操作	机械伤害	设备故障处理时意外启动	人身伤害	作业人员	6	2	7	84	黄	断电并挂“禁止合闸”警示牌	生产班	值班长
排水	水泵	水泵	维保作业	违章作业、冒险心理	其他伤害	换泵单人作业	人身伤害	作业人员	1	6	7	42	蓝	严禁单人作业	班组	小组长
排水	水泵	水泵	维保作业	操作错误、辨识错误	机械伤害	故障处理手代替工具操作	人身伤害	作业人员	1	6	7	42	蓝	严禁用手代替工具	班组	小组长
回水	回水管	回水管	巡坝作业	其他管理因素缺陷	坍塌	人员未经培训及取得特种作业证	人身伤害、环境破坏	作业人员、其他人员	—	—	—	—	橙	必须经过培训并取得特种作业证	车间	车间主任

续表 3-23

主单元	分单元	子单元	岗位（作业活动）单元	安全风险辨识					安全风险分析与评估					管控措施	责任部门	责任人
				危险有害因素	事故类型	原因	后果	影响范围	L	E	C	D	风险等级			
回水	回水管	回水管	巡坝作业	其他管理因素缺陷	坍塌	未制定应急救援预案	人身伤害、环境破坏	作业人员、其他人员	0.2	6	100	120	黄	应制定应急救援预案	生产班	值班长
回水	回水管	回水管	巡坝作业	其他管理因素缺陷	坍塌	未落实应急救援保证措施	人身伤害、环境破坏	作业人员、其他人员	0.2	6	100	120	黄	应切实落实应急救援保证措施	生产班	值班长
回水	回水管	回水管	巡坝作业	其他管理因素缺陷、误操作	其他伤害	不查看交接班记录	人身伤害	作业人员	1	6	7	42	蓝	查看交接班记录	班组	小组长
回水	回水管	回水管	巡坝作业	作业场地不平	其他伤害（跌伤）	地面不平	人身伤害	作业人员	6	6	1	36	蓝	穿防滑鞋	班组	小组长
回水	回水管	回水管	巡坝作业	有害光照、高温气体	其他伤害	阳光辐射	人身伤害	作业人员	3	6	3	54	蓝	避免长时间强光下作业，备足饮用水	班组	小组长
回水	回水管	回水管	巡坝作业	雷电、辨识错误	其他伤害	雷击	人身伤害	作业人员	1	3	40	120	黄	雷雨天气禁止在坝上打手机	生产班	值班长

续表 3-23

主单元	分单元	子单元	岗位（作业活动）单元	安全风险辨识					安全风险分析与评估					管控措施	责任部门	责任人
				危险有害因素	事故类型	原因	后果	影响范围	L	E	C	D	风险等级			
回水	回水管	回水管	巡坝作业	带电部位裸露、误操作	触电	电器损坏裸露及盲目操作	人身伤害	作业人员	3	6	3	54	蓝	通知有专业人员进行维修处理	班组	小组长
回水	回水管	回水管	巡坝作业	土、岩滑动	坍塌	排水涵管堵塞	人身伤害、环境破坏	作业人员、其他人员	0.2	10	100	200	橙	及时疏通	车间	车间主任
回水	回水闸门	回水闸门	巡坝作业	其他管理因素缺陷	坍塌	人员未经培训及取得特种作业证	人身伤害、环境破坏	作业人员、其他人员	3	6	15	270	橙	必须经过培训并取得特种作业证	车间	车间主任
回水	回水闸门	回水闸门	巡坝作业	其他管理因素缺陷	坍塌	未制定应急救援预案	人身伤害、环境破坏	作业人员、其他人员	0.2	6	100	120	黄	应制定应急救援预案	生产班	值班长
回水	回水闸门	回水闸门	巡坝作业	其他管理因素缺陷	坍塌	未落实应急救援保证措施	人身伤害、环境破坏	作业人员、其他人员	0.2	6	100	120	黄	应切实落实应急救援保证措施	生产班	值班长
回水	回水闸门	回水闸门	巡坝作业	其他管理因素缺陷、误操作	其他伤害	不查看交接班记录	人身伤害	作业人员	1	6	7	42	蓝	查看交接班记录	班组	小组长
回水	回水闸门	回水闸门	巡坝作业	作业场地不平	其他伤害（跌伤）	地面不平	人身伤害	作业人员	6	6	1	36	蓝	穿防滑鞋	班组	小组长

续表 3-23

主单元	分单元	子单元	岗位（作业活动）单元	安全风险辨识					安全风险分析与评估					管控措施	责任部门	责任人
				危险有害因素	事故类型	原因	后果	影响范围	L	E	C	D	风险等级			
回水	回水闸门	回水闸门	巡坝作业	有害光照、高温气体	其他伤害（中暑）	阳光辐射	人身伤害	作业人员	3	6	3	54	蓝	避免长时间强光下作业，备足饮用水	班组	小组长
回水	回水闸门	回水闸门	巡坝作业	雷电、辨识错误	其他伤害	雷击	人身伤害	作业人员	1	3	40	120	黄	雷雨天气禁止在坝上打手机	生产班	值班长
回水	回水闸门	回水闸门	巡坝作业	带电部位裸露、误操作	触电	电器损坏裸露及盲目操作	人身伤害	作业人员	3	6	3	54	蓝	通知专业人员进行维修处理	班组	小组长
回水	回水闸门	回水闸门	巡坝作业	土、岩滑动	坍塌	排水涵管堵塞	人身伤害	作业人员	0.2	10	100	200	橙	及时疏通	车间	车间主任
自然环境	上坝道路	上坝道路	巡坝作业	致害动物	其他伤害（毒虫毒蛇叮咬）	巡坝时野外毒虫毒蛇叮咬	人身伤害	作业人员	3	6	3	54	蓝	正确穿戴好劳保用品。如长袖上衣和长裤	班组	小组长
自然环境	上坝道路	上坝道路	巡坝作业	作业场地和交通湿滑	其他伤害	道路阻塞	人身伤害	作业人员	3	6	3	54	蓝	清理路面杂物及泥浆	班组	小组长
自然环境	上坝道路	上坝道路	巡坝作业	恶劣气候与环境	触电、其他伤害	暴雨、雷电等异常天气巡坝	人身伤害	作业人员	3	6	7	126	黄	雷雨天气禁止在坝上打手机	生产班	值班长

续表 3-23

主单元	分单元	子单元	岗位（作业活动）单元	安全风险辨识					安全风险分析与评估					管控措施	责任部门	责任人
				危险有害因素	事故类型	原因	后果	影响范围	L	E	C	D	风险等级			
自然环境	下游村庄	下游村庄	巡坝作业	其他标志缺陷	淹溺、其他伤害	非作业人员在库区周边逗留	人身伤害	其他人员	3	6	7	126	黄	设“非作业人员”警示牌	生产班	值班长
自然环境	周边山体	周边山体	巡坝作业	其他标志缺陷	淹溺、其他伤害	巡坝人员坠入外围鱼池	人身伤害	其他人员	3	3	7	63	黄	巡坝人员不得接近鱼池 0.5 米	生产班	值班长
尾矿库监测	尾矿库监测	尾矿库监测	库内监测作业	无防护、辨识错误	淹溺	沉积滩坡度、库水位测量掉入汇水区	人身伤害	作业人员	3	6	15	270	橙	测量前要做好安全防范措施；必须保证两人以上的工作人员	车间	车间主任
尾矿库监测	尾矿库监测	尾矿库监测	库内监测作业	无防护、辨识错误	淹溺	干滩长度和安全超高测量作业掉入汇水区	人身伤害	作业人员	3	6	15	270	橙	测量前要做好安全防范措施；必须保证两人以上的工作人员	车间	车间主任
尾矿库监测	尾矿库监测	尾矿库监测	坝体监测作业	作业场地不平	其他伤害（摔伤）	位移监测、坡比测量作业地面不平	人身伤害	作业人员	3	6	3	54	蓝	监测时要注意自身安全，按要求穿戴劳保必须保证两人以上的工作人员	班组	小组长

表 3-24 留矿法采场安全风险公告栏示例

序号	环节或部位	危险有害因素	事故类型	后果	影响范围	风险等级	管控措施	应急措施	责任人	有效期	报告电话
1	留矿法采场	监护失误、误操作	火药爆炸	人身伤害或死亡	作业采场	红	严禁烟火，消除静电，分开装运，分开存放，轻拿轻放，按操作规程处理残眼	撤离、汇报、应急救援			
2	留矿法采场	顶面或侧壁缺陷	冒顶片帮	人身伤害或死亡	作业采场	橙	破碎带采取锚网加固、钢架或混凝土支护措施，加强松石处理、松石培训，加强顶板、边帮管控，实施光面爆破	撤离、汇报、应急救援			
3	留矿法采场	作业场所空气不良	中毒窒息	人身伤害或死亡	作业采场	黄	携带气体检测仪、自救器，佩戴口罩，加强通风炮烟全部散完才能进入工作面检查	撤离、汇报、应急救援			
4	留矿法采场	设备、设施工具、附件、防护、缺陷、坠落物	物体打击	人身伤害或死亡	作业采场	蓝	连接牢固，并进行铁丝锁定、勤检查，发现问题及时更换	撤离、汇报、应急救援			
5	留矿法采场	设备、设施工具、附件、防护、缺陷、误操作	高处坠落	人身伤害或死亡	作业采场	蓝	勤检查，发现问题及时更换、系安全带、按相关安全操作规程作业	撤离、汇报、应急救援			
6	留矿法采场	误操作、监护失误	机械伤害	发生伤害事故	作业采场	蓝	检查设备，按章操作，正确穿戴和使用个体防护用品	撤离、汇报、应急救援			
7	留矿法采场	带电部分裸露、漏电	触电	发生伤害事故	作业采场	蓝	能量安全锁定，遵守安全操作规程	撤离、汇报、应急救援			
8	留矿法采场	粉尘	职业病（矽肺）	造成职业危害	作业采场	蓝	温式作业，加强通风，正确佩戴防尘口罩	撤离、汇报、应急救援			
9	留矿法采场	噪声	职业病（噪声聋）	造成职业危害	作业采场	蓝	做好安全教育，做好防护措施	撤离、汇报、应急救援			

表 3-25 竖井井口安全风险公告示例

序号	存在部位/环节	危险有害因素	事故类型	后果	影响范围	风险等级	管控措施	应急措施	责任人	有效期	报告电话
1	竖井井口	操作错误	火药爆炸	设备损坏人员伤亡	竖井井口	黄	加强安全教育，加强监管，遵守乘车乘罐制度，落实安全管理制度	撤离、汇报、应急救援			
2	竖井井口	违章操作、操作错误	高处坠落	坠罐、人员伤亡	竖井井口	黄	加强学习、培训，严格遵守操作规程	撤离、汇报、应急救援			
3	竖井井口	地面滑	其他伤害	发生伤害事故	竖井井口	蓝	定期清理油污、穿防滑鞋	撤离、汇报、应急救援			
4	竖井井口	操作错误	机械伤害	发生伤害事故	竖井井口	蓝	加强学习、培训，严格遵守操作规程	撤离、汇报、应急救援			
5	竖井井口	防护缺陷	触电	发生伤害事故	竖井井口	蓝	维修人员加强设备维护、操作司机严格遵守操作规程	撤离、汇报、应急救援			
6	竖井井口	其他行为性危险和有害因素	物体打击	发生伤害事故	竖井井口	蓝	听从信号铃指挥、遵守操作规程	撤离、汇报、应急救援			

表 3-26 磨矿车间安全风险公告栏示例

序号	环节或部位	危险有害因素	事故类型	后果	影响范围	风险等级	管控措施	应急措施	责任人	有效期	报告电话
1	磨矿车间	电伤害	触电	人身伤亡	磨矿车间	黄	按章操作、能量安全锁定、加强安全教育培训	撤离、汇报、应急救援			
2	磨矿车间	监护失误	物体打击	人身伤亡	磨矿车间	蓝	搞好防护设施、安全确认到位、加强安全教育培训	撤离、汇报、应急救援			
3	磨矿车间	违章指挥、违章作业、其他行为性危险和有害因素	机械伤害	人身伤亡	磨矿车间	蓝	按章操作、能量安全锁定、加强安全教育培训	撤离、汇报、应急救援			
4	磨矿车间	环境因素、管理因素	其他伤害（滑跌）	人身伤亡	磨矿车间	蓝	安全确认到位、按章操作、加强巡检点检维护和安全教育培训、穿戴防滑鞋	撤离、汇报、应急救援			
5	磨矿车间	设备、设施工具、附件、防护、缺陷	起重伤害	人身伤害	磨矿车间	蓝	设备点检维护安全确认到位、维修时能量安全锁定	撤离、汇报、应急救援			
6	磨矿车间	噪声	职业病	造成职业危害	磨矿车间	蓝	加强检测、正确规范穿戴好劳保防护用品	撤离、汇报、应急救援			
7	磨矿车间	粉尘	职业病	造成职业危害	磨矿车间	蓝	加强检测、正确规范穿戴好劳保防护用品	撤离、汇报、应急救援			

表 3-27 浮选车间安全风险公告栏示例

序号	环节或部位	危险有害因素	事故类型	后果	影响范围	风险等级	管控措施	应急措施	责任人	有效期	报告电话
1	浮选车间	电伤害	触电	人身伤亡	浮选车间	黄	按章操作、能量安全锁定、申请高空作业票审批，按章操作、安全确认到位、设备点检维护安全确认到位、维修时能量安全锁定	撤离、汇报、应急救援			
2	浮选车间	违章指挥、违章作业、其他行为性危险和有害因素	高处坠落	人身伤亡	浮选车间	黄	按章操作、能量安全锁定	撤离、汇报、应急救援			
3	浮选车间	化学性有害因素（有毒气体）	中毒窒息	人身伤亡	浮选车间	蓝	正确规范穿戴好劳保防护用品、安全确认到位	撤离、汇报、应急救援			
4	浮选车间	监护失误	物体打击	人身伤亡	浮选车间	蓝	搞好防护设施、安全确认到位	撤离、汇报、应急救援			
5	浮选车间	违章指挥、违章作业、其他行为性危险和有害因素	机械伤害	人身伤亡	浮选车间	蓝	按章操作、能量安全锁定、设备点检维护、维修时能量安全锁定、安全确认到位、认真执行动火作业票申请和审批	撤离、汇报、应急救援			
6	浮选车间	设备、设施工具、附件、防护、缺陷	起重伤害	人身伤亡	浮选车间	蓝	设备点检维护安全确认到位、维修时能量安全锁定、搞好防护设施、安全确认到位	撤离、汇报、应急救援			
7	浮选车间	明火	火灾	人身伤亡	浮选车间	蓝	设备点检维护、维修时能量安全锁定、安全确认到位、认真执行动火作业票申请和审批	撤离、汇报、应急救援			
8	浮选车间	环境因素	其他伤害（跌伤）	人身伤亡	浮选车间	蓝	安全确认到位、按章操作、加强巡检点检维护和安全教育培训、穿戴防滑鞋	撤离、汇报、应急救援			
9	浮选车间	粉尘	职业病	造成职业危害	浮选车间	蓝	加强检测、正确规范穿戴好劳保防护用品	撤离、汇报、应急救援			

表 3-28　尾矿库安全风险公告

序号	环节或部位	危险有害因素	事故类型	后果	影响范围	风险等级	管控措施	应急措施	责任人	有效期	报告电话
1	尾矿坝	设备、设施工具、附件、防护、缺陷	坍塌	人身伤害、环境破坏	尾矿工	红	完善坝面排水沟，及时修复疏通排水沟	撤离、汇报、应急救援			
2	尾矿坝	作业场地涌水	坍塌	人身伤害、环境破坏	尾矿工	黄	覆盖防渗膜加注充填物	撤离、汇报、应急救援			
3	尾矿坝	土、岩滑动	坍塌	人身伤害、环境破坏	尾矿工	黄	加强检查及时反映，采取有效措施处理	撤离、汇报、应急救援			
4	尾矿坝	土、岩滑动	坍塌	人身伤害、环境破坏	尾矿工	蓝	听从指挥、协同作业	撤离、汇报、应急救援			
5	尾矿坝	土、岩滑动	坍塌	人身伤害、环境破坏	尾矿工	蓝	加强监控发现新增渗水点、原有渗水量增大，立即降低水位	撤离、汇报、应急救援			
6	尾矿坝	漏电	触电	人身伤害	坝体	蓝	及时检查维护	撤离、汇报、应急救援			
7	尾矿坝	雷电、辨识错误	其他伤害	人身伤害	坝体	蓝	雷雨天气禁止在坝上打手机	撤离、汇报、应急救援			
8	尾矿坝	其他管理因素缺陷、误操作、致害动物、作业场地不平	其他伤害（毒虫毒蛇叮咬、跌伤）	人身伤害	坝体	蓝	查看交接班记录、正确穿戴好劳保用品，如长袖上衣和长裤、穿防滑鞋	撤离、汇报、应急救援			
9	尾矿坝	紫外辐射	职业病	造成职业危害	坝体	蓝	避免长时间强光下作业，备足饮用水	撤离、汇报、应急救援			

3.5.4.3 非煤矿山重点岗位风险告知卡

岗位风险管控是安全管理的核心和基础，在员工进入作业岗位时，必须按照安全风险分级管控表对岗位的安全风险状况和各项管控措施进行安全确认，并进行班组安全风险预知、设备检查等活动，消除不规范行为，做到任务到人、责任到岗、管控到位。现场安全管理人员要做好安全风险预知预控的复核检查，确保管控措施有效落实。对岗位出现的异常情况或临时生产活动应立即进行现场风险分析，制定相应对策措施，在管控措施落实后方可进行后续相关活动。要制作重点岗位安全风险告知卡，标明岗位安全操作要点、主要安全风险、可能引发的事故类别、管控措施及应急措施等内容，便于员工随时进行安全风险确认，指导员工安全规范操作。要将岗位安全风险告知卡作为岗位人员安全风险教育和技能培训的基础资料之一，并在应用中不断补充完善。

以下内容为采矿系统、选矿厂和尾矿库部分重点岗位告知卡示例。

（1）采矿系统凿岩工、通风工和提升机司机（硐室）岗位风险告知卡示例见表3-29~表3-31。

表3-29 岗位名称：凿岩工

工作内容	浮石检查处理，凿岩作业	工作场所	竖井、天井、平巷、采场		
危险有害因素	顶板、边帮有浮石	事故类别	冒顶片帮	管控措施	作业前处理干净浮石
	炮烟		中毒和窒息		合理通风，作业前需检测有毒有害气体浓度
	粉尘、噪声		职业病		穿戴好劳动保护用品
	误操作、监护失误		机械伤害、高处坠落		严格遵守操作规程，正确穿戴防护保护用品
	违章操作处理残炮		放炮事故		严格按规程处理残炮
应急措施	及时上报，并及时联系医院做好治疗准备。 1. 机械伤害、高处坠落：立即切断电源，就地进行初步应急治疗； 2. 冒顶片帮：在确定周边环境安全情况下进行人员抢救； 3. 中毒和窒息：打开最近高压风管，吹散有害气体，在确认周边环境安全前提下将受伤人员移至新鲜风源处，并进行人工救治；或用湿毛巾捂住口鼻，伤者自行移至新鲜风源处； 4. 粉尘、噪声：及时撤离至新鲜风流处，定时进入隔音室缓冲； 5. 放炮事故：按照避灾路线立即撤离				

表3-30 岗位名称：通风工

工作内容	浮石检查处理，通风作业	工作场所	竖井、天井、平巷、采场		
危险有害因素	顶板、边帮有浮石	事故类别	冒顶片帮	管控措施	作业前处理干净浮石
	炮烟		中毒和窒息		合理通风，作业前需检测有毒有害气体浓度
	粉尘、噪声		职业病		穿戴好劳动保护用品
	误操作、监护失误		机械伤害		严格遵守操作规程，正确穿戴防护保护用品
	电伤害		触电		确保保护接地完好、严格遵守操作规程，严禁带电作业，正确穿戴防护保护用品

续表 3-30

工作内容	浮石检查处理，通风作业	工作场所	竖井、天井、平巷、采场
应急措施	及时上报，并及时联系医院做好治疗准备。 1. 机械伤害：立即切断电源，就地进行初步应急治疗； 2. 冒顶片帮：在确定周边环境安全情况下进行人员抢救； 3. 中毒和窒息：打开最近高压风管，吹散有害气体，在确认周边环境安全前提下将受伤人员移至新鲜风源处，并进行人工救治；或用湿毛巾捂住口鼻，伤者自行移至新鲜风源处； 4. 粉尘、噪声：及时撤离至新鲜风流处，定时进入隔音室缓冲； 5. 触电：立即切断电源或用绝缘设备将人与电线隔开，进行初步应急治疗		

表 3-31　岗位名称：提升机司机（硐室）

工作内容	设备设施维护检修作业、提升作业	工作场所	提　升　硐　室		
危险有害因素	顶板、边帮浮石	事故类别	冒顶片帮	管控措施	作业前处理干净浮石
	炮烟		中毒和窒息		做好通风检测，随身携带自救器
	照明不良		其他伤害		安装照明，佩戴头灯
	带电部分裸露、漏电		触电		严格执行现场确认制度，认真检测设备漏电情况，非专业人员不得私自检查电气设备
	设备、设施、工具、附件缺陷及防护缺陷		机械伤害		做好设备设施防护
	操作错误		机械伤害		遵守操作规程
	噪声		职业病		佩戴好劳动保护用品
应急措施	及时上报，并及时联系医院做好治疗准备。 1. 机械伤害、其他伤害：立即切断设备电源，就地进行初步应急治疗； 2. 冒顶片帮：在确定周边环境安全情况下进行人员抢救； 3. 中毒和窒息：打开最近高压风管，吹散有害气体，在确认周边环境安全前提下将受伤人员移至新鲜风源处，并进行人工救治；或用湿毛巾捂住口鼻，伤者自行移至新鲜风源处； 4. 触电：立即切断电源或用绝缘设备将人与电线隔开，进行初步应急治疗； 5. 噪声：定时进入隔音室缓冲				

（2）选矿厂破碎工、球磨工和浮选工岗位风险告知卡示例见表 3-32～表 3-34。

表 3-32　岗位名称：碎矿工

工作内容	设备开停，碎矿作业	工作场所	碎　矿　车　间		
危险有害因素	粉尘、噪声	事故类别	职业病	管控措施	优化除尘工艺设备，穿戴防尘口罩，正确佩戴和使用降噪耳塞罩等个体防护劳动保护用品
	地面湿滑		其他伤害		及时清扫车间积水，作业时注意路面
	防护缺陷		高处坠落		加固防护栏，上下楼梯扶好护栏，禁止倚靠护栏

续表 3-32

工作内容	设备开停，碎矿作业	工作场所	碎矿车间		
危险有害因素	违章作业	事故类别	触电	管控措施	遵守操作规程，严禁湿布擦洗电气设备、湿手操作电气开关
	设备故障、漏电		触电		定期进行安全隐患排查，加强设备的维护
	设备、设施、附件缺陷		火灾		配备标准数量消防器材，定期进行检查更换
	违章作业		机械伤害		遵守操作规程，严禁触摸设备运转部位
应急措施	及时上报，并及时联系医院做好治疗准备。 1. 高处坠落、机械伤害、其他伤害：就地进行初步应急治疗； 2. 触电：立即切断电源或用绝缘设备将人与电线隔开，进行初步应急治疗； 3. 火灾：立即切断电源，使用干粉灭火器采取初步灭火措施，火势较大难以控制时需立即撤离； 4. 粉尘、噪声：及时撤离至新鲜风流处，定时进入隔音室缓冲				

表 3-33 岗位名称：球磨工

工作内容	设备开停	工作场所	磨浮车间		
危险有害因素	噪声	事故类别	职业病	管控措施	正确佩戴和使用降噪耳塞罩等个体防护劳动保护用品
	地面湿滑		其他伤害		及时清扫车间积水，作业时注意路面
	防护缺陷		高处坠落		加固防护栏，上下楼梯扶好护栏，禁止倚靠护栏
	违章作业		触电		遵守操作规程，严禁湿布擦洗电气设备、湿手操作电气开关
	设备故障、漏电		触电		定期进行安全隐患排查，加强设备的维护
	设备、设施、附件缺陷		火灾		加强设备巡检，配备标准数量消防器材，定期进行检查更换
	误操作		物体打击		穿戴好劳保防护用品
	违章作业		机械伤害		遵守操作规程，严禁触摸设备运转部位
	防护缺陷		机械伤害		完善设备防护设施，定期进行安全隐患排查，检查更换
	不小心掉入分级机		机械伤害		加装安全防护栏
应急措施	及时上报，并及时联系医院做好治疗准备。 1. 高处坠落、物体打击、机械伤害、其他伤害：就地进行初步应急治疗； 2. 触电：立即切断电源或用绝缘设备将人与电线隔开，进行初步应急治疗； 3. 火灾：立即切断电源，使用干粉灭火器采取初步灭火措施，火势较大难以控制时需立即撤离； 4. 噪声：定时进入隔音室缓冲				

表 3-34　岗位名称：浮选工

工作内容	设备开停	工作场所	磨　浮　车　间		
危险有害因素	噪声	事故类别	职业病	管控措施	正确佩戴和使用降噪耳塞罩等个体防护劳动保护用品
	地面湿滑		其他伤害		及时清扫车间积水，作业时注意路面
	防护缺陷、防护装置、设施缺陷		高处坠落、机械伤害		加固防护栏，确保防护装置完好，上下楼梯扶好护栏，禁止倚靠护栏
	违章作业		触电		遵守操作规程，严禁湿布擦洗电气设备、湿手操作电气开关
	设备故障、安全措施不到位		触电		接地保护完好，定期做好预防性试验
	操作错误		机械伤害		按标准流程作业，与转动部位保持安全距离
	防护不当		淹溺		加固浮选槽盖板
	室内温度不适		其他伤害（中暑）		加强通风，配备防暑药品，严禁设备超负荷运转
	在起吊物下行走		起重伤害		起重设备安装警示铃，起吊过程注意示警，禁止在吊物下站立或行走
	违章作业		机械伤害		遵守操作规程，严禁触摸设备运转部位
应急措施	及时上报，并及时联系医院做好治疗准备。 1. 高处坠落、机械伤害、起重伤害、其他伤害：就地进行初步应急治疗； 2. 触电：立即切断电源或用绝缘设备将人与电线隔开，进行初步应急治疗； 3. 噪声：定时进入隔音室缓冲； 4. 淹溺：穿戴好救生衣，及时施救				

（3）尾矿库尾矿工岗位风险告知卡示例见表 3-35。

表 3-35　岗位名称：尾矿工

工作内容	巡坝	工作场所	尾　矿　库		
危险有害因素	作业场所湿滑	事故类别	其他伤害	管控措施	穿戴好防护用品，及时清除障碍物、积水
	违章作业、冒险心理		淹溺		做好安全防范措施；夜晚巡坝时配好照明工具；穿戴好防滑鞋；远离库边行走
	雷电、辨识错误		其他伤害（雷击）		禁止雷雨天气玩手机
	人员未经培训及取得特种作业证		其他伤害		作业人员需持证上岗，严格遵守操作规程
	致害动物		其他伤害（毒虫毒蛇叮咬）		正确穿戴好劳保用品。如长袖上衣和长裤

续表 3-35

工作内容	巡坝	工作场所	尾矿库		
危险有害因素	违章作业	事故类别	触电	管控措施	遵守操作规程，禁止用水冲洗电气设备；禁止湿手操作电气设备和用湿抹布擦拭电气设备
	违章作业		机械伤害		遵守操作规程，严格按操作流程作业
	土岩松动，库内积水多等		坍塌		加强巡视，发现问题立即上报
	阳光辐射		其他伤害（中暑）		避免长时间强光下作业，备足饮用水、防中暑医药品
应急措施	及时上报，并及时联系医院做好治疗准备。 1. 机械伤害、其他伤害：就地进行初步应急治疗； 2. 触电：立即切断电源或用绝缘设备将人与电线隔开，进行初步应急治疗； 3. 淹溺：穿戴好救生衣，及时施救； 4. 坍塌：停止作业，立即撤离，严禁无安全措施条件下进行救援				

3.5.4.4 安全风险空间分布图

非煤矿山企业根据风险评估分级的结果，分别用红色、橙色、黄色、蓝色标示重大风险、较大风险、一般风险和低风险的生产区域。在矿区总平面布置图、井上井下工程对照图、尾矿库周边环境图等图纸上绘制全矿“红橙黄蓝”四色安全风险空间分布图，并用信息化手段将矿山内部各生产区域的安全风险等级展示出来。对于重要单元或区域，可根据风险管控的需要绘制单独的风险分级分布图。可从多角度观察各级风险在企业的分布及变化情况，并可与相关风险信息、避灾线路、应急预案紧密联系到一起，提高风险管控的效能。认真分析红区、橙区、黄区、蓝区安全风险的特点，有针对性地制定管控措施，实行差异化管理。尤其要加大对较大以上风险区域的安全风险管控力度。

安全风险空间分布图示例如下。

（1）系统四色图示例见图 3-3。

（2）水平巷道四色图示例见图 3-4。

（3）某水平巷道局部四色图示例见图 3-5。

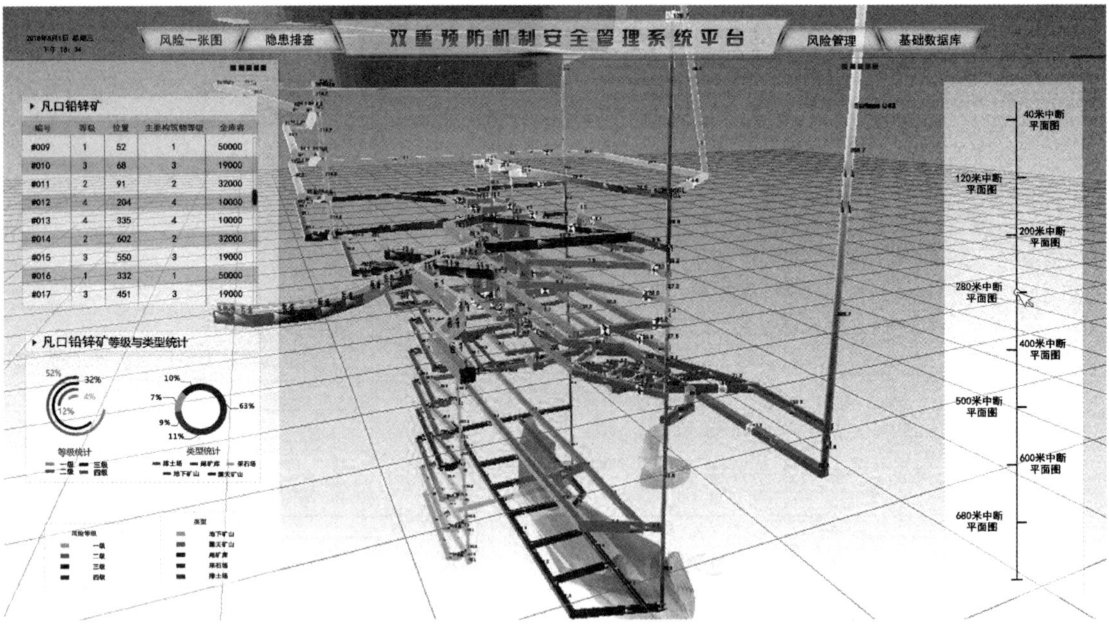

图 3-3　系统四色图

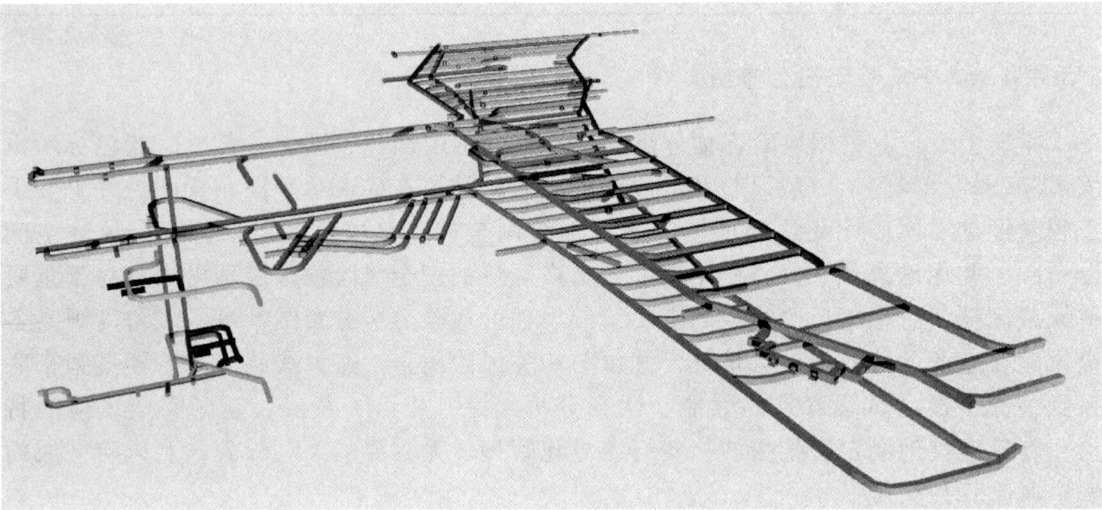

图 3-4　水平巷道四色图

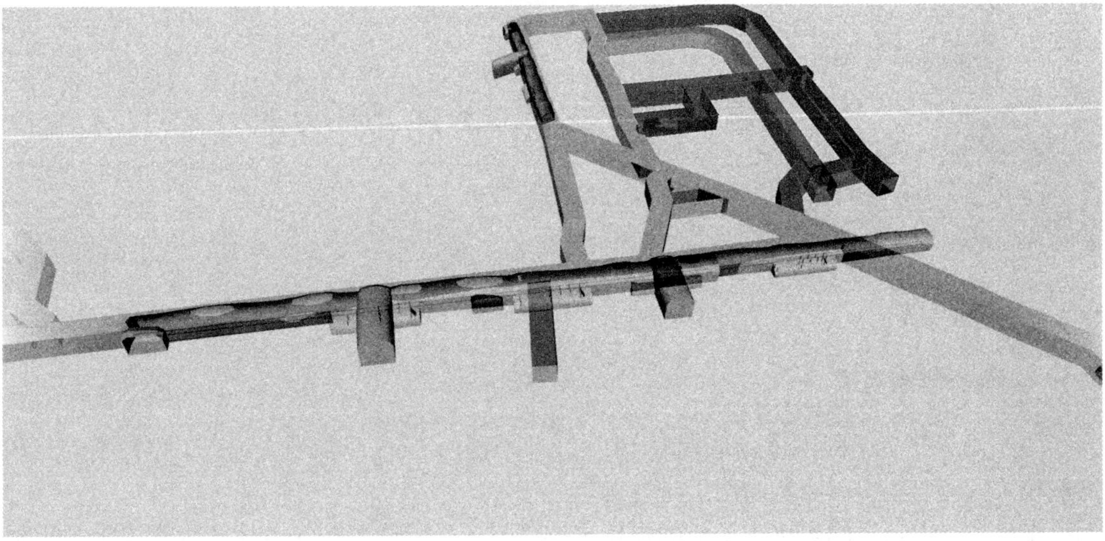

图 3-5 水平巷道局部四色图

4　隐患排查治理体系构建

4.1　基本概念

4.1.1　隐患排查治理

（1）隐患排查。隐患排查是指生产经营单位组织安全生产管理人员、工程技术人员和其他相关人员对本单位的事故隐患进行排查的行为。

生产经营单位是隐患排查工作的责任主体，方法是定期组织安全生产管理人员、工程技术人员和其他相关人员排查本单位的事故隐患，鼓励、发动职工发现事故隐患，鼓励社会公众举报。此项工作通常与生产经营单位的各种安全生产检查工作相结合。

对排查出的事故隐患，应当按照事故隐患的等级进行登记，建立事故隐患信息档案。

根据上述要求，隐患排查的过程就是生产经营单位定期组织所属人员主动、全面地查找并发现隐患、确定其等级、建立事故隐患信息档案，同时鼓励社会公众举报。

（2）隐患治理。隐患治理就是指消除或控制隐患的活动或过程。

一般事故隐患，是指危害和整改难度较小，发现后能够立即整改消除的隐患。

重大事故隐患，是指危害和整改难度较大，需要全部或者局部停产停业，并经过一定时间整改治理方能消除的隐患，或者因外部因素影响致使生产经营单位自身难以消除的隐患。对于一般事故隐患，由于其危害和整改难度较小，发现后应当立即整改排除。

（3）对隐患排查与危险源辨识和风险评估关系的理解。经过危险源辨识和风险评估所得出的超出可接受程度即不可接受的风险，与经过隐患排查所得出的事故隐患是同一等级，可以说不可接受风险就是隐患。辨识与排查所用的方法都是检查表法，这样两种管理方法就能有机地联系起来，避免企业重复操作。

4.1.2　隐患排查治理体系的构成

隐患排查治理体系建设的目的，是为实现“安全第一、预防为主、综合治理”的安全生产方针奠定坚实的基础。事故源于隐患，隐患是滋生事故的土壤和温床。“预防为主、综合治理”的前提，就是首先通过主动排查，全范围、全方位、全过程地去发现每一个一般和重大的隐患，然后综合采取各种有效手段，治理各类隐患和问题，把事故消灭在萌芽状态。只有这样，“安全第一”才能得到真正地实现。从这个意义上说，排查治理隐患是落实安全生产方针的最基本任务和最有效途径。

隐患排查治理体系是一项系统工程，由政府及有关部门全力推动，对企业开展分级分类管理，并编制全行业的隐患排查治理标准；由企业负全面主体责任，对生产经营过程中存在的人、物、管理等各方面的隐患依据隐患排查治理标准进行主动排查，并对发现的隐患实施治理，将结果通过隐患排查治理信息系统上传下达，保证监管力度与效果，实现安全生产。具体来说，隐患排查治理体系由以下各部分形成。

A 实行分级分类监管方法

政府作为执法者和监督者，无论从效能监管还是从降低政府干预的角度，都应对生产经营单位实行“抓劣放好”差异化监管，即对那些遵守安全生产法律法规的生产经营单位减少监督频次，对不守法的单位加大监督频次，将有限的执法监察力量集中使用到安全生产状况差的单位，促使区域内生产经营单位整体的安全管理状况有所提升。

分类分级管理是将不同类别生产经营单位的安全生产状况分出等级，负有安全生产职责的政府部门对监管职责范围内的生产经营单位按照不同等级进行监督管理，其核心内容概括为“各司其职，各负其责，按类分级，依级监管”。分类分级工作明确了企业、行业、属地、专项以及综合监管部门各方的安全生产工作职责，建立了以政府监管推动企业主体责任落实的工作模式。通过分级分类工作的开展，有助于实现安全生产监督管理工作的底数清、情况明。

B 制定科学严谨的隐患排查标准

按照科学性、全面性和系统性的原则，考虑不同类别的企业可能存在隐患的区别，将隐患特点相近的企业归为一类。

所有自查标准均将安全生产事故隐患划分为基础管理和现场管理两部分。这种分类方法比较适用于企业自查自报工作的开展，其中：基础管理类包含生产经营单位资质证照、安全生产管理机构及人员、安全生产责任制、安全生产管理制度、安全操作规程、教育培训、安全生产管理档案、安全生产投入、应急救援、特种设备基础管理、职业卫生基础管理、相关方基础管理、其他基础管理等类；现场管理类包含特种设备现场管理、生产设备设施、场所环境、从业人员操作行为、消防安全、用电安全、职业卫生现场安全、有限空间现场安全、辅助动力系统、相关方现场管理、其他现场管理等类。

C 建立清晰明确的责任制度

a 明确和落实政府部门的隐患排查治理职责

理顺生产经营单位、行业、属地、专项以及综合监管部门的安全生产工作职责，明确履行安全职责的范围、内容和要求，解决职责空缺、职责不清、职能交叉等问题，从而形成“分工负责、齐抓共管”的安全监管工作格局，实现安全隐患排查治理监管工作的全覆盖和无缝化管理。主要是明确和落实三类部门职责：综合监管部门职责、行业部门监管职责和专项监管部门（消防、质监等专项监管部门）职责。

b 隐患排查治理日常监管工作

（1）建立管理台账。对于政府管理部门来说，要想开展好生产经营单位事故隐患排查治理工作，首先要把本行政区域内所有生产经营单位的底数摸清楚，让每一类每一家的生产经营单位都能和政府的监管（管理）部门相对应，做到“有人抓、有人管”。

（2）规范工作程序。建立隐患排查治理机制，开展事故隐患排查治理工作实际上就是梳理安全管理工作流程、规范安全管理行为的过程。

（3）督促组织查报。组织查报是推进企业自查自报工作最重要的一项内容，如何使企业做到真查、真改、真报，是真正开展好自查自报工作，使企业主体责任真正落实到位的关键一步。

(4) 日常核查管理。核查主体是各级安全生产监管监察部门、各行业监管（管理）部门。核查内容为生产经营单位是否按规定自查自报、是否有漏报、瞒报、不符合实际的现象。还要根据实际监管监察能力制定生产经营单位事故隐患自查自报工作核查比例。

D　建立功能完善的信息系统

隐患排查治理信息系统是实现隐患排查治理工作的基础平台，要实现对全国生产经营企业隐患的动态监管，信息化手段是一个必要的条件。为避免各地开发的隐患排查治理信息系统出现信息多头采集、重复采集，数据不能共享等问题，急需制订信息系统建设指南，以提高系统运作效率，确保各级监管部门能够真正实现隐患监管信息交换的畅通、准确、及时。

对于信息系统建设的内容，主要分为政府端系统建设和企业端系统建设两个部分，其中政府端系统分别从纵向的国家应急管理部、省级应急管理厅、市（地）级应急管理局、县（区）级应急管理局、生产经营单位四级五层，横向扩展到各级安委会成员单位，对隐患排查治理系统的部署网络、数据交换方式、应用功能、数据库系统四个方面提供了典型建设方案。企业端系统着重对企业向监管机构报送的数据做了规定。

E　全面开展隐患自查自报

企业的隐患排查治理工作虽然已经开展多年，但建设和运行隐患排查治理体系却是新的要求，所以企业在原有相关工作的基础上，首先要做到体系“从无到有”，再从体系运作机制上着手解决隐患排查治理体系的日常运行问题。

体系建设要经过策划准备、全面教育培训、体系建立、排查治理实施和检查改进等几个步骤，注意与企业已有的安全生产管理系统的融合，不要搞成“两张皮”。

企业隐患排查治理工作体系的日常运行需要一个比较完善的机制做保证，运行机制主要从组织机构、工作网络、队伍和人员、管理依据、程序化实施和持续改进等方面构建。

企业要在建立隐患排查治理体系的基础上实现日常隐患排查治理工作机制的正常运行，并按上级和政府部门有关要求开展自查，按时限规定在相关信息系统上进行自报，真正做到企业自查自报。

F　形成重过程、动态化的考核机制

制度、办法、机制、体制甚至体系的建立与落实，归根结底要通过考核机制的建立与落实才能真正落到实处。安全生产考核主要分为政府部门绩效考核和对生产经营单位的考核，其中对政府部门绩效考核是推动政府各项政策措施贯彻执行的重要手段，也是推动企业主体责任落实的重要举措。

首先要建立政府部门职责考核机制：主要包括对各级政府的考核、对政府各职能部门的考核。

还要建立生产经营单位奖惩机制：对生产经营单位奖惩机制的建立是推动企业主体责任落实，真正开展隐患排查治理自查自报工作的重要保障。主要依据相关法规规章，对生产经营单位开展事故隐患自查自报工作予以制约。

4.1.3　与其他相关安全管理工作的关系

建立事故隐患排查治理体系，需要处理好与其他安全管理相关工作的关系。

4.1.3.1 与安全生产标准化工作的关系

（1）隐患排查治理体系是安全生产标准化工作的重要组成部分。安全生产标准化工作是我国安全生产领域在当前一段时间内的重点工作，其实施的主要依据是以《企业安全生产标准化基本规范》为主的各行业的安全生产标准化评定标准。

新版《基本规范》在总结企业安全生产标准化建设工作实践经验的基础上，贯彻落实国家法律法规、标准规范的有关要求，进一步规范从业人员的作业行为，提升设备现场本质安全水平，促进风险管理和隐患排查治理工作，有效夯实企业安全基础，提升企业安全管理水平；更加注重安全管理系统的建立、有效运行并持续改进，引导企业自主进行安全管理。为使一级要素的逻辑结构更具系统性，新版《基本规范》将原13个一级要素梳理为8个：目标职责、制度化管理、教育培训、现场管理、安全风险管控及隐患排查治理、应急管理、事故管理和持续改进。强调了落实企业领导层责任、全员参与、构建双重预防机制等安全管理核心要素，指导企业实现安全健康管理系统化、岗位操作行为规范化、设备设施本质安全化、作业环境器具定置化，并持续改进。其中第五项核心要求即为安全风险管控及隐患排查治理，对安全风险管理、重大危险源辨识和管理、隐患排查治理和预测预警等四个方面做出了原则性规定。

（2）隐患排查治理体系是安全生产标准化有关内容的具体化。在“基本规范”中以隐患排查和治理方面只提出了基本要求和原则性规定，而隐患排查治理体系则能够成为一个具有依据明确、结构完整、内容充实和可操作性强的独立运行的系统，正说明它是安全生产标准化的进一步细化和深化，也为安全生产标准化其他部分的核心要求开创了一个深入和具体化的先例。

（3）突出了企业是隐患排查治理工作的责任主体。安全生产标准化工作所涉及的部门和单位比较多，如安全监管部门、评审组织单位、评审单位还有专业技术服务机构等，尽管企业仍是安全生产标准化的责任主体，但还需要其他部门和单位的具体动作和参与才能共同完成此项工作。而隐患排查治理工作则突出了企业的主体责任，自建体系、自查自改以及自己上报等工作均是其职责，还要接受政府有关监管部门的监督管理以及核查，充分体现了“安全生产法”所规定的企业对其安全生产工作负主体责任的精神。

（4）隐患排查治理体系有更强的及时性。建立隐患排查治理体系的主要目的是为了更好地促进企业做好隐患排查治理工作，使政府有关监管部门能及时、准确地掌握其安全生产状况。而安全生产标准化工作通常要求企业每年至少进行一次自评，安全生产标准化企业证书和牌匾有效期为3年，到期时企业可按有关规定申请延期，换发证书、牌匾。

4.1.3.2 与安全生产检查工作的关系

（1）两者目标相近。隐患排查治理工作与安全生产检查工作的目标是一致的，都是为了预防事故、减少损失而进行的事先发现及时治理和整改的工作。隐患排查治理工作的目标，还包括政府部门通过这一监管形式能够更全面、更准确、更真实地了解企业的安全生产管理状况，而安全检查则主要是企业内部的工作。

（2）两者责任主体相同。隐患排查治理工作与安全生产检查工作都是以企业为责任主体，企业都要按有关规定和要求实施，对此两种工作都要负全面的责任。

（3）两者依据不同。隐患排查治理工作的依据主要为隐患排查治理标准，这种标准按行业又划分为很多类别。安全生产检查更多的是依据企业自身的安全生产责任制、安全生产规章制度和操作规程以及管理和技术标准。

（4）安全生产检查是隐患排查治理的细化和延伸。隐患排查治理工作标准是由政府部门主导编制的，需要较强的通用性。而安全检查完全是企业自主行为，其检查的广度和深度均超过按隐患排查治理标准开展的排查工作。可以说安全检查是隐患排查治理工作的细化和延伸。

（5）两者是相辅相成的关系。企业根据隐患排查治理标准开展自查工作，自查工作是一种全范围、全方位的全面排查。安全生产检查工作则是一项日常化、经常化的常规工作，如果将两者有机地结合起来，相互取长补短，更能使这两项工作取得 1+1>2 的综合效果。

4.2 隐患排查治理相关的法律法规和标准

原国家煤监局和安全监管总局一司、三司、四司等已经制定了风险辨识评估和隐患分级的标准。山东省分行业制定了 150 余个风险管控地方性标准，并以点带面，有力推动了全省双重机制建设。各地要主动借鉴山东等地经验，组织精干力量抓紧制定双重机制的标准规范，抓紧建立安全风险和事故隐患评估和分级标准，至少要把重大事故隐患和重大安全风险评估分级标准先定出来，避免无的放矢、流于形式，事倍功半。

4.2.1 与隐患排查治理有关的法律法规

4.2.1.1 《中华人民共和国安全生产法》

2002 年 6 月 29 日第九届全国人民代表大会常务委员会第二十八次会议通过，2009 年 8 月 27 日第十一届全国人民代表大会常务委员会第十次会议关于《关于修改部分法律的决定》第一次修正，2014 年 8 月 31 日第十二届全国人民代表大会常务委员会第十次会议《关于修改〈中华人民共和国安全生产法〉的决定》第二次修正）。

其中涉及隐患的规定有：生产经营单位应当建立健全生产安全事故隐患排查治理制度，采取技术、管理措施，及时发现并消除事故隐患；事故隐患排查治理情况应当如实记录，并向从业人员通报；县级以上地方各级人民政府负有安全生产监督管理职责的部门应当建立健全重大事故隐患治理督办制度，督促生产经营单位消除重大事故隐患。

《中华人民共和国安全生产法》与双重预防机制有关的具体条款如下：

第十八条 生产经营单位的主要负责人对本单位安全生产工作负有下列职责：（五）督促、检查本单位的安全生产工作，及时消除生产安全事故隐患。

第二十二条 生产经营单位的安全生产管理机构以及安全生产管理人员履行下列职责：（五）检查本单位的安全生产状况，及时排查生产安全事故隐患，提出改进安全生产管理的建议。

第三十八条 生产经营单位应当建立健全生产安全事故隐患排查治理制度，采取技术、管理措施，及时发现并消除事故隐患。事故隐患排查治理情况应当如实记录，并向从业人员通报。

县级以上地方各级人民政府负有安全生产监督管理职责的部门应当建立健全重大事故隐患治理督办制度，督促生产经营单位消除重大事故隐患。

第四十三条 生产经营单位的安全生产管理人员应当根据本单位的生产经营特点，对安全生产状况进行经常性检查；对检查中发现的安全问题，应当立即处理；不能处理的，应当及时报告本单位有关负责人，有关负责人应当及时处理。检查及处理情况应当如实记录在案。

生产经营单位的安全生产管理人员在检查中发现重大事故隐患，依照前款规定向本单位有关负责人报告，有关负责人不及时处理的，安全生产管理人员可以向主管的负有安全生产监督管理职责的部门报告，接到报告的部门应当依法及时处理。

第五十六条 从业人员发现事故隐患或者其他不安全因素，应当立即向现场安全生产管理人员或者本单位负责人报告；接到报告的人员应当及时予以处理。

第五十七条 工会有权对建设项目的安全设施与主体工程同时设计、同时施工、同时投入生产和使用进行监督，提出意见。

工会对生产经营单位违反安全生产法律、法规，侵犯从业人员合法权益的行为，有权要求纠正；发现生产经营单位违章指挥、强令冒险作业或者发现事故隐患时，有权提出解决的建议，生产经营单位应当及时研究答复；发现危及从业人员生命安全的情况时，有权向生产经营单位建议组织从业人员撤离危险场所，生产经营单位必须立即作出处理。

第五十九条 县级以上地方各级人民政府应当根据本行政区域内的安全生产状况，组织有关部门按照职责分工，对本行政区域内容易发生重大生产安全事故的生产经营单位进行严格检查。

安全生产监督管理部门应当按照分类分级监督管理的要求，制定安全生产年度监督检查计划，并按照年度监督检查计划进行监督检查，发现事故隐患，应当及时处理。

第六十二条 安全生产监督管理部门和其他负有安全生产监督管理职责的部门依法开展安全生产行政执法工作，对生产经营单位执行有关安全生产的法律、法规和国家标准或者行业标准的情况进行监督检查，行使以下职权：

（三）对检查中发现的事故隐患，应当责令立即排除；重大事故隐患排除前或者排除过程中无法保证安全的，应当责令从危险区域内撤出作业人员，责令暂时停产停业或者停止使用相关设施、设备；重大事故隐患排除后，经审查同意，方可恢复生产经营和使用。

第六十七条 负有安全生产监督管理职责的部门依法对存在重大事故隐患的生产经营单位做出停产停业、停止施工、停止使用相关设施或者设备的决定，生产经营单位应当依法执行，及时消除事故隐患。生产经营单位拒不执行，有发生生产安全事故的现实危险的，在保证安全的前提下，经本部门主要负责人批准，负有安全生产监督管理职责的部门可以采取通知有关单位停止供电、停止供应民用爆炸物品等措施，强制生产经营单位履行决定。通知应当采用书面形式，有关单位应当予以配合。

负有安全生产监督管理职责的部门依照前款规定采取停止供电措施，除有危及生产安全的紧急情形外，应当提前二十四小时通知生产经营单位。生产经营单位依法履行行政决定、采取相应措施消除事故隐患的，负有安全生产监督管理职责的部门应当及时解除前款规定的措施。

第七十一条 任何单位或者个人对事故隐患或者安全生产违法行为，均有权向负有安全生产监督管理职责的部门报告或者举报。

第七十二条　居民委员会、村民委员会发现其所在区域内的生产经营单位存在事故隐患或者安全生产违法行为时，应当向当地人民政府或者有关部门报告。

第七十三条　县级以上各级人民政府及其有关部门对报告重大事故隐患或者举报安全生产违法行为的有功人员，给予奖励。具体奖励办法由国务院安全生产监督管理部门会同国务院财政部门制定。

第八十七条　负有安全生产监督管理职责的部门的工作人员，有下列行为之一的，给予降级或者撤职的处分；构成犯罪的，依照刑法有关规定追究刑事责任：（四）在监督检查中发现重大事故隐患，不依法及时处理的。

第九十四条　生产经营单位有下列行为之一的，责令限期改正，可以处五万元以下的罚款；逾期未改正的，责令停产停业整顿，并处五万元以上十万元以下的罚款，对其直接负责的主管人员和其他直接责任人员处一万元以上二万元以下的罚款：（五）未将事故隐患排查治理情况如实记录或者未向从业人员通报的。

第九十八条　生产经营单位有下列行为之一的，责令限期改正，可以处十万元以下的罚款；逾期未改正的，责令停产停业整顿，并处十万元以上二十万元以下的罚款，对其直接负责的主管人员和其他直接责任人员处二万元以上五万元以下的罚款；构成犯罪的，依照刑法有关规定追究刑事责任：（四）未建立事故隐患排查治理制度的。

第九十九条　生产经营单位未采取措施消除事故隐患的，责令立即消除或者限期消除；生产经营单位拒不执行的，责令停产停业整顿，并处十万元以上五十万元以下的罚款，对其直接负责的主管人员和其他直接责任人员处二万元以上五万元以下的罚款。

第一百一十三条　国务院安全生产监督管理部门和其他负有安全生产监督管理职责的部门应当根据各自的职责分工，制定相关行业、领域重大事故隐患的判定标准。

4.2.1.2　《中华人民共和国矿山安全法》

《中华人民共和国矿山安全法》于 1992 年 11 月 7 日由第七届全国人民代表大会常务委员会第二十八次会议通过，自 1993 年 5 月 1 日起施行。它对矿山建设的安全保障、矿山开采的安全保障、矿山生产经营单位的安全管理、矿山事故处理、矿山安全的行政管理及法律责任等做了明确规定。

矿山企业必须对下列危害安全的事故隐患采取预防措施：

（一）冒顶、片帮、边坡滑落和地表塌陷；

（二）瓦斯爆炸、煤尘爆炸；

（三）冲击地压、瓦斯突出、井喷；

（四）地面和井下的火灾、水害；

（五）爆破器材和爆破作业发生的危害；

（六）粉尘、有毒有害气体、放射性物质和其他有害物质引起的危害；

（七）其他危害。

矿山企业主管人员对矿山事故隐患不采取措施，因而发生重大伤亡事故的，比照刑法第一百八十七条的规定追究刑事责任。

4.2.1.3 《中华人民共和国特种设备安全法》

《中华人民共和国特种设备安全法》由中华人民共和国第十二届全国人民代表大会常务委员会第3次会议于2013年6月29日通过，2013年6月29日中华人民共和国主席令第4号公布。《中华人民共和国特种设备安全法》分总则，生产、经营、使用，检验、检测，监督管理，事故应急救援与调查处理，法律责任，附则共7章101条，自2014年1月1日起施行。特种设备安全法突出了特种设备生产、经营、使用单位的安全主体责任，明确规定：在生产环节，生产企业对特种设备的质量负责。

其中涉及隐患排查治理的规定主要是关于特种设备的隐患排查治理的内容。

《中华人民共和国特种设备安全生产法》与隐患有关的具体条款如下：

第三十四条 特种设备使用单位应当建立岗位责任、隐患治理、应急救援等安全管理制度，制定操作规程，保证特种设备安全运行。

第四十一条 特种设备安全管理人员应当对特种设备使用状况进行经常性检查，发现问题应当立即处理；情况紧急时，可以决定停止使用特种设备并及时报告本单位有关负责人。

特种设备作业人员在作业过程中发现事故隐患或者其他不安全因素，应当立即向特种设备安全管理人员和单位有关负责人报告；特种设备运行不正常时，特种设备作业人员应当按照操作规程采取有效措施保证安全。

第四十二条 特种设备出现故障或者发生异常情况，特种设备使用单位应当对其进行全面检查，消除事故隐患，方可继续使用。

第四十六条 电梯投入使用后，电梯制造单位应当对其制造的电梯的安全运行情况进行跟踪调查和了解，对电梯的维护保养单位或者使用单位在维护保养和安全运行方面存在的问题，提出改进建议，并提供必要的技术帮助；发现电梯存在严重事故隐患时，应当及时告知电梯使用单位，并向负责特种设备安全监督管理的部门报告。电梯制造单位对调查和了解的情况，应当做记录。

第四十八条 特种设备存在严重事故隐患，无改造、修理价值，或者达到安全技术规范规定的其他报废条件的，特种设备使用单位应当依法履行报废义务，采取必要措施消除该特种设备的使用功能，并向原登记的负责特种设备安全监督管理的部门办理使用登记证书注销手续。

第五十三条 特种设备检验、检测机构及其检验、检测人员在检验、检测中发现特种设备存在严重事故隐患时，应当及时告知相关单位，并立即向负责特种设备安全监督管理的部门报告。

第六十一条 负责特种设备安全监督管理的部门在依法履行监督检查职责时，可以行使下列职权：（三）对有证据表明不符合安全技术规范要求或者存在严重事故隐患的特种设备实施查封、扣押。

第六十二条 负责特种设备安全监督管理的部门在依法履行职责过程中，发现违反本法规定和安全技术规范要求的行为或者特种设备存在事故隐患时，应当以书面形式发出特种设备安全监察指令，责令有关单位及时采取措施予以改正或者消除事故隐患。紧急情况下要求有关单位采取紧急处置措施的，应当随后补发特种设备安全监察指令。

第六十三条　负责特种设备安全监督管理的部门在依法履行职责过程中，发现重大违法行为或者特种设备存在严重事故隐患时，应当责令有关单位立即停止违法行为、采取措施消除事故隐患，并及时向上级负责特种设备安全监督管理的部门报告。接到报告的负责特种设备安全监督管理的部门应当采取必要措施，及时予以处理。

对违法行为、严重事故隐患的处理需要当地人民政府和有关部门的支持、配合时，负责特种设备安全监督管理的部门应当报告当地人民政府，并通知其他有关部门。当地人民政府和其他有关部门应当采取必要措施，及时予以处理。

第八十条　违反本法规定，电梯制造单位有下列情形之一的，责令限期改正；逾期未改正的，处一万元以上十万元以下罚款：（二）对电梯的安全运行情况进行跟踪调查和了解时，发现存在严重事故隐患，未及时告知电梯使用单位并向负责特种设备安全监督管理的部门报告的。

第八十四条　违反本法规定，特种设备使用单位有下列行为之一的，责令停止使用有关特种设备，处三万元以上三十万元以下罚款：（二）特种设备出现故障或者发生异常情况，未对其进行全面检查、消除事故隐患，继续使用的；（三）特种设备存在严重事故隐患，无改造、修理价值，或者达到安全技术规范规定的其他报废条件，未依法履行报废义务，并办理使用登记证书注销手续的。

第九十三条　违反本法规定，特种设备检验、检测机构及其检验、检测人员有下列行为之一的，责令改正，对机构处五万元以上二十万元以下罚款，对直接负责的主管人员和其他直接责任人员处五千元以上五万元以下罚款；情节严重的，吊销机构资质和有关人员的资格：（四）发现特种设备存在严重事故隐患，未及时告知相关单位，并立即向负责特种设备安全监督管理的部门报告的。

第九十四条　违反本法规定，负责特种设备安全监督管理的部门及其工作人员有下列行为之一的，由上级机关责令改正；对直接负责的主管人员和其他直接责任人员，依法给予处分：（五）发现违反本法规定和安全技术规范要求的行为或者特种设备存在事故隐患，不立即处理的；（六）发现重大违法行为或者特种设备存在严重事故隐患，未及时向上级负责特种设备安全监督管理的部门报告，或者接到报告的负责特种设备安全监督管理的部门不立即处理的。

4.2.1.4　《建设工程安全生产管理条例》

《建设工程安全生产管理条例》系根据《中华人民共和国建筑法》《中华人民共和国安全生产法》制定的国家法规，目的是加强建设工程安全生产监督管理，保障人民群众生命和财产安全，由国务院于 2003 年 11 月 24 日发布，自 2004 年 2 月 1 日起施行，共计 8 章 71 条。

《建设工程安全生产管理条例》规定施工单位的项目负责人应当由取得相应执业资格的人员担任，对建设工程项目的安全施工负责，落实安全生产责任制度、安全生产规章制度和操作规程，确保安全生产费用的有效使用，并根据工程的特点组织制定安全施工措施，消除安全事故隐患，及时、如实报告生产安全事故。

为加强非煤矿山外包工程的安全管理和监督，明确安全生产责任，防止和减少生产安全事故，原国家安全监管总局制定了《非煤矿山外包工程安全管理暂行办法》（以下简称

《办法》)，于 2013 年 7 月 29 日国家安全监管总局局长办公会议审议通过，并于 2013 年 8 月 23 日以国家安全监管总局令第 62 号公布，自 2013 年 10 月 1 日起施行。

金属非金属矿山企业实行分项发包的，该分项发包单位在设备、工艺与技术、管理机构、人员配备等方面，应当具备对承包单位实施安全管理的能力；同时，金属非金属矿山企业实施分项发包，在某种程度上是为了节约成本或是转嫁风险。为了保障外包工程安全生产，防止因转嫁风险而削弱相应的安全管理，本规定要求金属非金属矿山分项发包单位，将承包单位及其项目部纳入分项发包单位的安全管理体系，对承包单位实行统一管理。

《办法》第八条规定发包单位应当与承包单位签订安全生产管理协议，并对协议内容做出具体规定，包括安全投入、隐患排查治理和安全教育培训等七项内容。虽然《安全生产法》在这方面有原则规定，但因规定不具体而使协议的约束性、有效性不够，不利于发包和承包单位依法履行安全生产职责，安全监管部门难以有效执法。同时，由于协议普遍存在内容针对性不强，特别是发包单位在签订协议上较为强势，甚至出现风险和事故后果由承包单位承担等不利于安全生产的不公平条款，《办法》第八条不仅对协议内容做出具体规定，为了使其更具有操作性，国家安全监管总局还将另行制定统一的非煤矿山外包工程安全管理协议文本格式。企业应在统一文本格式基础上，签订符合自身实际的补充条款。

《办法》第九条规定发包单位是外包工程安全投入的责任主体。安全投入是保障外包工程安全生产的一个非常重要的因素，也是体现发包单位承担安全生产主体责任的要件，因此，发包单位必须按照国家有关规定和合同约定，保障施工作业安全所需资金。同时，发包单位还负责对合同约定以外发生的隐患排查治理等有关安全生产所需费用，应当从合同价款以外的资金中予以保障。

《办法》第十一条针对金属非金属矿山分项发包单位，规定其应当将承包单位及其项目部纳入本单位的安全管理体系，实行统一管理；同时，还规定了分项发包单位对其承包单位应当重点管理的内容，如民用爆炸物品管理、隐患排查治理等，特别是外包工程的作业现场，应当实施全过程监督检查。

《办法》第二十三条规定承包单位应当按照规定制定施工方案，定期排查并及时治理事故隐患；地下矿山工程承包单位及其项目部的主要负责人和领导班子其他成员应当按照规定执行带班下井制度。施工方案是外包工程设计的细化和施工作业指导，是外包工程施工有计划、有程序，并符合标准规范的基本条件；现场管理是外包工程安全管理的重点和难点，承包单位对其施工现场安全生产负责。为此，本条针对承包单位及其项目部应负的现场作业安全管理责任提出明确具体要求。

4.2.2 金属非金属矿山标准

根据《标准化法》的规定，标准分为国家标准、行业标准、地方标准和企业标准。国家标准、行业标准又分为强制性标准和推荐性标准。安全标准主要指国家标准和行业标准，大部分是强制性标准。

国家标准是指对全国经济技术发展有重大意义，需要在全国范围内统一技术要求所制定的标准。国家标准在全国范围内适用，其他各级标准不得与之相抵触。国家标准是四级标准体系中的主体。

行业标准是指对没有国家标准而又需要在全国某个行业范围内统一技术要求所制定的标准。行业标准是对国家标准的补充，是专业性、技术性较强的标准。行业标准的制定不得与国家标准相抵触，国家标准公布实施后，相应的行业标准即行废止。

地方标准是指对没有国家标准和行业标准而又需要在省、自治区、直辖市范围内统一工业产品的安全、卫生要求所制定的标准。地方标准在本行政区域内适用，不得与国家标准和行业标准相抵触。国家标准、行业标准公布实施后，相应的地方标准即行废止。

企业标准是指企业所制定的产品标准和在企业内需要协调、统一技术要求和管理、工作要求所制定的标准。企业标准是企业组织生产，经营活动的依据。

4.2.2.1　金属非金属矿山国家标准

金属非金属矿山国家标准名录见表 4-1。

表 4-1　金属非金属矿山国家标准

类别	序号	标准号	标　准　名　称
基础标准	1	GB 14161—2008	矿山安全标志
	2	GB/T 15259—2008	矿山安全术语
	3	GB/T 7679. 1—2005	矿山机械术语　第 1 部分：采掘设备
	4	GB/T 7679. 2—2005	矿山机械术语　第 2 部分：装载设备
	5	GB/T 7679. 3—2005	矿山机械术语　第 3 部分：提升设备
	6	GB/T 7679. 4—2005	矿山机械术语　第 4 部分：矿用运输设备
	7	GB/T 7679. 5—2003	矿山机械术语　第 5 部分：破碎粉磨设备
	8	GB/T 7679. 6—2003	矿山机械术语　第 6 部分：矿用筛分设备
	9	GB/T 7679. 7—2003	矿山机械术语　第 7 部分：洗选设备
产品标准	1	GB 8159—2011	矿用一氧化碳过滤式自救器
	2	GB 8286—2005	矿用隔爆型移动变电站
	3	GB/T 12972. 1—2008	矿用橡套软电缆第 1 部分一般规定
	4	GB/T 12972. 5—2008	矿用橡套软电缆第 5 部分额定电压 0. 66/1. 14kV 及以下移动橡套软电缆
	5	GB/T 12972. 6—2008	矿用橡套软电缆第 6 部分：额定电压 6/10kV 及以下金属屏蔽监视型软电缆
	6	GB/T 12972. 7—2008	矿用橡套软电缆第 7 部分：额定电压 6/10kV 及以下屏蔽橡套软电缆
	7	GB/T 12972. 5—2008	矿用橡套软电缆第 5 部分：额定电压 0. 66/1. 14kV 及以下移动橡套软电缆
	8	GB/T 12972. 9—2008	矿用橡套软电缆第 9 部分：额定电压 0. 3/0. 5kV 矿用移动轻型橡套软电缆
	9	GB/T 12972. 7—2008	矿用橡套软电缆第 7 部分：额定电压 6/10kV 及以下屏蔽橡套软电缆
	10	GB/T 15113—2005	调度绞车

续表 4-1

类别	序号	标准号	标 准 名 称
产品标准	11	GB/T 18947—2003	矿用钢丝增强液压软管及软管组合件
	12	GB 25523—2010	矿用机械正铲式挖掘机安全要求
	13	GB/T 19090—2003	矿用输送空气和水的织物增强橡胶软管及软管组合件
	14	GB/T 12173—2008	矿用一般型电气设备
	15	GB/T 15112—2007	凿井绞车
	16	GB/T 9808—2008	钻探用无缝钢管
	17	GB/T 12761—2010	天井钻机
	18	GB/T 1022—2011	高压开关设备和控制设备标准的共用技术要求
	19	GB 16541—2010	竖井罐笼提升信号系统安全技术要求
	20	GB 16542—2010	罐笼安全技术要求
	21	GB 7957—2003	矿灯安全性能通用要求
	22	GB/T 14093. 7—2009	机械产品环境技术要求矿山环境
	23	GB/T 14092. 6—2009	机械产品环境条件矿山
	24	GB 20181—2006	矿井提升机和矿用提升绞车安全要求
	25	GB 25518—2010	地下铲运机安全要求
	26	GB 21009—2007	矿用炮孔钻机安全要求
	27	GB 21011—2007	矿用人车安全要求
	28	GB 17957—2005	凿岩机械与气动工具安全要求
	29	GB 50270—2010	连续输送设备安装工程施工及验收规范
	30	GB 4053—2009	固定式钢梯及平台安全要求
	31	GB 25037—2010	工矿靴
	32	GB 25524—2010	地下矿用轨轮装载机械安全要求
	33	GB 25526—2010	矿用钻井机安全要求
	34	JB/T 4296—2011	矿井轴流式通风机
	35	GB 18452—2001	破碎设备安全要求
	36	GB 21500—2008	地下矿用无轨轮胎式运矿车安全要求
作业标准	1	GB 50547—2010	尾矿堆积坝岩土工程技术规范
	2	GB 6722—2014	爆破安全规程
	3	GB 16423—2006	金属非金属矿山安全规程
	4	GB 18152—2000	选矿安全规程
	5	GB/T 12719—1991	矿区水文地质工程地质勘探规范
	6	GB 50863—2013	尾矿设施设计规范
	7	GB 51108—2015	尾矿库在线安全监测系统工程技术规范
其他相关国家标准	1	GB 2893—2008	安全色
	2	GB 2894—2008	安全标志及其使用导则
	3	GB/T 14778—2008	安全色光通用规则

续表 4-1

类别	序号	标准号	标　准　名　称
其他相关国家标准	4	GB 7231—2003	工业管道的基本识别色、识别符号和安全标识
	5	GB/T 13861—2009	生产过程危险和有害因素分类与代码
	6	GB 6441—1986	企业职工伤亡事故分类
	7	GB/T 11651—2008	个体防护装备选用规范
	8	GB 50201—2014	防洪标准
	9	GB/T 12801—2008	生产过程安全卫生要求总则
	10	GBZ_ 188—2014	职业健康监护技术规范
	11	GBZ_ T 210. 1—2008	工作场所化学物质职业接触限值第 1 部分
	12	GBZ 192. 2—2007	工作场所空气中粉尘测定第 2 部分：呼吸性粉尘浓度

4. 2. 2. 2　金属非金属矿山行业标准

金属非金属矿山行业标准名目见表 4-2。

表 4-2　金属非金属矿山行业标准

类别	序号	标准号	标　准　名　称
管理标准	1	AQ2008—2006	金属非金属矿山主要负责人安全生产培训大纲
	2	AQ2009—2006	金属非金属矿山主要负责人安全生产考核标准
	3	AQ2010—2006	金属非金属矿山安全生产管理人员安全生产培训大纲
	4	AQ2011—2006	金属非金属矿山安全生产管理人员安全生产考核标准
作业标准	1	AQ 2004—2005	地质勘探安全规程
	2	GA 838—2009	小型民用爆炸物品储存库安全规范
	3	AQ2013. 1—2008	金属非金属地下矿山通风技术规范通风系统
	4	AQ2013. 2—2008	金属非金属地下矿山通风技术规范局部通风
	5	AQ2013. 4—2008	金属非金属地下矿山通风技术规范通风管理
	6	AQ2013. 5—2008	金属非金属地下矿山通风技术规范通风系统鉴定指标
	7	AQ/T2053—2016	金属非金属地下矿山监测监控系统通用技术要求
	8	AQ/T2051—2016	金属非金属地下矿山人员定位系统通用技术要求
	9	AQ/T2052—2016	金属非金属地下矿山通信联络系统通用技术要求
	10	AQ2054—2016	金属非金属矿山在用主通风机系统安全检验规范（2017 年 3 月 1 日施行）
	11	AQ2055—2016	金属非金属矿山在用空气压缩机安全检验规范第 1 部分：固定式空气压缩机（2017 年 3 月 1 日施行）
	12	AQ2056—2016	金属非金属矿山在用空气压缩机安全检验规范第 2 部分：移动式空气压缩机（2017 年 3 月 1 日施行）
	13	AQ2058—2016	金属非金属矿山在用矿用电梯安全检验规范（2017 年 3 月 1 日施行）
尾矿库	1	AQ2030—2010	尾矿库安全监测技术规范
	2	AQ2006—2005	尾矿库安全技术规程

续表 4-2

类别	序号	标准号	标准名称
排土场	1	AQ2005—2005	金属非金属矿山排土场安全生产规则
其他行业标准	1	AQ/T 9005—2008	企业安全文化建设评价准则
	2	AQ/T 9004—2008	企业安全文化建设导则
	3	AQ/T 9002—2006	生产经营单位安全生产事故应急预案编制导则
	4	AQ1043—2007	矿用产品安全标志标识
	5	AQ 1008—2007	矿山救护规程
	6	JB/T 2785—2010	工矿内燃机车
	7	JB/T 3955—2006	矿用一般型电力变压器
	8	AQ 6105—2008	足部防护矿工安全靴
	9	JB 6314—1992	矿用隔爆型检漏继电器
	10	AQ/T 6108—2008	安全鞋、防护鞋和职业鞋的选择、使用和维护

4.3 企业隐患自查自报

企业是隐患排查治理工作的最直接和最重要的主体，是隐患排查治理工作的直接实施者。企业隐患排查治理工作主要包括三个方面：自查隐患、治理隐患和自报隐患。自查是为了发现自身所存在的隐患，保证全面而减少遗漏；治理是为了将自查中发现的隐患控制住，防止引发后果，尽可能从根本上解决问题；自报是为了将自查和治理情况报送政府有关部门，以使其了解企业在排查和治理方面的信息，提供监管和帮助，从企业的外部获得相关的服务。

企业自查隐患分为两个阶段：一是在政府及其部门的指导下，根据隐患排查治理标准，建立与隐患排查治理体系相适应的工作机制，开展全面的专项排查工作，这是初期自查；二是在初期自查的基础上，转入正常的日常排查阶段，结合安全生产检查工作，在隐患排查治理标准的框架内，依据各项安全生产规章制度标准，开展常规自查。

4.3.1 初期自查

企业在政府及其部门的统一安排和指导下，确定自身分类分级的定位，采用其适用的隐患排查治理标准，通过全面准备、制度建设、实施排查、分析改进等步骤，形成完整、系统的企业自查机制。

4.3.1.1 全面准备

为保证隐患自查工作从一开始就能够打下坚实的基础，企业必须做好与之相关的全面准备工作。隐患排查治理是涉及企业所有部门、所有生产流程、所有人员的一项系统工程，如果不做好全面的准备，那么所建立的隐患排查治理机制肯定缺乏系统性并且可操作性差，结果必然是“一阵风”式的开展一次“运动”，不能做到深入和持久地开展自查工作。

（1）收集信息。由企业安全生产主管部门和有关专业人员，对现行的有关隐患排查治理工作的各种信息、文件、资料等通过多种可行并有效的方式进行收集。这些方法主要是参加有针对性的培训班、在网上查找政府文件、电话咨询有关部门或专业机构等。当然，如果企业已经建立和运行了某些管理体系，则按照管理体系中有关条款的要求开展这项工作，并将与本企业相关的内容进行整理、加工，形成比较完整和适用的材料。此项工作也可以委托与企业有合作关系的服务方来实施。

（2）辅助决策。将前一项工作形成的有关材料向企业管理层汇报，并说明有关情况，以使企业最高管理层的领导能够正确理解和认识隐患排查治理工作，尤其是能够完全明确其重要意义，为其对企业建设隐患排查治理工作做出正确决策提供有效的支持。当然，如果企业领导有机会参加相关培训，则更是事半功倍的做法。

（3）领导决策。

首先，领导要解决这样一个问题：企业为什么要实施隐患排查治理工作？只有这个问题从高、中层领导的思想意识中真正得到解决，将来实施的隐患排查治理工作才会在企业的安全管理中发挥重要作用。

其次，领导要考虑本单位是否具备了足够的人力、物力及财力，因为实施隐患排查治理工作是一个长期的过程，需要动用企业的人力、物力及财力，需要为此提供充分的各类资源。因此，只有具备了这些条件，才可以开始实施隐患排查治理工作。

最后，不仅建设隐患初期排查需要较长的时间，而且保持隐患排查治理的正常运行更是一项长期的任务。因此，领导要从企业管理层面上做好相应的准备，为建立、实施与保持隐患排查治理工作奠定管理上的基础。

（4）纳入考核。为了确保顺利进行隐患排查治理工作，领导必须责成有关部门以考核手段为基本的保障。必须规定上至一把手、下至普通员工以及所有检查人员的职责、权利和义务，特别是对企业中、高层领导在此项工作中的义务与职责，必须明确规定。因为企业的中、高层领导不仅是企业隐患排查治理队伍的中坚力量，更是实施与保持隐患排查治理工作的重要保障力量。

（5）组织机构。与做其他工作一样，由企业一把手担任隐患排查治理工作的总负责人，以安全生产委员会或领导班子为总管理机构，以安全生产管理部门为办事机构，形成从上至下的组织保证。

通常是成立一个隐患排查治理工作领导小组，组长为企业一把手，副组长为主管安全生产工作的领导，成员由分管其他工作的领导及各主要中层领导组成。当然，不能缺少工会组织的领导。

建议成立一个企业的隐患排查治理工作推进办公室。这是个临时机构，它既可以是新成立的一个部门，也可以在企业安全生产管理部门的基础上组建。不论采用哪种形式，都应确保隐患排查治理工作推进办公室有足够的人力、物力和必要的财权。

企业隐患排查治理工作推进办公室的领导最好由企业主管安全生产工作的领导担任，企业的安全生产管理部门的负责人负责隐患排查治理工作推进办公室的日常工作。

（6）队伍建设。要有专职或兼职的隐患排查治理工作人员，可以直接从安全管理部门中委派，也可以从其他部门或下属单位中临时调用。他们不仅要对隐患排查治理的知识有足够的了解，而且也应熟悉企业的安全生产实际情况。

挑选这些人员是一项非常重要的工作，它不仅需要企业的高层领导予以高度重视，解决所需的人力资源难点问题，而且需要隐患排查治理体系推进办公室，或与咨询机构共同协商，以确保选择合乎要求的隐患排查治理工作骨干人员。

在选择企业的隐患排查治理工作人员时，要注意如下事项：

企业隐患排查治理工作推进办公室在确定检查人员名单时，应当是兼职的，因为其他原有工作也必须同时进行和完成，相当于增加了额外的工作量，必须对工作协调、调度以保证此项新增工作的顺利开展。可建立联系员机制，各相关部门和单位均设一名此项业务的联系员，可与体系内审员、安全员等结合。

在人员的挑选上，不仅要求其具备一定的专业知识、现场管理经验等，而且特别需要了解其“团队、合作精神”如何？因为实施、保持隐患排查治理工作是一项集体工作，需要所有人员精诚合作。

（7）初步培训。在全面铺开工作之前，应对有关人员进行初步的培训，使其掌握“谁来干？干什么？如何干？工作质量有什么要求？”等内容。

企业隐患排查治理体系建设的初期培训对象分为两种：一是对领导层（高层与中层）人员进行背景培训，二是对承担推进工作的骨干人员进行全面培训。

通过对领导（高层与中层）进行背景培训，使相关领导充分认识到企业实施隐患排查治理体系的重要意义、作用，让他们了解整个实施过程，知道自己在整个过程中应该做什么，应该给予隐患排查治理工作什么样的支持和保障。

对承担推进工作的骨干人员进行全面培训，主要内容包括：背景（可与领导层培训合并进行）、相关政策法规、隐患排查标准内容详解、隐患排查治理过程等方面。

（8）编制计划。推进计划是企业实施隐患排查治理工作的指针。在做出决策和建立相关机构后，需要由隐患排查治理体系推进办公室组织制定详细可行的隐患排查治理工作计划。

编制隐患排查治理工作推进计划应遵循“调研→编制→讨论及修改→审核批准”的顺序进行，而且在实施的每个阶段之前应编制一个完整的实施计划。计划中应当规定总体目标和具体目标，实现这些目标的时间表，各阶段需要完成的任务和所需资源及所要达到的工作标准等。创建时间表可采用图表方式表述，明确各时间段、各相关部门的主要工作及相关人员的分工。企业应合理确定最终完成隐患排查治理工作推进的时间，应本着有效、适用为基本定位，切忌浮躁、一阵风。排查治理过程如果过于仓促，必然会使各项基础工作停留在表面，流于形式，其最终结果必然是给企业的安全管理带来两张皮现象，这是必须注意避免的。

4.3.1.2 制度建设

制度是企业管理的基本依据，需要企业将法律法规和标准规范以及上级和外部的其他要求全面掌握，吃透其精神和实质，将其各项具体的规定结合自身的实际情况，通过编制工作将外部的规定转化为企业内部的各项规章制度，再经过全面地执行和落实，变成企业的管理行动。隐患排查治理工作也不例外，也基本上按这一思路展开。

A 现状评估

企业的管理现状是客观存在的，与企业适用的隐患排查治理标准之间肯定有不相符的地方，这就要通过简单地评估加以确认。

（1）法律、法规识别及其他要求的收集和识别。法律、法规识别的主要工作就是收集与企业有关的法律、法规及其他要求的隐患排查治理内容，并对所收集的法律、法规及其他要求的适用性、符合性进行评估。

（2）组织机构分析。现有安全生产管理组织机构及其网络是否能全面实现隐患排查治理的各项要求，是否有足够的资源保证，工作效率是否满意等方面，需要进行认真梳理。

（3）规章制度评估。对企业现有的有关隐患排查治理规章制度充分性、有效性和可操作性进行评估。

收集、整理企业现有有关隐患排查治理的规章制度，并对其充分性、有效性进行评估，评估现有制度的数量和适用及其具体规定：是根本没有相关制度，或是已经有了一个专门的隐患排查治理制度，或者是由检查制度替代，还有现有制度对排查的范围和内容是如何确定的，等等。

B　隐患排查治理制度策划

（1）开展完初始评审工作之后，紧接着就要进入隐患排查治理体系规章制度策划阶段。策划首先要搞清以下几个问题：

1）企业的隐患排查治理的目标与指标。

2）企业的隐患排查治理组织机构及职责。

3）企业建立隐患排查治理体系需要解决的人、财、物等方面的需求。

4）企业隐患排查治理工作程序（流程）。

5）隐患排查治理体系所需要的记录（台账）。

6）与企业现有安全管理机构、职责、安全规章制度等相关文件的关系。

（2）在弄清上述问题的基础上，根据《安全生产事故隐患排查治理暂行规定》中对企业开展隐患排查治理工作所需要的规章制度的要求：

“生产经营单位应当建立健全事故隐患排查治理和建档监控等制度，逐级建立并落实从主要负责人到每个从业人员的隐患排查治理和监控责任制”；“第九条　生产经营单位应当保证事故隐患排查治理所需的资金，建立资金使用专项制度”；“对排查出的事故隐患，应当按照事故隐患的等级进行登记，建立事故隐患信息档案”；“第十一条　生产经营单位应当建立事故隐患报告和举报奖励制度”等内容，需要建立的制度主要有：《隐患排查治理和监控责任制》《事故隐患排查治理制度》《隐患排查治理资金使用专项制度》《事故隐患建档监控制度》（事故隐患信息档案）、《事故隐患报告和举报奖励制度》等。

还有一些在其他制度中需要专门管理和控制的内容，如：“第十二条 生产经营单位将生产经营项目、场所、设备发包、出租的，应当与承包、承租单位签订安全生产管理协议，并在协议中明确各方对事故隐患排查、治理和防控的管理职责”。“对于因自然灾害可能导致事故灾难的隐患，应当按照有关法律、法规、标准和本规定的要求排查治理，采取可靠的预防措施，制定应急预案”。

上述这些制度要求需要企业根据自身实际情况进行分析，确定在已有相关制度的基础上所要增加或修订的制度。

（3）隐患排查治理制度的基本结构和内容。隐患排查治理制度的结构和内容并没有统一的模式和要求，各单位都有符合实际需要、适应本身特点的文件形式规定，但通常不外乎以下几个部分：

编制目的；
适用范围；
术语和定义；
引用资料；
各级中高层领导、各部门和各类人员相应职责；
隐患排查主要工作程序和内容等具体规定；
需要形成的记录要求及其格式；
制度的管理：制定、审定、修改、发放、回收、更新等；
相关文件。

当然，隐患排查治理制度还必须有符合本单位相关规定的文件标题和编号。最终要确定隐患排查治理制度的文件数量和框架结构及与其他文件的关系。

C 组建文件编写组

组建一支精干、高效的文件编写组，是一项非常重要的工作。在编制过程中，对文件质量影响最大的应当是编写人员的水平。建议可以采用过去形成的一些好的做法和经验，做到两种结合。

一是“老中青”结合：老同志经验丰富，年轻人学历较高、视野开阔，中年人兼而有之，形成“黄金搭档”，取长补短。

二是“工技管”结合：“工”是一线作业人员，他们对生产实际最了解，有丰富的一手经验；“技”是技术人员，他们在专业方面的长处；“管”是各类管理人员，他们站得高看得远，擅长协调和沟通。

将这几类人员的长处结合起来，能够发挥出“1+1>2”的作用。

在组建文件编写组时，还要注意解决如下问题：

（1）要明确谁来负责起草工作，谁来负责检查、修改工作，谁来负责文件之间的接口及协调性。

（2）文件编写完之后还有一项非常重要的工作，即解决文件的可操作性问题。因此，要落实专人负责将相关文件向有关部门/人员征求意见，以最大程度解决文件的可操作性难题。

（3）文件编写组的成员不仅要吸收现状评估的有关人员参加，而且也要吸收企业其他管理体系的文件编写人员参加。

（4）上至组长，下至组员，要明确在文件编写工作中的职责。

D 隐患排查治理制度的编制

制定严格的编制计划，明确任务、时间、责任人和质量要求，计划必须落实到人，按规定的时间节点检查编制进度，最后由一人进行统稿，以保证格式的统一和内容的协调。

为简单起见，我们编制了一个综合的《隐患排查治理管理制度》的提纲供企业参考，大型企业可根据实际需要将其中的各个部分单独分开，扩展成多个制度，形成一个隐患排查治理制度文件系统。详见本节后面的附件。

E 隐患排查治理制度的文件管理

文件管理是制度编制和贯彻的重要保证，隐患排查治理制度的文件管理也不例外，应当特别关注几个环节：

（1）审批发布。由各级领导按职责权限对隐患排查治理制度文件进行审阅，征求相关意见并进行最后修改，然后按文件发布的权限进行审批，最终按企业文件管理的程序正式发布。

（2）发放。隐患排查治理制度发放到哪一级、哪些人，此事直接影响到本制度能否充分贯彻执行的程度。很多单位在实际工作形成了这样的习惯：文件只发放到中层领导这一级，再向下就仅仅是组织员工学习（就是宣读），导致很多真正需要按文件规定进行操作的人员无法获取相应的文本，使文件内容得不到有效实施。

发布不仅是发个红头即可，应当将新增的规章制度纳入已有的文件体系，如汇编、电子版（光盘）、内网（OA 系统）等。

（3）保存。保存的目的不单是存放，更重要的是方便其使用。文件应当保存在方便获取、便于查阅的地方，并应将相关读取手续告知给有关人员。

（4）文件的使用。文件不是用来看的，而是拿来用的。这就要求每个相关人员必须不折不扣地严格按文件规定执行。这种认真遵守条文的习惯恰恰是很多国人最容易忽视的，那种断章取义、为我所用的“上有政策、下有对策”的工作方法实在要不得，必须养成良好的“死板”习惯，在制度面前决不能“灵活”使用。

（5）文件的修改。文件在执行过程中肯定会发现有这样或那样的问题，应当有相应的提出意见和建议的方法和程序，逐级向上反映，由文件编制部门按正常手续收集反馈意见，按实际需要或规定的时间间隔，根据规定的步骤和程序进行修改。

（6）文件作废和存档。当文件换版、作废时，也要有相应的步骤规定，目的是保证相关岗位和人员获得有效版本，防止有些人仍然使用已经过期的文件，造成工作上的被动。

业已作废的文件除大部分销毁或处理掉以外，还应保留底稿，目的是使文件的修改有一定的连续性，为今后其他文件的编制提供参考。

4.3.1.3　实施排查

排查的实施是一个涉及企业所有管理范围的工作，不能是“一窝风”式的运动式排查，需要按部就班地开展。

A　全面培训

（1）隐患排查制度文件培训。在颁布隐患排查治理制度文件之后，组织全体员工，按照不同层次、不同岗位的要求，学习相应的隐患排查治理制度文件内容。

这种培训必须全面参与，不能遗漏。由企业各下属部门（单位）各层级自行开展，方法是下发相关文件和辅导材料，以正常的日常安全生产教育培训方式为主，可适当增加时间。隐患排查制度文件内容的学习不是开个会、找个人念一遍就行了，应当使每个负有相应职责的人员都清楚与自己有关的内容规定，最好是将与其密切相关的内容摘录下来，方便随时查看，形成良好的工作习惯。将此培训纳入考核，由主管部门进行现场抽查和效果口试，再对检查结果进行汇总分析，对发现的问题及时提出解决方法，如追加培训、考试等。

注意：培训工作应以已有的培训方面的规章制度为准，按其要求实施。

（2）“排查人员”培训。企业隐患排查治理主管部门在人力资源部门和各下属单位的协助下，按比较严格的条件挑选合适的人员以承担专门的初次隐患排查任务，这些人员称之为“排查人员”。排查人员应当分布在企业的各个管理层级和各个专业，对各自的业务非常熟悉，有一定的文化基础和管理技能。培训的人数应稍多于需要的人数，这是为了有充足的人员储备，以保证在今后一个时期内发生了人员变化也还能够保有充分可用的排查人员队伍。排查人员培训的重点是排查标准内容、排查技巧、治理技术和排查记录的整理分析等。

B 排查的实施

排查的实施阶段主要工作包括：排查计划、首次会议、实施排查、总结分析、末次会议和隐患治理等。

（1）排查计划。排查工作涉及面广、时间较长，需要制定一个比较详细可行的实施计划，确定参加人员、排查内容、排查时间、排查安排、排查记录等内容。为提高效率也可以与安全生产标准化的自评工作或管理体系中的合规性评估和内审工作相结合。

（2）首次会议。首次会议的主要内容为：

1）隐患排查治理领导小组组长宣布首次会议开始，介绍此次隐患排查治理工作计划，内容包括：

① 此次隐患排查治理工作的目的、范围、依据。

② 隐患排查治理工作日程安排。

③ 隐患排查治理的排查方法。

④ 隐患排查结果的确认方法，排查人员在离开被检查单位之前，与该单位负责同志确认结果。

⑤ 征求大家对隐患排查治理工作日程安排的意见，以做出临时性调整。

2）确定末次会议的时间、地点及参与人员。

3）企业领导讲话，提出对排查人员与被检查部门的要求。

4）组长宣布首次会议结束。

（3）隐患排查。排查组到各部门的排查流程及关键点如图 4-1 所示。

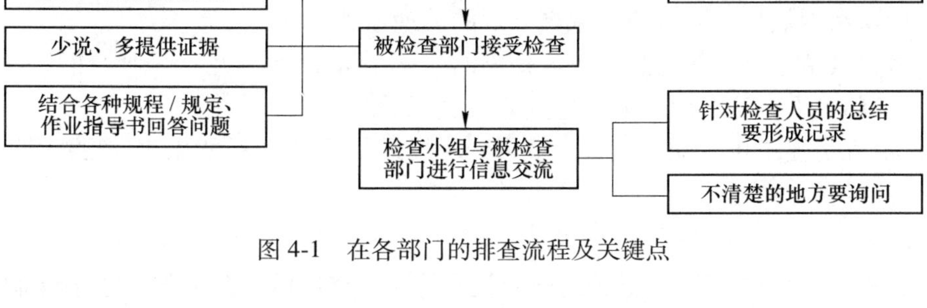

图 4-1 在各部门的排查流程及关键点

排查时必须及时、准确和全面地记录排查情况和发现的问题，并随时与被检查单位的人员做好沟通。

（4）排查结果的总结分析。

1）评估本次隐患排查是否覆盖了所有的部门和所有隐患类别。

2）评估本次隐患排查是否做到了“全面、抽样”的原则，是否做到了重点部门、高风险和重大危险源适当突出的原则。

3）确定本次隐患排查发现，包括确定隐患清单、隐患级别以及分析隐患的分布（包括车间、部门分布、种类）等。

4）做出本次隐患排查治理工作的结论，填写隐患排查治理标准表格。

（5）向领导汇报情况。

1）汇报本次隐患排查过程及隐患排查发现。

2）针对本次隐患排查发现的共性问题、突出问题，提出隐患排查治理小组的建议。

3）就隐患清单征求领导的意见。

4）报告隐患排查治理小组做出的隐患排查结论。

（6）末次会议。

1）隐患排查治理小组组长宣布末次会议开始。

2）隐患排查治理小组组长重申本次隐患排查目的、依据、范围。

3）隐患排查治理小组组长概要介绍隐患排查过程。

4）隐患排查治理小组组长就隐患治理提出要求。

5）隐患排查治理小组组长宣读本次排查的结论。

6）征求被检查单位领导和有关人员的意见和建议。

7）有关领导讲话。

8）隐患排查治理小组组长宣布末次会议结束。

C 隐患治理

（1）隐患所在单位或隐患治理负责部门应充分理解排查人员指出的隐患情况及其原因。

（2）分析原因，逐项提出治理措施（经排查人员认可，有关领导批准）。

（3）制订治理和预防措施计划，落实职责。

（4）控制该计划的有效实施（包括按限定日期完成）。

（5）检查治理措施的实际效果并保存有关记录。

（6）对治理效果的有效性进行验证、评估。

（7）巩固已取得的治理效果。

（8）倘若治理效果不明显应采取更有效的治理措施。

（9）将整改结论填写在隐患整改通知书的“已采取措施”栏。

（10）部门负责人签字后，通知检查人员进行后续验证。

（11）治理措施跟踪验证：检查人员再到现场进行验证（一般用于问题严重或隐患较多的部门）。

D 上报

企业隐患排查治理主管部门将有关排查记录等材料整理后，在企业信息管理部门的配合下，应用隐患排查治理信息管理系统，向上级单位和有关政府监管部门的上报规定的信息。

E 改进

全面总结分析隐患排查治理工作的情况，重点关注实际工作中的情况与隐患排查治理制度所规定的内容不相符合的地方，对制度文件进行修订，为隐患排查治理工作的常规化奠定基础。

4.3.2 日常自查

企业通过前一阶段的隐患排查治理初期工作已经初步形成了一个隐患排查治理工作框架，但还需要通过更多的日常工作才能建立比较完善、正常运转的隐患排查治理工作的实施机制，以保证此项工作的常态化和持续改进。

4.3.2.1 组织机构

形成从主要负责人到一线员工的隐患排查治理工作网络，确定各个层级的隐患排查治理职责。

（1）领导层：主要负责人是隐患排查治理工作的第一责任人，通过安委会、办公会等形式，将隐患排查治理工作纳入其日常工作的范围内，亲自定期组织和参与检查，及时准确把握情况，发出明确的指令。确定主管负责人，常见的当然就是主管安全生产工作的副职，要在其职责中明确有关隐患排查治理的内容，将有关情况上传下达，做好主要负责人的帮手。其他有关领导也要在各自管辖范围内做好隐患排查治理工作，至少要知道、过问、督促、确认。

（2）管理层：安全生产管理机构和人员是隐患排查治理工作的骨干力量，编制有关制度、培训各类人员、组织检查排查、下达整改指令、验证整改效果等是其主要工作内容，还要通过监督方式对各级管理人员在隐患排查治理工作方面的履职情况进行了解，纳入考核，避免将隐患排查治理工作只限于安全部门的范围，而是要全力推动，全方位和全员化。

（3）操作层：在责任制和操作规程中明确隐患排查治理是其工作内容的不可或缺的重要组成部分，在日常的各项工作中，要有高度的隐患意识，随时发现和处理各种隐患和事故苗头，自己不能解决的及时上报，并采取临时性的控制措施；并注意做好记录，为统计分析隐患问题留下一手资料。

4.3.2.2 规章制度

与隐患排查治理工作相关的内容应包含在安全生产责任制中，并有专门的隐患排查治理制度，还要在操作规程中有所体现。

4.3.2.3 隐患排查的主体

隐患排查的主体是企业的所有人员，从领导到一线员工，直到在企业工作范围内的外部人员。因为隐患的存在是广泛的，而所有人员能够在各自工作岗位上及时发现之，才能保证排查的全面性和有效性。

所有人员能不能或者会不会隐患排查是有前提的，必须对其进行有针对性和有实效的教育培训。在各种安全生产教育培训工作中，要将隐患排查的内容纳入，并根据需要做专门的培训；还要确认培训的效果，以保证所有人员有意识、有能力地开展隐患排查。

隐患排查的主体重点在专业技术人员和班组的一线员工。

4.3.2.4　隐患排查的方法和范围

A　隐患排查方法

企业安全生产事故隐患排查的方法有：

（1）定期安全检查。定期检查一般是通过有计划、有组织、有目的的形式来实现的。

（2）经常性安全检查。经常性检查则是采取个别的、日常的巡视方式来实现的。

（3）季节性及节假日前安全检查。由各级生产单位根据季节变化，按事故发生的规律对易发的潜在危险，突出重点进行季节检查。如冬季防冻保温、防火、防煤气中毒；夏季防暑降温、防汛、防雷电等检查。由于节假日（特别是重大节日，如元旦、春节、劳动节、国庆节）前后容易发生事故，因而应进行有针对性的安全检查。

（4）专业性安全检查。又称专项安全检查，是对某个专项问题或在施工（生产）中存在的普遍性安全问题进行的单项定性检查。对危险较大的在用设备、设施，作业场所环境条件的管理性或监督性定量检测检验就是专业性安全检查。

（5）综合性安全检查。一般是由主管部门对下属各企业或生产单位进行的全面综合性检查，必要时可组织进行系统的安全性评估。

（6）不定期的职工代表巡视安全检查。由企业或车间工会负责人组织有关专业技术特长的职工代表进行巡视安全检查。重点查国家安全生产方针、法规的贯彻执行情况；查单位领导干部安全生产责任制的执行情况；查工人安全生产权利的执行情况；查事故原因、隐患整改情况；对责任者提出处理意见。

B　隐患排查范围

隐患排查的范围应包括所有与生产经营相关的场所、环境、人员、设备设施和活动。

C　隐患排查内容

隐患排查治理的内容包括，全面排查治理各生产经营单位及其工艺系统、基础设施、技术装备、作业环境、防控手段等方面存在的隐患，以及安全生产体制机制、制度建设、安全管理组织体系、责任落实、劳动纪律、现场管理、事故查处等方面存在的薄弱环节。具体包括：

（1）安全生产法律法规、规章制度、规程标准的贯彻执行情况。

（2）安全生产责任制建立及落实情况。

（3）高危行业安全生产费用提取使用、安全生产风险抵押金交纳等经济政策的执行情况。

（4）企业安全生产重要设施、装备和关键设备、装置的完好状况及日常管理维护、保养情况，劳动防护用品的配备和使用情况。

（5）危险性较大的特种设备和危险物品的存储容器、运输工具的完好状况及检测检验情况。

（6）对存在较大危险因素的生产经营场所以及重点环节、部位重大危险源普查建档、风险辨识、监控预警制度的建设及措施落实情况。

（7）重大危险源普查、登记、建档、申报和监督管理情况。

（8）事故报告、处理及对有关责任人的责任追究情况。

（9）安全基础工作及教育培训情况，特别是企业主要负责人、安全管理人员和特种作业人员的持证上岗情况和生产一线职工（包括农民工）的教育培训情况，以及劳动组织、用工等情况。

（10）应急预案制定、演练和应急救援物资、设备配备及维护情况。

（11）新建、改建、扩建工程项目的安全“三同时”（安全设施与主体工程同时设计、同时施工、同时投产和使用）执行情况。

（12）道路设计、建设、维护及交通安全设施设置等情况。

（13）对企业周边或作业过程中存在的易由自然灾害引发事故灾难的危险点排查、防范和治理情况等。

同时，通过对安全生产隐患排查治理，进一步检查地方各级人民政府及有关部门落实监管责任，打击非法建设、生产、经营行为，事故查处及责任追究落实，有关政策措施制定和执行，安全许可制度实施，长效机制建设等方面的情况。

D 安全隐患排查的方式

在企业的安全生产管理中，进行各种形式的安全隐患排查是发现事故隐患，进而排查、治理事故隐患的有效方法。在安全隐患排查中，采用安全检查表的方式是科学、行之有效，并被越来越多的企业和安全管理人员接受的技术手段。因此，在开展安全事故隐患排查前，应预先设计好针对隐患排查的性质和排查对象设置各种隐患排查表，如综合安全检查表、专项安全检查表等，见表 4-3~表 4-25。

表 4-3 综合隐患排查检查表-地下矿山安全检查表

序号	项目	检 查 内 容	检查结果	结论
1	安全综合管理部分			
1.1	技术资料	1. 有具备相应资质的地勘部门提供的矿山地质报告及附图		
		2. 有具备相应资质的设计单位设计的矿山开采设计方案及附图		
		3. 具有能反映和指导企业生产的图纸（包括地质图、矿山总布置图、采掘工程平面图、井上和井下对照图、通风系统图、防排水系统图、供电系统图、避灾线路图等）		
1.2	安全机构	1. 应设置安全生产管理机构或配备相应的安全生产管理人员		
		2. 各队、班组应设立专（兼）职安全员		
1.3	安全生产管理	1. 建立健全企业主要负责人、职能机构及各种岗位人员安全生产责任制		
		2. 有各项安全生产规章制度及档案（安全检查制度、设备管理维修制度、危险爆炸物品管理制度、安全教育培训制度、交接班制度、顶帮（现场）管理制度、有毒有害气体检查制度、伤亡事故报告处理制度、安全技术措施专项费用管理制度、安全事故责任追究制度、派班制度等）		
		3. 有规范完善的作业规程和各工种岗位操作规程		
		4. 按规定为从业人员提供符合国家标准或行业标准的劳动防护用品，并监督、教育从业人员按使用规则佩戴、使用		

续表 4-3

序号	项目	检　查　内　容	检查结果	结论
1. 3	安全生产管理	5. 企业应依法参加工伤社会保险，为从业人员缴纳保险费		
		6. 职业病是否按期检查		
		7. 事故处理是否按“四不放过”原则		
		8. 对外包部门管理，符合有关规定		
1. 4	安全教育和培训	1. 所有生产作业人员，每年都要接受必要的安全生产教育和培训		
		2. 安全生产管理人员，应当由安全生产监督管理部门对其安全生产知识和管理能力进行考核，考核合格后持证上岗		
		3. 特种作业人员必须持证上岗（爆破工、起重工、电工、空压工、焊工、厂内机动车驾驶、尾矿看护工）		
		4. 新职工上岗前必须经过“三级”安全教育，并考试合格		
		5. 采用新技术、新工艺、新材料或使用新设备，必须对有关人员进行专门的安全生产教育和培训		
		6. 按要求召开班前会、安全专题会、安全生产月及其他安全活动		
1. 5	事故预防	1. 制定和实施本单位主要生产安全事故应急救援预案，并定期演练		
		2. 矿山救护队（专职或兼职）		
		3. 对存在的各类事故隐患，要及时进行整改，并有登记、整改和处理的档案		
		4. 对重大危险源（火药库、危险化学品库、尾矿库）应当登记建档，有检测、监控和防范措施，其应急救援预案应报安全生产监督管理部门和有关部门备案		
2	矿山开采			
2. 1	安全出口	1. 每个独立生产系统至少有两个独立的能行人的直达地面的安全出口，安全出口间距不得小于 30 米		
		2. 矿井的每个生产水平（中段）和各个采区（盘区、采场）至少有两个能行人的安全出口，并与直达地面的出口相通		
		3. 提升竖井作为安全出口时，必须有保障行人安全的梯子间。行人斜井有台阶躲避硐室		
		4. 井口及行人巷道要有明显的安全出口标志		
2. 2	采掘系统	1. 采掘作业必须严格按照采掘设计进行		
		2. 设计规定保留的矿柱、岩柱在规定的期限内应当予以保护，不得开采或者毁坏		
		3. 井巷支护和采场顶板管理能保证作业场所的安全，并进行定期检查		
		4. 采用普通法掘进天井，架设的工作台必须牢固可靠；必须及时设置安全可靠的支护棚，至工作面的距离不大于 6 米；井高超过 7 米时，须设梯子间		
		5. 井巷断面能满足行人、运输、通风和安全设施、设备的安装、维修及施工需要		
		6. 电耙绞车前部设防断绳回甩的防护设施		

续表 4-3

序号	项目	检查内容	检查结果	结论
2.2	采掘系统	7. 地表陷落区应设明显标志和栅栏，通往陷落区的井巷应封闭，人员不准进入陷落区和采空区		
		8. 竖井与各中段的连接处、天井、溜井、地井和漏斗口必须设有标志、照明、护栏或格筛、盖板等防坠措施		
		9. 井下管路、电缆、电线架设标准化		
		10. 作业现场文明生产状况好，符合文明生产要求		
3	提升运输			
		1. 斜井提升系统必须设常闭式防跑车装置和必要的挡车装置；竖井提升系统必须设过卷保护装置，并经常检查，保持完好		
		2. 罐笼的最大载重量和最大载人数量，应在井口公布；罐笼内须设阻车器；罐门高度不小于 1.2 米、不得向外开启		
		3. 竖井内提升容器之间、提升容器与井壁或罐道梁之间的最小间隙，必须符合《规程》要求		
		4. 提升设备的安全装置（限位开关、制动盘、液压系统等）要定期检查、保持完好		
		5. 提升钢丝绳要定期进行检测，悬挂时的安全系数必须符合安全要求		
		6. 提升、运输信号齐全、灵敏、可靠；安全标志设置齐全		
		7. 电机车等运输设备安全装置齐全、可靠。运输线路如机车架线架设标准化等		
		8. 提升设备必须有能够独立操纵的工作制动和紧急制动的安全制动系统，其操纵系统须设置在司机操纵台		
4	通风、防尘、消防系统			
		1. 所有矿井必须建立完善的机械通风系统		
		2. 掘进工作面和通风不良的采场必须安装局部通风设备		
		3. 井下各用风点的风速、风量和风质必须满足作业安全要求		
		4. 停止作业并已撤除通风设备而又无贯穿风流通风的采场独头上山或较长的独头巷道，应设栅栏和标志，防止人员进入		
		5. 井下炸药库，要有独立的回风道；井下所有硐室都必须供给新鲜风流		
		6. 凿岩必须采取湿式作业，或采取干式捕尘及其他有效防尘措施		
		7. 消防组织机构、制度健全		
		8. 消防器材配备合理、充足，并做到定期检测，确保在有效期内		
5	供、配电及通信系统			
		1. 井下照明电压，运输巷道和井底车场应不超过 220 伏；采掘工作面、出矿巷道、天井和天井至回采工作面之间，应不超过 36 伏；行灯电压应不超过 36 伏。携带式电动工具的电压，应不超过 127 伏	*	
		2. 矿山的一级负荷（提升、通风、排水）应由两个电源供电		

续表 4-3

序号	项目	检　查　内　容	检查结果	结论
5	供、配电及通信系统			
		3. 井下所有电气设备及其金属外壳、电缆的配件、金属外皮等都应有接地保护，禁止接零或中性点直接接地。有井下保护接地网		
		4. 井下敷设电缆应当有必要的保护和绝缘措施。井下开关应为带漏电保护开关		
		5. 定期对机电设备进行检查、维修，检漏装置必须灵敏可靠		
		6. 井下所有作业地点、安全通道和通往作业地点的人行道都应有照明。照明电源应接在主开关的前面		
		7. 矿井井上、井下通信设施完善可靠		
		8. 电机车电弓齐全，用电弓取电		
		9. 提升井口、井下药库等处有铁道断路点		
		10. 配电硐室入口处、高压电器设备必须悬挂标示牌，并应有照明		
6	防水、排水系统			
		1. 矿井（竖井、斜井、平硐等）井口标高必须高于当地历史最高洪水位 1 米以上，并有防止地表水进入井口的措施		
		2. 在井底车场周围、水泵房设置防水闸门		
		3. 设置地表沉降、地下水位观测点，并定期观测		
		4. 对接近水体、有断层通过的地区或与水体有联系的可疑地段，必须有探、放水措施		
		5. 地表塌陷区必须及时处理		
		6. 对矿山有威胁的民采坑道、空区必须及时封堵处理		
		7. 井下主要排水设备的型号和数量，应能满足井下排水量的需求		
7	爆破作业、井下炸药库			
		1. 井下爆破作业，必须按审批的爆破设计书或爆破说明进行，爆破设计书应由单位主要负责人批准		
		2. 有爆破资格（有爆破证）人员准许爆破作业		
		3. 爆破前必须有明确的警戒信号		
		4. 地下爆破应在有关的通道上设置岗哨。回风巷应使用木版交叉钉封或设支架路障，并设立警戒标志		
		5. 距离炸药库 30 米以内的区域禁止爆破		
		6. 爆破后，爆破员必须按规定的等待时间进入爆破地点，检查有无冒顶、危石、支护破坏和盲炮等现象，只有确认爆破地点安全后，并经当班爆破班长同意后，才准许人员进入爆破地点		
		7. 残、盲炮处理严格按爆破安全规程操作		
		8. 竖井、斜井或天井掘进爆破，起爆时井筒内不得有人		
		9. 每次爆破后，爆破员应认真填写爆破记录		
		10. 火工材料的生产、储存、购买、运输、使用，符合《民用爆炸物品管理条例》和《国务院办公厅关于进一步加强民用爆炸物品安全管理的通知》规定，有严格的管理，领用及清退登记制度		

续表 4-3

序号	项目	检查内容	检查结果	结论
7	爆破作业、井下炸药库			
		11. 井下火药库与井下主要设施和通道的安全距离、位置，符合安全规程要求		
		12. 单个硐室储存量不超过 2 吨		
		13. 起爆器材和炸药不得混放、炸药必须放在储药硐室内		
		14. 炸药库有独立回风系统、硐室不得受潮		
		15. 炸药库内照明用电符合要求		
8	废石场			
		1. 废石场必须有可靠的截流、防洪、排水设施		
		2. 危险范围设立警戒标志。定期检查		

表 4-4　综合隐患排查检查表-小型露天采石场安全检查表

序号	检查项目及内容	标准	检查结果	结论
一、	证照			
1.	采矿证	有效证件		
2.	营业执照	有效证件		
3.	爆破物品使用许可证	有效证件		
4.	场（矿）长安全资格证书	有效证件		
二、	技术资料	开采设计或开采方案		
三、	安全管理			
1.	机构	配备专职安全管理人员		
2.	责任制	建立、健全		
3.	管理制度	建立、健全		
4.	安全操作规程	建立、健全		
5.	安全管理人员	持证上岗		
6.	特种作业人员（电工、焊工、爆破工）	持证上岗		
7.	为作业人员办理工伤保险	是否办理		
8.	作业人员劳保用品发放与佩戴	是否符合标准		
9.	应急救援预案	制定预案、明确救援人员职责，与就近的救援组织签订救护协议		
四	采场			
1.	台阶式开采或分层开采	台阶高度：人工开采不大于 3 米；小型机械化开采不大于 6 米； 分层高度：浅眼不超过 6 米；中深孔不得超过 20 米		
2.	严禁开采方式	扩壶爆破，掏采崩落		

续表 4-4

序号	检查项目及内容	标准	检查结果	结论
3.	阶段坡面角	较稳固的矿岩不大于 50°；坚硬稳固的矿岩不大于 80°		
4.	最终坡面角	最大不得超过 60°		
5.	分层凿岩平台宽度	不得小于 4 米		
6.	剥离工作面超前采矿工作面	4 米以上		
7.	采剥工作面状况	无伞檐、根底，工作平台平整		

注：适用范围：年采剥总量 50 万吨以下，最大开采高度不超过 50 米的山坡露天采石作业单位。

表 4-5　综合隐患排查检查表-露天矿山安全检查表

序号	检查项目及内容	检查方式	检查结果
（一）露天开采			
1	台阶高度		
1.1	坚硬稳固的矿岩、机械铲装、采用爆破方式，不大于机械最大挖掘高度的 1.2 倍	现场检查	
1.2	松软的岩土，机械铲装，不采用爆破方式，不大于机械的最大挖掘高度	现场检查	
1.3	坚硬稳固的岩石，人工开采，不大于 6.0 米	现场检查	
1.4	松软的矿岩，人工开采，不大于 3.0 米	现场检查	
1.5	砂状的矿岩，人工开采，不大于 1.8 米	现场检查	
2	工作阶段坡面角	现场检查、查看图纸	
2.1	坚硬稳固的矿岩，不大于 80°	现场检查、查看图纸	
2.2	较坚固的矿岩，不大于 50°	现场检查、查看图纸	
2.3	松软的矿岩，不大于自然安息角	现场检查、查看图纸	
3	挖掘机或前装机铲装时，爆堆高度应不大于机最大挖掘高度的 1.5 倍	现场检查	
4	最小工作平台的宽度，应符合设计规定	现场检查、查看图纸	
5	采矿运输设备、运输线路、供电通信线路必须设在平台稳定范围内	现场检查	
6	爆堆边缘至汽车道路边缘的距离，应不小于 1.0 米	现场检查	
7	分期开采和陡帮开采时，上部扩帮剥离区作业滚石危及下部采剥区作业，应采取安全措施	现场检查	
8	矿山所有安全、防尘、排水设备和设施及机电设备的保护装置不得任意拆除	现场检查	
	保安矿柱保护期内不得开采	现场检查	
	矿山测点移动，经测人员同意，矿长总工程师批准	现场检查	
9	作业前，必须认真检查工作场地，确认电器、机械设备工具和防护设施处于安全状态，方准作业	现场检查	
10	工作面发现悬浮大块矿岩或残、盲炮时，必须及时处理	现场检查	

续表 4-5

序号	检查项目及内容	检查方式	检查结果
11	采场、排土场有滑坡预兆，应停止作业、撤离、禁止人、车通行、报领导及时处理	现场检查	
12	露天矿有坠人危险的钻孔、井巷、溶洞、泥浆池、水仓须加盖、设护栏、安全网、照明、设标志	现场检查	
13	大雾、炮烟、尘雾、照明不亮影响能见度，或因暴风雪、雷击危险不能坚持正常生产时，应立即停止作业	现场检查	
14	2 米以上高处作业须佩戴安全带、安全网、护栏等	现场检查	
15	高处作业时，禁止抛掷工具、物件，禁止双层作业	现场检查	
16	六级以上大风禁止起重、高处作业	现场检查	
17	设备走台、梯子、地板人员通行、作业场所应保持整洁和通行安全	现场检查	
18	设备顶棚禁放杂物、清除石块	现场检查	
19	露天采场必须有人行道，设标志、照明	现场检查	
20	相邻阶段人行横道须设扶手、梯子或台阶	现场检查	
21	采掘、运输、推土等设备主开关送电、停电或启动设备时，人员呼唤答应无误可进行	现场检查	
22	采掘运输设备其他机械，运输时禁止检修注油、清扫	现场检查	
23	设备移动时，禁止人员上下	现场检查	
24	采掘运输设备其他机械设备，终止作业时切断动力电源，关闭水、气阀门	现场检查	
25	检修设备应在关闭启动装置、切断动力电源、完全停止、开关加锁或运输后进行，专人监护挂牌	现场检查	
26	设备供电电缆，必须保持绝缘良好，不得与金属管接触，过道采取防护措施	现场检查	
27	电力驱动设备必须备绝缘手套、靴子、工具。停电、送电使用绝缘防护用品和工具	现场检查	
28	采掘运输设备在架空电力线路下过时，高空应符合下列规定： 3kV 以下时≥1.5 米，3~10kV≥2.0 米；>10kV>3.0 米	现场检查	
（二）汽车运输			
1	深凹露天矿运输汽车，应采取废气净化措施	现场检查	
2	双车道的路面宽度应保证会车安全	现场检查	
3	陡长坡道的尽端弯道，不宜采用最小平曲线半径	现场检查	
4	弯道处会车视距若不能满足要求，应分设车道	现场检查	
5	上坡填方的弯道，坡度较大的填方地段外侧，应设护栏、挡车墙	现场检查	
6	对主要运输道路及联路道的长大坡道，根据需要设置汽车避难道	现场检查	
7	装车时，禁止检查、维护车辆	现场检查	
8	卸矿平台要有足够的调车宽度。有挡车设施，其高度不得小于轮胎直径的 2/5	现场检查	
9	露天矿场汽车加油站，应设置在安全地点。不准在有明火及不安全地点加油	现场检查	
10	夜间装卸车地点，应有良好照明	现场检查	

续表 4-5

序号	检查项目及内容	检查方式	检查结果
（三）排土场			
1	露天矿排土场，对深部开采、对邻矿开采无影响	现场检查	
2	露天排土场，对邻矿开采不造成水灾	现场检查	
3	排土场不致威胁采矿场居民区、道路、耕地、水域、隧道、工业场地的安全	现场检查	
4	排土场宜设在工程地质、水文地质允许地带	现场检查	
5	内部排土场不影响正常开采和边坡稳定，有一定安全距离	现场检查	
6	排土场阶段高、总高、平台宽、相邻台阶的超前距离，按设计规定	现场检查	
7	排土场岩、土混排、分排，按设计规定。不应岩、土分层堆置。排土场底部宜用易透水大块岩石	现场检查	
8	排土场必须有可靠的截流、防洪、排水设施	现场检查	
9	独立卸载线端部，卸车设车挡、指示灯	现场检查	
10	汽车运输、卸排作业	现场检查	
11	作业专人指挥，推、卸不允许同时作业	现场检查	
12	平整并有 3%~5%反坡	现场检查	
13	推土作业：犁板禁站人，速度<5km/h	现场检查	
14	挖掘作业严禁挖卸车线	现场检查	
15	挖掘作业严禁挖卸车线	现场检查	
16	人工排土时，禁止人站在车体上扒土	现场检查	

表 4-6　专项安全检查表-防汛专项安全检查表（井下部分）

被检查单位：____________　　检查时间：____________

序号	检查内容	检　查　标　准	检查情况
1	安全标识牌管理	井下防汛撤离线路标识是否悬挂醒目、是否有破损	
2	防汛物资备置	各中段、分段平巷、斜坡道等出水点黄泥袋的备置情况	
3	水沟路面清理	各中段、分段平巷、斜坡道等水沟是否畅通	
		各中段、分段平巷、斜坡道等路面是否平整	
4	井下水泵房管理	−245m、−365m、−725m 水泵房排水设备和排水管道是否完好	
		按照防汛的要求，水仓是否按时间节点定期进行清理	
		排水记录是否按时记录	
		是否定期对排水设备组织了点巡检，并进行了维护保养	
5	采空区管理	出水大的采空区是否及时组织了充填	
6	泄水井管理	各中段泄水井处是否有杂物，流水是否顺利进入水仓	
7	防水门管理	重要部位的防水门是否完好，是否进行了检查与维护	
8	防水墙管理	防水墙是否完好，防水木板是否妥善保存	
9	供电线路管理	配电柜、供电线路是否正常	
存在问题汇总			
检查人员签名			

表 4-7 专项安全检查表-防汛专项安全检查表（地面部分）

被检查单位：__________ 检查时间：__________

序号	检查内容	检 查 标 准	检查情况
1	防汛物资配备	各单位库房是否按要求配备了手电筒、雨衣、胶鞋、手套、雨布、纤维袋等物资	
		各单位库房是否配备了铁锹、洋镐、耙子等工具	
		各单位库房是否配备了潜水泵、电缆线、开关、接触器等设备设施	
2	水沟路面清理	露天坑、尾矿库等重要部位排水沟是否畅通	
		露天坑、尾矿库等重要部位的路面是否平整	
3	水泵房管理	露天坑、尾矿库等水泵房排水设备和排水管道是否完好	
		按照防汛的要求，露天水仓是否按时间节点定期进行清理	
		排水记录是否按时记录	
		是否定期对排水设备组织了点巡检，并进行了维护保养	
4	水情监控记录	井下-185m、-245m 等出水大的场所，排水记录是否按时记录	
		露天坑、尾矿库水位是否正常	
5	重要部位的物资配备	副井、管缆井、尾矿库等场所是否配备了水泥、砂石和黄土等	
6	供电线路管理	配电柜、供电线路是否正常	
存在问题汇总			
检查人员签名			

表 4-8 专项安全检查表-尾矿库专项安全检查表（矿级）

被检查单位：__________ 检查时间：__________

序号	检查内容	检 查 标 准	检查情况
1	安全生产责任制	建立和健全各级各岗位人员安全生产责任制，岗位安全操作规程。各级人员掌握和执行情况	
2	图纸资料	检查规章制度、资料	
		库区平面图、尾矿坝剖面图、防、排洪系统图	
3	安全教育培训	主要负责人、分管安全工作负责人和安全管理人员、特种作业人员“三项人员”安全教育培训情况。经过安全培训，考核合格，持证上岗情况	
		对从业人员进行安全知识培训，新员工、转岗员工应接受三级安全教育	
4	应急管理	制定应急救援预案，并开展应急演练活动	
5	安全投入	按规定提取和使用安全技术措施费用	
6	劳保穿戴	从业人员按规定穿戴和使用劳动保护用品与用具	

续表 4-8

序号	检查内容	检　查　标　准	检查情况
7	坝体管理	尾矿库初期坝无明显沉陷、滑坡、裂缝、流土和管涌，运行情况正常	
		尾矿排放与筑坝，包括岸坡清理、尾矿排放、坝体堆筑、坝面维护和质量检测等环节，是否按要求实施	
		尾矿库最小干滩长度必须满足规范和设计要求，坝体浸润线埋深及其出逸点的变化情况和分布状态，是否按设计要求控制	
		尾矿坝下游坡面上，不得有积水坑存在	
		坝体不得出现深层滑动迹象	
		坝体不得出现位移、纵横裂缝、滑坐塌陷、开裂、管涌渗漏等现象	
		坝外坡面采用植草或灌木类植物、碎石、废石或山坡土覆盖坝坡	
		堆积坝设置的多种排渗设施必须保持渗流畅通正常使用	
		尾矿库运行期间应加强观测，注意坝体浸润线出逸点的变化情况和分布状况，严格按设计要求控制	
8	防汛排水	尾矿库滩面，不得有积水坑存在。干滩应满足澄清水的要求，干滩坡比应满足设计要求	
		库内应在适当地点设置清晰醒目的水位观测标尺，标明正常运行水位和警戒水位	
		控制尾矿库水位应遵循的原则： （一）在满足回水水质和水量要求前提下，尽量降低库水位； （二）当回水与坝体安全对滩长和超高的要求有矛盾时，应确保坝体安全； （三）尾矿库实际情况与设计要求不符时，应在汛期前进行调洪演算	
		汛期前应做好防汛工作： （一）疏浚库区内截洪沟、坝面排水沟及下游排洪（渠）道；备足抗洪抢险所需物资，落实应急救援措施； （二）及时了解和掌握汛期水情和气象预报情况，确保上坝道路、通信、供电及照明线路可靠和畅通	
		尾矿库排水设施，应当符合设计要求，对出现的堵塞、坍塌、裂缝、变形、腐蚀和磨蚀、漏砂等现象采取治理措施	
		排水系统不得有变形、位移、损坏、堵塞坍塌现象	
		库区内应设置排水沟，保持畅通	
		洪水过后应对坝体和排洪构筑物进行全面认真的检查与清理。发现问题及时修复同时采取降低库水位，防止连续暴雨后发生垮坝事故	
9	周边环境	库区无爆破、滥挖尾矿和炸鱼等危害尾矿库安全的活动	
		周边山体是否稳定，有无违章建筑、违章施工和违章采矿等	
存在问题汇总			
检查人员签名			

表 4-9 专项安全检查表-设备、安全用电专项安全检查表

被检查单位：____________ 检查时间：____________

序号	检查内容	检查标准	检查情况
1	供电管理	配电室是否配备防火、防水、防小动物设施；室内是否通风良好，照明良好。变、配电间是否清洁、无渗漏油现象	
		各配电盘、柜是否接地良好，附属设备是否完好；是否按要求配备绝缘工具，定期检查，有无测试报告和记录。防爆区电气设施是否符合防爆要求	
		应备有地面、井下供（配）电系统图，井下变电所、电气设备布置图	
2	设备管理	是否认真执行设备管理制度，设备维护保养、润滑、包机等落实到位	
		备用设备状况是否良好，有无定期检查维护，达到随时启用	
		现场有无跑、冒、滴、漏现象，卫生状况是否良好	
		各联锁装置是否投用，完好。拆除、恢复连锁装置必须履行相关手续	
		机泵泵体、阀门、法兰、压力表、温度计等是否完好。有无杂音、动，暴露在外的传动部位是否有符合标准的安全防护罩	
3	关键装置及重点部位	设备设施运行良好，各监测报警装置安装齐全，运行良好，安全附件齐全均在检测期内，并运行良好，档案及安全检查记录齐全	
4	配电室、配电箱、开关箱	配电系统应设置配置电柜或总配电箱、分配电箱、开关箱，实行三级配电，逐级漏电保护	
		配电柜应编号、有标识，危险区域要单独标识	
		控制柜接线合理、走向明晰。控制接线有线号标识	
		应设电源隔离开关，及具有短路、过载、漏电保护电器或者开关	
		不得用其他金属丝代替熔丝	
5	保护系统	保护零线必须使用黄/绿双色线，严禁黄/绿双黄线做相线或零线用；保护零线与工作零线不混接	
6	其他	作业使用临时电源线应采取防护措施，严禁随意搭接	
		各用电设备接地良好，电源线绝缘层良好。应定期对漏电保护器进行检查	
存在问题汇总			
检查人员签名			

表 4-10　专项安全检查表-起重机专项安全检查表

被检查单位：____________　检查时间：____________

序号	检查内容	检　查　标　准	检查情况
1	动力系统	电动机安装底座无裂纹，连接无松动、脱落	
		运转平稳无异响，连接规范	
2	起升机构	卷筒安装牢固、无裂纹、变形、磨损、钢丝绳无脱落现象	
		滑轮无裂纹、缺损、磨损，钢丝绳无脱槽，压板及定位销，轴无松动	
		钢丝绳无断丝、断股、露芯、扭结、弯折、松散、磨损等	
		吊钩无裂纹，变形及磨损	
3	运行	制动器工作灵敏，无拖滞	
		螺栓、螺母与销轴无松脱	
		齿轮箱无裂纹、变形，连接无松动，油量、油品、油质符合要求	
		车轮轮缘无裂纹，侧面磨损	
4	电气控制	电缆无扭损及损伤	
		开关灵敏可靠，接触器、继电器工作可靠	
		内部配线无污损，劣化	
5	安全装置	限位装置可靠	
		缓冲器安装无松动脱落，无错位现象	
		防护栏、杆齐全有效，室门联锁装置齐全有效	
		触电保护装置工作可靠	
6	一、二级维护	一、二级维护作业按要求落实	
7	设备现场管理	设备见本色，液压系统无滴、漏油现象	
存在问题汇总			
检查人员签名			

表 4-11　专项安全检查表-提升机专项安全检查表

被检查单位：____________　检查时间：____________

序号	检查内容	检　查　标　准	检查情况
1	合规性	用处于检测有效期，使用登记手续合格，人员持证上岗	
2	基础部分	安装基础、地脚螺栓及其他连接螺栓无松动、振动	
3	安全防护装置	安全装置、制动装置、报警装置、停车装置运行情况良好；防护罩、栏杆、系统齐全有效	
4	设备运行	运行平稳、无异常响声，温度、压力等控制计量设施工作正常	
5	钢丝绳	断丝、变形、磨损、锈蚀，绳芯露出未超出标准要求	
6	提升机保护实验记录	按设备使用说明书	

续表 4-11

序号	检查内容	检 查 标 准	检查情况
7	一、二级维护	一、二级维护作业按要求落实	
8	设备现场管理	设备见本色，液压系统无滴、漏油现象	
9	仪器仪表	指示明晰，在检验周期内	
存在问题汇总			
检查人员签名			

表 4-12 专项安全检查表-压力容器专项安全检查表

被检查单位：____________ 检查时间：____________

序号	检查内容	检 查 标 准	检查情况
1	合规性	应处于检测有限期内人员持证上岗	
2	储气罐	安全阀、压力表运行完好	
		阀门、弯头、接头安全，连接可靠	
		容器固定稳固，无锈蚀、裂纹、变形	
		容器密封良好，无泄漏、表面无油污、定期排放罐内积水	
3	空压机	空压机安装稳固，无异响，温度正常	
		空压机输送管道无漏气	
		电器电控装置齐全、可靠，有接地保护	
4	安全装置	安全阀、压力表、油压表灵敏可靠	
		自动调节器，调节功能可靠	
		电气过载，短路、短相保护灵敏	
5	一、二级维护	一、二级维护作业按要求落实	
6	设备现场管理	设备见本色，无泄漏，设备周边无堆积物，通道畅通	
存在问题汇总			
检查人员签名			

表 4-13 专项安全检查表-安全避险“六大”系统专项安全检查表

被检查单位：____________ 检查时间：____________

序号	检查内容	检 查 标 准	检查情况
1	监测监控系统	设备完好情况	
		线路是否完好	
		传感仪是否完好	
		报警装置是否完好	
		监控设备是否完好	

续表 4-13

序号	检查内容	检查标准	检查情况
2	人员定位系统	主机联网情况	
		读卡器是否完好	
		定位系统情况	
		定位卡识别情况	
		电脑数据显示情况	
		人员定位线路情况	
3	压风自救系统	空压机运行情况	
		压风风压情况	
		压风管道是否完好	
		仪表阀门是否完好	
4	供水施救系统	供水管道是否畅通	
		静水压力是否正常	
		静水设备是否完好	
5	通信联络系统	通信线路是否完好	
		通信点是否正常	
		设备运行是否正常	
6	紧急避险系统	仪表是否正常	
		仪表数据显示是否正常	
		自救器、食品配置情况	
		钢瓶氧气压力	
		供电系统是否正常	
存在问题汇总			
检查人员签名			

表 4-14　专项安全检查表-民爆专项安全检查表

被检查单位：____________　　检查时间：____________

序号	检查内容	检查标准	检查情况
1	民爆存储管理	查看民爆库房是否制定相应制度	
		查看人员、车辆出入登记台账是否如实记载，随机抽查三日登记情况	
		询问仓库保管员当日双人双锁执行情况，并核实	
		查看各库房民爆物品存储是否同性质	
		查看各库房民爆物品存储是否分类码放	
		查看仓库管理员是否持证上岗，是否人证相符	

续表 4-14

序号	检查内容	检 查 标 准	检查情况
1	民爆存储管理	询问仓库保管员是否组织防火防爆知识学习并查看相关记录	
		询问仓库保管员是否清楚防火防爆应做工作	
		查看入库台账登记是否规范，抽查三日	
		查看实时台账信息、手持机数量、库内民爆物品是否相符	
		查看入库流程，并询问仓库保管员入库所做工作，验证查看保管员所做工作与流程是否相符	
		查看暴雨、雷电等恶劣天气日出入库台账登记	
		查看民爆库房 25 米范围内是否有杂草	
		查看手持机数量是否超过库房库容量标准	
		查看仓库库房门口是否有警示标志牌，是否标明产品名称、数量、危险等级、危险特性、定员和允许储存最大量	
		查看库房地面是否平整，卷尺测量采光窗距地面高度是否低于 1.8 米，分剁堆放物品是否留有不少于 1.5 米的主要通道，堆垛距墙面是否小于 0.6 米；炸药和导火索堆高是否不超过 1.8 米，起爆管器材堆高是否超过 1.6 米	
		查看民爆库房是否有“三防”安全防范设施，测试警报装置和通信设备是否完好，是否堆放空箱	
		查看仓库库房内通风、防潮、降温设施是否完备，夏季室内温度是否超过 30℃，相对湿度是否超过 75%	
		查看照明设施安全完好，库房内是否无杂物、无积水，是否无老鼠、蛇、鸟、蝎等动物进入	
		查看仓库内是否有过期失效和变质的民用爆炸物品，查看过期失效和变质的民用爆炸物品登记台账	
		查看库房内消防水池，灭火器材等消防设施是否齐全，是否指定专人管理	
		查看库房避雷设施是否完好、是否设置“仓库重地、严禁烟火”的醒目标示牌	
		查看民爆库是否设置违禁物品临时存放区	
		询问仓库管理员是否在库房内组织过娱乐活动	
		查看库房内是否有住宿痕迹、有无其他违禁物品	
2	民爆物品使用管理	查看爆破员是否持证上岗，是否人证相符	
		随机抽查民爆物品领料单 3 份，查看是否具有负责人签字批准，查看民爆库出入库台账，验证民爆库出入库台账与领料单是否相符	
		查看爆破员领取民用爆炸物品时是否少于两人	
		查看爆破人员背运民爆物品是否有专用背包或工具，炸药和起爆管类物品是否包装运送分开	
		查看爆破过程，爆破时，是否有专人指挥，是否设置警戒和标志，爆破前是否发出信号，是否待危险区人员撤至安全地点后，方能发出实施爆破信号；爆破后，必须对现场进行检查，确认安全后才能解除警戒和信号	
		随机抽查民爆物品作业后当次使用量登记表 3 份，并核对民爆库入库登记台账，查看剩余爆破物品是否及时如数退回	

续表 4-14

序号	检查内容	检　查　标　准	检查情况
3	民爆运输管理	询问押运人员是否熟悉所运民用爆炸物品的性能，是否懂得在紧急情况下对民用爆炸物品的安全处置措施和灭火方法	
		询问押运人员押运品种、数量，并核对押运物品、数量是否相符	
		询问司机是否清楚了解运输路线，限定的行车速度	
		现场检查民爆物品运输车是否超高、是否超载，是否牢固稳定	
		检查民爆车辆相关档案，司机驾驶证	
		检查人员搬运情况，查看是否有老、弱、病、残或妇幼人员参与搬运民用爆炸物品	
		检查搬运时单人搬运每次是否超过一箱（袋），双人抬运或单人挑运每次是否超过两箱（袋）	
4	民爆档案管理	查看涉爆单位民爆基础档案	
		根据民爆从业人员花名册，随机抽取 5 名民爆从业人员从业证存档情况	
		随机抽取一份民爆相关制度，查看制度是否合规，查看制度相关记录是否健全	
		随机抽取 3 日民爆日常检查记录，查看记录是否按要求填写	
		随机抽取一份民爆隐患整改通知书，查看相关资料留存情况	
		查看民爆学习、培训教案，根据教案内容随机抽取 3 名民爆从业人员学习记录表	
存在问题汇总			
检查人员签名			

表 4-15　专项安全检查表-消防专项安全检查表

被检查单位：__________　　检查时间：__________

序号	检查内容	检　查　标　准	存在问题
1	基础管理	组织机构是否健全	
		责任书签订是否符合要求	
		有无消防档案，是否符合要求	
		有无消防安全规章制度，是否符合要求	
		消防宣传教育培训是否开展	
		有无灭火和应急疏散预案，是否符合要求	
		是否按要求开展消防应急预案演练	
		对外来施工队伍是否纳入消防安全监督管理	
		出租房是否按要求签订安全协议	
		有无防火检查记录，是否符合要求	

续表 4-15

序号	检查内容	检 查 标 准	存在问题
1	基础管理	是否落实公司动火管理	
		消防器材是否建立台账	
		消防队伍是否健全，是否符合要求	
		消防队伍是否开展训练	
2	现场管理	防火检查是否有记录，是否符合要求	
		基层班组是否开展消防安全知识学习，是否符合要求	
		有无自动消防设施	
		自动消防设施是否按要求检测	
		自动消防设施运行情况是否正常	
		消防设施器材是否完备	
		消防设施器材是否圈占、掩埋	
		消防设施器材是否完好有效	
		消防设施器材是否按要求进行维护保养	
		防火标识是否按要求设置	
		应急照明、疏散指示标识是否按要求设置	
		应急照明、疏散指示标识是否完好有效	
		消防车通道、疏散通道、安全出口是否通畅	
		防火门管理是否符合要求	
		电器线路或安装是否符合防火要求	
		用电有无违规	
		是否有动火作业	
		动火作业有无违章	
		生产、储存、经营易燃易爆物品或其他不符合消防技术标准的场所与居住场所设置在同一建筑物内	
		消防安全重点部位是否堆放易燃物	
		防火间距是否符合要求	
存在问题汇总			
检查人员签名			

表 4-16　专项安全检查表–危化品专项安全检查表

被检查单位：__________　　检查时间：__________

序号	检查内容	检　查　标　准	检查情况
1	存放管理	酸性物料品、碱性物料品、易燃易爆品、有毒品是否分类、分区存放，并设有相应标示牌	
		贮存场所是否张贴有“化学品安全技术说明书”	
		存放区是否配置有防泄漏应急器材、灭火器等	
2	登记管理	包装物上是否贴有标示卡，进出仓是否有登记	
3	破损、泄漏	化学品包装是否有破损、泄漏、露天存放现象	
4	专人保管	是否设有专人保管，药水添加是否专人负责，有未经过化学品专项培训	
		放置场所有未张贴管理负责人名单	
存在问题汇总			
检查人员签名			

表 4-17　专项安全检查表–采场顶板专项安全检查表

被检查单位：__________　　检查时间：__________

序号	检查内容	检　查　标　准	检查情况
1	顶板现状	采场地质条件	
		充填体情况	
		点条柱情况	
		顶板情况	
		空高	
		跨度	
2	顶板分级	采场分级情况	
3	地音监测	地音监测情况	
4	顶板支护	锚网质量、木头和金属棚子支护情况	
		喷混凝土情况	
		浇灌情况	
5	顶板确认	顶板浮石处理情况	
		安全票多重确认情况	
存在问题汇总			
检查人员签名			

表 4-18 专项安全检查表-防治水专项安全检查表

被检查单位：____________ 检查时间：____________

序号	检查内容	检查标准	检查情况
1	防水设施	是否设置防水门	
		是否设置挡水墙	
2	设计施工	是否按设计施工	
3	防治水记录	原始记录、验收记录等是否规范	
		水压	
		水量、水流	
		是否有新增突（涌）水点	
存在问题汇总			
检查人员签名			

表 4-19 专项安全检查表-防排水专项安全检查表

被检查单位：____________ 检查时间：____________

序号	检查内容	检查标准	检查情况
1	防排水管理制度的建立与落实情况	防排水安全管理和安全奖惩制度的建立及执行情况	
		安全会议召开情况	
		从业人员每周安全学习及日常安全教育情况	
		班组安全标准化创建与日常运行情况	
		设备设施日检、周检、月检、防汛预案审批、应急演练等制度执行情况	
2	特种作业人员管理情况	防排水特种作业从业人员资格证照是否齐全有效	
		特种作业从业人员操作证台账、设备设施台账及安全技术档案是否建立	
3	设备设施管理情况	设备设施设置是否符合《金属非金属矿山安全规程》GB 16423—2006 相关要求	
		排水管道是否定期检查	
		作业现场是否路面平整、路基稳固、排水良好，是否有完好的照明设施	
		作业现场各类安全警示标识是否完好	
		水仓水位报警装置是否有效	
		高压绝缘用具是否配置、效验、检查	
4	岗位管理情况	当班作业人员劳动保护用品是否穿戴整齐，交接班有无正常开展	
		作业现场是否按照安全标准化要求进行清扫	
		设备设施日常维护保养、点巡检、润滑是否到位	
		当班作业各项记录是否正确填写及上报	

续表 4-19

序号	检查内容	检　查　标　准	检查情况
5	应急管理情况	应急救援预案和现场应急处置方案制订及演练情况	
		从业人员应急救援预案和现场应急处置方案学习培训情况	
		应急物资、器材及专用装备配备情况	
存在问题汇总			
检查人员签名			

表 4-20　专项安全检查表-安全教育培训专项安全检查表

被检查单位：________________　　检查时间：________________

序号	检查内容	检　查　标　准	检查情况
1	培训整套资料	制定安全教育培训计划或安排	
		安全教育培训计划未审批	
		安全教育培训开班报告	
		安全教育培训开班申请表	
		安全教育培训通知	
		安全教育培训照片	
		培训问卷调查表	
		安全教育培训签到表	
		安全教育成绩表	
		效果评估表	
		安全档案或装档资料齐全	
2	培训学时	“三级安全教育” 未达到 72 学时	
		“特种作业人员” 未持证上岗	
		全员安全教育未达到 24 学时	
		转、复岗安全教育未达到 24 学时	
3	其他	其他安全教育	
存在问题汇总			
检查人员签名			

表 4-21 专项安全检查表-安全生产费用专项安全检查表

被检查单位：__________ 检查时间：__________

序号	检查内容	检 查 标 准	检查情况
1	管理制度	是否建立了安全生产费用提取和使用管理制度	
2	资金计划	年初是否制订了安全生产费用的使用计划	
3	提取和使用	是否按国家规定足额计提了安全生产费用，并按规定使用	
4	专款专用	安全生产费用是否做到专款专用	
5	管理台账	是否按要求建立了安全生产费用台账，并按照安监总局 11 个目录进行归类	
6	费用审批	安全生产投入费用审批是否规范	
7	竣工验收	安全生产投入竣工后是否按要求进行了验收	
存在问题汇总			
检查人员签名			

表 4-22 专项安全检查表-露天边坡专项安全检查表

被检查单位：__________ 检查时间：__________

序号	检查内容	检 查 标 准	检查情况
1	边坡结构面	边坡结构面有无新裂缝、坍塌发生，原有裂缝有无扩大、延伸，断层有无错动发生	
		各边坡面是否有松散符石、尖岩等	
		是否有渗漏水现象，存在渗漏水部位及渗漏水程度	
		是否存在潜在滑坡和明显滑坡现象	
		是否存在需要进行清坡和削坡处理的情况	
2	周边环境	边坡周边环境是否存在危及边坡安全运行的因素	
3	安全设施	警示标识牌是否齐全	
		排水设施及截洪沟是否畅通、排水量是否正常	
存在问题汇总			
检查人员签名			

表 4-23 专项安全检查表-排土场专项安全检查表

被检查单位：__________ 检查时间：__________

序号	检查内容	检 查 标 准	检查情况
1	安全设施	警示标识牌是否齐全	
		排水设施及截洪沟是否畅通	
		排土场照明是否齐全	
		安全挡墙是否符合标准	

续表 4-23

序号	检查内容	检　查　标　准	检查情况
2	排土场结构面	排土场地表是否有裂隙、局部塌陷	
		排土场边坡是否有滑坡现象	
		排土场坡脚外围滚石安全距离范围内是否有建（构）筑物	
3	周边环境	排土场周边环境是否存在危及排土场安全运行的因素	
存在问题汇总			
检查人员签名			

表 4-24　专项安全检查表-作业场所职业卫生专项安全检查表

被检查单位：＿＿＿＿＿＿＿＿　　检查时间：＿＿＿＿＿＿＿＿

序号	检查内容	检　查　标　准	检查情况
1	粉尘管理	作业现场二氧化硅含量低于 10%，总尘控制在 8mg/m^3	
		作业场地设置职业卫生职业危害告知牌和“当心粉尘”“请佩戴防尘口罩”职业卫生等标识牌	
		采掘单元采掘岗位采用湿式作业，巷道通风、排水、采光良好。作业采场、独头巷道采取局扇通风降尘。卸载站配置有除尘风机	
		机运单元破碎站采取局扇通风降尘。破碎、皮带工工作时采用巡检制，其余时间均在操作室内，巡检时佩戴防尘口罩	
		选矿单元厂房采用全面通风，主要产尘岗位按照喷淋设施（如圆磨机、皮带头、尾部），减少粉尘的产生。圆锥破碎、振动筛生产设备配备水沐除尘设备，设备设施运转正常	
		采掘、机运单元各工序及选矿破碎工序工人，工作时佩戴呼吸防护器为 3M 滤料半面罩口罩，滤料更换周期为一星期	
2	噪声管理	作业现场噪声不应超过 85dB	
		碎硐室、水泵硐室、空压机硐室、主扇硐室、振动筛休息室、皮带休息室、球磨厂房隔音室、信号工操作间、卷扬工操作间等隔音效果	
		风钻、铲运、爆破、破碎、压风、球磨、皮带工作业时佩戴防噪耳塞	
		作业现场设置“请佩戴防噪耳塞”职业卫生标识牌、噪音职业危害告知牌；职工按要求正确佩戴防噪耳塞	
3	放射源管理	5cm 内检测数值小于 2. 5mSv，1m 内检测数值小于 0. 25mSv	
		在醒目位置公布有关职业病防治的规章制度、职业卫生操作规程、放射源危害告知牌、“当心辐射”职业卫生标识牌	
		放射源管理人员按要求配置剂量片、防护服，个人剂量片有效使用周期 1 年	
		放射源周围 1. 5 米处安装防护隔离栏	
		定期组织应急演练	

续表 4-24

序号	检查内容	检　查　标　准	检查情况
4	有毒有害气体管理	井下作业场所 CO：<24×10^{-6}；2.5%<NO_2：<5%；18%<O_2：<23%	
		作业人员作业前进行了有毒有害气体检测，检测后方进行作业	
		通风不良、独头掘进面均安装了局扇，人员作业时局扇均开启，且局扇无破损、漏风现象	
		井下作业人员均随身携带了自救器	
		定期组织了中毒窒息应急演练	
存在问题汇总			
检查人员签名			

表 4-25　专项安全检查表-井下通风防尘专项安全检查表

被检查单位：____________　检查时间：____________

序号	检查内容	检　查　标　准	检查情况
1	回风巷回风井	主要进、回风巷道在服务期间应保持安全稳固畅通，禁止堆放材料和停放设备；主要回风巷不得用作运输通道和人员通行道	
2	通风机房	主扇是否按规定时间运行，确保通风良好。主要通风机房内应设有测量风压、风量、电流、电压和轴承温度等的仪表	
3	采场工作面	掘进工作面和通风不良的采场，是否安装局部通风设备；局部通风设备是否有完善的保护装置	
		作业人员进入独头工作面之前，是否开动局扇通风确保空气质量满足作业要求；独头工作面有人作业时局扇是否连续运转	
		局部通风的风筒口与工作面的距离是否满足安全操作规程要求。压入式局部通风机风筒末端是否与作业面超过 10m、抽出式风筒的入口是否滞后压入风筒的出口 5 米以上	
		风筒应吊挂平直、牢固，接头严密，避免车碰和炮崩，造成风筒破损，并应经常维护，以减少漏风，降低阻力	
4	通风构筑物	风门是否设置合理；废弃通道是否按要求封堵	
5	测风站	是否按要求建立测风站，各测风点数据是否完善	
存在问题汇总			
检查人员签名			

4.3.2.5　持续改进

隐患排查治理机制的各个方面都不是一成不变的，也要随着安全生产管理水平的提高而与时俱进，借助安全生产标准化的自评和评审、职业健康安全管理体系的合规性评估、内部审核与认证审核等外力的作用，实现企业在此工作方面的持续改进。

另外，隐患排查治理也为整体安全生产管理提供了持续改进的信息资源，通过对隐患排查治理情况的统计、分析，能够为预测预警输入必要的信息，能够为管理的改进提供方向性的资料。这种资源目前还没有得到充分的认识和重视，应当给予特别的关注。

附《隐患排查治理管理制度提纲》：

隐患排查治理管理制度提纲

一、目的

二、适用范围

三、定义、术语和隐患分级

四、机构职责

五、资金保障

计划预算（可与安措项目合并）、来源、审批、使用、监督、审查结算等。

六、工作程序

1. 计划和目标

列入年度安全工作计划和安全目标责任书。

2. 排查方法

排查与检查工作相结合，可结合管理体系的危险源管理和内审或安全标准化自评等方式进行。

3. 检查表

排查与检查必须编制和使用安全检查表。

4. 实施

分为定期和不定期两种排查方法，按企业内部行政职能设置，不同级别的部门和单位有不同的排查治理周期，通常为班组级每周、车间级每月、厂级每季度为定期周期。不定期为各类专业安全检查和上级检查及特殊情况如发生事故后。

5. 治理

对排查结果进行分级处理，本着“三定四不推”（三定为定责任人和部门，定时间，定措施。四不推为班组能解决的不推车间，车间能解决的不推厂，厂能解决的不推上级）的原则进行整改和治理。整改和治理根据不同等级分别规定期限，也可用《隐患整改指令书》的形式。对整改和治理结果应由监督部门进行确认。

6. 重大隐患

及时报安全监管局，制定方案并落实，结束后报安全监管局，批准后可开工生产。

七、委外（外委）管理

合格外部单位清单，外部单位必须具备相应资质。

招投标时必须考虑安全水平。

签订合同必须同时签订安全协议，明确双方安全责任和义务。

八、信息档案管理

所有排查治理的隐患必须按企业内部相应级别上报；
建立各级隐患排查治理档案；
主管部门对上报信息进行统计分析，至少每季度和年度进行；
季度和年度向安全监管部门报送《统计分析表》。
九、应急预案
在应急预案中增加自然灾害和重大隐患的应急内容。
十、评价评估
根据行业和企业特点，需要时应进行现状安全评价，并对重大隐患的治理效果进行专项评价和评估，要由有资质的单位进行。
十一、奖励处罚和考核
鼓励和奖励举报行为；
隐瞒不报和谎报的处罚；
此项工作列入安全生产考核内容。
十二、上报
按有关监管部门的要求（文名和号）的要求（具体条款），在信息管理系统的有关平台上的专项功能部分中按时填报相关内容。

4.3.3 企业隐患自报

企业将隐患排查治理的结果自行上报给政府主管部门，这是整个隐患排查治理工作中最后的一个环节，也是相对排查与治理的环节比较简单的部分，但由于这是将政府部门与企业在隐患排查治理工作方面直接联系的环节，因此也必须给予足够的重视。

4.3.3.1 自报的内容

企业开展隐患排查治理工作，包含了很多内容，有机制的、管理的、技术的、记录的、设备设施的，等等。自报并不是要求企业将这些均一股脑地上报，而是将具体的工作通过接受政府部门的监管向其展示，通过自报方式将这些工作的结果主动、按时向政府部门上报。

A 初期自报

企业初期的隐患全面排查工作会根据其所适用的隐患排查治理标准进行大范围、全方位地开展，这将查出很多管理上和现场方面隐患，这是对企业安全生产工作的一次大检阅。企业应当将这些查出的隐患及其治理情况，按政府部门相应的上报要求，毫无遗漏地以隐患排查治理标准的形式，按标准的格式和层次全面上报，只有这样才能反映企业真实的安全生产隐患情况，才能使政府部门透彻了解其实况，从而达到隐患自报的目的。

B 日常自报

初期隐患排查工作主要依据的是企业所适用的隐患排查治理标准，而日常隐患排查治理工作则要加上更多的企业自己的排查依据如规章制度、操作规程和企业内部标准等，这就产生了两种依据在格式和内容上的不一致。

从所覆盖的范围和细致程度上看，企业的各项规定显然要远远多于隐患排查治理标准；从格式上看，隐患排查治理标准是以表格的形式存在的，与企业的各项内部要求不会完全相同。因此，要从内容和格式上进行一个“对接”工作。

“对接”并不是要企业修改自己的各项规定去完全适应标准的格式，而是在上报工作环节中，将自己的各项规定去对照寻找标准中的内容。在填报时，将实际隐患情况按标准的格式填报到相应的部分里去即可。随着工作的逐步深化和细化，最终形成按标准和企业规定开展排查工作，按标准规定的隐患类别填报的局面。两者同时存在，并又相互“对接”。

“对接”后的自报工作，对于那些比较稳定和较长时间内不发生显著变化的隐患类别，如基础管理类的隐患，在日常自报中可以不再重复填报。对于能够经常排查出的现场型的隐患，则需要如实和及时地填报。当然，如果企业的基础管理或现场管理发生了变更，则需要重点填报。

4.3.3.2　自报的方式

A　自报的程序

无论企业规模大小还是行业不同或者管理方式有异，其隐患自报的程序大体上是相同的，主要有以下几个步骤：

（1）统计。将各种方式的隐患排查工作所发现的隐患进行汇总、统计和整理，得到隐患清单，形成隐患整改通知，将这些集合为一套完整的材料。

（2）“对接”分类。按隐患排查治理标准的格式，将企业的隐患材料按其顺序分门别类地“对接”入位，每个隐患都给予适当的标识。

（3）审查批准。根据管理层级和权限，由有关领导对隐患上报的内容进行审阅，批准后方能上报。

（4）上报。根据企业实际，采取相应的上报方式，按政府及其部门规定的时间和形式进行上报。

B　基于信息系统自报

有条件的企业，要将自己的信息管理系统与政府隐患信息管理系统进行接口，按季度（至少）接通上报网络，按信息管理系统的提示和要求进行填报。

大型集团企业需要在集团内部层层上报下属单位的隐患情况，方式与隐患排查治理标准的格式相同，进行汇总整理后，将整体情况以总结的方式向有关主管部门上报。其下属单位的隐患上报仍按属地监管原则向有关政府部门报送。

C　小微企业自报

很多小型和微型企业不具备基于信息管理系统上报的条件，可以采用书面上报的形式。因为这些企业存在的隐患数量相对较少，风险不很高，因此书面上报也是可以接受的。具体做法是基层安全生产监督管理人员直接到企业中去，收集和书面记录小微企业的隐患情况，形成标准的记录格式，整理汇总后向上一级管理部门报送。这样既可以减轻小微企业的负担，也保证了隐患上报的工作质量。

4.4 企业隐患治理及效果评估

4.4.1 隐患分级

排查出的隐患需要分级，其治理也是按分级进行的，不同级别的隐患需要用不同的治理方法和手段进行整改。

事故隐患分为一般事故隐患和重大事故隐患。一般事故隐患，是指危害和整改难度较小，发现后能够立即整改排除的隐患。重大事故隐患，是指危害和整改难度较大，应当全部或者局部停产停业，并经过一定时间整改治理方能排除的隐患，或者因外部因素影响致使生产经营单位自身难以排除的隐患。这种分级方式比较简单，实际工作中一般隐患的数量所占比例非常高，只有很少的隐患能够列为重大隐患。因此，对隐患治理工作也按一般隐患治理与重大隐患治理进行区分。

将收集整理好的隐患进行分级分类。首先判定一般事故隐患和重大事故隐患，其依据是事故隐患定义和本单位生产实际，或者按照《工贸行业重大生产安全事故隐患判定标准》(2017 版)、《金属非金属矿山重大生产安全事故隐患判定标准》(试行)、《化工和危险化学品生产经营单位重大生产安全事故隐患判定标准》(试行)、《烟花爆竹生产经营单位重大生产安全事故隐患判定标准》(试行) 等；然后再分成 3 类：设备设施隐患、人的不安全行为隐患和管理缺陷隐患。

4.4.2 一般隐患治理

4.4.2.1 一般隐患分级

一般隐患是指危害和整改难度较小，发现后能够立即整改排除的隐患。这种隐患在企业生产和管理实际工作是经常存在的，为更好地有针对性地治理之，通常还要对一般隐患进行进一步的细化分级。

事故隐患的分级是以隐患的整改、治理和排除的难度及其影响范围为标准的。根据这个分级标准，在企业中通常将隐患分为班组级、车间级、分厂级直至矿（公司）级，其含义是在相应级别的组织（单位）中能够整改、治理和排除。其中的矿（公司）级隐患中的某些隐患，如果属于应当全部或者局部停产停业，并经过一定时间整改治理方能排除的隐患，或者因外部因素影响致使企业自身难以排除的隐患，须列为重大事故隐患。

4.4.2.2 现场立即整改

有些隐患如明显的违反操作规程和劳动纪律的行为，这属于人的不安全行为方式的一般隐患，排查人员一旦发现，应当要求立即整改，并如实记录，以备对此类行为统计分析，确定是否为习惯性或群体性隐患。有些设备设施方面的简单的不安全状态如安全装置没有启用、现场混乱等物的不安全状态的一般隐患，也可以要求现场立即整改。

4.4.2.3 限期整改

有些隐患难以做到立即整改的，但也属于一般隐患，则应限期整改。

限期整改通常由排查人员或排查主管部门对隐患所属单位发出“隐患整改通知”，内容中需要明确列出如隐患情况的排查发现时间和地点、隐患情况的详细描述、隐患发生原因的分析、隐患整改责任的认定、隐患整改负责人、隐患整改的方法和要求、隐患整改完毕的时间要求等。

限期整改需要全过程监督管理，除对整改结果进行“闭环”确认外，也要在整改工作实施期间进行监督，以发现和解决可能临时出现的问题，防止拖延。

4.4.3 重大隐患治理

针对重大隐患，就需要“量身定做”，为每个重大隐患制定专门的治理方案。由于重大隐患治理的复杂性和较长的周期性，在没有完成治理前，还要有临时性的措施和应急预案。治理完成后，还有书面申请以及接受审查等工作。

4.4.3.1 制定重大事故隐患治理方案

重大隐患的治理的方案，应当做到“五到位”，即整改措施到位、资金到位、期限到位、责任人到位和应急预案到位。

及时排查治理安全隐患，企业要经常性开展安全隐患排查，并切实做到整改措施、责任、资金、时限和预案“五到位”。建立以安全生产专业人员为主导的隐患整改效果评估制度，确保整改到位。对隐患整改不力造成事故的，要依法追究企业和企业相关负责人的责任。对停产整改逾期未完成的不得复产。

重大事故隐患治理方案应当包括以下内容：

（1）治理的目标和任务。

（2）采取的方法和措施。

（3）经费和物资的落实。

（4）负责治理的机构和人员。

（5）治理的时限和要求。

（6）安全措施和应急预案。

企业在制定重大事故隐患治理方案时还必须考虑安全监管监察部门或其他有关部门所下达的“整改指令书”和政府挂牌督办的有关内容的指示，也要将这些指示的要求体现在治理方案中。

4.4.3.2 重大事故隐患治理过程中的安全防范措施

生产经营单位在事故隐患治理过程中，应当采取相应的安全防范措施，防止事故发生。事故隐患排除前或者排除过程中无法保证安全的，应当从危险区域内撤出作业人员，并疏散可能危及的其他人员，设置警戒标志，暂时停产停业或停止使用；对暂时难以停产或停止使用的相关生产储存装置、设施、设备，应当加强维护和保养，防止事故发生。重大事故隐患治理方案中的“（6）安全措施和应急预案”更是安全防范措施里的重要内容。

4.4.3.3 重大事故隐患的治理过程

已经取得安全生产许可证的生产经营单位，在其被挂牌督办的重大事故隐患治理结束前，安全监管监察部门应当加强监督检查。必要时，可以提请原许可证颁发机关依法暂扣其安全生产许可证；安全监管监察部门应当会同有关部门，把重大事故隐患整改纳入重点行业领域的安全专项整治中加以治理，落实相应责任。

上述规定意味着企业在重大事故隐患治理过程中，还要随时接受和配合安全监管监察部门的重点监督检查。如果企业的重大事故隐患属于重点行业领域的安全专项整治的范围，就更应当落实相应的整改、治理的主体责任。

4.4.3.4 重大事故隐患治理情况评估

地方人民政府或者安全监管监察部门及有关部门挂牌督办并责令全部或者局部停产停业治理的重大事故隐患，治理工作结束后，有条件的生产经营单位应当组织本单位的技术人员和专家对重大事故隐患的治理情况进行评估；其他生产经营单位应当委托具备相应资质的安全评价机构对重大事故隐患的治理情况进行评估。

这种评估主要针对治理结果的效果进行，确认措施的合理性和有效性，确认对隐患及其可能导致的事故的预防效果。评估需要由有一定条件和资质的技术人员和专家或有相应资质的安全评价机构实施，以保证评估本身的权威性和有效性。

4.4.3.5 重大事故隐患治理后的工作

重大事故隐患治理后并经过评估，符合安全生产条件的，生产经营单位应当向安全监管监察部门和有关部门提出恢复生产的书面申请，经安全监管监察部门和有关部门审查同意后，方可恢复生产经营。申请报告应当包括治理方案的内容、项目和安全评价机构出具的评价报告等。对挂牌督办并采取全部或者局部停产停业治理的重大事故隐患，安全监管监察部门收到生产经营单位恢复生产的申请报告后，应当在10日内进行现场审查。审查合格的，对事故隐患进行核销，同意恢复生产经营；审查不合格的，依法责令改正或者下达停产整改指令。对整改无望或者生产经营单位拒不执行整改指令的，依法实施行政处罚；不具备安全生产条件的，依法提请县级以上人民政府按照国务院规定的权限予以关闭。

4.4.4 隐患治理措施

4.4.4.1 隐患治理原则

（1）事故直接隐患与间接隐患并治原则。
（2）重点治理原则。
（3）动态治理原则。
（4）冗余安全度治理原则。
（5）单项隐患综合治理原则。
（6）预防与减灾并重治理原则。

4.4.4.2 隐患治理目标

安全隐患排查治理要达到四个目标：第一，全面排查安全生产基本条件、基础设施、技术装备以及思想认识、工作作风、规章制度等方面存在的问题、隐患，真正做到底子清、情况明；第二，狠抓隐患整改工作，对发现的问题和隐患，逐一落实责任领导、责任部门、责任人，制定措施，限期整改；第三，进一步深化重点领域安全专项整治，坚决防范重特大生产安全事故的发生；第四，建立健全事故隐患分级治理的良性长效机制，夯实安全生产监管工作的基础。

隐患治理及其方案的核心都是通过具体的治理措施来实现的。这些措施大体上分为工程技术措施和管理措施，再加上对重大隐患需要做的临时性防护和应急措施。

隐患治理的方式是多种多样的，“白猫黑猫”方法在企业实际治理隐患的工作中是特别适用的，因为企业必须考虑成本投入，需要以最小代价取得最适当（不一定是最好）的结果。很多情况下，隐患治理很难彻底消除隐患的存在，更多的是将其风险降低到企业可以接受的程度。当然，前提必须是遵守法律法规和标准规范的规定。可以这样说：“最好”的方法不一定是最适当的，而最适当的方法一定是“最好”的。

例如，发现某员工未正确佩戴安全帽，这是一个典型的低级别的隐患。其治理方式在企业中主要是排查（检查）人员对其批评，责令其马上改正。类似这种情况通常是不需要制定治理方案的。但如果经过统计分析，发现这种现象普遍存在，成为一种习惯性和群体性违章，那么问题就严重了，要将其隐患级别上升，并制定治理方案，采取多种措施和手段进行治理。

4.4.4.3　治理措施

治理措施的基本要求是：

（1）能消除或减弱生产过程中产生的危险、有害因素。

（2）处置危险和有害物，并降低到国家规定的限值内。

（3）预防生产装置失灵和操作失误产生的危险、有害因素。

（4）能有效地预防重大事故和职业危害的发生。

（5）发生意外事故时，能为遇险人员提供自救和互救条件。

治理措施分为工程技术措施和安全管理措施。

工程技术措施的实施等级顺序是直接安全技术措施、间接安全技术措施、指示性安全技术措施等；根据等级顺序的要求应遵循的具体原则，应按消除→预防→减弱→隔离→连锁→警告的等级顺序选择安全技术措施；应具有针对性、可操作性和经济合理性，并符合国家有关法规、标准和设计规范的规定。

根据安全技术措施等级顺序的要求，应遵循以下具体原则：

（1）消除：尽可能从根本上消除危险、有害因素；如采用无害化工艺技术，生产中以无害物质代替有害物质、实现自动化作业、遥控技术等。

（2）预防：当消除危险、有害因素有困难时，可采取预防性技术措施，预防危险、危害的发生；如使用安全阀、安全屏护、漏电保护装置、安全电压、熔断器、防爆膜、事故排放装置等。

（3）减弱：在无法消除危险、有害因素和难以预防的情况下，可采取减少危险、危害的措施；如局部通风排毒装置、生产中以低毒性物质代替高毒性物质、降温措施、避雷装置、消除静电装置、减振装置、消声装置等。

（4）隔离：在无法消除、预防、减弱的情况下，应将人员与危险、有害因素隔开和将不能共存的物质分开；如遥控作业、安全罩、防护屏、隔离操作室、安全距离、事故发生时的自救装置（如防护服、各类防毒面具）等。

（5）连锁：操作者失误或设备运行一旦达到危险状态时，应通过连锁装置终止危险、危害发生。

（6）警告：在易发生故障和危险性较大的地方，配置醒目的安全色、安全标志；必要时设置声、光或声光组合报警装置。

安全管理措施往往在隐患治理工作受到忽视，即使有，也是老生常谈式的提高安全意识、加强培训教育和加强安全检查等几种。其实管理措施往往能系统性地解决很多普遍和长期存在的隐患，这就需要在实施隐患治理时，主动地和有意识地研究分析隐患产生原因中的管理因素，发现和掌握其管理规律，通过修订有关规章制度和操作规程并贯彻执行，从根本上解决问题。

4.4.5 闭环管理

“闭环管理”是现代安全生产管理中的基本要求，对任何一个过程的管理，最终都要通过“闭环”才能最后结束。隐患治理工作的收尾工作也是“闭环”管理，要求治理措施完成后，企业主管部门和人员对其结果进行验证和效果评估。验证就是检查措施的实现情况，是否按方案和计划的要求一一落实了；效果评估是对完成的措施是否起到了隐患治理和整改的作用，是彻底解决了问题还是部分的、达到某种可接受程度的解决，是否真正能做到“预防为主”。当然，不可忽略的还有隐患的治理措施是否会带来或产生新的风险，也须特别关注。

4.4.5.1 隐患治理的准备工作

（1）隐患的收集整理。

企业安全管理部门应将企业自查和上级主管部门检查出的隐患全部收集整理到一起，按照责任部门或责任车间将隐患内容、地点、检查时间、责任部门、责任人等信息填入《隐患整改四定表》。

（2）制定隐患整改措施。

隐患整改措施一般由责任区域或责任部门的负责人组织制定，要写清楚整改事故隐患的具体办法、整改要求以及参照的国家标准和行业标准。企业管理部门应将填写好的隐患内容、地点、检查时间、责任部门、责任人的隐患整改四定表下发给责任部门或责任车间的负责人，由其组织编写整改措施、整改资金和物资、整改完成时间和整改验收人，填写完毕后交回到安全管理部门。

企业安全管理部门收到隐患整改四定表后要进行审核，重点审核整改措施是否可行、整改资金和物资计划是否到位，必要时应将相关情况报本单位分管安全生产的负责人审核。同时，企业安全管理部门要确定一名安全员为整改验收人，以便于责任部门或责任车间共同验收，以达到双人或多人验收的要求。

对于重大事故隐患，企业主要负责人要组织制定并实施事故隐患治理方案。重大事故隐患治理方案应包括智力的目标和任务、采取的方法和措施、经费和物资的落实、负责治理的机构和人员、治理的时限和要求、安全措施和应急预案等，并将“隐患的现状及产生的原因、隐患的危害程度和整改的难易程度分析、隐患的治理方案”以书面的形式上报安全监管部门和有关部门。

（3）下达隐患整改通知。

隐患整改通知单经审查通过后，企业安全管理部门应将隐患整改通知单加盖印章，正式送给责任部门或责任车间，并履行签收程序。

4.4.5.2　隐患整改工作

责任部门或责任车间负责协调落实整改资金和物资，并按照已经制定的整改措施进行隐患整改。涉及特殊作业的要按照法律法规和制度要求履行审批程序。

隐患整改期限到期，若负责隐患整改的部门未能完成整改的，企业安全管理部门要负责了解原因、督办并追究相关人员责任，对负有责任的人员给予一定的处分。

消除事故隐患的关键环节是整改。对于不同类型的事故隐患，其整改思路各不相同：

（1）设备设施类隐患：整改设备设施类隐患，首先要查找设备设施的标准和施工标准，以确保整改后的设备设施符合国家标准和行业标准，避免在隐患整改过程中形成新的隐患；其次要制定科学、严谨的施工方案，并培训所有施工人员；然后才能实施整改工作。

（2）人的不安全行为隐患：对于这类隐患，首先要对照企业的规章制度，确定是否给予其处分；然后再分析员工出现不安全行为的原因，根据原因选择合适的整改方法。如果是因为知识和能力储备不够而造成的违章，则要对其进行教育培训、考试；如果是因为安全意识不强而造成的违章，则要与其谈心，对其开展警示教育；如果是主观故意违章、屡教不改，则需要考虑将其转岗或辞退。

（3）管理缺陷隐患：首先要分析管理缺陷深层次原因是什么？是制度缺失或制度不合理，还是操作规程不完善，还是管理人员责任心不强。对于某些性质严重的问题，还要调查出错的原因，根据实际情况追究相关人员的责任，以绝后患。如果需要修改制度和操作规程，则需要按照程序进行修订、讨论和发布，并在修订后对相关人员进行重新培训。

（4）隐患整改验收。隐患整改完成后，负责隐患整改的部门或车间要向安全管理部门申请验收；安全管理部门应按照隐患整改通知书上确定的验收人员对隐患整改情况进行验收，做好记录并签字认可。

从形式上讲，隐患整改的验收工作应当由安全管理部门和责任部门（车间）至少各派一人去验收，验收完毕签字确认。从内容上讲，设备设施隐患要验收施工过程和施工结果；人的不安全行为隐患，要验收培训、考试过程，并抽考或观察；管理缺陷隐患要对照整改措施逐项验收。从要求上讲，要根据隐患的危害程度和整改的难易程度安排合适职位的人去验收；每一项隐患要对照国家法律法规和标准进行验收，确保达到验收要求。验收不合格的要重新进行整改。

（5）归档和登记台账。隐患整改完成后，企业安全管理部门应将隐患排查整改的过程性资料、安全生产检查的原始资料、隐患整改通知单、重大事故隐患治理方案、隐患整改验收记录等材料归档，并将隐患及整改情况记入台账。

档案资料的规范化管理必须有科学的、适用的档案管理模板，隐患整改档案应建立三个模板：《隐患整改通知单》《隐患整改验收单》和《事故隐患管理台账》。

《隐患整改通知单》应包括编号、主送部门（车间）、检查日期、检查人员、隐患情况、落款等内容。隐患情况应包括隐患内容、地点、检查时间、隐患级别类别、责任部门、责任人、整改措施、整改资金和物资、整改完成时间和整改验收人等项目。如有条件还应该附上隐患照片。

《隐患整改验收单》应当包括编号、主送部门（车间）、针对某某编号《隐患整改通知单》进行验收、隐患整改情况表、验收人签字、验收时间等内容。隐患整改情况表应当包括隐患内容、地点、验收时间、验收效果、隐患整改后的照片等项目。

《事故隐患台账》应当分为两本，分别登记一般事故隐患和重大事故隐患。事故隐患台账的表格内容应当包括隐患内容、地点、检查时间、责任部门（车间）、责任人、整改措施、整改资金和物资、整改完成时间和整改验收人、整改结果等内容。在设计表格式样时，应充分考虑与《隐患整改通知单》衔接对应，以便登记台账时方便快捷。

4.4.6　隐患治理效果评估

4.4.6.1　制定隐患治理效果评估制度

安全生产隐患排查治理是防范安全生产事故发生的一项基础性、长期性、有效性工作，是建立安全生产长效机制的重要途径和工作平台，是一项涉及范围广、专业门类多、工作难度大的系统工程。为确保排查治理效果，进一步搞好安全生产隐患排查治理工作，企业必须建立隐患排查与治理效果评估制度体系。

在制度体系中应包括：

（1）隐患治理效果评估小组及职责。生产经营单位可以组成隐患治理评估组进行隐患治理评估，也可以委托安全生产专业技术机构提供隐患治理评估服务。

未配备注册安全工程师的生产经营单位进行重大隐患治理效果评估时，应当委托安全生产专业技术机构提供评估服务，确定重大隐患的治理效果。

生产经营单位隐患治理评估组由单位有关负责人、安全生产管理人员、技术人员和员工代表等组成。

（2）隐患排查治理效果评估范围及周期。企业应当定期组织进行年度或者季度隐患治理评估，编制隐患治理评估报告，作为评判本单位及主要负责人、有关人员履行隐患排查治理职责的重要依据。

若企业存在重大隐患的，应当于重大隐患治理工作结束后，及时对重大隐患治理情况进行评估，编制重大隐患治理效果评估报告。

（3）隐患排查治理效果评估的分级管理。企业年度或者季度隐患治理评估结论分为A、B、C、D 四类。

A 类：生产经营单位隐患排查工作常态化，能自下而上开展隐患排查，及时将各类隐患消除在萌芽状态，按计划纳入治理的隐患全部处于受控状态；

B 类：生产经营单位能经常组织开展隐患排查，对排查出的隐患能及时组织治理，按计划纳入治理的隐患全部处于受控状态；

C 类：生产经营单位能定期开展隐患排查，对排查出的隐患能及时组织治理，按计划纳入治理的隐患基本处于受控状态；

D类：生产经营单位未建立健全隐患排查治理制度，或者未正常开展隐患排查和治理，隐患排查和治理工作处于失控状态。

4.4.6.2　制定隐患排查治理效果评估表

多采用四定表的形式进行隐患排查治理效果评估，见表4-26。

表4-26　评估表

序号	安全隐患内容	隐患分级	治理效果	效果评估与分析	评估人	备注

4.4.6.3　评估报告及要求

隐患排查治理监管效果评估报告应当客观公正、数据准确、内容完整、结论明确、建议可行，并包括下列内容：

（1）隐患排查治理监管职责及履行情况。

（2）隐患排查治理监管措施及有效性。

（3）评估结论。

（4）改进建议。

隐患排查治理监管效果评估报告应当附具有关证据材料。评估人员应当在隐患排查治理监管效果评估报告上签名。

4.4.6.4　评估结论

重大事故隐患的排查整改的效果评估分为合格、不合格两类。

（1）经组织评估，符合下述条件的，评定为合格：1）消除了重大事故隐患；2）查出的重大隐患做到了整改措施、资金、时限、责任和预案“五落实”，并按计划组织实施，重大隐患处于受控状态。

（2）经组织评估，发现有下述条件之一的，评定为不合格：1）存在未查出的重大隐患；2）查出的重大隐患未做到整改措施、资金、时限、责任和预案“五落实”；3）未按计划组织实施，重大隐患处于失控状态。

5 基于双重预防机制的企业级信息化平台实现

5.1 总体设计方案

5.1.1 建设目标与原则

5.1.1.1 建设目标

本书在总结双重预防机制的基础上，分析了企业安全生产管理系统建设的主要用户、功能、接口、安全等需求，规定了系统的总体架构、逻辑层次、技术架构、功能体系、数据标准、集成方案、部署结构与应用模式，确定了系统的技术路线，建成一个基于网络环境的、实时的、可视化的基于双重预防机制的企业级信息化平台。建设目标为：

（1）采用双重预防机制模式，为企业规范开展安全生产工作提供支撑；建设涉及班组、厂（车间）、公司三级应用的基于双重预防机制的企业级信息化平台，通过多维度、多视角的统计分析，为矿山决策提供指导；通过多通道、灵活的数据收集，使生产企业每位员工参与双重预防机制建立和执行过程。

（2）应用体系建设要基于 SOA（面向服务架构）建设规范，在数据中心信息共享基础上，立足现有系统，结合各部门规划要求，进行系统集成，建设统一平台、分布应用的一体化应用体系平台，将风险分级管控、安全隐患等各种数据采集起来进行集中管理、分析，打造集数据、图像、语音于一体的监测预警、调度指挥系统，满足未来安全生产、决策管理发展的需要。

（3）借助移动终端，为企业实现信息发布查询、隐患上报、统计分析、信息提醒等综合性应用，帮助企业随时随地掌握安全生产动态信息，为领导决策和业务分析提供直观的信息展现。同时，还可以为企业领导和安全管理人员提供实时的各类危险源的变化状态以及灾时应急救援等的可视化初级辅助决策信息，以便安全管理人员和领导层做出快速响应。

5.1.1.2 建设原则

遵循计算机信息系统建设的一贯原则，以下的原则是以实际应用需求为主要设计依据，以采用先进的、主流的技术同时兼顾未来升级与扩展，提供最优的性能价格比为基本设计原则。建设原则包括：

（1）标准开放。系统建设符合国际、国内和行业相关标准，内容包括系统建设的整个过程和相关要素，如空间要素分类编码、属性数据编码、文件系统命名规则、源文件格式、数据字典、制图标准、接口规范等。

（2）功能实用。系统的设计和开发，以满足用户应用需求为目标，结构简洁、清晰、实用。实用性一方面表现为良好的人机界面，另一方面更主要使应用层切合实际，满足业务需求。系统采用 B/S 结构和手机 APP 终端应用相结合的方式，方便内部人员从互联网上对本系统进行访问。这样的系统结构也能提供最大限度的实用性。

（3）可扩充性。系统进行开放式设计，采用分层体系结构和构件化技术，既考虑系统的整体性和开放性，也考虑系统的可扩充性，便于系统二次开发和功能调整扩充，便于系统升级。

（4）安全可靠。系统采用三层结构，保证业务数据独立处理、独立存储的安全性，从而达到多层次、多权限、安全可靠的设计目标。系统应对来自内部和外部的潜在安全风险，确保系统功能正常、性能稳定、反应及时、数据可靠，满足突发情况下可靠使用的需要。采取多方面安全措施：比如数据的安全性以及准确性，使用的安全性，运行安全性等。

（5）整合资源。充分利用信息化建设软硬件资源，结合双重预防机制，对业务系统进行资源优化整合。

（6）技术先进。先进性不仅表现在采用先进的技术和先进的体系结构，更重要的是在应用层体现先进的多种信息综合查询、图文紧密结合等功能。本系统采用目前主流的三层技术架构进行设计和实现，分别是展现层（即 UI 用户界面层）、应用层（包括业务逻辑模块、数据处理模块、系统接口模块）和网络平台层，将用户前台操作的对象，通过详细梳理的业务逻辑层对应到相应的数据库当中，使该系统在功能性、扩展性以及实用性等方面能够具有较为领先的水平。

5.1.2　软硬件说明

5.1.2.1　软件环境

A　操作系统

综合信息化平台对性能、可靠、安全等需求，平台服务器组，包括 FTP 服务器、Web 服务器、数据库服务器、备份服务器等服务器拟采取 Windows 服务器或者 Linux 系列操作系统；考虑操作终端的可维护性、可扩展性和易操作性，企业员工参与操作的终端，还包括企业指挥调度的终端、移动应用的终端，支持当前流行的 Windows 系统和流行的 Android 系统。

B　数据库

系统支撑软件的数据库管理系统非常关键，关系到数据访问的高性能、高可靠、高安全、可移植性等一系列需求。数据库系统应具有完整的数据完整性控制机制，保障数据的一致性和完整性；具有多级数据安全保障功能，能对故障进行有效的管理、检测和恢复；具备良好的扩展能力，能灵活地适应业务需求的不断变化；技术先进、成熟、开放，能满足各种复杂的应用环境，符合当今技术发展的潮流，支持多种通用工业技术标准。因此数据库管理系统的选型非常关键。考虑到上述要求，数据库采取 Oracle、SQL Server 数据库或者开源的 PostgreSQL 数据库。

C　中间件

中间件的出现是为了解决应用开发的复杂度，是一种基于标准的、独立于网络、计算机硬件以及操作系统的开发和运行平台，是在网络和操作系统以及应用系统两层之间起到承上启下作用的重要软件。通过屏蔽网络和操作系统的复杂度和细节，为处于自己上层的应用软件提供运行与开发的环境，帮助用户灵活、高效地开发和集成复杂的应用软件。

在基于双重预防机制的企业级信息化平台建设过程中，报告处理、数据库访问、在线监测监控管理等功能的开发同样需要中间件的技术支撑，所用到的中间件主要包括消息中间件、应用服务器、地理信息、流程管理等。

（1）消息中间件的主要功能是在应用程序之间传送消息，这些消息可以在不同的网络协议、不同的操作终端和不同的应用软件模块之间传递。目前消息中间件的主要应用范围是利用高效可靠的消息传递机制进行数据交流，或者基于数据通信进行分布式系统的集成。

（2）应用服务器（application server）是一种服务器端中间件，为服务器端应用提供运行环境和访问接口。应用服务器通常为部署在其上的应用业务逻辑提供企业计算所必需的各种服务，如事务、消息、安全、存储、集群等，以满足高可用性、安全性、可扩展性和可靠性等企业计算需求；同时，应用服务器定义了各种应用程序接口和开发框架，帮助开发者专注于业务逻辑，以简化应用开发。应用服务器还提供各种客户访问接口和访问协议，支持对服务器端应用业务逻辑的访问。平台中处理硬件采集数据并向平台提供web服务的模块，都是采用应用服务器程序的模式。

D 系统结构

系统采取统一规划、集中管理、分级负责的建设原则，在系统设计和管理模式上充分考虑到系统的发展和变化的需要。B/S 结构即浏览器和服务器结构。它是随着 Internet 技术的兴起，对 C/S 结构的一种变化或者改进的结构。在这种结构下，用户工作界面是通过WWW 浏览器来实现，极少部分事务逻辑在前端实现，但是主要事务逻辑在服务器端实现，形成三层结构。这样就大大简化了客户端电脑载荷，减轻了系统维护与升级的成本和工作量，降低了用户的总体成本。

基于双重预防机制的企业级信息化平台采用 B/S 结构的网络应用，能实现不同的人员、从不同的地点、以不同的接入方式访问和操作共同的数据库；它能有效地保护数据一致性和管理访问权限，解决了原先系统中存在的数据时效性慢、一致性差以及系统维护工作困难等问题。具体优势为：维护和升级方式简单，保持系统数据一致性，保证系统数据的实时性。

5.1.2.2 硬件说明

A 服务器

基于双重预防机制的企业级信息化平台和相应数据库部署在同一台机器上，准备一台同型号的服务器做镜像备份。这样，在某一台服务器出现故障的时候，可以将服务应用便捷地切换到另外一台服务器上，保证系统正常、连续的运行。数据库文件每天进行自动备份，备份文件自动传送到远程云端或者服务器上，以应对主机可能遇到当地灾害性的损毁。实际硬件应用也可以根据企业的实际情况进行调整。需要服务器 3 台，参考如下：

中文名：IBM System X3630 M4（7158I35）；

产品类别：机架式；

CPU 型号：Xeon E5-2420 1.9GHz；
内存容量：4GB DDR3（可扩充到 192GB）；
标配 CPU 数量：1 颗（可升级为 2 颗）；
网络控制器：集成双端口千兆网卡；
电源类型：热插拔冗余电源；
产品结构：2U；
RAID 模式：M5110 Raid 0，1；
扩展槽：4×PCI-e；
光驱：DVD。

B　移动终端

移动终端 APP 能安装到普通的 Andriod 或者 iphone 手机上，也能安装到专用的工业机、四防平板电脑（防水、防尘、防震、防压）上，企业可根据具体应用情况选择。

5.1.3　逻辑结构与功能架构

5.1.3.1　逻辑结构

“面向服务”“业务模块化”是系统在逻辑结构上的总体设计思路，从逻辑结构上来看，本系统大致分了三个部分，从下往上分别是数据层、系统功能层和用户操作层（即通常意义的 UI 层，用户界面层），如图 5-1 所示。

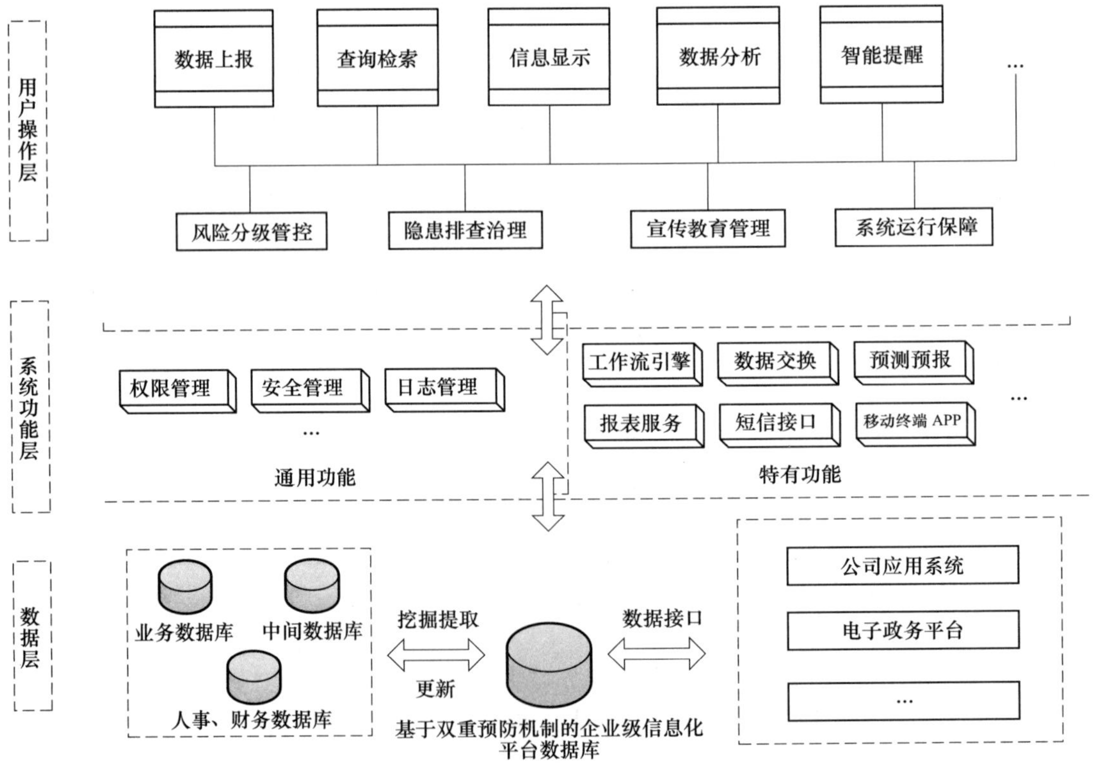

图 5-1　逻辑结构

（1）数据层。基于双重预防机制的企业级信息化平台包括三部分数据内容，分别是基础业务数据、中间数据库和人事、财务数据库。基础业务数据是整个安全生产管理系统的支撑，包括企业基本信息、隐患排查治理、危险源辨识、企业制度等内容；中间数据库指的是第三方摄像头、传感器硬件采集设备采集的数据；人事、财务数据库是标准化体系运行处置关联的基础数据库都与人事、财务数据库关联，形成企业的体系管理。这三类数据经过挖掘提取，统一更新到基于双重预防机制的企业级风险管控系统数据库中。同时，系统考虑预留公司应用系统、电子政务平台等业务系统的数据库接口，数据层为系统功能层提供支撑服务。

（2）系统功能层。系统功能层指的是平台具体功能模块的实现，包括“权限管理”“安全管理”“日志管理”等通用模块，还包括查询引擎、数据交换、预警预报、设备管理、隐患治理、教育培训、短信接口、移动终端 APP 应用等模块。系统功能层为用户操作层提供支撑服务，抽象成具体功能子系统，具体为风险分级管控子系统、隐患排查治理子系统和系统运行保障子系统。

（3）用户操作层。用户操作层直接面向终端应用用户，包括隐患数据上报、查询检索、信息展示、危险源辨识、监测监控、数据分析和智能提醒等功能，可以通过个人电脑和移动手机终端交互访问，也可以在指挥调度中心大屏进行展示，满足用户在办公场所、生产现场和差旅过程中的使用需求。

5.1.3.2 平台功能框架

基于双重预防机制的企业级信息化平台建设方案采取 B/S 结构和手机 APP 终端应用相结合的方式。系统部署在信息中心机房的服务器群中，机房的网络设备、安全管理设备为平台的正常、稳定运行提供安全保障。同时，平台系统预留政府、企业等相关信息系统的接口，随着业务的应用完善，今后也考虑把相关业务部署到企业云平台或者专业公司提供的云平台上。

系统总体上包含 4 个子系统，分别为：风险分级管控子系统、隐患排查治理子系统、宣传教育管理子系统和系统运行保障子系统。系统拥有自己的关系数据库，包含安全生产管理的基础数据，同时，生产现场的视频采集信息、传感器采集数据、安全检查时隐患情况等诸多信息，通过无线网络上传到平台系统，形成统一、丰富的平台数据基础。

授权用户通过 Internet、3G 和 4G 网络，可以访问到系统。系统根据不同的用户设置不同的访问权限，访问终端支持普通办公的 PC 电脑、移动手机、iPad 等终端。这样，办公室和出差在外的工作人员，都能方便地访问到系统，安排日常的工作。具体的平台系统架构如图 5-2 所示。

具体的功能模块如图 5-3 所示。

（1）风险分级管控子系统。风险分级管控模块从风险管理、风险管控、风险动态展示等三方面展开，具体流程就是在对风险辨识的基础上，对作业过程的动态过程进行监测；在企业空间分布图上，用红、橙、蓝、黄四色进行标识，形成四色安全风险空间分布图，企业安全风险进行动态展示；同时指导企业设置安全风险公告、警示标志，对风险日志进行记录和统计分析。具体功能模块有风险清单、岗位告知卡、风险公告栏、绘制地面区域安全风险空间分布图、绘制地下矿山安全风险空间分布图、固有风险展示、作业风险展示、风险日志和风险统计等模块。

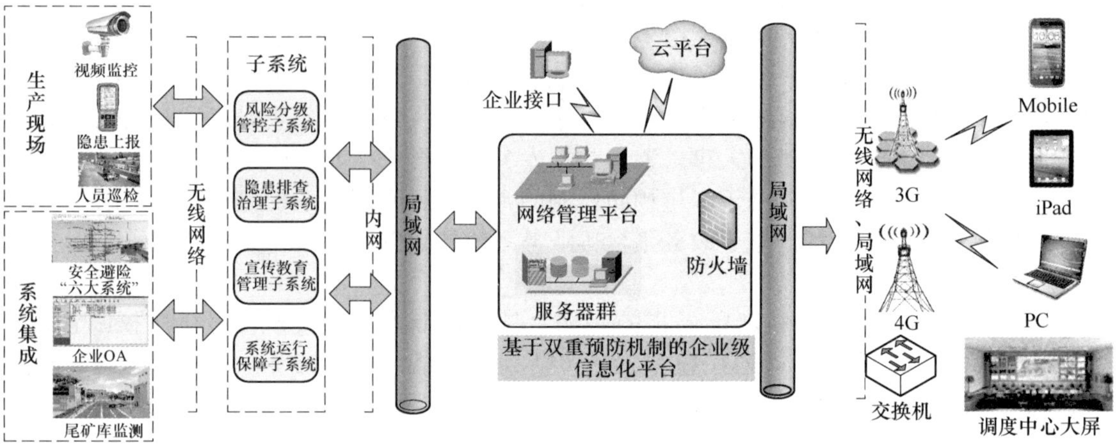

图 5-2　系统架构

图 5-3　基于双重预防机制企业级信息化平台功能框架

（2）隐患排查治理子系统。隐患排查治理模块从安全检查、隐患填报、隐患治理等三方面展开，具体流程就是在对安全检查的基础上，对生产的动态隐患进行排查治理，对偏离正常轨道的隐患或者问题进行治理与控制。具体功能模块有综合检查、专项检查、审批模式、整改模式、复查模式、销案模式、隐患导出、重大隐患管理和数据分析等模块。

（3）宣传教育管理子系统。宣传教育管理子系统从宣传、教育、考核等三方面展开：宣传是提供国家法律法规、安全生产知识库、员工安全生产行为光荣榜和曝光台等功能，树立企业员工的良好的安全意识；教育是对企业员工进行安全教育，再对从业人员的行为不断进行纠正与规范；考核则贯穿整个安全生产信息化平台，对员工参与安全生产的行为进行跟踪、考核。具体功能模块有安全生产知识库、培训教育、培训教材、专家管理、智能提醒、考核等模块。

（4）系统运行保障子系统。系统管理模块是为了保障信息流转系统稳定运行而设置的一些辅助管理功能，核心由系统管理员控制，主要包括数据字典、系统功能、单位组织、系统日志和文件管理功能。数据字典是指系统在运行过程中可以根据企业实际需要调整的增删改的常用典型数据，例如评估方法、检查类型、隐患类型等常规模式化的数据；系统功能主要是指本系统含有的所有功能模块；单位组织主要包含部门、岗位、角色和用户管理；系统日志包含登录、访问、异常日志等信息；文件管理能够提供给用户共享和个人保存的所有文件。

5.2 风险分级管控子系统

风险分级管控子系统指企业员工在风险辨识的基础上，对辨识出的安全风险进行整理分析，展示安全风险评估结果表、重点岗位告知卡和安全风险公告栏，形成符合国家要求的风险清单，根据编制出的风险清单从地面与井下两个区域分别用红、橙、黄、蓝 4 色进行标识绘制安全风险空间分布图，形成四色安全风险空间分布图，从而在安全风险空间分布图上静态展示企业的固有风险，伴随着作业危险的辨识，动态展示企业的作业风险；同时，指导企业设置安全风险公告、警示标志，对风险日志进行记录和统计分析。

风险管控和隐患排查之间相互关联，关系具体的工作流程图如图 5-4 所示。具体的隐患排查治理细节将在 5.3 节详述。

5.2.1 风险管理

用户根据国家法律法规，对企业危险有害因素、重大危险源、岗位风险、作业场所风险进行分析、辨识。辨识过程独立于软件系统之外，辨识结果形成 4 类数据并采用红、橙、黄、蓝 4 色进行分级管理，系统提供这些数据的维护和管理工作，有相应的链接查看其监测状态或者监测数据；对于重大岗位风险设置标志牌，系统进行记录管理。具体功能描述如下：

（1）风险清单。通过辨识企业安全生产过程中的危险有害因素，建立企业生产过程中危险有害因素库并录入系统中，形成风险清单并进行管理。如图 5-5 所示。

（2）岗位告知卡。一般金属非金属矿山企业的岗位风险主要包括片帮冒顶、爆炸、中毒窒息、机械伤害、触电等。辨识完毕之后，把岗位风险进行分级并录入软件系统中。具体岗位风险数据项包括风险编号、岗位名称、风险名称、预防措施等信息，如图 5-6 所示。

（3）风险告知栏。一般金属非金属矿山企业的作业场所风险主要包括中毒窒息、冒顶

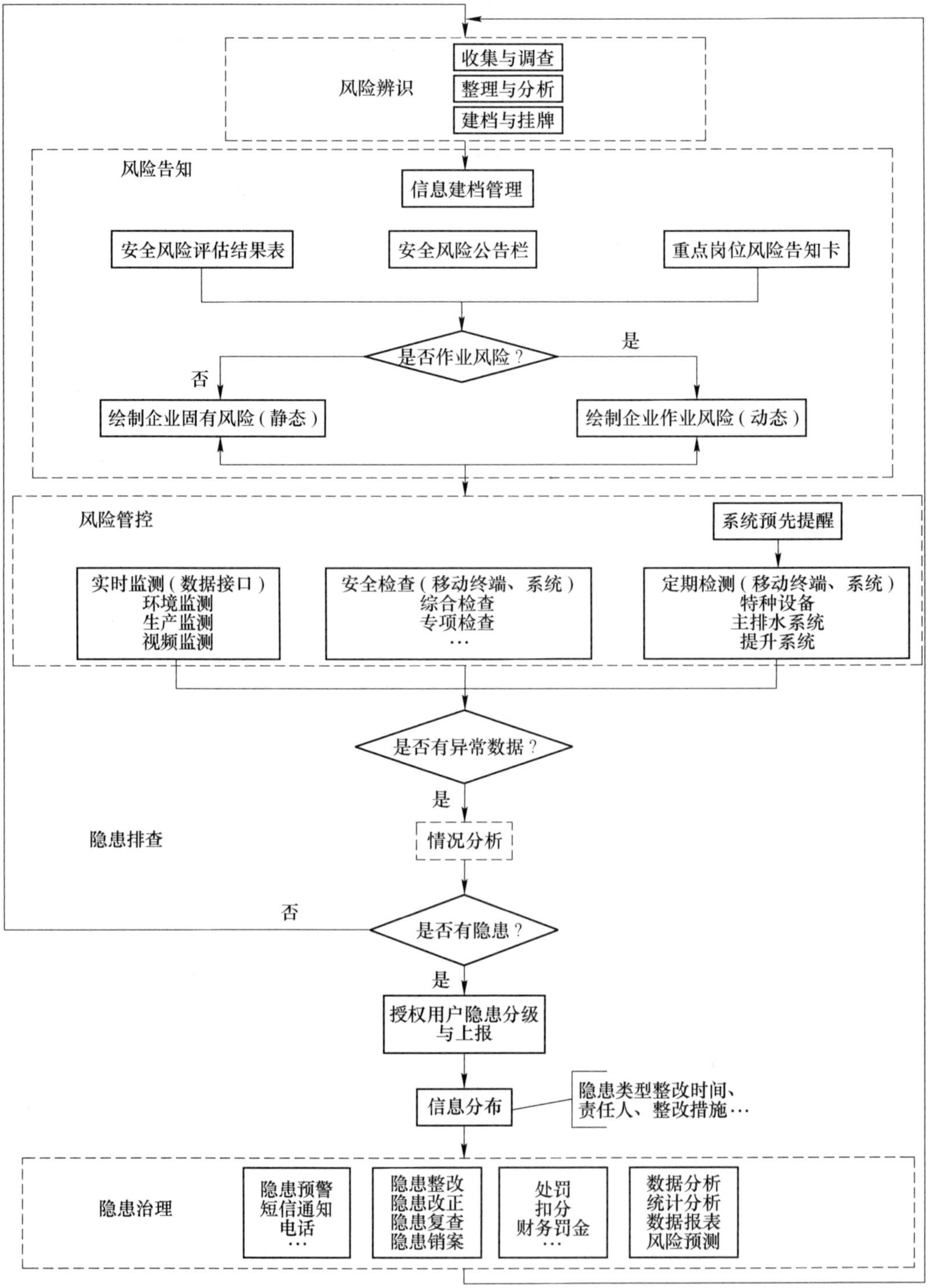

图 5-4　风险分级管控子系统工作流程图

片帮、火药爆炸、机械伤害、高处坠落等。系统提供这些信息的管理维护，具体明细为：作业场所风险辨识、风险种类、风险内容、预防措施等。如图 5-7 所示。

图 5-5 企业风险清单展示效果

图 5-6 企业岗位告知卡展示效果

5.2.2 风险管控

风险管控具体功能模块有绘制地面区域安全风险空间分布图、绘制地下矿山安全风险空间分布图、实时监测、定期检测等模块。

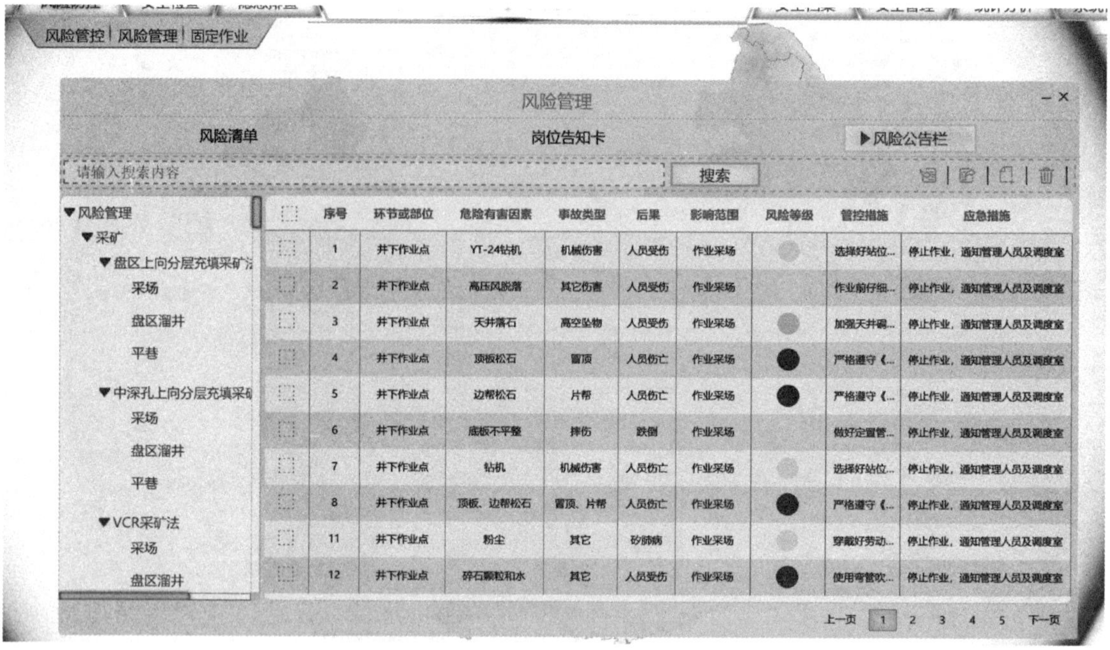

图 5-7　企业风险公告栏展示效果

5.2.2.1　绘制安全风险空间分布图

绘制空间分布图，就是在对风险辨识的基础上，对作业过程的动态过程进行监测；在企业空间分布图上，用红、橙、蓝、黄 4 色进行标识，形成 4 色安全风险空间分布图，企业安全风险进行动态展示；同时，指导企业设置安全风险公告、警示标志，对风险日志进行记录和统计分析。

（1）绘制企业固有风险（静态）。以地下矿山为例，选取要绘制企业的一个中段水平，绘制各个中段的固有风险。如图 5-8 所示。

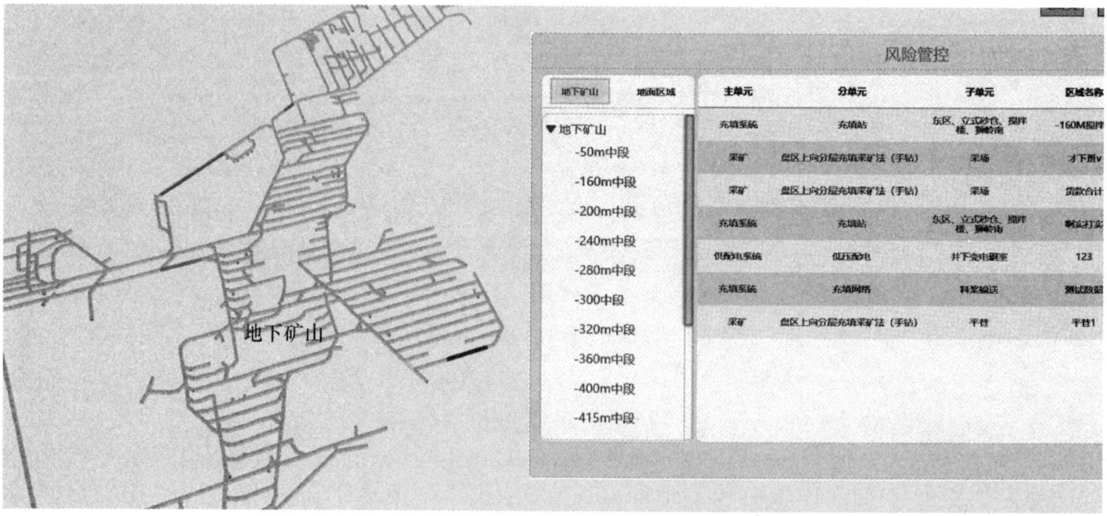

图 5-8　绘制地下矿山固有风险展示效果

（2）绘制企业作业风险（动态）。根据作业要求，绘制企业作业风险。如图 5-9 所示。

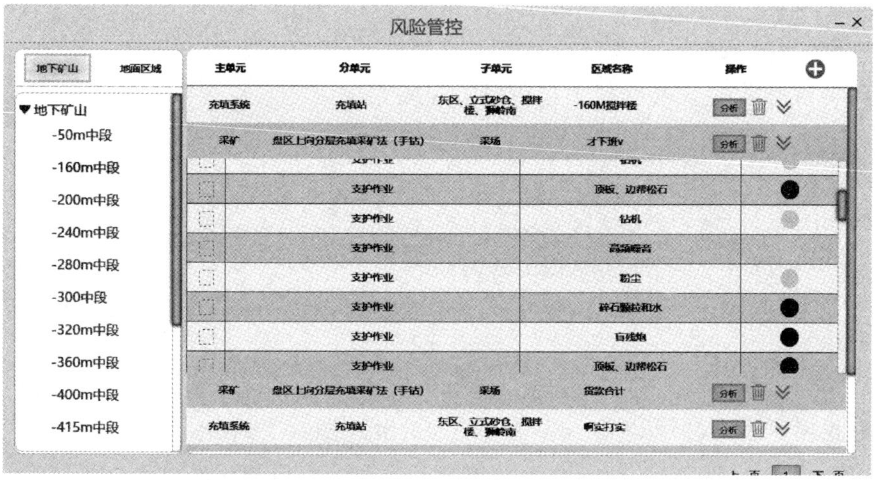

图 5-9 绘制地下矿山作业风险展示效果

5.2.2.2 实时监测

实时监测是针对企业安全生产数据运行状况、环境参数、仪器设备及机电设备运行状况，进行监测监控的综合性监测监控系统，通过有线、无线网络“规律”进入信息中心机房服务器中，用以显示、通过平台系统监测预警。

A 生产环境监测

环境监测主要指对金属非金属矿山作业场所的危险源（尾矿库浸润线的高度、坝体位移情况、库水位、干滩、降雨量等）、风险进行监测。对一般金属非金属矿山企业来说，目前主要包括各种有毒有害气体及工作面的作业条件。如地灾监测、空区监测等内容。实现过程如下：

（1）已经部署仪器设备并设置预警。通过原系统提供的数据接口接入数据监测和预警数据，对于监测数据，提供对数据的查询、查看、统计分析、预测分析等功能；对于预警数据，经相关责任部门确认后形成隐患，设置整改期限，进入“控制”流程。

（2）已经部署仪器设备未设置预警。通过原系统提供的数据接口接入数据监测，系统提供对数据的查询、查看、统计分析、预测分析等功能；研究各类数据的预警机制，当接入数据超出正常范围时，就形成预警信息，经相关责任部门确认后形成隐患，设置整改期限，进入“隐患治理”流程。

（3）新增仪器设备。在指定生产现场安装部署监测仪器设备，接入监测数据，研究并设置数据预警机制。当接入数据超出正常范围时，就形成预警信息，经相关责任部门确认后形成隐患，设置整改期限，进入“隐患治理”流程。系统提供监测数据的查询、查看、统计分析、预测分析等功能。

B 视频监控

视频监控主要是生产现场、重要岗位的视频监控。对于安装在爆破器材库和油库的视频设备，应具备防爆功能。视频采集信息统一集中到生产调度中心，根据配备的视频服务器存储容量大小，设置视频信息保存时间。系统提供视频的查询、实时查看、回看等功能。实现过程如下：

（1）已经安装视频监控。直接通过视频接口接入视频采集数据。

（2）新增视频监控。安装视频监控设备并接入视频采集数据。

5.2.2.3　定期检测

按照国家法律法规，对特种设备设施、主排水系统、通风系统等定期进行检测检验。检测人员手持移动客户端，检测过程中实时将数据上报到系统中，同时支持系统录入的方式。系统提供检测数据的增删改等维护功能，也能进行查询、查看、报表统计和预测分析。如图 5-10 所示。

对于检测的异常数据，生成隐患，进入“隐患治理”流程。对相关责任部门或者个人，根据企业规章制度进行处置，通过曝光、罚金、扣分等措施，规范设备设施的定期检测行为。

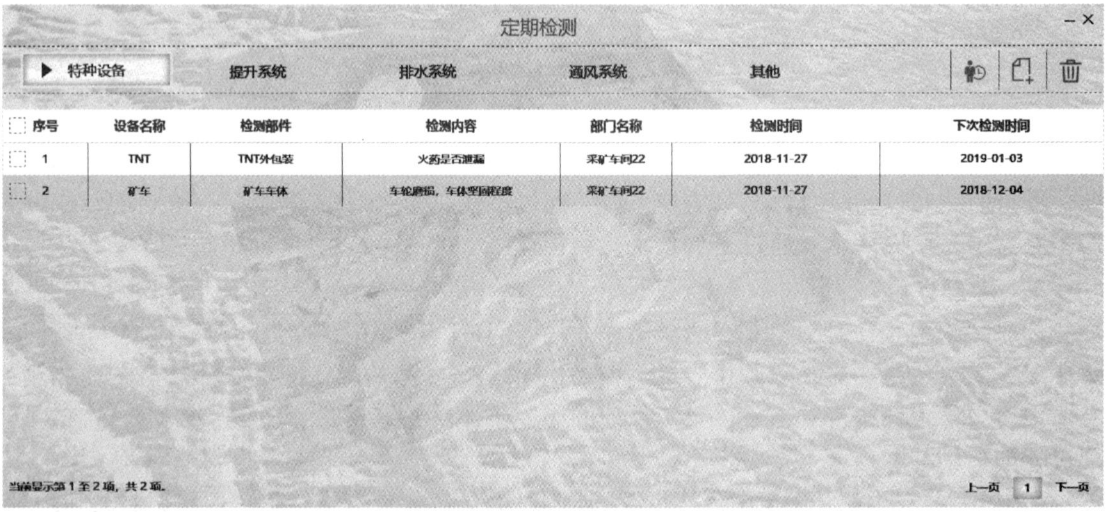

图 5-10　定期检测展示效果

5.2.3　风险动态展示

企业对重大和较大风险岗位实行挂牌制，实物标志牌设置于岗位工作场所。标志制定和挂牌的工作独立于软件系统之外，系统提供岗位风险标志牌的管理和维护。

5.2.3.1　电子地图标识

对于企业的风险辨识结果，采用列表的形式，对风险辨识档案进行管理，每条记录有相应的风险管控措施和具体的现场风险告知详情；同时，系统提供风险的电子地图标识。在企业平面的地图上，采用红、橙、黄、蓝 4 色标示各个区域的风险分布情况；同时，还能结合地理信息系统的功能，以框选、点选等方式查看指定区域内的风险情况，方便企业用户直观、明了的方式了解本企业的风险分布及风险等级。具体效果如图 5-11 所示。

图 5-11 电子地图标识展示效果

5.2.3.2 风险日志

对企业来说，随着作业活动的变化和隐患的出现，风险会动态变化。为了实现过程控制和有效的动态监控，特设计了风险日志记录风险动态变化过程，方便企业用户随时查看风险变化过程。具体效果如图 5-12 所示。

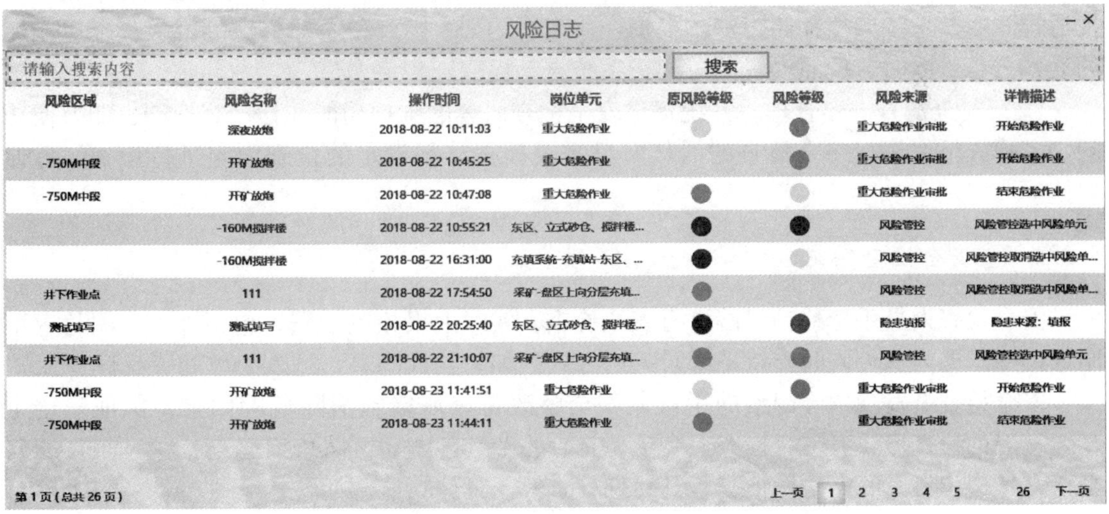

图 5-12 风险日志展示效果

5.2.3.3 风险统计

为了方便企业用户随时查看风险变化过程，特设计风险统计功能，方便用户对风险变化进行统计分析。具体效果如图 5-13 所示。

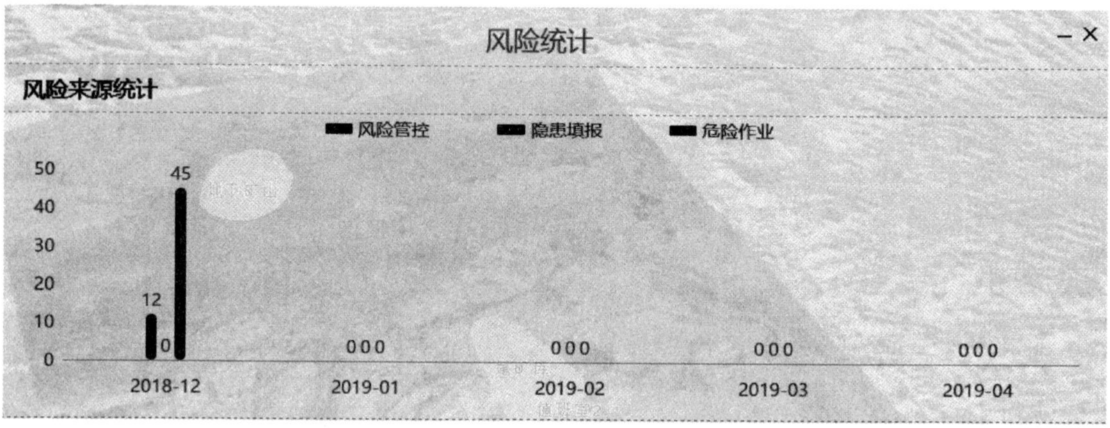

图 5-13　风险日志展示效果

5.3　隐患排查治理子系统

5.3.1　安全检查

安全检查是发现危险因素的手段，隐患整改是为了采取措施消除危险因素，保证安全生产。

5.3.1.1　安全检查计划

（1）制定安全检查计划。相关部门制定安全检查计划，然后报上级单位进行审批。审批通过之后，系统归档存储跟踪。根据企业现有的 OA 接口和通知公告的模板，生成相应的通知公告；同时，按照设置的时间，系统自动提醒到相关人员。

（2）安全检查内容管理。系统提供安全检查内容的维护功能，移动客户端也能方便访问。工作人员在执行安全检查的时候，只需要根据计划设定的检查内容进行检查，方便快捷。

5.3.1.2　安全检查实施

安全检查人员手持移动终端进行安全检查，实时上报相关数据，包括文本、图片等不同数据格式的内容，同时支持系统录入的方式。如果构成隐患，进入隐患处置流程。

安全检查是发现危险因素的手段，安全整改是采取措施消除危险因素，保证安全生产。一般的检查形式有综合检查、专项检查、季节性检查、区队班组巡查、专（兼）职安全检查、岗位自查、合法性检查、针对性检查等。具体功能包括：

（1）安全检查内容管理。系统提供安全检查内容的维护功能，移动客户端也能方便访问。

（2）安全检查实施。安全检查人员手持移动终端进行安全检查，实时上报相关数据，包括文本、图片等不同数据格式的内容，同时支持系统录入的方式。

PC 端展现形式见图 5-14，手机端展现形式见 5.6 节。

图 5-14　综合检查展示效果

5.3.2　隐患填报

5.3.2.1　“监测”异常结果处置

对于安全检查的异常结果，根据《安全检查与隐患整改管理制度》，处罚具体的责任部门或者责任人，系统记录相关信息并根据严重程度进行曝光，以系统提醒和手机短信的方式通知到具体相关人员。

同时，对于安全检查的异常结果，生成隐患，进入“隐患治理”流程；对于罚金情况，生成具体的处罚单，派送到企业财务相关人员，由财务人员执行相应的罚金操作。

5.3.2.2　隐患排查治理流程

根据隐患排查治理的相关要求，隐患排查治理模块提供对隐患按照上报、整改与复查的闭环管理，管理人员可以在平台中即时查询隐患的发现和治理情况，对发现的问题进行复查；对于处理结果，系统提供符合国家安监系统要求的隐患报告单和统计报表。在隐患整治过程中，对“整改措施、责任、资金、时限和预案”等方面进行严格控制管理。具体的隐患排查治理流程如图 5-15 所示。

(1) 隐患信息录入。暂定隐患上报的部门包括：安全管理部门、机动部门和现场部门。系统提供隐患信息的录入的功能，隐患信息包括：隐患描述、隐患等级、责任单位、责任人、隐患原因、隐患地点以及隐患的整改治理措施、整改期限、预警方式等信息。

隐患信息录入完毕后，隐患处于预警状态，以系统提醒、手机短信通知、平台曝光等

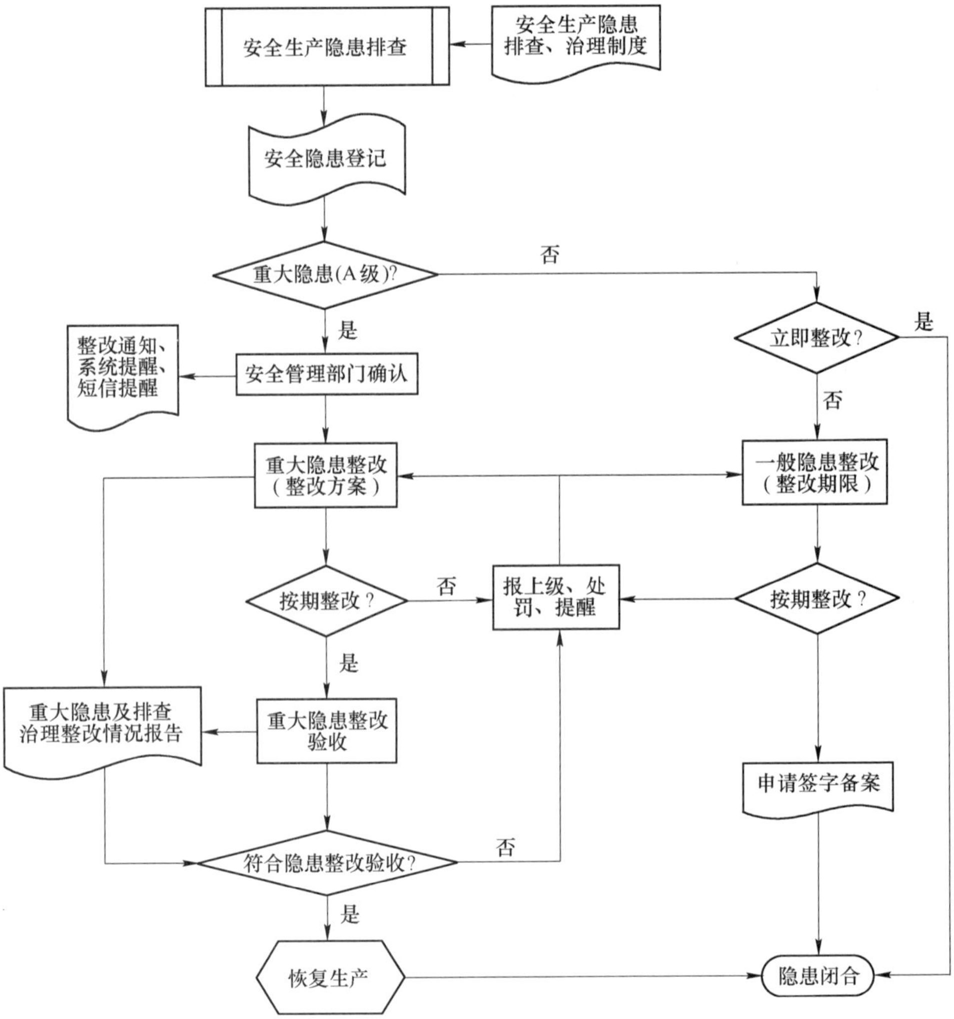

图 5-15　隐患整治流程

方式提醒相关人员。

（2）隐患信息管理。普通用户可以看到自己权限范围内的隐患整改情况，矿领导可以通过此项随时掌握全矿的隐患整改情况，也可以随时查看未整改完并且按要求没有整改完的隐患，使隐患处于监控中。

（3）隐患整改。

隐患转递：隐患确认后，打印隐患通知单，相关用户把隐患转递到指定的责任部门进行整改，加速信息周转效率。

隐患整改：隐患整改部门进行整改，同时记录相关整改信息和证据，进行备案，建立隐患排查全企业一本动态台账。

（4）隐患整改监督措施。

隐患分级管理：不同级别的隐患确定后，不同层次的部门监督处理。

隐患整改时限：根据隐患级别和整改的复杂程度，设置整改时限，时限内未整改完毕，给予相关责任人相应的处罚。

隐患整改复查：整改方案、采取的措施和验收复查结果必须经相关人员签字后，在系统中实现“痕迹化”处理，实现隐患的闭环管理。

具体效果如图5-16、图5-17所示。

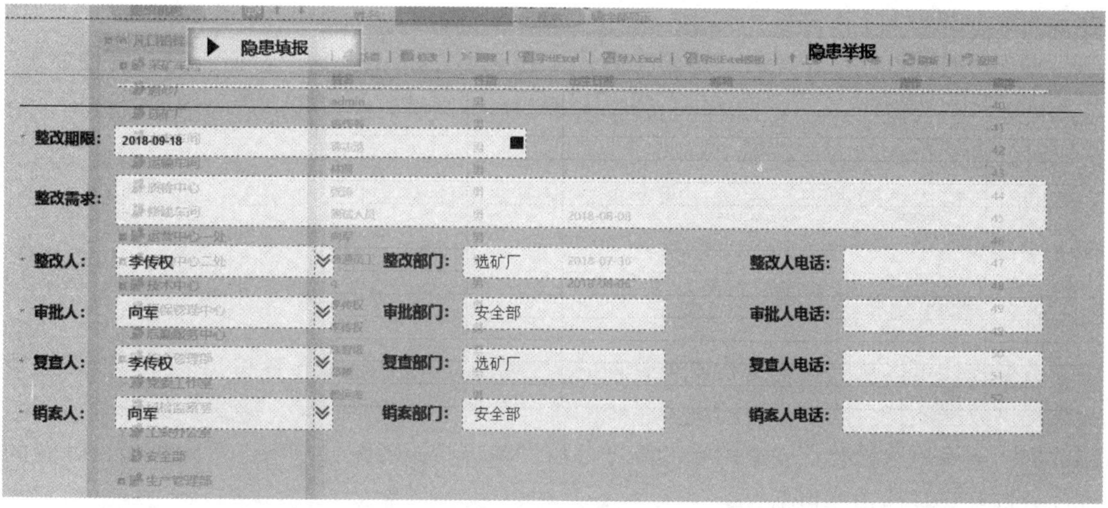

图5-16　隐患上报

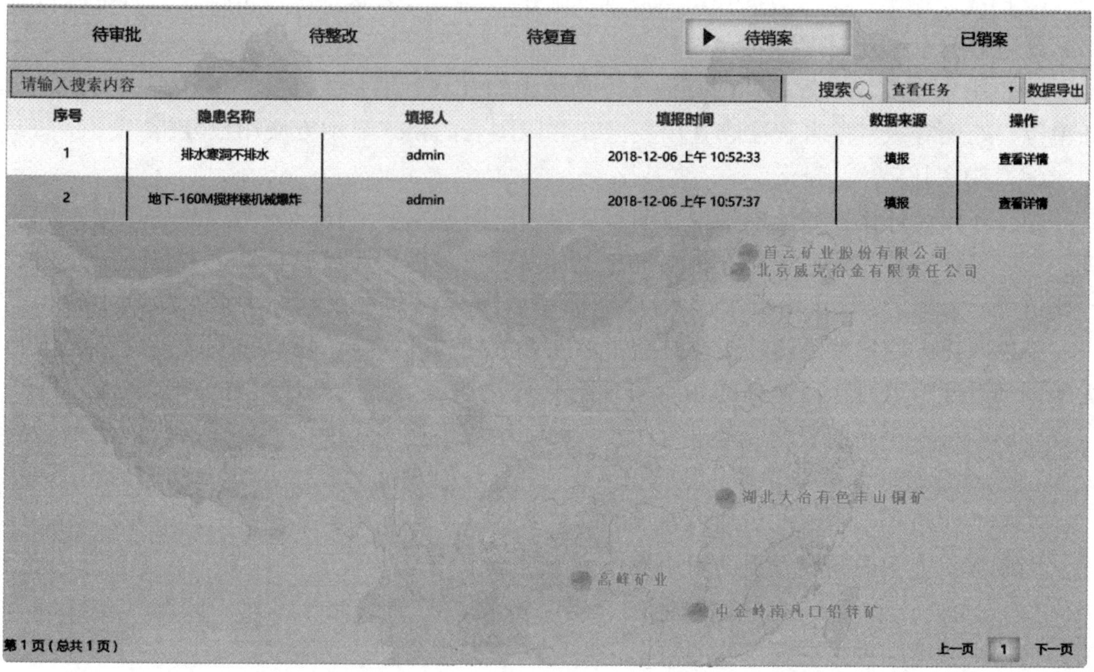

图5-17　过期隐患提醒

5.3.3 隐患治理

5.3.3.1 隐患导出

该功能主要是对审批模式、整改模式、复查模式、销案模式的隐患数据导出。

5.3.3.2 重大隐患管理

当危险源进行失控处理后，填报危险源失控整改记录，包括：失控时间、失控原因、整改措施、整改责任人、竣工时间、验收人等。系统提供失控处置信息的增删改维护，还提供对信息进行查询、查看等功能。

同时，重大危险源失控后，立即上报企业相关责任人、上级集团公司和当地政府，启动应急救援方案。

5.3.3.3 统计分析

数据统计可以从宏观上分析安全管理的运行状况，为企业领导者和安全管理人员宏观决策提供数据支持。隐患排查治理子系统的统计分析主要包括风险、隐患的统计分析，监测数据、定期检测检验、安全检查的统计分析，隐患整改的统计分析，危险源失控处置的统计分析等。具体功能包括：

（1）数据统计。对整个企业某一时间段隐患状态、类别、部门、处理等级、危害程度等信息进行统计分析。

（2）报表输出。实时数据和历史数据的输出，为管理者提供决策依据；同时生产符合国家要求的隐患排查治理报表。

（3）隐患图表。图表统计的查询条件是隐患的发现日期，统计隐患的状态、类别、责任单位、处理等级、危害程度、查出类型，并以图表的格式显示方便用户分析。

（4）隐患比较。

隐患环比：环比发展速度是报告期水平与前一时期水平之比，表明现象逐期的发展速度。系统设计以月为环比周期，将本月与上月发现数量进行比较，自动生成最近一年内的环比情况。公式为：环比增长速度 =（本月隐患数 − 上月隐患数）/ 上月隐患数 × 100% 。

隐患同比：同比发展速度主要是为了消除季节变动的影响，用以说明本期发现隐患与去年同期发现隐患对比而达到的相对发现隐患变化速度。系统设计以月为周期进行同比，将今年同期与上年同期发现数量进行比较，自动生成最近一年内的同比情况。同比增长公式为：同比增长率 =（本期数 − 同期数）÷ 同期数 × 100%。

本期数：今年一个比较周期内发现的隐患数；

同期数：上年的同期发现的隐患数；

（5）预测分析。系统通过实时监测、定期检测、安全检查等多种“监测”手段和方法，纳入企业不同种类的现场监测数据，当这些数据积累到一定程度，运用大数据风险分析预测指标体系，借助不同种类的数据挖掘方法，进行大数据分析计算，根据计算结果进行风险预测预警，分析企业风险的变化趋势，从而有针对性地进行预防，把安全工作做到

“未雨绸缪”。

具体统计效果如图 5-18 所示。

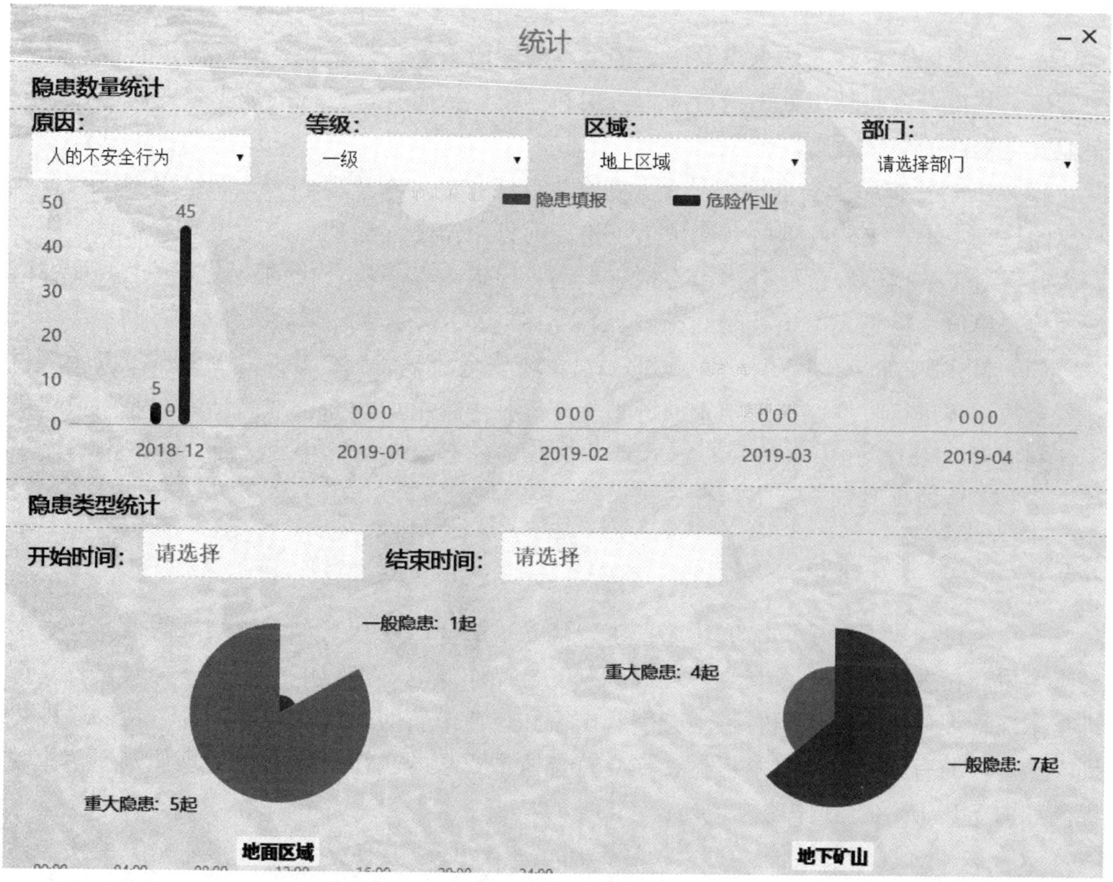

图 5-18　隐患统计

5.4　宣传教育管理子系统

宣传教育管理子系统从宣传、教育、考核等三方面展开：宣传是提供国家法律法规、安全生产知识库、员工安全生产行为光荣榜和曝光台等功能，树立企业员工的良好的安全意识；教育是对企业员工进行安全教育，再对从业人员的行为不断进行纠正与规范；考核则贯穿整个安全生产信息化平台，对员工参与安全生产的行为进行跟踪、考核。具体功能模块有安全生产知识库、培训教育、培训教材、专家管理、智能提醒、考核等模块。

5.4.1　宣传管理

5.4.1.1　安全生产知识库管理

安全生产知识库是非煤矿山双重预防机制安全生产信息化平台的一项辅助功能，方便企业职工在工作或者应急救援过程中查询、参阅资料所用。包含的内容有标准隐患库、安全检查库、MSDS 知识库等内容，系统提供这些数据的管理功能。

（1）标准隐患库。建立企业专属标准隐患库，包含隐患描述、隐患类别、责任单位、责任人、隐患原因、隐患地点以及隐患的整改治理措施等，方便企业对隐患进行统一、集中管理，并可对企业隐患数据进行深入应用和分析，从而有针对性的减少企业隐患，保障企业安全生产的健康运行。

（2）安全检查库。安全检查是企业安全生产工作的一项重要内容，系统编制符合企业特点的检查表单，支持各部门、岗位员工检查前打印输出，检查项和隐患节点关联，便于深入分析隐患数据，安全检查库包含检查类型、检查内容、检查目的、检查要求、检查区域、检查单位、检查人、检查时间等内容。

（3）MSDS（Material Safety Data Sheet，材料安全数据表）知识库。MSDS 知识库将材料安全数据表进行收集、整理与重新分类，使得其内容更加全面、准确，为企业用户提供了便利搜索。MSDS 知识库包含 CAS 编号、危险或编号、化学品中文名称、化学品英文名称、俗名、危险性类别、主要用途等内容。

5.4.1.2　法律法规维护

平台根据国家安全生产法的相关要求，建立了法律法规和安全管理制度规范台账，对与安全生产相关法律法规、安全管理规章制度、操作规范等进行电子归档，并对修订情况进行跟踪管理。用户可以随时随地查阅到国家和行业最新的法律法规和标准，帮助企业做到安全生产的有据可依和有章可循，建立符合体系要求的法律法规文档管理体制。该模块界面如图 5-19 所示，具体功能包括：

（1）法律法规信息维护。安全管理部门负责辨识并获取安全生产管理相关的法律法规、规章制度、操作规范等安全文件分类，填报法律法规和安全管理制度台账，包括：文件序号、文件编号、文件名称、版次、发布时间等。

（2）规章制度和操作规程维护和定期更新。根据安全检查反馈的问题、生产安全事故案例、绩效评定结果等，对安全生产管理规章制度和操作规程进行修订，填报修订内容，包括：修订时间、修订版本、修订内容摘要、修订人等，以确保其有效和适用，并保证每个岗位所使用的为最新有效版本。

（3）法律法规查询及清单列表。系统提供组合查询的功能，方便企业用户快捷查询到指定内容。同时，法律法规、规章制度等数据内容可以通过列表的形式进行展示。

（4）法律法规全文下载。对于具体的法律法规文件，系统提供全文下载的功能。

5.4.1.3　宣传活动

根据宣传活动计划安排，定期开展警示类、活动类、教育类等宣传活动。具体的宣传活动独立于系统之外，系统负责以通知公告、手机短信等方式提醒到相关人员；同时，宣传活动结束后，记录相关的宣传活动过程，包括时间、地点、参与人员、预期效果、现场情况、相关图片、视频等信息，供企业员工学习参考。

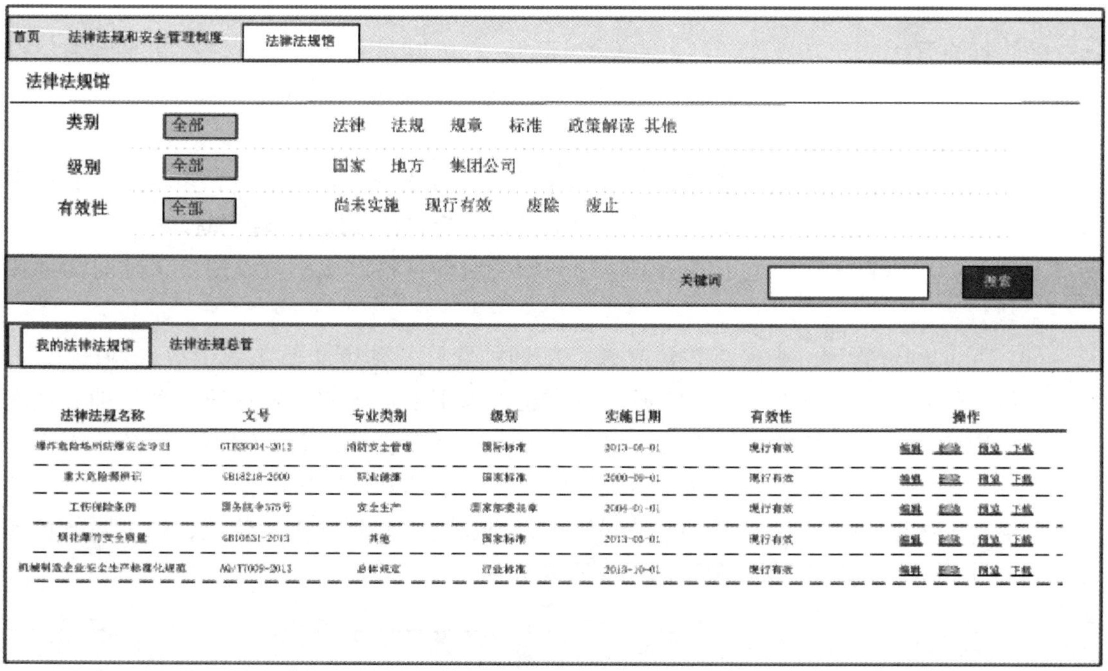

图 5-19 法律法规与安全管理制度

5.4.1.4 企业理念管理

安全理念也称安全价值观，随着外部环境和企业的发展而更新。理念确定后，在系统显著位置和企业生产现场宣传安全理念。理念的形成过程独立于系统之外，系统提供安全理念的维护功能，并且在系统的显著位置进行展示。

5.4.2 教育管理

5.4.2.1 培训管理

（1）培训计划制定。参考问卷调查的结果，企业按照规定及岗位需要定期制定教育培训计划种类，包括新员工入职培训、全员教育培训、特殊工种上岗教育培训、安全管理人员培训等，规划企业每年的宣传与培训安排，主要包括培训的范围和对象（针对岗位）、宣传教育方式（警示类、活动类、教育类）、培训计划落实（责任部门、责任人、时间安排、内容与经费预算）等内容，在系统中作为数据字典供教育培训计划制定模块使用，系统提供培训计划信息的维护和管理。

计划制定后，上级单位进行审批。审批通过之后，系统归档存储跟踪。根据企业现有的 OA 接口和通知公告的模板，生成相应的通知公告；同时，按照设置的时间，系统自动提醒到相关人员。

（2）培训实施。系统采用在线培训的方式，培训教师以 PPT、视频的方式进行讲解，参与培训的人员只需登录系统就可以参与。培训记录自动计入系统档案，让员工在工作之余，能学习到更多的安全知识和专业知识。

系统拥有强大的交互操作功能，参与培训的人都可以在文档上做标注、文字沟通，点对点或点对多点的文字提问、回答。培训后，可将培训过程录制视频，并在平台上公布，以延长培训的效果。

(3) 培训总结。对培训组织者，培训结束后，培训内容、培训素材、参与人员、培训教案、效果评估等所有培训结论生成具体记录保存，最终形成统计分析和报表。

对学员，可以自主点播或下载培训视频和相关培训材料，从而可以使员工随时随地接受安全教育培训。

(4) 培训师资管理。平台维护建立教育培训师资库，师资队伍主要由有经验的工人、技术人员、管理人员以及外部专家组成。专家还可以用于企业的安全管理教育培训、技术咨询、标准化评估、应急救援技术支持等工作。专家信息包括姓名、性别、年龄、工作单位、职称、职务、专业特长等内容。系统提供专家信息的管理维护服务。

(5) 培训档案管理。平台维护企业员工的培训情况、资格证书的管理，以不同颜色区分培训和证书的有效状态，简单明了，如图 5-20 所示。

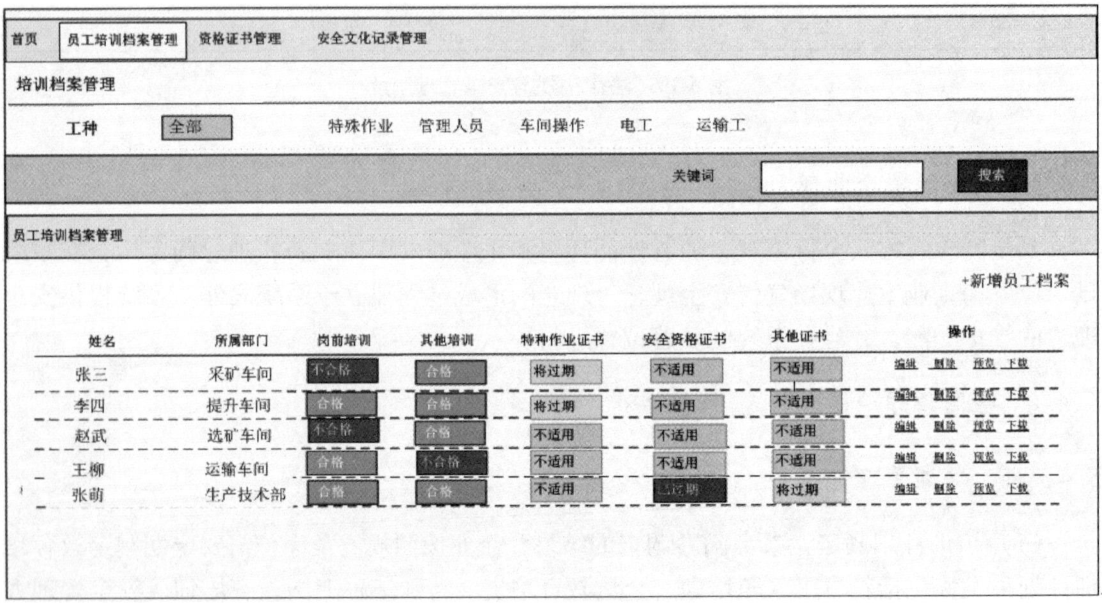

图 5-20　培训档案和资格证书管理

5.4.2.2　考务管理

(1) 题库管理。企业用户根据培训内容和企业对岗位考核要求，编制相应的考试题库。试题有判断题、选择题等类型，供考试计划执行时，自动生成试卷所用。

(2) 考试计划管理。根据考核要求，制定考试计划，包括考试时间、考试地点、参与人员、考试内容等相关信息。制定考试计划后，系统根据设置时间，以手机短信、系统提醒等方式提醒到相关人员。

（3）考试实施。根据考试计划，实施考试。用户登录到平台，进行考试，所有考试提交内容进行保存。

（4）考试评判。指定用户登录系统，对考试提交内容进行评判。对于客观题，系统根据预设的标准答案自动评分；对于主观题，用户评分，最终得出考试结果。

（5）考试结果管理。考试结果公布后，参与考试的人员可以查到本人具体的考试分数，相关管理部门可以对整个考试结果进行管理、查询。同时，系统对考试结果以手机短信、系统提醒等方式提醒到相关人员。

5.4.3　绩效管理

（1）考核对象管理。系统提供考核对象的增删改维护，提供查询查看等管理功能。考核对象包括五类：采掘生产单位、辅助生产单位、地表生产单位、外协施工单位、机关职能部门，每类考核对象下面又包含企业的具体部门，具体以企业要求为准。

（2）考核指标管理。系统提供这些安全生产信息化平台的各项指标的维护功能。维护内容包括指标的类型、名称、指标分值、指标、权重、指标系数以及计算公式等内容。

（3）绩效考核

1）评分。安全生产管理部门会同有关部门专业人员定期对本单位安全生产信息化平台的实施情况进行评定，评分人员借助系统进行打分，还可实现多人同时评分，评分完毕之后进行综合统计汇总，得出最终结果，形成初步评审意见，完成安全环保部制定的季度/月度/年度等考核任务。具体评分界面效果如图 5-21 所示。

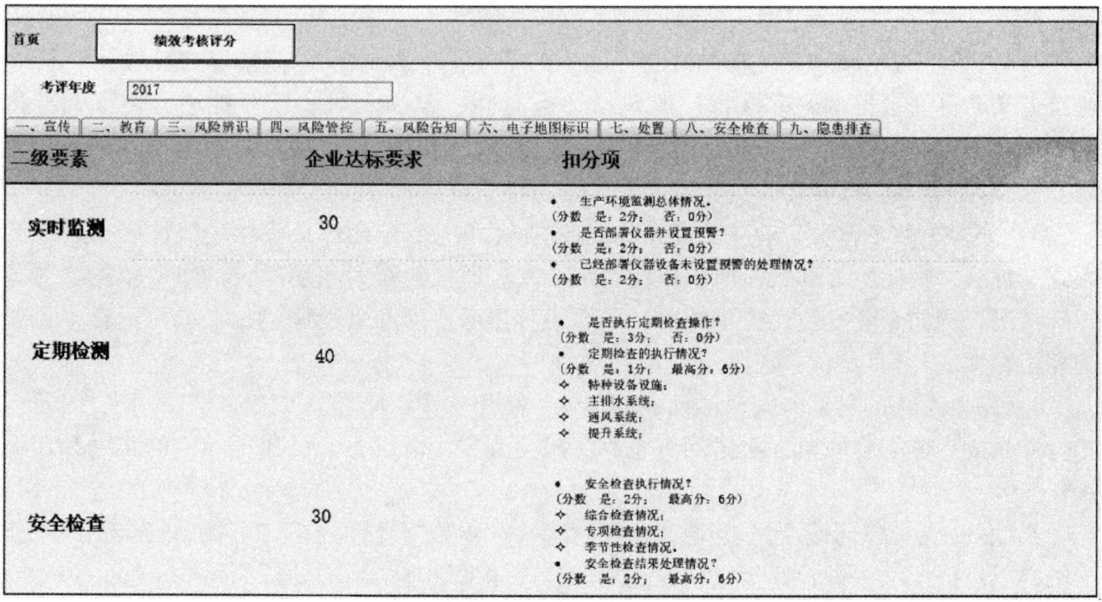

图 5-21　绩效考核评分

2）查询。评分完毕之后，相关部门登录系统，查询到部门的扣分情况、得分情况；为完善绩效考核提供参考。

(4) 绩效考核结果处理

1) 考核结果统计汇总、报表输出。各部门考核完毕后，将上季度考核完成指标报安全生产管理部门，企业安全管理部门可以结合考核分数输出各要素的得分雷达图，使企业通过考核了解企业安全生产建设的薄弱环节，并能及时完善。具体效果如图 5-22 所示。

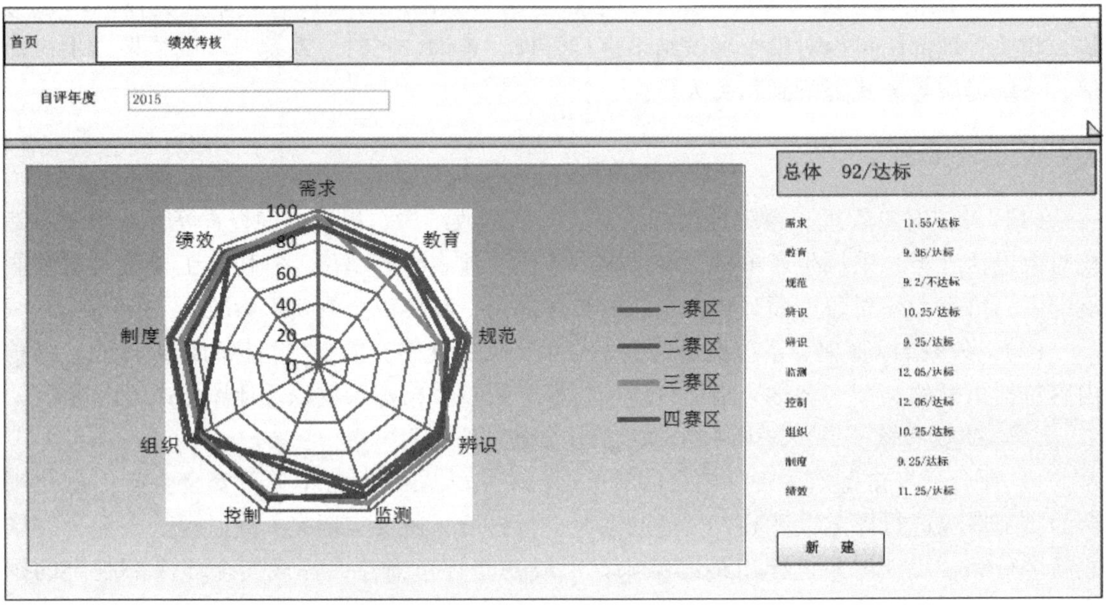

图 5-22　绩效考核结果

2) 评审报告生成。系统将结合企业输入的基本信息及评审考核情况自动输出一套企业自定义的自评报告，评审报告一般包括评审时间、参加人员、评审综述、评审标准得分、评审等级、成熟经验、建议和持续改进等内容。同时，评审报告进行电子存档，作为后安全管理工作的查询参阅资料。

3) 完善绩效考核。企业主要负责人应对绩效评定工作全面负责。绩效评定结果形成正式文件后，将向所有部门、所属单位和从业人员通报，作为年度考评的重要依据。对于特殊情况，例如企业发生死亡事故后，需要对具体考核标准进行调整，形成更适合本企业的评定标准。

4) 绩效考核的奖惩。安全活动优胜单位、班组、个人考核，依据矿部活动文件执行，扣分并生成具体的奖惩单，派送到企业财务相关人员，由财务人员执行相应的奖励和罚金操作。

当绩效评定数据积累到一定程度，针对这些具体数据进行分析，可找出安全生产工作中的薄弱点，持续改进，逐步健全安全生产管理体系机制。

5.5　系统运行保障子系统

5.5.1　安全生产信息化平台门户

基于双重预防机制的企业级信息化平台建设能够实现所有文件制度发布，成为企业内部的一个文件发布平台，方便员工下载、浏览，使每位员工熟知企业制度和岗位职责，全面参与企业双重预防机制的建设。具体栏目包括：通知公告、文件制度表单管理、光荣榜与曝光台。

5.5.2　系统管理

（1）基本信息管理。系统基本信息主要包含企业基本概况、日期显示、天气状况等信息的展示，同时系统提供这些信息的维护功能。

（2）用户管理。对于基于双重预防机制的企业级信息化平台，部分信息是公开的，部分信息需要用户授权才能访问。对于所有登录的账号，系统会自动进行验证，没有授权的用户不能访问系统授权信息。系统管理员可对用户进行增加、删除、修改、查询等操作。

新建用户：系统管理员用户可以新建用户，用户有权限级别分类。拥有指定权限的用户可以操作特定权限的内容。

修改用户：系统管理员用户可以对用户的基本信息和权限进行修改。

删除用户：系统管理员用户可以删除用户。

查询用户：系统管理员用户可以查询指定条件的用户，并浏览其基本信息和权限信息。

（3）角色管理。角色管理借鉴 Windows 操作系统中角色管理的模式，角色可以管理授权，而授权能指定系统中的用户访问指定的资源。角色管理允许向角色分配用户，从而将用户组视为一个单元。建立角色后，可以在系统中创建访问规则。用户可以具有多个角色。例如，有些用户可能同时具有某个模块的访问权限和另一个模块的编辑权限。可以定义每个角色在系统中拥有不同的权限，同时具有这两种角色的用户将具有两组权限。系统管理员可对用户进行增加、删除、修改、查询等操作。

（4）模块和权限管理。系统对每个登录账号分配不同的权限，权限不同的账号登录到系统中所拥有的操作权限也不一致。主要体现在用户身份验证、用户角色验证、基于双重预防机制的企业级信息化平台模块访问、安全生产知识库等模块。

（5）日志管理。基于双重预防机制的企业级信息化平台设计了两类日志，系统“登录使用日志”和“数据库操作日志”。“登录使用日志”记载各用户登录及使用系统的情况；“数据库操作日志”在用户进行数据的录入与修改时，记载修改数据时的操作人员、修改时间、修改前的数据及修改后的数据。管理员可对日志进行查阅，便于发现数据录入错误时分清责任。

（6）系统服务自检与数据备份/恢复。在本系统中，后台服务主要包括 Web 服务、数据库服务。系统会每隔一定时间对各服务运行状态进行一次检测，确保系统中各服务能随时访问，并且数据能互通。

系统在数据库服务器中内置数据库自动备份程序，实现数据的定期完整备份。这样确保在系统出现严重故障后，数据也能得到很好的保留。系统恢复后，可对备份的数据进行导入操作，实现系统的稳定运行；同时，根据采用的数据库，也可以订制定期备份的服务。

系统服务自检：系统可以自动/手动检测服务器是否正常运行。

数据备份：数据定期自动完整备份，也可以手动完整备份。

数据还原：可以把备份的数据导入服务器，把系统从故障状态中恢复正常。

5.6　系统移动客户端

系统移动客户端作为基于双重预防机制的企业级信息化平台 PC 端的补充和完善，有着轻巧、便捷、方便携带的特点，拥有待办事项、通知公告、日常安全教育培训、安全检查、风险管理、隐患排查等现场数据采集、信息上报、信息提醒及管理反馈闭环运作处理功能。企业安全管理人员借助移动终端（Android 手机或平板电脑），通过移动客户端，调用本人所对应的安全检查表进行安全检查，并可将检查结果在软件中进行记录并上传；在工作或者巡检过程中，当发现隐患时，可通过软件将隐患信息进行上报，上报信息包括文字说明和终端拍摄的照片；系统可在离线和在线两种模式下工作，即使在没有网络的情况下，用户也可以使用如安全检查记录、隐患记录等功能，待有网络时系统再将其记录自动上传至服务器。同时，移动客户端还具有信息提醒功能，可提醒用户应及时完成的各项安全管理工作。具体界面效果如图 5-23 所示。

图 5-23　系统移动客户端功能界面

系统移动端软件基于 Android 系统以原生方式开发，使用简单，用户通过 Android 手机或平板电脑下载和安装 APK 方式就可方便使用。前文提到的功能模块大致可以分成三类：信息查看、信息录入上报和信息操作。系统可在离线和在线两种模式下工作，终端配置一定容量的存储卡，即使在没有网络的情况下，用户也可以使用安全检查记录、隐患记录等功能，暂存相关数据。待有网络时，系统再将其记录自动上传至服务器。具体工作流程图如图 5-24 所示。

（1）代办任务。可以直接办理现场安全检查任务；可以查看、处理各类安全检查任务。

（2）通知公告、信息提醒、应急知识。浏览、查询企业通知公告、信息和应急知识等内容。

（3）安全检查、数据采集与上报。安全检查时，可将现场检查笔录、处罚单等文书材料现场打印，在被检查对象签字或盖章后，扫描成电子文档，连同现场照片、录音、录像等材料一起回传到数据中心，既规范了检查程序，又提高了工作效率。

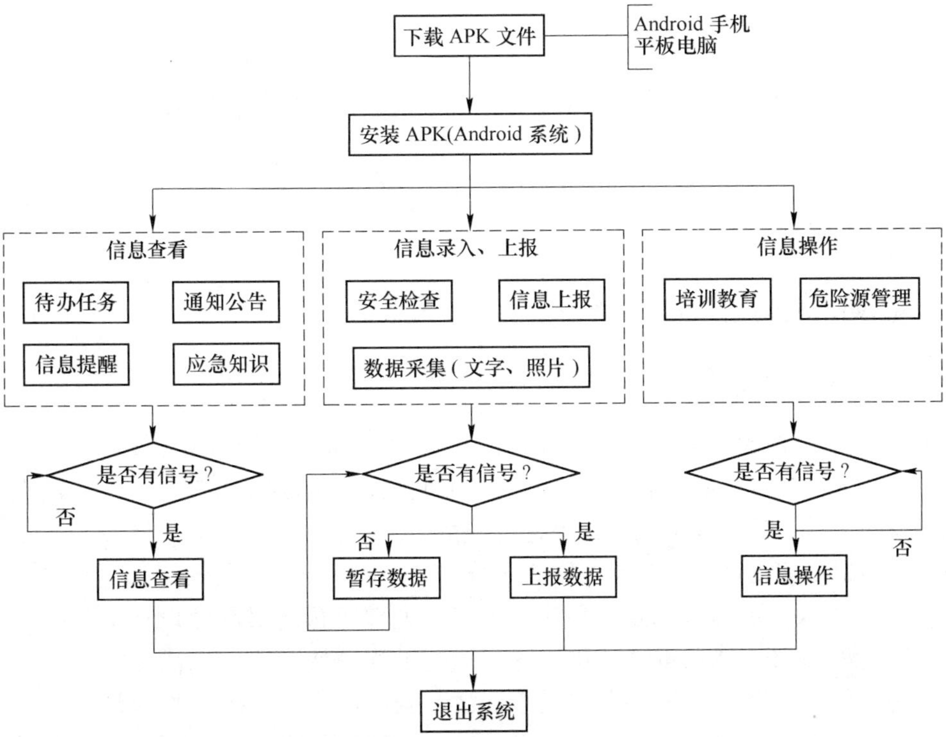

图 5-24 系统移动客户端工作流程图

1）现场取证：现场拍照（照片中带经纬度信息）或录像并附加描述信息。取照时自动调用手机照相功能进入拍照模式。拍照后照片保存到预先设定好的统一目录。

2）照片管理：管理已经存储的照片，包括照片的查看、删除、添加附属说明信息等。照片的附属信息包括：隐患类型、隐患等级、文字描述、地理位置等。

3）数据上传：用户可以选取一张或多张照片上传到指定的中心数据库中。上传照片时同时上传该照片的附属信息。

4）隐患定位：可定位隐患位置，以及方便查询到周围可能被影响的范围，同时可以通过定位在安检人员的位置。

5）现场笔录：包括进行现场检查、察看以及对于当事人或有关证人进行询问而当场制作的文书，提供现场打印笔录及笔录数据上传存档功能。

（4）在线监控。以图形和列表方式显示生产现场的在线监测数据、视频监控图像、环境监测数据等。

（5）培训教育。移动客户端实现和 PC 端一样的培训教育功能，可以进行在线培训、考核、资料查阅等功能。

6 双重预防机制持续改进

6.1 双重预防机制建设评估概述

6.1.1 双重预防机制建设质量概念

双重预防机制建设作为一项有目的的行为，必须具备一定的质量水平，才能满足企业安全生产的需求。双重预防机制建设质量直接或间接地影响到企业安全生产。所谓双重预防机制建设的质量，是指双重预防机制建设的优劣程度。

双重预防机制建设质量有广义、狭义之分：

（1）狭义的双重预防机制建设质量，仅指企业双重预防机制建设对安全生产发挥作用的优劣程度。主要体现双重预防机制建设执行过程中技术性、规范性的要求，如对法律法规及标准是否清楚，获取的资料是否确凿，安全风险评估单元划分是否合理，安全风险评估方法使用是否准确，安全风险分级管控措施是否可行，隐患排查治理是否有效等。

（2）广义的双重预防机制建设质量，则以安全评估机构为考察单位，指安全评估机构全部工作的优劣程度，包括安全评估操作和评估的作用、评估机构内部组织机构、安全评估管理工作对评估过程及评估结果的保障程度以及安全评估的社会效益等。广义的双重预防机制建设质量主要体现评估机构在运行中所要达到一定目标的要求，包括评估工作的深度，安全评估机构内部职能部门分工协作，安全评估人员及专家的资格要求和配备，安全评估的信息反馈和综合效益等。

6.1.2 双重预防机制建设质量过程控制原则和意义

双重预防机制创建过程控制是从双重预防机制创建内在规律出发，充分吸收了质量管理体系的精髓，也是实践中不断探索和创新的结果，是保证安全事业健康发展的重要管理手段之一。

（1）确立过程控制的原则。确立过程控制的原则是：

1）质量第一、预防为主。

2）健全制度、遵章守法。

3）落实责任、严格把关。

4）奖优惩劣、有错必纠。

（2）实施过程控制保证措施。实施过程控制保证措施如下：

1）组织保证。设置专门部门，负责双重预防机制创建过程控制的监督、检查、考核及日常管理；并对公司部门及员工进行检查和考核，对员工遵章守纪情况进行跟踪监督。

2）技术保证。签订技术服务协议，为双重预防机制创建提供技术支持，包括技术专家、技术标准、技术审核等。

3）制度保证。完善过程控制程序文件、岗位责任制度、规章制度，保证各项目、各作业环节有章可循。

（3）双重预防机制创建质量控制意义。安全评估机构建立过程控制体系的重要意义，主要体现在以下几个方面：

1）强化双重预防机制创建质量管理，提高双重预防机制创建工作质量水平。

2）有利于双重预防机制创建规范化、法制化及标准化的建设。

3）提高了双重预防机制创建的质量就能使双重预防机制创建在安全生产工作中发挥更有效的作用，确保人民生命安全、生活安定，具有重要的社会效益。

4）有利于双重预防机制创建管理层实施系统和透明的管理，学习运用科学的管理思想和方法。

5）促进双重预防机制创建工作的有序进行，使双重预防机制创建人员在过程中做到各负其责，提高工作效率。

6）可加强对双重预防机制创建人员的培训，促进其工作交流，持续不断地提高其业务技能和工作水平。

6.1.3 双重预防机制建设效果评估的原则与意义

6.1.3.1 双重预防机制创建效果评估基本原则

在开展双重预防机制建设活动中，必须明确政府和企业不同的角色定位，一方面坚持企业的安全生产主体作用，实现全员全岗位参与；另一方面政府要发挥推动作用，加强指导。

（1）企业主体。企业是安全生产的责任主体，因此也是开展双重预防机制建设活动的主体。开展双重预防机制建设活动重点是发动企业，让企业自觉主动地开展活动。企业必须开展双重预防机制建设活动，制定企业自评标准，开展经常性自评、自查、自纠，定期排查隐患，持续改进和提高安全生产标准。

（2）全员参与。安全生产工作涉及企业的所有从业人员，因此，开展双重预防机制建设活动，必须坚持全员全岗位参与。企业要针对每个岗位制定和完善标准规范与操作规程，并广泛动员企业领导、中层干部和从业人员，实行全员全岗位培训教育，提高每个人的安全意识和安全生产技能。

（3）政府推动。开展双重预防机制建设活动，政府必须担负起指导和推动责任。政府部门必须发挥推动作用，把双重预防机制建设活动作为安全生产监管工作的抓手，当作宣传和提高安全意识的一项经常性工作，常抓不懈，对企业进行指导、督促和检查。各级政府部门还要进一步建立完善评估考核机制，建立健全双重预防机制建设活动的推进组织，形成政府、中介机构、企业三位一体的工作体系，保障双重预防机制活动的长效运行。

（4）分类指导。从目前双重预防机制创建活动工作的进展情况看，对于量大面广的中小型企业，还存在一定的困难。在推动双重预防机制建设活动工作过程中，政府部门不能搞一刀切，应充分考虑到行业、地区和企业自身基础差别，分类、分层次地推进。在非煤行业强制企业开展双重预防机制建设活动，全面进行自评和评审。各级政府部门分别制定工作计划和实施措施，指导督促企业开展活动，企业集团制定工作计划和实施措施，对下属企业乃至车间进行具体工作部署。

6.1.3.2　双重预防机制创建效果评估意义

（1）探索了一个行之有效的安全生产工作方法。开展双重预防机制建设活动是企业搞好安全生产工作的一种好形式。有开展双重预防机制建设活动的企业认为："开展双重预防机制建设活动是一个很好的工具。开展双重预防机制建设活动不是安全管理工作另起炉灶，而是从安全基础工作入手，制订各工种、各岗位的安全操作规程，使每个从业人员按岗位标准进行操作，使设备设施、工作场所保持或恢复到技术规程、技术标准规定的安全状态"。开展双重预防机制建设活动形成了以落实各级人员安全生产责任制为核心，"分级管理、责任到人、全员参与"的安全管理新模式。企业的各级人员、各职能部门都要有明确的安全生产职责，安全工作不仅要抓人的行为，更要从技术、工艺、生产组织、设备设施、作业环境等人-机系统的各个方面保证安全，形成齐抓共管的良好局面。

（2）在排查治理安全生产隐患中起到了重要作用。开展双重预防机制建设活动，动员全体员工参加排查安全隐患。通过企业自评，排查出大量安全隐患并进行治理，使得企业安全生产状况明显得到改变，安全生产事故显著下降。在开展双重预防机制建设活动中，企业还投入了大量资金用于消除业已存在的安全隐患。

（3）企业员工的安全生产意识明显提高。开展双重预防机制建设活动，使企业员工的整体安全意识和安全素质普遍得到提高。企业组织全体员工系统学习法律、法规和技术规程、标准，开展不同层次、不同工种的安全教育活动，教育每个职工都必须了解各自岗位的危险有害因素，清楚自己的安全职责，掌握必要的紧急事件的处置技能。同时，以班组为单位，发动职工开展风险辨识活动，通过亲身参加，提高职工对安全生产的认识，由"要我安全"，变成"我要安全"。

（4）为政府创新监管方式和依法行政做了有益探索。开展双重预防机制建设活动，有助于推动安全监管部门创新监管模式和依法行政。安监部门通过对行业企业实施"分类指导，重点监管"，提高了工作的针对性、前瞻性、实效性，创新了监管方式。安监部门采取措施依法规范自己的监督检查行为，做到执法工作规范化和标准化，坚持执法过程的合法性和效能性原则，保障企业的合法权益不受侵害。

（5）在一定程度上解决了综合监管不到位的问题。安全生产综合监管工作一直面临着缺乏手段、缺乏方法、缺乏协调等问题。在开展双重预防机制建设活动中，安监部门与各行业主管部门立场一致、职责明晰，对企业的要求大致相同，易于达成共识而形成合力。因此，在开展双重预防机制建设活动中，可以形成部门之间相互协作、齐抓共管的工作局面，在一定程度上解决了综合监管不到位的问题。

6.2　双重预防机制建设质量过程控制体系

双重预防机制建设质量过程控制体系通常包括建立、运行和持续改进。

6.2.1 过程控制体系的建立

6.2.1.1 影响体系建立的因素和原则

双重预防机制建设质量过程控制体系是依据管理学原理、国家对双重预防机制建设的监督管理要求以及双重预防机制建设自身的特点这三方面因素而建立的。

就管理学原理而言，双重预防机制建设质量过程控制体系是遵循 PDCA 管理模式，包括预防为主、领导承诺、持续改进、过程控制四个环节。体系的建立还要考虑双重预防机制建设的行政管理部门的要求，国家主要从人员管理、机构管理、质量控制和内部管理制度这四方面对企业提出要求。企业在考虑上述两个因素的基础上，还应详细分析自身的特点，建立适合自己的过程控制体系。

双重预防机制建设质量过程控制建立质量保证体系应遵循以下原则：

（1）决策者必须重视。任何管理模式的成功建立，任何管理方法的有效实施，任何改革措施的真正落实，都离不开决策者的重视，尤其是最高管理者的重视和支持。这种重视和支持必须是决策者主观意识的反应，也就是完全的自觉行动。“重视”就是在充分明白和理解在市场经济和竞争的大环境之下，质量管理的重要性和迫切性，重视双重预防机制建设质量过程控制体系实质内容的确定和实施，而不是仅停留在文件上。

（2）全体员工必须参与。任何具体工作的落实，都需要通过各级人员的积极参与来实现。从双重预防机制建设质量过程控制体系的建立、运行到持续改进，都需要各级员工的积极参与，包括：提供双重预防机制建设项目策划的依据；收集资料；总结过去的经验教训；提出合理化建议；参与规章制度的策划；体系实施并检验其适宜性和有效性；提出持续改进的建议，等等。

（3）技术专家必须把关。双重预防机制建设质量过程控制体系的核心是对双重预防机制建设质量过程的质量控制，整个的体系运行都是围绕着双重预防机制建设工作开展的。在双重预防机制建设质量过程中，从合同评审、现场勘察、资料收集、危险辨识、隐患排查治理方案的编制直到报告的评审，整个过程都应配备技术专家审查把关，以确保各个环节的质量。通过技术专家的工作，使双重预防机制建设的业务水平得以提升，从而不断提高双重预防机制建设工作的质量。

6.2.1.2 控制体系建立的步骤

企业建立过程控制体系的基本步骤如下：

（1）建立双重预防机制建设质量过程控制的方针和目标。

（2）确定实现过程控制目标必需的过程和职责。

（3）确定和提供实现过程控制目标必需的资源。

（4）规定测量双重预防机制建设每个过程的有效性和效率的方法。

（5）应用这些测量方法确定每个过程的有效性和效率。

（6）确定防止不合格项并消除其产生原因的措施。

6.2.2　过程控制体系的运行

6.2.2.1　体系运行

企业在建立了过程控制体系之后，应使过程控制体系真正运行起来，使质量管理职能得到充分的实施。

实施过程控制体系时，需成立实施工作领导小组，对全体员工进行相关的双重预防机制建设过程控制体系的基础知识培训。培训工作可以自己进行，也可以外聘咨询人员和管理专家协助进行。通过培训来了解双重预防机制建设质量过程控制体系的基本原理、控制方针和目标、部门责任、操作方法，使得控制体系中的各个环节都有人负责，并且具有能力去负责。通过实施各种形式的检查和审核及信息交流，对不符合实际情况的项目及时纠正、不断调整和完善，逐步形成和保持能够自我发现问题、解决问题、调整管理、持续改进的过程控制体系的运行机制。

6.2.2.2　内部审核

企业利用内部审核的方法对双重预防机制建设工作进行全面检查和改进，有计划、有系统地定期实施内部审核，以验证自身双重预防机制建设的实施和有效性，持续改进管理体系：

（1）制定年度及每次实施的审核计划，报管理者代表审批。

（2）管理者代表任命审核组长，审核组长组织审核员组成审核组，确保审核的独立性。

（3）进行审核准备。

（4）实施现场审核，并记录审核结果，提出审核报告。

（5）将内审报告及不符合项报告及时发至所有部门，逐项采取纠正措施，并跟踪验证实施效果。

检查改进的情况应形成完整的记录，主要包括：年度内审计划；审核检查表；审核报告；审核实施计划；纠正措施计划及验证资料。

6.2.2.3　检查结果的改进

（1）需要改进的检查结果。需要改进的检查结果信息来源主要有：

1）双重预防机制建设质量过程中产生的不合格报告。

2）客户的投诉和服务质量信息。

3）内部审核中发现的不符合报告。

4）管理评审中的不符合报告。

（2）纠正措施的制定：

1）对一般不合格，应由企业的技术委员会及负责双重预防机制建设的有关人员组织讨论分析造成不合格的原因，有针对性地制定纠正措施。如对文件修改方面的一般不合格，企业责成双重预防机制建设人员重新审查；培训及格率低，由讲课人员予以补讲或重新培训；发现不合格的，咨询组要对问题进行分析研究，并会同被咨询方提出整改建议。

2）对严重不合格的，由技术委员会负责进行调查分析，召集有关部门人员讨论，分析造成不合格的实际原因，制定纠正措施，防止同类事件再次发生。

（3）纠正措施的实施。有关部门制定纠正和预防措施，填写有关纠正和预防措施计划和实施情况表，由技术委员会审核，经管理者代表批准，交有关部门具体实施。

（4）效果验证：

1）各责任部门将纠正措施实施的有效情况上报技术委员会进行验证。

2）技术委员会就所有纠正措施实施情况和效果进行汇总，并向管理者代表汇报。

3）管理者代表确认所有纠正措施实施效果，并向上级汇报。

（5）预防措施的制定和实施：

1）企业应按月收集有关咨询质量的记录，按季分析质量信息。发现潜在的不合格，要研究其发展趋势，提出预防措施要求及时限，填写纠正和预防措施计划和实施情况表，由技术委员会或技术负责人审核，经管理者代表批准，交有关部门具体实施。

2）各部门按预防措施规定的时限组织实施，技术委员会对实施情况进行监督和检查，并将实施情况和验证情况向管理者代表汇报。

3）管理者代表确认所有纠正措施实施效果，并向企业最高管理者汇报。

6.2.3 持续改进

持续改进是创建双重预防机制控制体系的一个核心思想，体现了管理的持续发展的过程。以过程控制为基础的质量管理体系模式如图 6-1 所示。

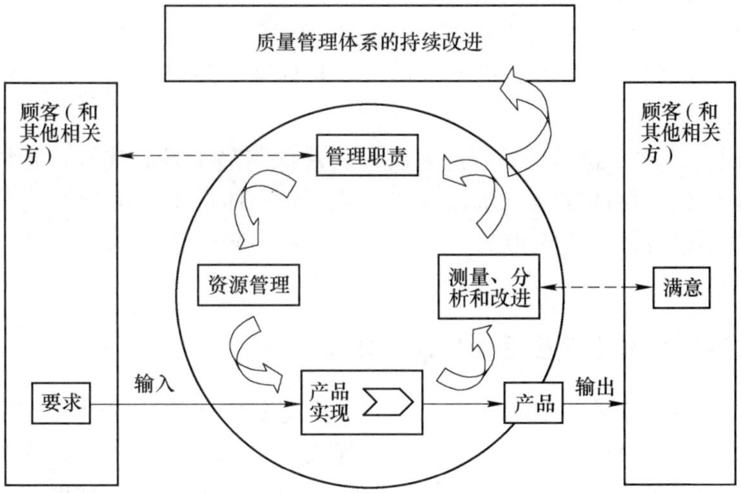

图 6-1 质量管理体系模式

持续改进的内容包括：

（1）分析和评估现状，以便识别改进区域。

（2）确定改进目标。

（3）为实现改进目标寻找可能的解决办法。

（4）评估这些解决办法。

（5）实施选定的解决办法。

（6）测量、验证、分析和评估实施的结果以证明这些目标已经实现。

（7）正式采纳更改。

（8）必要时，对结果进行评审，以确定进一步的改进机会。

持续改进是一个整体和系统的过程，是一个观念转变、思维进化和思想进步的过程。它不同于不符合的纠正预防，相对于不符合纠正预防的“点”（某一具体问题）或“面”（举一反三至某一类问题）上的变化，持续改进属于全方位的“形”的变化。因此，持续改进必须经过更长期的过程，需要经过无数次的不符合纠正预防，从不断的量变逐渐转化为质变，从行为的改善到思维和观念的进步，从管理结果的持续改进到管理能力的持续改进，逐步实现持续改进的飞跃。

6.3　双重预防机制建设质量过程控制体系内容

6.3.1　过程控制方针和目标

6.3.1.1　双重预防机制建设质量过程控制方针

双重预防机制建设质量过程控制方针是双重预防机制建设工作的核心，表明了企业从事双重预防机制建设工作的发展方向和行动纲领。

企业应有经最高管理者批准的双重预防机制建设质量过程控制方针，以阐明企业的质量目标和改进双重预防机制建设绩效的管理承诺。

（1）在内容上，方针应适合企业双重预防机制建设工作的性质和规模，确保其对具体工作的指导作用；应包括对持续改进的承诺，并包括遵守现行的双重预防机制建设法律法规和其他要求的承诺。

（2）在管理上，方针需经最高管理者批准；确保与员工及其代表进行协商，并鼓励员工积极参与；文件化，付诸实施，予以保持；传达到全体员工；可为相关方所获取。

双重预防机制建设方针应定期评审，以适应企业不断变化的内外部条件和要求，确保体系的持续适宜性。

6.3.1.2　双重预防机制建设质量过程控制目标

企业应针对其内部相关职能和层次，建立并保持文件化的企业过程控制目标。企业在确立和评审其过程控制目标时，应考虑法律法规及其他要求；可选双重预防机制建设技术方案；财务、运行和经营要求。目标应符合双重预防机制建设质量过程控制方针，并遵循过程控制体系对持续进行的承诺。

6.3.2　机构职责与培训交流

6.3.2.1　机构与职责

为了做好双重预防机制建设工作，必须对企业相关部门与人员的作用、职责和权限加以界定，使之文件化并予以传达。同时，机构应提供充足的资源，以确保其能够顺利地完成双重预防机制建设任务。

企业的最高管理者应确定本企业的过程控制方针，提供实施双重预防机制建设方案和活动以及绩效测量和监测工作所需的人力、专项技能与技术、财力资源，并在双重预防机制建设活动中起领导作用。企业还应明确与双重预防机制建设业务范围相适应的技术负责人和双重预防机制建设质量过程控制负责人。

明确企业内部的组织机构及职责，是双重预防机制建设质量过程控制体系运行的关键环节。职责不清、权限不明，会造成许多问题。只有企业中每一个人都按照规定做好自己的本职工作，共同参与双重预防机制建设质量过程控制体系的建设与维护，过程控制体系才能真正实现持续改进，并保证安全评估的工作质量。体系的建立、实施和维护均以企业为单位，按职能和层次展开。在体系运行过程中明确各职能部门与层次间的相互关系，规定其作用、职责与权限，是体系建立的必要条件，也是体系运行的有力保障。而且组织机构与职责的明确，也为培训需求的确定、信息沟通的渠道与方式、文件的编写与管理等若干环节的实施与保持，提供了基本的框架。

6.3.2.2 人员培训与业务交流

双重预防机制建设人员的水平对双重预防机制建设的质量起着至关重要的作用。定期的人员培训非常重要，同时应加强与外部的业务交流。人员培训、业务交流是保持一支高质量的双重预防机制建设队伍的必要途径。培训工作要求做到：根据双重预防机制建设人员的作用和职责，确定各类人员所必需的建设能力，同时制定并保持确保各类人员具备相应能力的培训计划，并且定期评审培训计划，必要时予以修订，以保证其适宜性和有效性。

在制定和保持培训计划或方案时，其内容应重点包括：工作人员的技能与职责，新员工的安全评估知识；还要注意跟随着时间进行针对双重预防机制的法律、法规、标准和指导性文件的培训；针对中高层管理者的管理责任和管理方法的培训；针对分包方、委托方等所需要的培训。

6.3.3 过程控制体系文件的构成及编制

6.3.3.1 控制体系文件的构成与内容

双重预防机制过程控制体系是企业为保障双重预防机制建设工作的质量而形成的文件化的体系，是企业实现其质量管理方针、目标，进行科学管理的依据。

双重预防机制过程控制体系文件一般分为三个层次：管理手册（一级）、程序文件（二级）、作业文件（三级），其层次关系和内容如图 6-2 所示。

（1）一级文件——管理手册。过程控制管理手册是企业根据双重预防机制建设过程控制的方针和目标，全面描述双重预防机制建设过程控制体系的文件，主要供机构中、高层管理人员和客户以及第三方审核机构使用。管理手册应表述企业的双重预防机制建设质量保证能力，涉及以下内容：方针目标、职责权限、人员培训和双重预防机制建设过程控制的有关要求；关于程序文件的说明和查询途径；关于手册的评审、修改和控制规定。

（2）二级文件——程序文件。程序文件是机构根据双重预防机制建设过程控制体系的

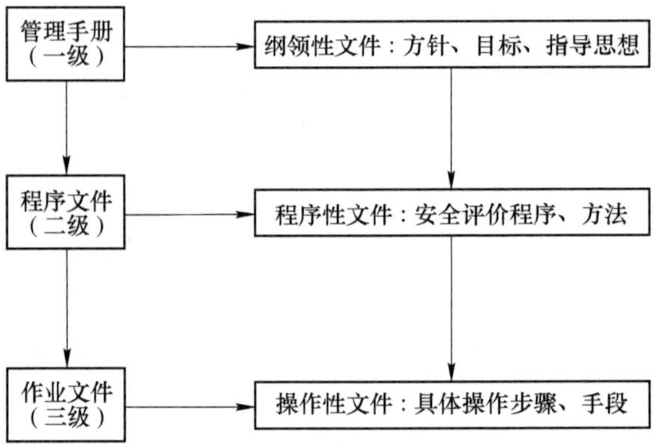

图 6-2　双重预防机制过程体系文件层次框图

要求，为达到既定的双重预防机制建设过程控制方针、目标所需要的程序和对策，描述实施双重预防机制建设涉及的各个职能部门活动的文件，供各职能部门使用。程序文件处于双重预防机制建设过程控制体系文件的第二层，起到一种承上启下的作用：对上，它是管理手册的展开和具体化，使得管理手册中原则性和纲领性的要求得到展开和落实；对下，它应引出相应的支持性文件，包括作业指导书和记录表格等。

（3）三级文件——作业文件。作业文件是围绕管理手册和程序文件的要求，描述具体的工作岗位和工作现场如何完成某项工作任务的具体做法，是一个详细的操作性工作文件。作业文件是第三层文件，包括作业指导书、记录表格等。作业文件的相关内容为：

1）作业指导书通常包括三方面内容：干什么、如何干和出了问题怎么办。

2）记录表格是体系文件的组成部分，是双重预防机制建设职能活动的反映和载体；是验证双重预防机制建设过程控制体系的运行结果是否达到预期目标的主要证据；是过程控制有效性的证明文件，具有可追溯性；为采取预防和纠正措施提供依据。在编写程序文件和作业文件的同时，应分别制定与各程序相适应的记录表格，附在程序文件和作业文件的后面。

需要指出的是：双重预防机制建设过程控制体系文件应相互协调一致。各单位可以根据自身的规模大小和实际情况来划分体系文件的层次等级。

6.3.3.2　控制体系文件的编制

A　管理手册的编写

双重预防机制建设过程控制管理手册的编写要有系统性，避免面面俱到、冗长重复。管理手册不可能像具体工作标准或管理制度那样详尽，对各重要环节和控制要求只须概括地做出原则规定。在编写时，要求文字准确、语言精练、结构严谨，还要通俗易懂，以便本企业全体员工都能理解和掌握。

a　管理手册编写的一般性原则

指令性原则——手册应由机构最高管理者批准签发。手册的各项规定是机构全体员工（包括最高管理者）都必须遵守的内部法规，它能够保证双重预防机制建设过程控制体系管理的连续性和有效性。

目的性原则——手册应围绕质量方针、目标，对为实现双重预防机制建设质量方针、目标所要开展的各项活动做出规定。

符合性原则——手册应符合国家有关法规、条例、标准，同时还要与外部环境条件相适应。

系统性原则——手册所阐述的双重预防机制建设质量保障体系，应当具有整体性和层次性。手册应就双重预防机制建设过程中影响双重预防机制的技术、管理和人员的各环节进行控制。手册所阐述的双重预防机制建设过程控制体系，应当结构合理、接口明确、层次清晰，各项活动有序而且连续。要从整体出发，对企业运行的重要环节进行阐述，做出明确规定。

协调性原则——手册中各项规定之间，手册与机构其他双重预防机制文件之间，必须协调一致。首先，手册中的各项规定要相互协调；其次，手册与机构其他文件（管理程序、标准、制度）之间要协调。无论是在手册编写阶段，还是在体系运行阶段，都应该及时记录、处理手册中的规定与目前管理制度中不一致的内容。

可行性原则——手册中的规定，应从机构运行的实际情况出发，能够做到或经过努力可以达到。某些规定，尽管内容先进，如果组织不具备实施条件，可暂不列入手册中。

先进性原则——手册的各项规定，应当在总结双重预防机制建设管理实践经验的基础上，尽可能采用国内外的先进标准、技术和方法，加以科学化、规范化。

可检查性原则——手册的各项规定不但要明确，而且要有定量的考核要求，便于实施监督和审核，使编写出来的手册有可检查性。只有具有可检查性与可考核的手册，方能真正被认真实施。手册内容要简练，重点要突出。

b 管理手册编写程序

手册应当按照企业双重预防机制建设工作分析的结果，对体系的构成、涉及的内容及其相互之间的联系做出系统、明确和原则性的规定。

管理手册编写程序为：

(1) 确定双重预防机制建设过程控制管理手册要求和目标。

(2) 收集与分析资料。

(3) 分解与确定职能、职责、权限。

(4) 确定管理手册结构。

(5) 落实编写人员和制定编写工作计划。

(6) 审查和修订管理手册。

c 管理手册的内容

双重预防机制建设过程控制管理手册一般应包括如下内容：

(1) 双重预防机制建设过程控制方针目标。

(2) 组织结构及双重预防机制建设管理工作的职责和权限。

(3) 描述按本企业运行中涉及的重要环节。

(4) 双重预防机制建设过程控制管理手册的审批、管理和修改的规定。

B 程序文件的编写

程序是为实施某项活动而规定的方法，双重预防机制建设过程控制体系程序文件是指为进行某项活动所规定的途径。由于程序文件是管理手册的支持性文件，是手册中原则性要求的进一步展开和落实，因此，编制程序文件必须以双重预防机制建设管理手册为依据，符合双重预防机制管理手册的有关规定和要求，并从企业的实际出发，进行系统编制。

a　程序文件的编写要求

（1）程序文件至少应包括体系重要控制环节的程序。

（2）每一个程序文件在逻辑上都应是独立的，程序文件的数量、内容和格式由机构自行确定。程序文件一般不涉及纯技术的细节，细节通常在工作指令或指导书中规定。

（3）程序文件应结合企业的业务范围和实际情况具体阐述。

（4）程序文件应有可操作性和可检查性。

b　程序文件编写的内容

机构程序文件的多少，每个程序的详略、篇幅和内容，在满足双重预防机制建设过程控制的前提下，应做到越少越好。每个程序之间应有必要的衔接，但要避免相同内容在不同程序之间的重复。

在编写程序文件时，应明确每个环节包括的内容，规定由谁干，干什么，干到什么程度，达到什么要求，如何控制，形成什么样的记录和报告等；同时，应针对可能出现的问题，采取相应的预防措施，以及一旦发生问题后应采取的纠正措施。

程序文件的结构和格式由机构自行确定，文件编排应与双重预防机制建设过程控制管理手册和作业指导书以及企业的其他文件形成一个完整的整体。

c　程序文件编写工作流程

程序文件编写的工作流程如下：

（1）成立编写小组，落实人员和责任。

（2）收集和分析现行的过程控制体系文件和相关资料。

（3）依据管理手册，分解确定程序文件清单。

（4）划分任务，组织有关人员结合机构的实际情况编写。

（5）反复讨论修改、经审批后发布。

（6）随着体系运行，时时监督。

（7）定期评估与完善。

C　作业文件的编写

作业文件是程序文件的支持性文件。为了使各项活动具有可操作性，一个程序文件可能涉及几个作业文件。能在程序文件中交代清楚的活动，不用再编制作业文件。作业文件应与程序文件相对应，是对程序文件的补充和细化。企业现行的许多制度、规定、办法等文件，很多具有与作业文件相同的功能。在编写作业文件时，可按作业文件的格式和要求进行改写。企业在建立双重预防机制建设程序控制体系过程中，应编制具有指导意义的双重预防机制建设作业指导书。

作业文件编写过程与程序文件编写相类似，这里就不再重复了。

D　记录的编写

a　记录具有的功能

记录是为已完成的活动或达到的结果提供客观证据的文件。它是重要的信息资料，为证实可追溯性以及采取预防措施和纠正措施提供依据。企业所产生的记录覆盖于过程控制的各个环节。

记录具有的功能如下：

（1）记录是双重预防机制建设过程控制体系文件的组成部分，是企业职能活动的反映和载体。

（2）记录是验证双重预防机制建设过程控制体系运行结果是否达到预期目标的主要证据，具有可追溯性。记录可以是书面形式，也可以是其他形式，如电子格式等。

（3）双重预防机制建设质量管理记录为采取预防和纠正措施提供了依据。

记录的设计应与编制程序文件和作业文件同步进行，应使记录与程序文件和作业文件协调一致、接口清楚。

b 记录编写的要求

根据管理手册和程序文件的要求，应对双重预防机制建设过程控制所需记录进行统一规划，同时对表格的标记、编目、表式、表名、审批程序等做出统一规定。记录可附在程序文件和作业文件的后面，将所有的记录表格统一编号，汇编成册发布执行。必要时，对某些较复杂的记录表格要规定填写说明。

记录的编制要求如下：

（1）应建立并保持有关双重预防机制建设过程控制记录的标识、收集、编目、查阅、归档、贮存、保管、收集和处理的文件化程序。

（2）记录应在适宜的环境中贮存，以减少编制或损坏，并防止丢失，且便于查询。

（3）应明确记录所采用的方式。

（4）按规定表格填写或输入记录，做到记录内容准确、真实。

（5）应根据需要规定记录的保存期限，一般应遵循的原则是，需要永久保存的记录应整理成档案，便于长期保管。

（6）应规定对过期或作废记录的处理方法。

c 记录的内容

记录的内容一般应包括以下几个方面：

（1）记录名称：简短反映记录的对象。

（2）记录编码：编码是每种记录的识别标记，每种记录只有一个编码。

（3）记录顺序号：顺序号是某种记录中每张记录的识别标记，如记录为成册票据，印有流水序号，可视为记录顺序号。

（4）记录内容：按记录对象要求，确定编写内容。

（5）记录人员：记录填写人、审批人等。

（6）记录时间：按活动时间填写，一般应写清年月日。

（7）记录单位名称。

（8）保存期限和保存部门。

6.3.3.3 编制双重预防机制报告

编制双重预防机制报告是双重预防机制建设工作的核心内容。

A　报告编制中可能出现问题

在编制双重预防机制报告过程可能存在如下等许多问题：

（1）不符合：打印、排版和装订不符合。双重预防机制报告中常常出现页码前后颠倒，标题编号错误，字号大小不符合相关规范，错字、别字较多，量的单位（外文）符号不规范和表格错位等现象。

（2）不深刻：

1）对于相关法律、法规和标准使用范围理解不深刻。双重预防机制建设是关系到企业能否符合国家规定的相关标准以及其生产活动过程能否保障劳动者身体健康与生命安全的关键性工作，要做好这项工作，必须以企业具体情况为基础，以国家相关安全生产的法律法规及相关标准为依据。这就要求在进行双重预防机制建设时，必须深入理解引用的法律、法规和标准中有关条款的真正含义。有的双重预防机制报告中，不能结合实际情况，生搬硬套标准条文，甚至对安全生产的法律、法规及标准引用不足。

2）对双重预防机制建设的要求与评估方法的选取原则理解不深刻。进行双重预防机制建设时，首先是针对企业的实际情况和特征，搜集有关资料，对系统进行全面分析；其次是对众多的危险、有害因素及单元进行筛选，针对主要的危险、有害因素及重要单元进行重点评估。由于各类评估方法都有特定的适用范围与使用条件，因此要有针对性地选用评估方法。这就对从业人员的专业素质提出了较高要求。但在当前许多企业中，很多从业人员并不具有安全工程或相关专业背景，常出现漏评和系统相关评估系数选取失当等现象。

B　改进双重预防机制报告编写问题措施

对于上述编制双重预防机制报告中常出现的问题，可采取以下措施进行改进：

（1）进行安全知识的系统培训，提高从业人员专业素质。

双重预防机制建设是一个专业性很强的工作。例如，在危险化学品生产企业中，压力管道、储罐、反应器众多，工艺流程复杂，要想全面地找出其危险源并对其危险性做出分析评估，化工专业知识及系统安全工程专业知识都必不可少，对建设人员的素质要求很高。

某行业的专业知识不能全部代替相关的安全知识。由于被评估对象的复杂性，情况各不相同，涉及的专业知识也非常广泛，每个人都很难做到精通，甚至对很大一部分都不熟悉，因此系统学习安全科学知识，是提高专业素质和业务能力的必由之路。

（2）加强从业人员道德修养，增强责任感，严把质量关。

双重预防机制建设是关系到企业能否符合国家规定的安全标准，能否保障劳动者身体健康与生命安全的关键性工作，关系到企业能否顺利进行生产活动。这个过程涉及一部分人的个人利益。如果建设人员不能严格要求自己，很容易出具虚假或不符合实际情况的报告。因此，要求广大从业人员应加强自身道德修养，以对生命负责的态度投入工作，增强责任感，严把质量关，认真写好每一份双重预防机制报告。

6.3.4　持续改进和档案管理

6.3.4.1　持续改进

A　计划

从效率、技术、质量等方面出发，双重预防机制建设人员应根据一定的资料和数据，确定自己应该持续改进的项目。确定适当的持续改进项目，编制持续改进计划，明确长期或短期计划完成的时间，明确需得到的资源支持。必要时，持续改进计划中可包括说明所采用的持续改进技术。对持续改进项目，要按照计划对其进行讨论确认。确认的内容主要有：

（1）各持续改进项目的现行运作情况。

（2）各持续改进项目的持续改进效果。

（3）上次讨论的改进问题点纠正及实施确认。

（4）根据各持续改进项目的现行运作情况提出新的改善要求。

B 纠正预防措施

a 纠正预防措施的含义

纠正预防措施的含义为：

纠正措施——为消除已有不合格或其他不期望情况产生的原因，并防止再次发生所采取的措施。

预防措施——为消除潜在的不合格或其他不期望情况产生的原因，并防止再次发生所采取的措施。

纠正预防措施、投诉申诉是对过程控制运行情况的监督。

对发生偏离方针、目标的情况，应及时加以纠正，预防不合格事件的再次发生。纠正预防措施能帮助评估机构防止问题的重复发生。评估机构应建立并保持投诉申诉处理程序，用来规定有关的职责和权限，以满足以下要求：调查和处理事故和不符合事件；制定措施纠正和预防由事故和不符合事件产生的影响；采取纠正和预防措施并予以完成；确认所采取的纠正和预防措施的有效性。

b 纠正预防措施的策划与启动

在策划纠正与预防措施时，应考虑如下因素：

（1）国家法律法规、自愿计划和共同协议。

（2）企业的质量目标，内部审核的结果。

（3）管理评审的结果。

（4）双重预防机制建设成员对持续改进的建议。

（5）所有新的相关信息。

（6）有关双重预防机制报告质量改进计划的结果。

在双重预防机制建设过程中，以下各个阶段情况下都可能发现不合格，均可启动纠正预防措施：

（1）在双重预防机制建设实施过程中，及技术总监对于评估组工作的审核、审查时。

（2）评估报告完成后，技术总监对于安全评估报告的审查以及政府部门或专家组对于安全评估报告的审核时。

（3）内部质量体系审核时。

（4）发生质量事故、事件时。

6.3.4.2 关键过程的控制与文件记录

双重预防机制建设完成后，应对涉及的所有文件进行归档，做好档案管理工作；并在此基础上生成数据库，设专人管理，以便资料查询，保证双重预防机制建设的质量。

A　双重预防机制建设关键过程

为了保证双重预防机制建设工作的顺利进行，确保双重预防机制工作的质量，应对双重预防机制的关键过程进行监控，制定相关的程序文件，并在双重预防机制建设过程中严格执行。

双重预防机制建设关键过程包括：

（1）双重预防机制建设人员及技术专家的调配。

（2）确定建设方案。

（3）现场调查。

（4）危险有害因素的识别和分析。

（5）评估方法的选择。

（6）评估单元的划分。

（7）风险评估。

（8）隐患排查治理。

（9）双重预防机制报告的编制。

（10）双重预防机制过程中形成的记录归档。

B　文件记录

必须建立并规范记录。记录应字迹清楚、标识明确，并可追溯相关的活动和能证明体系对机构运作的符合性。双重预防机制建设过程控制体系记录应便于查询，避免损坏、变质或遗失；应规定并记录其保存期限。

文件记录规定了对各项工作过程中形成的各类记录编目、归档、保存及处理实施控制，以确定记录的完整有效。

双重预防机制建设过程控制体系记录的主要内容有：实施双重预防机制建设过程控制体系所产生的记录；有关安全评估过程的记录。一般包括：

（1）建立安全风险清单和数据库。

（2）制定重大安全风险管控措施。

（3）设置重大安全风险公告栏。

（4）制作重点岗位安全风险告知卡。

（5）绘制安全风险四色分布图。

（6）建立安全风险分级管控制度。

（7）完善隐患排查治理制度。

（8）建立隐患排查治理台账或数据库。

（9）制定重大隐患治理方案。

（10）建立双重预防机制信息化平台。

6.4　效果评估的组织与实施

6.4.1　评估概述及程序

6.4.1.1　评估范围与评估原则

（1）评估范围。对于受评估的企业来说，评估范围也是企业双重预防机制建设的范围。

（2）评估的原则。

职业道德：诚信、正直、保守秘密（可签署保密承诺）、谨慎。

公正表达：真实、准确地进行报告。

职业素养：在评估中勤奋并具有判断力。

6.4.1.2 评估程序

（1）评估程序启动。成立以主要负责人为组长、相关职能部室负责人为成员的双重预防机制评估活动领导小组，明确工作机构和工作人员评估目的，确定评估的可行性，落实工作职责。

（2）现场评估准备。制定本企业双重预防机制建设活动工作标准和活动考核办法，准备工作文件。在各车间、各班组、各岗位全面开展自评活动。

（3）现场评估实施。评估活动领导小组实施现场评估（图6-3，图6-4）。

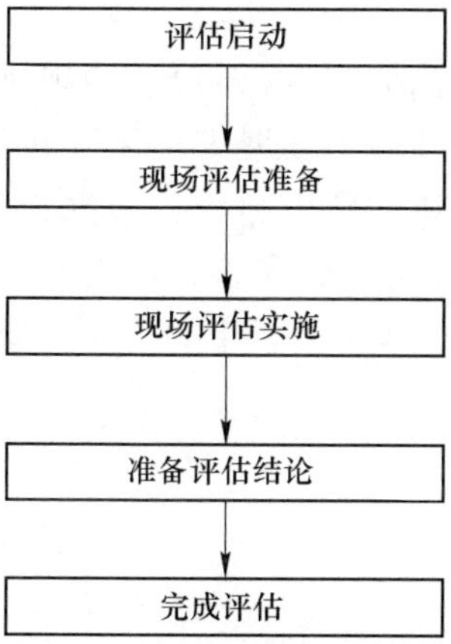

图6-3 评估工作步骤图

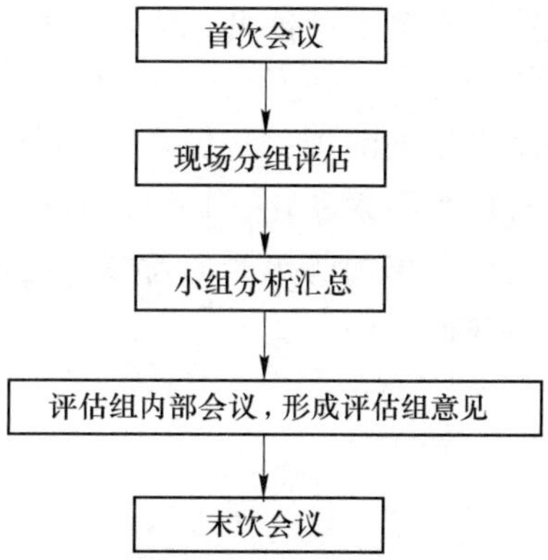

图6-4 现场评估工作程序

（4）评估结论。认真做好宣传培训工作，提高职工对双重预防机制建设活动的认识，发挥全员特别是一线职工的积极性和创造性，确保双重预防机制建设活动取得实效。

6.4.2 及时纠正偏差

通过和矿山企业级、车间级和班组级安全技术人员的讨论以及软硬件条件的补充完善，在提高安全技术人员对双重预防机制认识、安全意识及安全管理水平的基础上，不断梳理和完善企业双重预防机制建设内容。针对评估中发现的生产安全事故隐患以及安全风险管控措施落实不到位的情况，要认真分析原因，分析安全风险分级管控体系中存在的制度漏洞和管理缺陷，对发现的偏差及时逐项纠正，确保实现双重预防机制的持续改进和闭环管理。

组织安全生产权威专家评估，进一步完善企业自评。组织国内安全生产权威专家，对企业自评过程和自评结果进行评估；根据专家意见，进一步完善企业自评、软、硬件条件，最终形成企业双重预防机制评定所需的双重预防机制自评报告。

6.4.3　动态评估风险

企业应根据实际情况，每年至少进行一次全面的危险源辨识和风险评估工作，更新一次风险清单、事故隐患清单、安全风险图，以有效管控风险。除此之外，当出现以下情况时，应当重新开展风险评估：

（1）法规、标准等增减、修订变化所引起风险程度的改变。

（2）企业组织机构发生重大调整。

（3）企业生产工艺流程和关键设备设施发生变更。

（4）新建、改建、扩建项目建设。

（5）大型设备安装与检修、停产复工、试生产（运行）。

（6）企业发生伤亡事故。

（7）当危险有害因素辨识与评估知识或方法有所进步，认为有必要时。

6.4.4　体系间的融合

企业将安全生产标准化创建工作与安全风险辨识、评估、管控，以及隐患排查治理工作有机结合起来，在安全生产标准化体系的创建、运行过程中开展安全风险辨识、评估、管控和隐患排查治理；督促企业强化安全生产标准化创建和年度自评，根据人员、设备、环境和管理等因素变化，持续进行风险辨识、评估、管控与更新完善，持续开展隐患排查治理，实现双重预防机制的持续改进。已经开展安全生产标准化创建的企业，应补充双重预防机制建设的内容。

7　非煤矿山双重预防机制大数据平台综合应用

近年来,我国非煤矿山的安全生产形势日渐成为政府和社会公众关注的焦点。随着安全执法的加强和安全生产监督管理的规范化，尽管伤亡人数有所下降，但总的安全生产形势依然严峻。做好非煤矿山安全生产的保障工作，确保非煤矿山的安全生产，成为各大企业的重点研究领域。

非煤矿山双重预防机制两个核心要素：“风险分级管控”和“隐患排查治理”，也是非煤矿山安全生产的两个核心要素。目前，为了保障非煤矿山的安全生产，很多企业建立了风险分级管控和隐患排查治理的制度和相关软件信息系统，通过采集非煤矿山的安全生产管理运行数据，以报表的形式发送给管理人员，对安全生产的管理有一定的辅助作用。但是总体看来，目前的安全生产监测系统存在以下不足：

（1）这些监测系统大多是安装在本地且只针对单个企业应用，不能实现各级安全监督机构访问，且收集的数据不方便汇总，无法用于大数据挖掘和预测分析。

（2）目前企业平台主要依赖日常风险和隐患等数据的积累，局限于数据统计分析、报表查看等基本功能，缺少数据挖掘和预测预警等相关功能。

大数据在非煤矿山风险预测预警方面的应用，最基本的功能就是从海量的风险监测数据中寻找非煤矿山运行的规律并预测未来的发展趋势，从而有针对性的进行维护、改善，预防事故的发生。利用多源数据采集和加工、大数据预测预警、可视化分析等关键技术，建立非煤矿山安全生产风险预测预警平台，平台利用不同区域非煤矿山的运行和监测数据进行大数据挖掘分析，得出灾害发生规律，并将其用于指导安全生产管理工作，改传统的安全生产“事后管理”为“事前预防”的方式，创新安全监管监察方法和手段。

7.1　平台组成

7.1.1　基础支撑系统

7.1.1.1　计算机网络

为了满足非煤矿山双重预防机制大数据平台互联互通、远程访问、信息安全等要求，在平台建设中，需建设以本级政府平台为核心，以下级政府平台为分支，以企业平台为节点，互联互通、信息共享的计算机网络。建设时，充分依托现在应急管理部门的“金安网”等电子政务网络，因此，非煤矿山双重预防机制大数据平台所包含的政府应用的电子政务网络环境和企业应用的互联网环境。

我国电子政务网络由政务外网和政务内网两个网络组成。

（1）政务外网的总体目标是建设覆盖全国各级政务部门的网络平台和服务体系，实现各级政务部门的互联互通、数据交换、信息共享和业务互动。《国家信息化领导小组关于我国电子政务建设指导意见》（中办发【2019】17 号文件）指出，电子政务外网是政府的业务专网，用于运行政务部门不需要在内网上运行的业务和政务部门面向社会的各种服务，主要满足各级政务部门进行社会管理、公共服务等面向社会的需要，为政务部门的业务系统提供网络、信息、安全等支撑服务，为社会公众提供政务信息服务。政务外网作为政府部门的公用业务网，首先必须满足各级政府部门的非涉密及国家秘密信息的各类业务系统的搭载要求，满足政府内部非涉密业务和支撑服务；其次解决跨部门、跨地区业务在公开前内部办理安全传输、处理与交换的需求。政务外网承载各级政府部门业务协同、社会管理、公共服务、应急联动等面向社会服务的业务应用系统，主要满足中央和各级地方对口政务部门之间信息纵向传输、汇聚，及各级政务部门之间、政务部门与公众、企业之间信息交换与共享的需求，与互联网安全联结，支持各级政府部门面向社会的门户网站。政务外网能支撑多个业务系统的文件、数据、表格、图像、图片等多媒体数据的传输，能够支持视频会议、视频点播、语音等业务。目前，政务外网一期工程已搭建起一个覆盖全国 31 个省（直辖市、自治区）及新疆生产建设兵团的广域骨干网，以及一个联通近 40 个国家部（委、局、署）的中央城域网，同时还建设了相应的网管中心、数据中心、安全中心。在这些基础设施之上，又建设了应用支撑平台以及政务外网网站、政务信息资源目录体系框架及交换原型系统等应用系统。

（2）政务内网是党政机关办公业务网络，与国际互联网物理隔离，主要满足各级政务部门内部办公、管理、决策的需要，且不可能与外网交换信息。考虑到双重预防机制的应用环境，企业端需要定期向政府端报送相关数据，政府端还需要在政务外网公布风险、隐患的相关数据，因此，政府端这块主要还是应用在政府外网。

互联网环境，主要指因特网，即 Internet。这种将计算机网络互相联接在一起的方法可称作“网络互联”，在这基础上发展出覆盖全世界的全球性互联网络称互联网，即是互相连接一起的网络结构。考虑到应用的方便性和网络部署的经济性，一般企业都通过互联网访问本企业的非煤矿山双重预防机制平台，有些企业网络环境比较成熟的集团公司，也可以通过企业专网访问本集团或者本企业的系统。

7.1.1.2　语音视频系统

语音视频系统又称会议电视系统，是指两个或两个以上不同地点的个人或群体，通过传输线路及多媒体设备，将声音、影像及文件资料互传，实现即时且互动的沟通，以实现远程会议的系统设备。视频会议的使用有点像电话，除了能看到与你通话的人并进行语言交流外，还能看到他们的表情和动作，使处于不同地点的人就像在同一会议室内沟通。随着现代通信技术和多媒体技术的高速发展，视频通信技术发展已经十分成熟。基于视频通信技术的视频会议系统是开展非煤矿山双重预防机制建设的一个重要工具和手段。在风险分级管控和隐患排查治理过程中，利用语音视频系统可以实现异地会商，结合实现语音通信、视频传输和图像显示等功能，便于信息的交流以及各项工作的开展，提高沟通、协作、处理等工作的效率。

非煤矿山双重预防机制平台要求起到承上启下的作用，向上与上级政府部门相连，向下与企业现场相连。不同类型的语音视频系统，因业务和需求不同，对语音视频会议系统建设的要求也不一样。

7.1.1.3 服务器群

服务器群是非煤矿山双重预防机制大数据平台业务数据和应用的承载，包括主机系统、存储系统、数据备份、异地备份等。

（1）主机系统包括大型硬件平台和操作系统的一体化方案，一般指的是主机参数与安全稳定方面的参数的集合体，包含 CPU、主板芯片组、内存、扩展槽，以及磁盘的阵列方式（安全稳定方面）、网络适配器、安防设备等等，是衡量一个服务器性能的主要参数，具有强大的事务处理能力和极高的可用性。

（2）存储系统是指计算机中由存放程序和数据的各种存储设备、控制部件及管理信息调度的设备（硬件）和算法（软件）所组成的系统。计算机的主存储器不能同时满足存取速度快、存储容量大和成本低的要求，在计算机中必须有速度由慢到快、容量由大到小的多级层次存储器，以最优的控制调度算法和合理的成本，构成具有性能可接受的存储系统。

（3）数据备份、异地备份的具体内容在“容灾备份”中描述。

不同类型的非煤矿山双重预防机制数据平台，因其业务和需求不同，对服务器群建设的要求也不一样。

7.1.1.4 容灾备份

非煤矿山双重预防机制大数据平台若发生大面积的故障，如机房或中央存储设备整体出现不可逆转的灾难性故障，无法在短时间内恢复，势必导致所有应用系统停止服务。为保证非煤矿山双重预防机制大数据平台能够在非常规状态下仍然能够正常工作，增强平台的健壮性，应考虑采用容灾备份技术，保证平台在突发情况下的恢复功能。

容灾备份系统是指在相隔较远的异地，建立两套或多套功能相同的 IT 系统，互相之间可以进行健康状态监视和功能切换。当一处系统因意外（如火灾、地震、海啸等）停止工作时，整个应用系统可以切换到另一处，使得该系统功能可以继续正常工作。容灾技术是系统的高可用性技术的一个组成部分。容灾系统更加强调处理外界环境对系统的影响，特别是灾难性事件对整个 IT 节点的影响，提供节点级别的系统恢复功能。在建立容灾备份系统时会涉及多种技术，如 SAN（Storage Area Network，存储区域网络）或 NAS（Network Attached Storage，网络附属存储）技术、远程镜像技术、基于 IP 的 SAN 的互连技术、快照技术等。

A 远程镜像技术

远程镜像技术在主数据中心和备援中心之间的数据备份时用到。镜像是在两个或多个磁盘或磁盘子系统上产生同一个数据的镜像视图的信息存储过程，一个叫主镜像系统，另一个叫从镜像系统。镜像按主从镜像存储系统所处的位置可分为本地镜像和远程镜像。远程镜像又叫远程复制，是容灾备份的核心技术，同时也是保持远程数据同步和实现灾难恢复的基础。远程镜像按请求镜像的主机是否需要远程镜像站点的确认信息，又可分为同步远程镜像和异步远程镜像。前者指通过远程镜像软件，将本地数据以完全同步的方式复制到异地，每一本地的 I/O 事务均需等待远程复制的完成确认信息，方予以释放。异步远程镜像也叫异步复制技术，是保证在更新远程存储视图前完成向本地存储系统的基本操作，而由本地存储系统提供给请求镜像主机的 I/O 操作完成确认信息。

B　快照技术

快照是通过软件对要备份的磁盘子系统的数据快速扫描，建立一个要备份数据的快照逻辑单元号和快照缓存。在快速扫描时，把备份过程中即将要修改的数据块同时快速拷贝到快照缓存中。快照逻辑单元号是一组指针，它指向快照缓存和磁盘子系统中不变的数据块（在备份过程中）。在正常业务进行的同时，利用快照缓存实现对原数据的一个完全的备份。它可使用户在正常业务不受影响的情况下，实时提取当前在线业务数据。其“备份窗口”接近于零，可大大增加系统业务的连续性，为实现系统真正的 7×24 运转提供保证。

C　互联技术

早期的主数据中心和备援数据中心之间的数据备份，主要是基于 SAN 的远程复制（镜像），即通过光纤通道，把两个 SAN 连接起来，进行远程镜像（复制）。当灾难发生时，由备援数据中心替代主数据中心保证系统工作的连续性。这种远程容灾备份方式存在一些缺陷，如实现成本高、设备的互操作性差、跨越的地理距离短（10 千米）等，这些因素阻碍了它的进一步推广和应用。目前，出现了多种基于 IP 的 SAN 的远程数据容灾备份技术。它们是利用基于 IP 的 SAN 的互连协议，将主数据中心 SAN 中的信息通过现有的 TCP/IP 网络，远程复制到备援中心 SAN 中。当备援中心存储的数据量过大时，可利用快照技术将其备份到磁带库或光盘库中。这种基于 IP 的 SAN 的远程容灾备份，成本低、可扩展性好，具有广阔的发展前景。

容灾备份建设模式有独立自建、联合共建和社会化服务三种：独立自建适用于拥有强大经济实力、有较好技术支撑的行业；联合共建适用于平行或者垂直的共同建设，所谓的平行可以是一个行业的容灾备份，比如一个行业、大型集团公司或者市级以上政府部门；社会化服务就是将行业或企业的灾难备份业务交由第三方，由专业的灾备服务提供商提供支持和服务。由于灾备服务提供商服务于广泛的客户群，因此拥有更为专业的技能。此外，用户还可以利用服务商的规模经济降低成本并实现资源共享。因此，相比于自建与共建，社会化服务模式具有专业化程度高、成本投入低、资源共享、高服务质量的鲜明优势，也正是这种优势，赋予了社会化服务“主流趋势”的强大生命力。

因此，非煤矿山双重预防机制大数据平台前期可以采用社会化服务模式进行容灾备份，待业务系统成熟，具有相当的用户规模后，可以考虑联合共建的方式。

7.1.1.5　WEB 端/移动端

非煤矿山双重预防机制大数据平台是一套基于 B/S 结构（Browser/Server，浏览器/服务器模式）的程序。

A　WEB 端

WEB 端包括整体所有功能，主要用于基础数据填报（包括数据导入导出）、数据字典维护、相关地图或者图片操作、宏观数据统计分析、权限设置等。移动端作为轻便、快捷的应用，主要用于现场数据采集、数据流程处理、消息通知提醒、统计报表查看等应用。

WEB 端也叫 PC（Personal Computer，个人计算机）端，也是电脑的统称。就目前而言，个人电脑种类有很多，比如传统的台式电脑、笔记本电脑，以及近年来开始流行的平板电脑、一体机电脑、超级本、掌上电脑、嵌入式计算机，均属于 PC 的范畴。PC 端借助 Internet 通过 IE、360 浏览器、firefox 等浏览器对平台进行访问。

B 移动端

移动端（含 iOS 和 Android 端）基于手机端开发的程序，具有轻便快捷的应用特点。目前有三种移动 APP（应用程序）开发方式：Native APP、Web APP 和 Hybrid APP。其中 Native APP 指的是原生程序，一般依托于操作系统，有很强的交互，是一个完整的 APP，可拓展性强，需要用户下载安装使用；Web APP 指采用 Html5 语言写出的 APP，不需要下载安装，类似于现在所说的轻应用。依托浏览器应用，基本上是触屏版的网页应用，可以在各种智能手机浏览器上运行；Hybrid APP 指的是半原生半 Web 的混合类 APP，需要下载安装，看上去类似 Native APP，但只有很少的 UI Web View，访问的内容是 Web。

WEB 端一般采用当前流行的 Java 和 C#语言在各自的平台下进行开发，移动端由于需要能够与移动硬件设备的底层功能（比如个人信息，摄像头）进行交互，需要使用某些设备的特殊功能，比如摄像头、摄像头闪光灯、定位、环境监测的传感器，需要双击、缩放及其他组合的用户界面手势，需要快速刷新，实现流畅动画等功能，建议采用 Native APP，即原生程序的开发方式。

7.1.2 数据库系统

7.1.2.1 基础信息

非煤矿山双重预防机制大数据平台储存与非煤矿山双重预防机制密切相关的基本信息，主要包括企业风险、隐患、管控措施、应急措施、重大危险源、重点防护目标、避难场所以及专题信息等，这些数据主要来源于基层企业和相关机构。

（1）风险。风险是企业安全管理的核心，是发生危险事件或危害暴露的可能性与随之引发的人身伤害或健康损害的严重性的组合。它有可能性和严重性两个属性，其中任何一个不存在，则认为这种风险不存在。非煤矿山企业安全生产风险分为红、橙、黄、蓝四个等级，风险等级从低到高依次增加，蓝为一般风险，黄为较高风险，橙为高风险，红为最高风险。

（2）隐患。隐患的含义是隐蔽、隐藏的祸患，即为失控的危险源，是指伴随着现实风险、发生事故的概率较大的危险源。

（3）风险管控。风险管控是指风险管理者采取各种措施和方法，杜绝或减少风险事件发生的各种可能性，或者减少风险事件发生时造成的损失。风险控制有四种基本方法，包括风险回避、损失控制、风险转移和风险保留。

（4）应急预案。应急预案指面对突发事件如自然灾害、重特大事故、环境公害及人为破坏的应急管理、指挥、救援计划等。应急体系主要包括完善的应急组织管理指挥系统，强有力的应急工程救援保障体系，综合协调、应对自如的相互支持系统，充分备灾的保障供应体系，体现综合救援的应急队伍等。

（5）重大危险源。重大危险源主要包括企业可能导致重大突发事件的自然灾害、事故灾难、公共卫生、社会安全危险源或风险隐患。

（6）重点防护目标。重点防护目标主要包括企业周边的重要政府部门、学校、公众聚集场所、重点工程，以及能源储备库、电力设施、机场等重要基础设施。

7.1.2.2　地理信息

地理信息数据主要指与企业风险、隐患分布有关的信息，分为基础地理信息数据、专业地理信息数据和综合地名数据三类。具体包括企业露天开采、井下开采、尾矿库等区域的平面图以及企业周边社会地理信息中的居住地及设施、交通、境界与政区及其设施、公共服务及其设施、特殊地物、地名等。

（1）基础地理信息数据。基础地理信息数据主要包括数字线划图（DLG）数据、数字高程模型（DEM）数据、数字正射影像（DOM）数据、卫星遥感影像数据等。

（2）专业地理信息数据。专业地理信息数据指与空间位置相关的专业数据，主要包括突发事件专题图和专业地理专题图等信息。

（3）综合地名数据。综合地名数据是指与地名相关的数据，主要包括地名、门牌、地址数据和应急活动关注的兴趣点数据。

7.1.2.3　事件信息数据库

在应急平台中，事件信息数据库是与业务联系最紧密的数据库之一。事件信息数据库储存突发事件接报信息、专业部门或机构的突发事件预测预警信息、突发事件的指挥协调过程信息、现场检测信息等。

（1）突发事件接报信息。事件接报数据描述突发事件的接报信息，包括信息标题、报送时间、报送单位、事件类型、事件等级、事发时间、事发地点、死亡人数、受伤人数、经济损失、事发原因、已采取的措施等。

（2）事件指挥协调过程信息。事件指挥协调过程信息包括信息快报、情况报告、信息发布、报告审核、会商记录、事件处置信息、跟踪与反馈等。

（3）预测预警信息。预测结果数据描述突发事件预测结果的基本信息，包括预测单位、摘要、影响范围、报送时间等。

预警发布数据描述突发事件预警信息的发布情况，包括信息标题、事件类型、报送单位、预警级别、预警开始时间、预警结束时间、影响范围等。

（4）现场监测信息。现场采集的信息指在事发地点及周围采集的信息，通过网络直接传输到非煤矿山双重预防机制平台，包括现场图片、音频、视频、环境数据等。

7.1.2.4　预案库

预案库存储各级各类应急预案，包括总体应急预案、专项预案、部门预案、大型活动应急预案和企事业单位应急预案等。应急预案按内容和形式分为文本预案和数字预案两种。文本预案主要存储各级政府、机构预编制的文本形式的预案内容。数字预案是对文本预案中的救援组织、救援队伍、应急处置流程、措施、职责、协调等方面进行结构化处理后形成的可程序化执行的预案。数字预案主要存储不同处置阶段的应急救援指挥机构、救援队伍的人员构成、职责划分、整体行动计划等。

7.1.2.5 知识库

知识库是结构化、易操作、易利用、全面、有组织、互相联系的知识集合。在非煤矿山双重预防机制大数据平台中，知识库是企业和政府部门处理突发事件中与该领域相关的基本概念、理论知识、事实数据，以及所获得的规律、常识性认识、启发式规则和经验教训的集合。

知识库应包含以下基本信息：

（1）常识类知识：常识、经验等。

（2）累积知识：工作过程中积淀、总结、提高形成的知识信息。

（3）策略知识：知识分析，总结手段的归纳。

7.1.2.6 案例库

案例库存储国内外突发事件典型案例，包括案例基本信息和案例要素。案例包括自然灾害、事故灾难、公共卫生事件、社会安全事件四大类。案例可以为突发事件的处置提供有效的参照。

案例基本信息包括案例标题、主题词、摘要、事发地点、事发时间、结束时间等信息。

案例要素包括救援措施、事发原因、经验教训等。

7.1.2.7 文档库

在非煤矿山双重预防机制平台业务领域，有大量文档信息和资料，包括纯文本、普通文档、XML 文件、图像、音视频等。

文档库存储现有的相关文件和应急平台所产生的正式文档、公文，主要包括“一案三制”的相关文档和应急管理综合类文档等信息。

文档数据描述文档的基本信息，包括标题、主题词、发文日期、编制单位、附件等。

7.1.3 数据共享系统

数据共享系统是平台间数据共享而采用的工具。ETL（Extract-Transform-Load）数据抽取系统是一种主动的提取方式；API（Application Programming Interface）程序接口是一种被动接收数据接口；WEB Service 以对方服务方式对外提供数据。非煤矿山双重预防机制大数据平台需要接收诸多企业风险、隐患等数据，政府端对平台安全运行要求比较高。企业端能上外网，但有些企业不能保证有固定的公网 IP 地址。因此，在非煤矿山双重预防机制大数据平台数据共享实施过程中，统一由政府端发布 WEB Service 数据接口服务，各企业参照数据接口标准报送数据，也可以根据实际应用情况采用多种数据共享技术手段相结合的方式。

7.1.3.1 ETL 数据抽取系统

ETL 是用来描述将数据从来源端经过萃取（extract）、转置（transform）、加载（load）至目的端的过程，由数据抽取、数据转换、数据加载和数据更新组成。

数据抽取是指从源数据库中按照条件抽取符合条件的数据。

数据转换是指按照配置的数据转换条件对数据进行加工转换处理。

数据加载是指处理好的数据进行加载到缓存中进行预处理。

数据更新是指将预处理后的数据写入目标数据库中，完成数据的更新。

7.1.3.2　API 程序接口

API 程序接口是一组定义、程序及协议的集合，通过 API 接口实现计算机软件之间的相互通信。API 的一个主要功能是提供通用功能集。程序员通过使用 API 函数开发应用程序，从而可以避免编写无用程序，以减轻编程任务。API 同时也是一种中间件，为各种不同平台提供数据共享。根据单个或分布式平台上不同软件应用程序间的数据共享性能，可以将 API 分为四种类型：

（1）远程过程调用（RPC）：通过作用在共享数据缓存器上的过程（或任务）实现程序间的通信。

（2）标准查询语言（SQL）：这是标准的访问数据的查询语言，通过通用数据库实现应用程序间的数据共享。

（3）文件传输：通过发送格式化文件实现应用程序间数据共享。

（4）信息交付：指松耦合或紧耦合应用程序间的小型格式化信息，通过程序间的直接通信实现数据共享。

7.1.3.3　WEB Service

Web Service 是一种跨编程语言和跨操作系统平台的远程调用技术，是一个应用程序向外界暴露出一个能通过 Web 进行调用的 API。客户端通过编程的方法通过 Web 来调用这个应用程序，包括调用 Web Service 的客户端和提供 Web Service 的服务端。

Web Service 是建立可互操作的分布式应用程序的新平台，包含一套定义应用程序如何在 Web 上实现互操作性的标准。

7.1.4　安全支撑系统

非煤矿山双重预防机制平台具有功能的复杂性和承载业务的多样性特点，包含多种业务系统、多种数据交互方式、多种网络体系结构、多种数据来源等，其安全保证需要全面考虑，从而确保平台在日常运行与应急情况下都能正常地完成安全管理工作。

非煤矿山双重预防机制平台的安全支撑系统须遵守国家涉密信息系统分级保护规定和信息系统安全等级保护规定，应充分利用已有的安全保障设施，依托政务内网和政务外网信息安全保障体系，采用专用加密设备等技术手段，严格用户权限控制，确保涉密信息传输、交换、存储和处理的安全。在安全保密主管部门的指导下，遵守 2019 年 12 月 1 日正式实施的《信息安全技术网络安全等级保护基本要求》2.0 版本的系统安全等级保护要求，结合实际情况，对非煤矿山双重预防机制平台实施相应的保护。

7.1.5　标准规范

建立非煤矿山双重预防机制大数据平台，必须解决不同层级（包括政府、企业）之间风险管控和隐患排查信息的互联互通和共享问题。标准化作为一种科学的管理手段，可以减少平台建设过程中不必要的重复和盲目建设。非煤矿山双重预防机制平台标准规范为体系整体建设提供标准支撑，为平台日常运行和维护提供统一的标准。

根据非煤矿山双重预防机制平台的整体构成，可以将其标准体系进行划分，如图 7-1 所示。

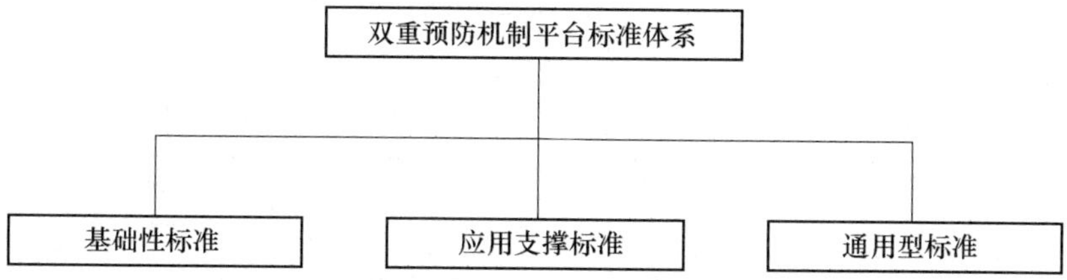

图 7-1 双重预防机制平台标准体系的框架

基础性标准主要包括风险、隐患的数据格式、风险评价方法、评价准则等基础信息；应用支撑标准主要包括平台信息交换与共享技术规范、平台通信技术规范；通用性标准主要包括软件开发技术规范、安全认证体系技术规范、平台建设管理、运行维护管理规范等。

7.2 平台方案

7.2.1 概述

非煤矿山双重预防机制大数据平台围绕非煤矿山企业地下矿山、露天矿山、尾矿库等重要工业场所的重大风险，以企业风险和隐患数据为基础，构建风险监测指标体系和监测预警模型，利用大数据、人工智能等技术手段，建设安全生产风险监测预警系统，实现对非煤矿山行业企业安全生产风险的监测、评估、预警和趋势分析，强化安全生产风险的分类分级管控，为重点监管、精准执法、科学施策提供支撑，有效遏制重特大事故。系统总体架构如图 7-2 所示。

非煤矿山双重预防机制大数据平台是对非煤矿山企业地下矿山、露天矿山、尾矿库的风险、隐患的综合监测管控、预测预警，是地方应急管理、企业安全生产管理主要的应用系统之一。通过利用非煤矿山双重预防机制大数据平台提供的基础应用支撑、数据支撑、模型算法等支撑能力，对海量、多源、多灾种的风险监测数据、隐患数据进行快速处理分析，开展企业双重预防机制综合监测预警业务，提升企业综合风险评估、隐患排查的预报预警能力。

7.2.2 业务应用

7.2.2.1 企业风险监测

A 企业风险全方位监测

非煤矿山双重预防机制大数据平台对非煤矿山企业地下矿山、露天矿山、尾矿库等场所的风险进行全方位监测。全方位监测系统包括视频摄像头、风险传感器、数据采集仪、

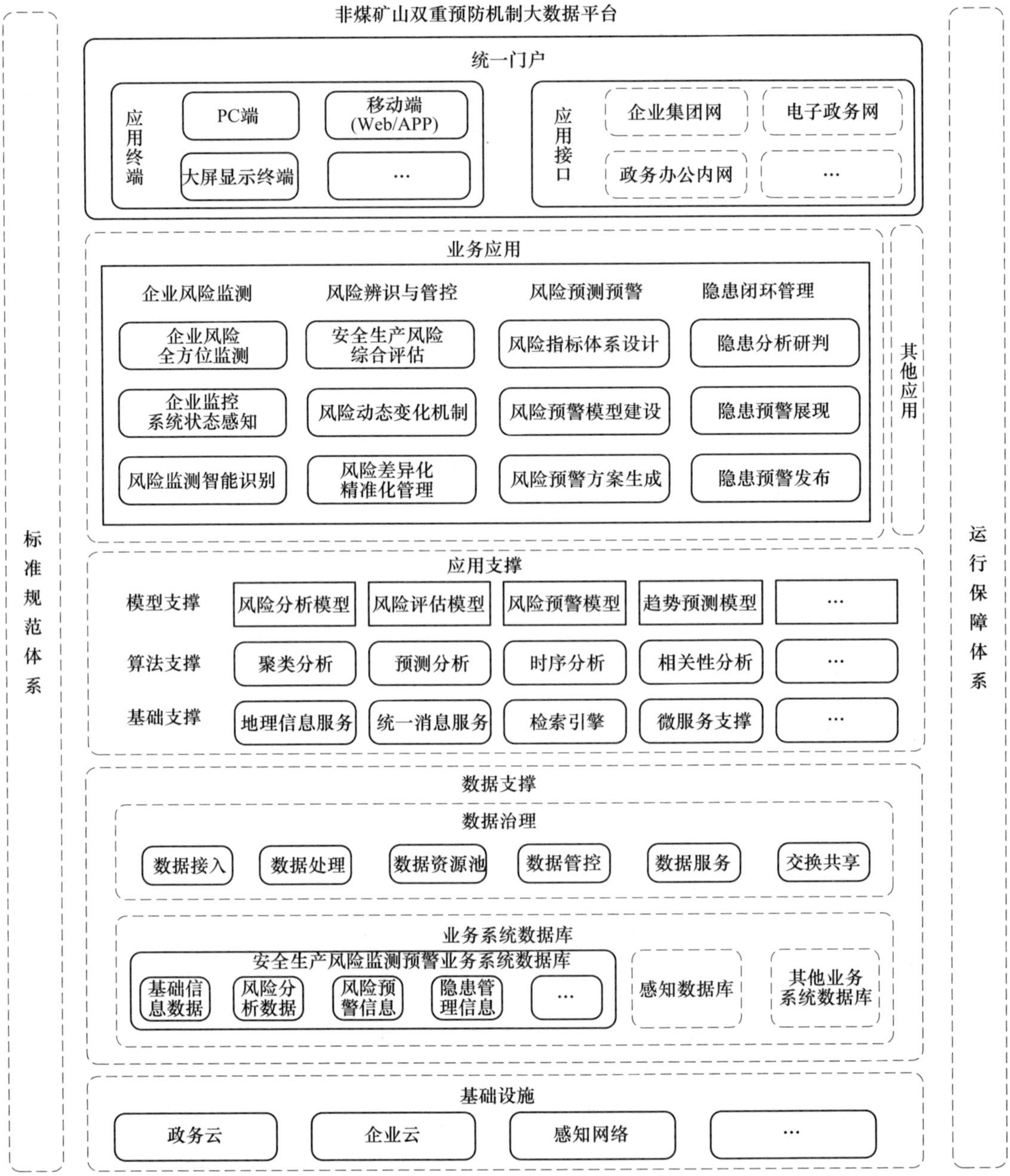

图 7-2　非煤矿山双重预防机制大数据平台总体架构

传输系统等，最终汇集到软件平台。传感器用于采集有毒有害气体浓度、粉尘浓度、通风系统、排水系统、地压监测指标、视频监控、尾矿库浸润线、坝体位移、库水位、干滩长度、降雨量等监测数据。监测设备可通过太阳能、蓄电池供电，也可通过市政进行供电。传输系统主要通过 GPRS、北斗卫星、交换机进行数据的传输，收集来自全国各地的企业风险监测数据。系统软件平台主要用于对采集的大数据进行实时查看和接收，对监测数据进行存储、管理、查询、统计、分析和预警，并能输出查询、统计和分析的结果。具体的系统结构如图 7-3 所示。

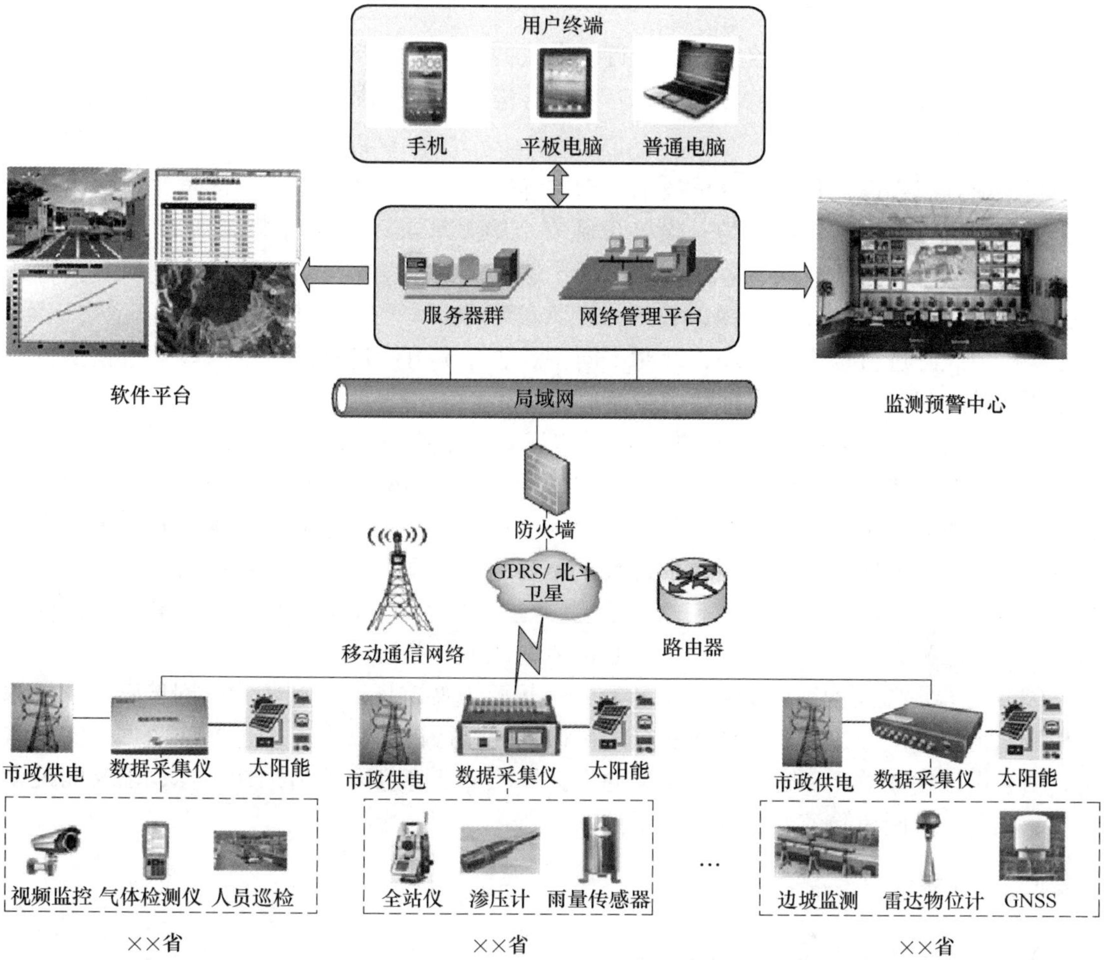

图 7-3　企业风险全方位监测系统结构

全方位监测的企业风险，由于监测设备的厂家不同、数据格式不同等诸多原因，可能产生一些不完整数据、错误数据和重复数据，在进行大数据风险预测预警之前，需要对数据进行预处理，形成统一、规范的数据格式。具体的数据预处理方式为：

（1）数据清洗。数据清洗主要是除去数据中由于传感器故障、数据传输问题等原因出现的“噪声”，妥善解决遗失数据问题，有效减少分析过程可能出现相互矛盾的情况。

（2）数据相关性分析。收集数据中的许多属性与挖掘任务本身可能无关，有些属性可能冗余。这些数据可能会减缓甚至误导整个分析预测过程，因此有必要对数据进行相关性分析，也称属性选择。

（3）数据转换。数据转换是将数据转换或归并以构成一个适合数据挖掘的描述形式。一般利用概念层次树，对数据泛化到更高的层次。例如，属性“尾矿库等级”的数值就可以被泛化为若干离散区间，诸如一级、二级、三级、四级和五级。由于泛化操作压缩原来的数据集，从而可以有效减少学习过程所涉及的输入、输出操作。

B 企业监控系统状态感知

通过感知网络获取企业监控系统运行状态数据，构建监控系统运行状态分析模型，对监控系统运行过程的稳定性、可靠性、有效性等进行研判，强化企业主体责任的落实。

C 风险监测智能识别

利用视频模式识别和智能分析技术，动态感知企业重点场所、关键部位、特殊岗位的安全隐患，对人员违规违章行为、设备设施安全隐患等自动形成告警信息，形成企业/政府安全生产风险一张图和风险监测智能诊断；通过建立非煤矿山双重预防机制风险预警评价指标体系和智能风险分析模型，利用人工智能和机器学习，不断积累优化模型知识库，对非煤矿山风险进行迭代和推理，针对不同特点非煤矿山构建自适应的风险预警模型，对企业风险进行智能识别、动态评估。

（1）企业/政府安全风险一张图。辨识非煤矿山企业地下矿山、露天矿山、尾矿库等场所的风险源，建立风险评价指标体系，构建风险评价模型。基于全国地理信息平台，展示金属非金属矿山企业风险状况及分布，绘制“红、橙、黄、蓝”4色等级安全风险空间分布图。支持按照地域维度逐层展示行政管辖范围内的风险一张图，包括省、市、区县的安全风险一张图。同时，平台支持按照企业类型（地下矿山、露天矿山、尾矿库、排土场、高陡边坡）展示全国、省、市、区县的专题风险一张图。

（2）综合风险监测智能诊断。对于重特大风险或特定场所，利用物联网传感器、摄像头和地质雷达探测等技术，对金属非金属矿山区域进行自动筛查，通过标准数据、实时监测数据与设计参数对比，智能辨识疑似隐患区域、重点隐患区域结构性指标，以时间维度监控、跟踪、诊断风险演变过程一目了然。

7.2.2.2 风险辨识与管控

A 安全生产风险综合评估

风险评估是对一些物理、化学、微生物等对人或产品所带来的威胁、存在的弱点、造成的影响，以及三者综合作用而带来的风险的可能性进行评估。作为风险管理的基础，风险评估是组织确定安全需求的一个重要途径，属于组织安全管理体系策划的过程。持续对安全管理范围内所有危险源进行辨识、风险评估和风险控制的策划，为消除事故隐患奠定基础。安全生产评估要确定安全生产作业过程、识别危险源、安全风险评价、等级重大安全风险。现阶段大型矿山的生产过程中都存在着很多的不确定因素，由此也带来了各种风险。矿山生产过程安全型风险尤为突出，迫切需要对安全生产过程中面对的问题进行风险综合评估，如安全生产的源头和影响因素。现阶段对矿山安全生产的影响主要分为 12 个核心影响因素：安全生产责任制、安全管路组织机构、安全生产法规、安全生产投入、安全科学技术、重大危险源安全管理、应急救援体系建设、事故隐患治理、安全文化建设、事故调查处理、安全生产控制指标、安全生产规划。在做非煤矿山安全生产风险综合评估时，需要综合考虑这些因素。

B 风险动态变化机制

非煤矿山在安全生产过程中面对的风险不是一成不变的，需要监测风险的动态变化，对容易出现的习惯性违章作业、隐蔽工程的不规范管理、重大隐患认识不清、关联问题和发生事故预想不到、环境和设备设施不安全、生产过程中的变化等问题全面全方位地进行辨识、监测。

通过分析安全生产过程中的风险分类，找出不同类型风险动态变化的机制，例如隐患排查治理对风险的变化、固定作业活动对场所风险的变化、危险作业审批，通过隐患排查治理对风险的变化，提醒企业加大关注风险动态变化的情况并采取相应的防护措施，以便更好地预防安全生产事故的发生，提高企业安全管理水平。图 7-4 以隐患排查治理对风险的变化为例，说明风险动态变化机制。

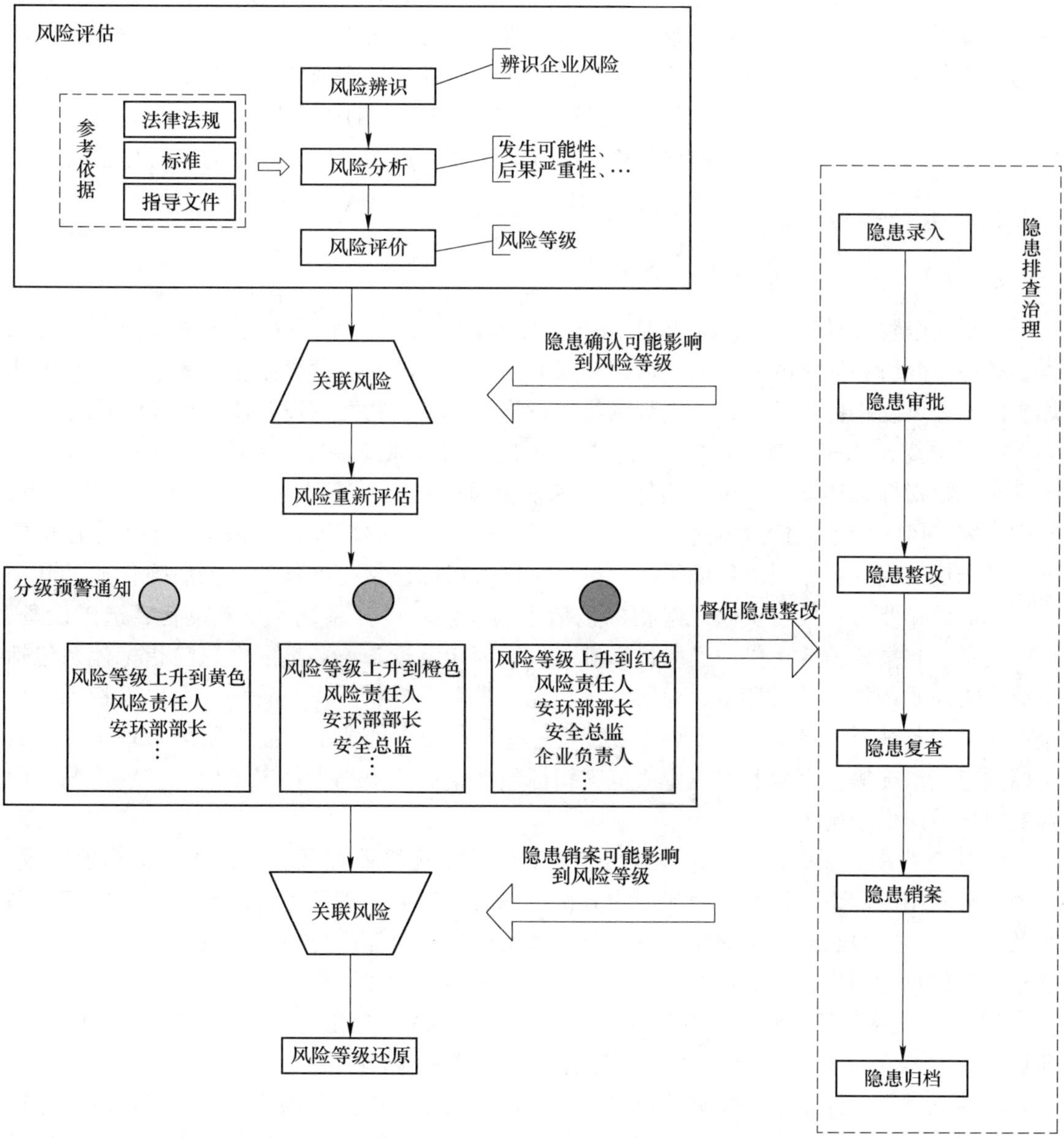

图 7-4 隐患排查对风险等级影响机制

C　风险差异化、精准化管理

现阶段非煤矿山都在推进“双重预防机制”建设，开展安全风险辨识评估，编制风险辨识评估手册，形成安全生产目录清单，针对不同的风险进行差异化、精确化动态监督管理。“双重预防机制”是指风险分级分类管控机制和隐患排查治理机制，即通过风险管控和隐患排查，以防止重特大事故的发生。非煤矿山可以开展监督管理、施工工艺、设备设施和外部环境等重点的安全风险评估，通过研究安全风险辨识方法、评价指标，编制风险辨识评估手册，形成安全风险目录清单，并确定风险的等级。风险评估的清单包括安全风险的名称、产生原因、暴露于危险环境的频繁程度、风险导致事故的可能性、产生的后果、危险程度以及风险管控的措施、责任单位等。同时，清单将针对不同风险等级，确定不同的执法检查频次、重点内容等，实行差异化、精准化动态监管。因为安全风险目录清单以问题为导向，明确了安全风险的责任单位与部门，有助于实现安全生产的清单化管理，为相关单位的安全生产工作提供指导，提高工作人员控制安全风险的责任与意识。

7.2.2.3　风险预测预警

A　指标体系

基于安全管理科学理论和非煤矿山安全风险的主要因素，在对这些风险因素进行归类、整理、分析和提炼的基础上，构建非煤矿山安全风险预测预警指标体系。该体系由非煤矿山安全风险指标体系、企业视频图像违章指标体系、物联网设备监测指标体系组成。

（1）非煤矿山安全风险指标体系包括但不限于固有风险指标、人员安全风险指标、设备安全风险指标、环境安全风险指标、管理安全风险指标、事故及职业健康危害指标等。其中，固有风险指标包括边坡高度、尾矿库坝体稳定性、尾矿库排洪情况、尾矿库输送能力、排土场情况、企业周边环境等；人员安全风险指标包括打钻作业、高风险作业、开拓作业、氧焊作业等；设备安全风险指标包括运输车辆、提升系统、采矿设备、选矿设备、探矿设备、起重机、输送机、通风机和排水机械等相关设备；环境安全风险指标体系包括企业水文地质条件、开采环境、通风系统状况、供电系统状况等；管理安全风险指标包括企业制度完善情况、员工学习培训情况、“三违”行为查处情况、隐患闭环管理情况、员工绩效考核情况等；事故及职业健康危害指标包括企业历史伤亡情况、应急演练情况、职业健康体系建设情况等。

（2）企业视频图像违章指标体系由涉及非煤矿山视频监控及分析的相关指标项组成。系统充分利用图像识别技术、视频行为分析技术与大数据处理技术，结合非煤矿山其他系统及数据，对实时获取的非煤矿山视频监控系统信息进行深度分析，实现对非煤矿山违规违章行为的自动识别，从而构建实际可用的企业视频图像违章指标体系。

（3）物联网设备监测指标体系包括尾矿库监测系统监测指标、边坡稳定性监测指标、非煤矿山“六大系统”监测指标、采矿区稳定性监测指标等。

上述三类指标体系中，每类又可以继续细化，最终形成涉及面广、内容充实的非煤矿山安全风险指标体系。在非煤矿山安全风险预警指标体系基础之上，结合区域内地理条件、气象条件、区域救援能力等指标，明确指标的构成、量化方法与评价模式，构建非煤矿山区域安全风险预警指标体系。该指标体系具有动态可调整性，通过关联规则分析、支持向量机、贝叶斯神经网络等技术，对非煤矿山区域安全风险进行识别，“挖掘”出“新风险（指标）”并更新到原有的非煤矿山区域安全风险预警指标体系中，实现风险预警指标体系的自学习性。

B 风险预警模型建设

在非煤矿山安全风险分析预警指标体系基础上，利用定量分析和定性分析相结合的方式建立层次模型；选择合适的评价算法，构建风险评判结果集，建立非煤矿山风险分析模型。模型应具备自学习能力，结合企业风险评价结果和实际安全事故发生情况，动态进行优化，改进自适应性，提升风险评判结果的准确性和有效性。非煤矿山风险预警分析模型应具备可扩展性，能够结合企业灾害、管理、监控监测等指标因素，动态调整指标权重和指标输入输出项。

基于非煤矿山安全风险预警指标体系，结合区域安全生产风险预警与防控的实际业务需求，采用合适的风险分析方法构建非煤矿山区域安全风险预警模型。预警模型要充分考虑区域特色和时间分布特征，体现空间差异性和时间差异性。非煤矿山安全风险预警模型具有动态可调整性，随着数据的增加和非煤矿山安全风险预警指标体系的动态变化，利用机器学习、深度学习和人工智能等技术，实现非煤矿山安全风险预警模型的自适应调整和进化。

非煤矿山安全风险分析也可以采用深度学习、人工智能等方式。在非煤矿山安全风险预警指标体系和非煤矿山安全风险预警模型的基础上，结合区域地理条件和气象条件等因素，选择风险评价方法，构建区域内煤矿安全风险评价模型，定性和定量风险评估方法相结合，实现非煤矿山安全风险的分级评判。采用梯度级别预警模型的方式，将区域内煤矿安全风险等级分为四级，由高到低分别为：

极高风险级别（一级，用红色表示）；
高风险级别（二级，用橙色表示）；
较高风险级别（三级，用黄色表示）；
一般风险级别（四级，用蓝色表示）。

C 风险预警方案生成

（1）区域预警方案。结合气象数据、企业基础动静态数据、互联网数据及相关部委交换数据，利用大数据分析和人工智能技术，建立非煤矿山双重预防机制预警模型。基于全国 GIS 地图，展示非煤矿山预警总体态势，查看重特大、较大、一般预警点的分布。支持按照地域维度逐层展示行政管辖范围内的预警一张图，包括省、市、区县的预警一张图；支持按照企业类型（地下矿山、露天矿山、尾矿库、排土场、高陡边坡）展示全国、省、市、区县的专题预警一张图。

（2）企业实时监测与预警方案。通过整合矿山在线监测系统、视频系统、采空区管理系统、各类传感设备、GIS 数据、气象数据等数据信息，一张图呈现矿山企业实时监测状态。结合非煤矿山业务需求，对各指标预警等级、预警阈值等进行设置，一旦达到预警条件，系统自动推送预警信息。

（3）安全风险辅助决策。实现风险信息查询，支持按照风险等级、风险类型（如企业超期运行、企业资质过期等）、风险关键字段等进行风险智能筛选；实现监管工作辅助决策，通过建立企业风险综合评价库，针对风险预警次数多、长时间未整改、证照过期、超负荷运行等企业，系统给出监管工作的决策建议，包括现场抽查或远程核查的具体企业、检查周期、核查内容等；实现风险防范辅助决策，结合风险评价结果、预警信息、气象预测数据、企业风险管控和隐患排查等基础信息，给出风险防范的对策措施建议，强化精准监管。

(4) 安全风险信息发布。建立统一的安全风险信息发布平台，及时有效地向相关机构及人员推送安全风险信息。风险信息发布内容包括风险预警信息、安全管理和技术相关的专业知识、针对特定企业的风险管控建议等；服务对象包括政府、企业、技术服务机构、安全管理及技术人员、公众；发布方式包括 APP、公众号、短信、邮件等。

7.2.2.4 隐患闭环管理

隐患闭环管理是根据系统控制理论中的闭环控制理论发展起来的管理理念，是由闭环系统、管理的封闭原理、管理控制、信息系统等理论多学科交叉得出。该管理方法把系统和子系统内的管理构成连续封闭的回路，从而保证所有隐患都能排查到位，所有故障都有人处理，最大限度地保证系统处于安全状态。将隐患跟踪管理得到数据应用现有科技技术建立大数据平台，形成隐患标准数据库，使企业领导和员工全面了解企业隐患情况，加强安全意识，提高企业整体安全生产的水平。同时，可根据企业生产设备的不断增加，实时录入企业的隐患，实现企业隐患全面的信息化、数据化。基于数据中心，实现非煤矿山安全风险分级评判与预警、安全风险预警信息展现、安全风险预警信息发布功能，实现与企业与政府风险预警与防控系统数据的共享交换。

A 非煤矿山隐患基础数据库建设

传统的隐患排查侧重于人经验的宏观判断，不仅工作效率偏低，而且识别精准性也有欠缺。很多隐患往往隐蔽，隐患排查工作很难开展。当今数据信息化技术高速发展，将大数据技术应用于隐患管理体系建设中具有重要意义。隐患排查过程中产生了大量数据，通过对数据的处理分析，挖掘数据背后的潜在规律，以提高隐患排查效率，保障安全生产，具有很强的应用价值。

非煤矿山隐患基础数据库需要制定统一数据规范，各企业现场获取隐患相关基础数据，通过共享交换方式汇总。

B 非煤矿山隐患数据综合关联分析

非煤矿山隐患数据包括安全检查发现的隐患数据、“随手拍”上报的隐患数据、重大设备运行监控产生的隐患数据、物联网监测设备自动生成的隐患数据、群众举报的隐患数据等。这些数据汇集到数据处理中心，实现所有联网数据的关联分析。分析过程如图 7-5 所示。

(1) 抽取、清洗多源采集的隐患数据。系统接入企业安全管理系统，重点提取安全检查、“随手拍”、物联网监测自动生成的隐患数据，如人员定位系统中超员超时情况、人员违规（越界）作业、人员交接班异常、特种作业人员应到地点异常、岗位人员脱岗等数据。

(2) 实时数据关联分析研判与处置。针对已经抽取、清洗的各企业上报的隐患实时数

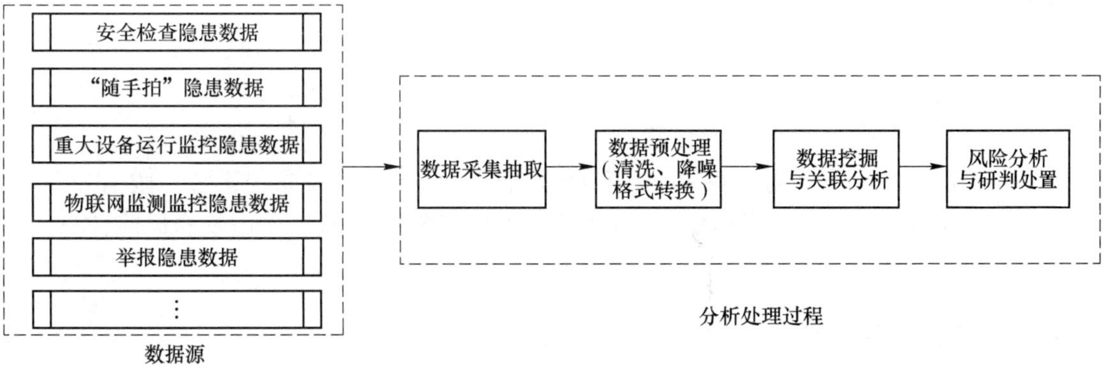

图 7-5 隐患数据关联分析处理过程

据，结合非煤矿山隐患分析模型，实现数据的关联与分析，并结合煤矿实际情况开展综合研判与处置。例如，通过系统能够动态发现井下作业人员违规违章行为、异常信息等并进行报警，减少作业人员所带来的事故隐患；动态发现超产现象、不正常生产现象进行预警，对企业超采情况进行监控和遏制等。

C 非煤矿山隐患分级预警与评判

在非煤矿山隐患预警模型基础之上，利用采集上传的企业统计数据、隐患分析数据和违规违章分析数据等，对非煤矿山安全运行状况进行四级评价预警分析，所得结果可按照报表、地图、分析图等进行直观展现。以报表形式展示时，具备向下一级区域钻取功能；以图表形式展示时，形象展示每个指标项的得分和权重；以地理信息系统展示时，提供以四色图、热力图、散点图等方式的展示功能。

D 非煤矿山隐患预警数据展现

利用企业基础数据、在线监测监控数据、安全生产管理数据、在线巡查分析结果等数据，结合大数据分析、数据挖掘等技术，基于风险预警指标体系和风险预警分析模型，实现非煤矿山企业安全风险分析预测预警。展现结果可按照报表、图表、矿井一张图等进行直观展现。以报表形式展示时，具备向下一级指标钻取功能；以图表形式展示时，形象展示每个指标项的得分和权重；以矿井一张图展示时，明确标示井下巷道、硐室、设备安装位置，以及安全监控系统、人员定位系统、视频监控系统、重大机电设备监控等系统实时监测数据，并突出显示报警异常信息。

基于 GIS 地图，将各类隐患相关数据，通过 GIS 地图进行可视化关联展现，建立用于展示区域安全生产态势的综合管理及风险预警平台。在行政区域底图基础上，叠加显示以下信息（但不限于）：

（1）安全风险预警分析数据：将非煤矿山安全风险预警模型的预测结果，采用梯度级别，将非煤矿山安全风险等级用红、橙、黄、蓝四级在地图上直观展现出来。

（2）企业基础信息：企业位置、生产状态、尾矿库等级、水文地质条件、设计产能、经济属性、主要灾害分布情况、证照信息、从业人员信息等。

（3）企业安全管理信息：非煤矿山事故分布、非煤矿山事故分类统计信息、非煤矿山事故人员伤亡信息；非煤矿山隐患分布、非煤矿山隐患分类统计信息、非煤矿山隐患整改信息等。

（4）安全检查执法信息：包括安全检查次数、安全检查人员、行政许可管理等信息。

以上信息可以从时间、空间、类型、级别等多个维度统计分析与显示。

E 非煤矿山隐患预警信息发布

平台借助互联网及移动互联网络，利用政府网站、风险预警防控系统、微信公众号、电子邮件、手机短信、移动 APP 等多种方式，及时发布区域非煤矿山安全风险信息，实现企业和职工能够随时查询。

7.2.3 平台相关模型算法

7.2.3.1 聚类分析

利用非煤矿山生产环境的监测指标数据，通过使用聚类分析算法，自动将生产状态相似的数据聚成一类，有利于决策者掌握生产状态的类别，并针对不同的生产状态类别制定不同的应对机制。同时，还可以发现异常的生产状态。

A 简介

聚类分析是指将物理或抽象对象的集合分组为由类似对象组成的多个类的分析过程。由聚类所生成的簇是一组数据对象的集合，这些对象与同一个簇中的对象相似，与其他簇中的对象相异。在许多应用中，可以将一个簇中的数据对象作为一个整体来对待。

本系统采用 K-means 聚类算法实现聚类分析过程。

K-means 算法是很典型的基于距离的聚类算法，采用距离作为相似性的评估指标，即认为两个对象的距离越近，其相似度就越大。该算法认为簇是由距离靠近的对象组成的，因此把得到紧凑且独立的簇作为最终目标。具体算法过程为：

（1）从 n 个数据对象任意选择 k 个对象作为初始聚类中心。

（2）根据每个聚类对象的均值（中心对象），计算每个对象与这些中心对象的距离，并根据最小距离重新对相应对象进行划分。

（3）重新计算每个（有变化）聚类的均值（中心对象）。

（4）循环（2）到（3），直到每个聚类不再发生变化为止。

B 分析步骤

非煤矿山生产环境监测指标数据聚类分析主要步骤如下：

（1）从数据源中抽取待分析监测指标数据。

（2）对步骤（1）抽取到的数据进行数据预处理。

（3）利用步骤（2）产生的数据，运用 K-means 聚类算法进行聚类分析，然后对各个类簇做进一步分析，归纳总结出各个类簇的关键特征。

C 建模分析

（1）确定聚类数 K。

（2）聚类的目标是使得同一簇内的距离尽量小，这里用 R 指标来评估聚类效果。

R 指标定义：计算各聚类中心和其对应类中所有元素距离（即类簇的半径）的平方的平均值，衡量类的内聚性。

$$R = \frac{1}{n}\sum_{i=1}^{K}\sum_{x_j \in s_i} \| x_j - u_i \|^2 \tag{7-1}$$

式中，n 为模型中所有元素的个数；K 为聚类个数；s_i 表示第 i 类中的所有元素；u_i 表示第 i 类的聚类中心；$\| x_j - u_i \|^2$ 为两点距离的平方。

对于类簇数目的确定，只要类簇的数目等于或者高于真实的类簇的数目时，该指标下降会很缓慢；而一旦试图得到少于真实数目的类簇时，该指标会急剧上升。即曲线由快速下降变为缓慢下降的点的 K 值最接近真实的类簇数目，即最适合的 K 值。图 7-6 所示为聚类数 K 从 2 到 7 时的指标值。

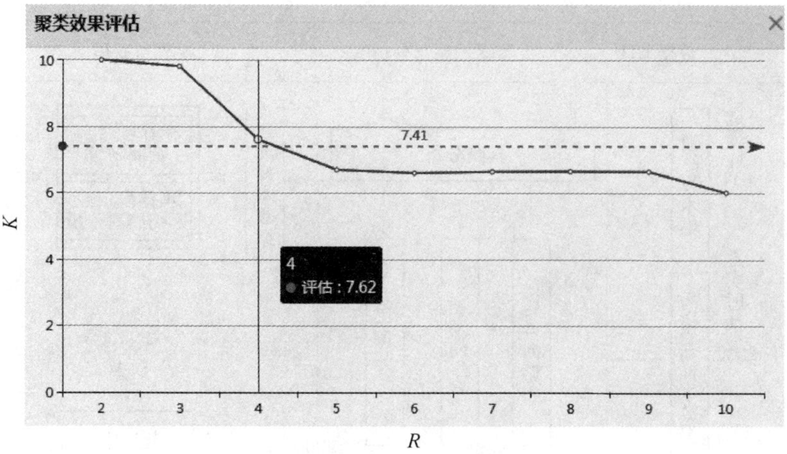

图 7-6 R-K 相关性曲线

从图 7-6 可以看出，聚类数从 3 到 4，指标急剧下降，说明多出的一类的特征与之前的类簇相比特征明显；聚类数从 4 到 5，指标缓慢下降，说明多出的一类的特征与之前类簇的特征差别不大。因此，对于这种情况，选取聚类数为 4 较合适。

7.2.3.2 预测分析

本节运用预测分析技术，面向非煤矿山运行过程中的风险和国家对安全生产的重视和要求，以保护人民群众生命财产安全和周边生态环境为核心目标，围绕非煤矿山的运行参数和具体的监测数据，从海量的风险监测数据中寻找非煤矿山运行的规律，预测未来发展趋势，从而有针对性地进行维护、改善，预防非煤矿山事故的发生。将其用于指导安全生产管理工作，改变传统的安全生产“事后管理”为“事前预防”的方式，创新安全监管监察方法和手段，为监管部门提供宏观决策支持，为企业提供风险预警服务。

A 预测分析简介

预测分析是根据客观对象的已知信息而对事物在将来的某些特征、发展状况的一种估计、测算活动。运用各种定性和定量的分析理论与方法，对事物未来发展的趋势和水平进行判断和推测。利用预测分析，可根据事物的过去和现在，估计未来，从而减少对未来事物认识的不确定性，以指导我们的决策行动，减少决策的盲目性。

实际操作中，会根据预测的相关性原则，找出影响预测目标的各因素，并用数学方法找出这些因素与预测目标之间的函数关系的近似表达，再利用样本数据对其模型估计参数及对模型进行误差检验。一旦模型确定，就可利用模型，根据输入的特征值进行预测。

B　分析步骤

非煤矿山指标预测分析主要步骤如下（见图 7-7）：

（1）从数据源中抽取待分析监测指标数据；

（2）对步骤（1）抽取到的数据进行数据预处理；

（3）利用训练数据，通过多种预测方法建立预测模型；

（4）利用测试数据对生成的训练模型进行评估，并选出最优预测模型；

（5）利用最优预测模型对目标进行预测预警。

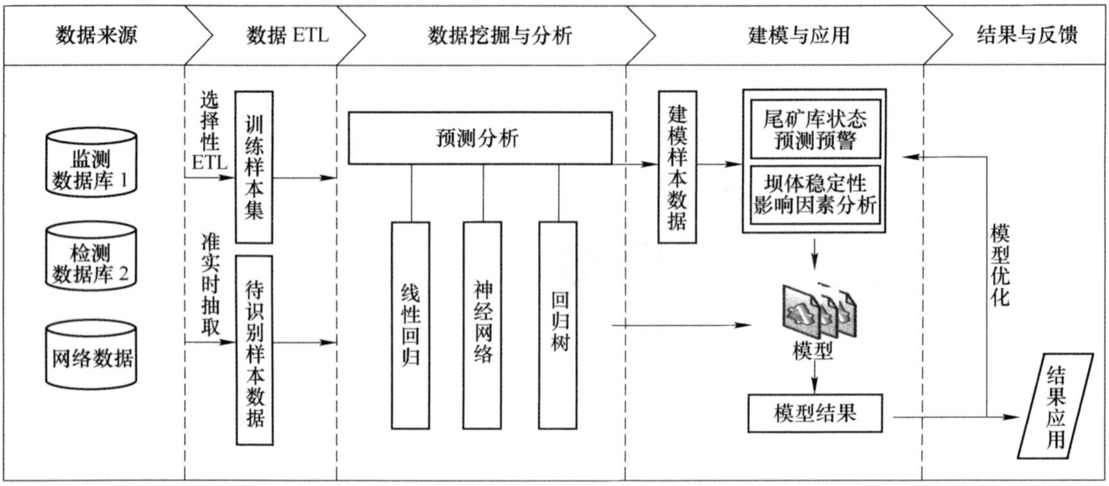

图 7-7　非煤矿山指标预测分析流程

C　建模分析

a　线性回归预测模型

所谓线性回归模型，就是指因变量和自变量之间的关系是直线型的。回归分析预测法中，最简单和最常用的是线性回归预测法。只有一个自变量的情况称为简单回归，大于一个自变量情况的称作多元回归。利用线性回归方程可对所研究的现象进行预测和控制。

b　多元回归模型

$$y_i = \beta_0 + \beta_1 x_1 + \beta_2 x_2 + \cdots + \beta_p x_p \tag{7-2}$$

式（7-2）是一个组合问题：已知一些数据，如何求里面的未知参数，给出一个最优解。一个线性矩阵方程，很可能无法直接求解。有唯一解的数据集微乎其微，基本上都是解不存在的超定方程组。因此，需要退一步，将参数求解问题转化为求最小误差问题，求出一个最接近的解。这就是松弛求解。求一个最接近解，直观上就能想到，误差最小的表达形式，仍然是一个含未知参数的线性模型，一堆观测数据，其模型与数据的误差最小的形式，模型与数据差的平方和最小。这就是损失函数的来源。求解这个函数的方法，有最小二乘法和梯度下降法。

c　BP 神经网络预测模型

BP 神经网络算法的网络结构是一个前向多层网络，其基本思想是，学习过程由信号的正向传播与误差的反向传播两个过程组成。正向传播时，输入样本从输入层传入，经隐含层逐层处理后，传向输出层。若输出层的实际输出与期望输出不符，则转向误差的反向传播阶段。误差的反向传播是将输出误差以某种形式通过隐层向输入层逐层反传，并将误差分摊给各层的所有单元，从而获得各层单元的误差信号。此误差信号即作为修正各单元权值的依据。这种信号正向传播与误差反向传播的各层权值调整过程，是周而复始地进行的。权值不断调整的过程，也是网络的学习训练过程。此过程一直进行到网络输出的误差减少到可以接受的程度，或进行到预先设定的学习次数为止。

BP 网络能学习和存贮大量的输入-输出模式映射关系，而无需事前揭示描述这种映射关系的数学方程。它的学习规则是使用最速下降法，通过反向传播来不断调整网络的权值和阈值，使网络的误差平方和最小。BP 神经网络模型拓扑结构包括输入层（input layer）、隐层（hide layer）和输出层（output layer）。其工作流程为：输入学习样本，输入层将刺激传递给隐藏层；隐藏层通过神经元之间联系的强度（权重）和传递规则（激活函数）将刺激传到输出层；输出层整理隐藏层处理后的刺激产生最终结果。若有正确的结果，则将正确的结果与产生的结果进行比较，得到误差，再逆推对神经网中的链接权重进行反馈修正，从而完成学习的过程。这就是 BP 神经网的反馈机制，也是 BP（Back Propagation）名字的来源。运用向后反馈的学习机制，来修正神经网中的权重，最终达到输出正确结果的目的（图 7-8）。

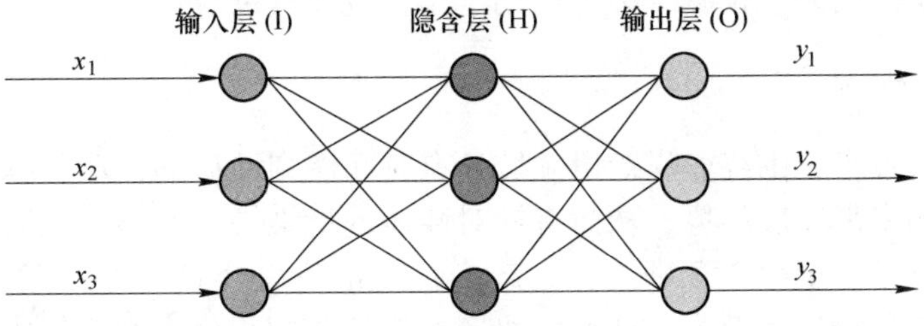

图 7-8　BP 神经网络

d　回归树预测模型

CART 是决策树的一种，并且是非常重要的决策树。顾名思义，CART 算法既可以用于创建分类树，也可以用于创建回归树、模型树，两者的建树过程稍有差异。

创建分类树递归过程中，CART 每次都选择当前数据集中具有最小 Gini 信息增益的特征作为结点划分决策树。ID3 算法和 C4. 5 算法虽然在对训练样本集的学习中可以尽可能多地挖掘信息，但其生成的决策树分支、规模较大。CART 算法的二分法可以简化决策树的规模，提高生成决策树的效率。对于连续特征，CART 也是采取和 C4. 5 同样的方法处理。为了避免过拟合，CART 决策树需要剪枝。预测过程也十分简单，根据产生的决策树模型，延伸匹配特征值到最后的叶子节点，即得到预测的类别。

创建回归树时，观察值取值是连续的，没有分类标签，只根据观察数据得出的值来创建一个预测的规则。在这种情况下，分类树的最优划分规则就无能为力。CART 则使用最小剩余方差（squared residuals minimization）来决定 Regression Tree 的最优划分。该划分准则是期望划分之后的子树误差方差最小。创建模型树时，每个叶子节点则是一个机器学习模型，如线性回归模型。

CART 算法的重要基础包含以下三个方面：

（1）二分（binary split）：在每次判断过程中，都是对观察变量进行二分。

CART 算法采用一种二分递归分割的技术，算法总是将当前样本集分割为两个子样本集，使得生成的决策树的每个非叶结点都只有两个分枝。因此，CART 算法生成的决策树是结构简洁的二叉树。CART 算法适用于样本特征的取值为是或非的场景，对于连续特征的处理，则与 C4.5 算法相似。

（2）单变量分割（split based on one variable）：每次最优划分都是针对单个变量。

（3）剪枝策略：这是 CART 算法的关键点，也是整个 Tree-Based 算法的关键步骤。

剪枝过程特别重要，所以在最优决策树生成过程中占有重要地位。有研究表明，剪枝过程的重要性要比树的生成过程更为重要。对于不同的划分标准生成的最大树，在剪枝之后都能够保留最重要的属性划分，差别不大，反而是剪枝方法对于最优树的生成更为关键。

在系统中，我们选择参与预测分析的指标，并确定预测目标。选择回归树预测方法，然后开始训练模型。

D　模型选择与预测

（1）模型选择。对于相同的训练数据，利用不同的预测方法学习，会得到不同的预测模型。选择误差最小的模型作为最优预测模型。

（2）模型预测。将最新监测指标数据输入到训练好的非煤矿山指标预测模型，模型会实时给出最新的预测结果。预测结果可以用于预警以及辅助决策。

7.2.3.3　时序分析

运用时序分析技术，围绕非煤矿山领域具有时间序列性质的监测数据，寻找非煤矿山运行的规律，预测未来发展趋势，从而有针对性地进行维护、改善，预防非煤矿山事故的发生。将其用于指导安全生产管理工作，改变传统的安全生产“事后管理”为“事前预防”的方式，创新安全监管监察方法和手段，为监管部门提供宏观决策支持，为企业提供风险预警服务。

A　时序分析简介

所谓时间序列，是指按时间顺序排列的一组数据，利用已知的时间序列数据而形成的不同数学模型，并用来进行预测的方法，统称为时间序列分析，简称时序分析。时序分析着重研究事物随时间而变化的规律，而不穷究产生这种变化的原因是什么。利用时序分析，可根据事物的过去和现在估计未来，从而减少对未来事物认识的不确定性，以指导我们的决策行动，减少决策的盲目性。

B　分析步骤

非煤矿山时序分析主要步骤如下：

（1）从数据源中抽取待分析监测指标数据。

（2）对步骤（1）抽取到的数据进行数据预处理。

（3）利用多种时序分析方法进行时序分析。

（4）选出最优的时序分析方法及参数设置。

（5）得到最优时序分析预测结果。

C　建模分析

a　平均

全期平均法是对时间数列的过去数据一个不漏地全部加以同等利用，预测值等于历史数据的平均值。

选取某个待分析指标，选择平均时序预测方法，预测结果如图 7-9 所示。

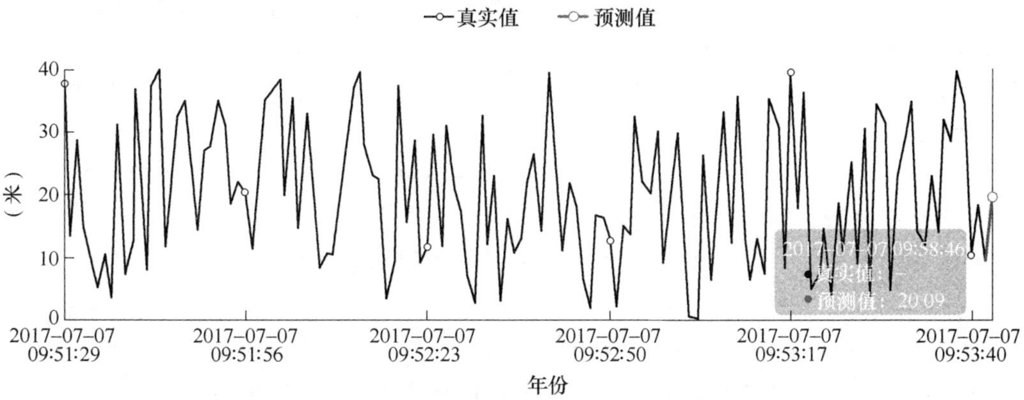

图 7-9 平均时序预测法

b 移动平均

移动平均法不考虑较远期的数据。对于时间上有序的一组观测数据 x_1，x_2，…，x_t，可以用对连续 n 个时期的观测值计算出的平均数作为下一时期，即 $t+1$ 时期的预测值，用 F_{t+1} 表示：

$$F_{t+1} = \frac{x_t + x_{t-1} + x_{t-2} + \cdots + x_{t-n+1}}{n} = \frac{1}{n}\sum_{i=t-n+1}^{t} x_i \tag{7-3}$$

式中，n 为移动跨距（取数据个数）；t 为数据时间周期数。

实际上，移动平均法是按给定的时间序列逐点向后推移的、分段平均的预测方法。使用式（7-3）时，随着数据周期数 t 的增加，整个序列将向前移动，结果是：式中增加了新数据，但又自动截去 n 个时间单位以前的数据，故称为移动平均法。

选取某个待分析指标，选择移动平均时序预测方法，预测结果如图 7-10 所示。

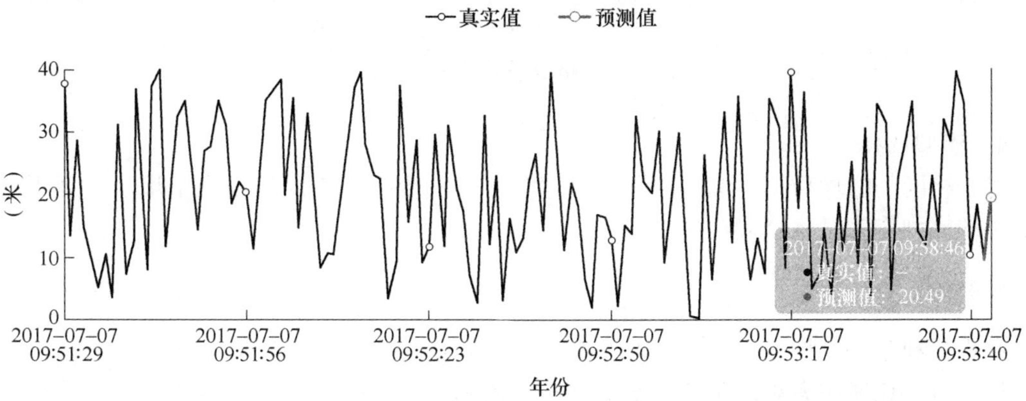

图 7-10 移动平均时序预测法

c 指数平滑

指数平滑法是生产预测中常用的一种方法，多用于中短期趋势预测。所有预测方法中，指数平滑法是用得最多的一种。简单的全期平均法是对时间数列的过去数据一个不漏地全部加以同等利用；移动平均法则不考虑较远期的数据，并在加权移动平均法中给予近期资料更大的权重；而指数平滑法则兼容了全期平均和移动平均法所长，不舍弃过去的数据，但是仅给予逐渐减弱的影响程度，即随着数据的远离，赋予逐渐收敛为零的权重。

指数平滑法是在移动平均法基础上发展起来的一种时间序列分析预测法，它是通过计算指数平滑值，配合一定的时间序列预测模型对现象的未来进行预测的。

指数平滑公式为：

$$F_{t+1} = ax_t + (1 - a)F_t \tag{7-4}$$

式中，a 为平滑系数，取值 $0 < a < 1$。

一般来说，a 值选择是否得当，直接影响到预测的结果和精度。由指数平滑公式定性分析可知：

当 $a=1$ 时，则有 $F_{t+1}=x_t$，表示下一期的预测值等于本期的实际值；

当 $a=0$ 时，则有 $F_{t+1}=F_t$，表示下一期的预测值等于本期的预测值。

由此可见，a 值越大，表示越重视近期数据的影响及作用。a 值原则上依据序列的波动和趋势选的。如果序列变化平缓或不规则波动，a 值应选小些以消除不规则变化影响。如序列变化有明显的上升或下降趋势，a 值应选大些，以使近期数据具有较大权数反映到预测结果中去。

选取某个待分析指标，选择指数平滑时序预测方法，预测结果如图 7-11 所示。

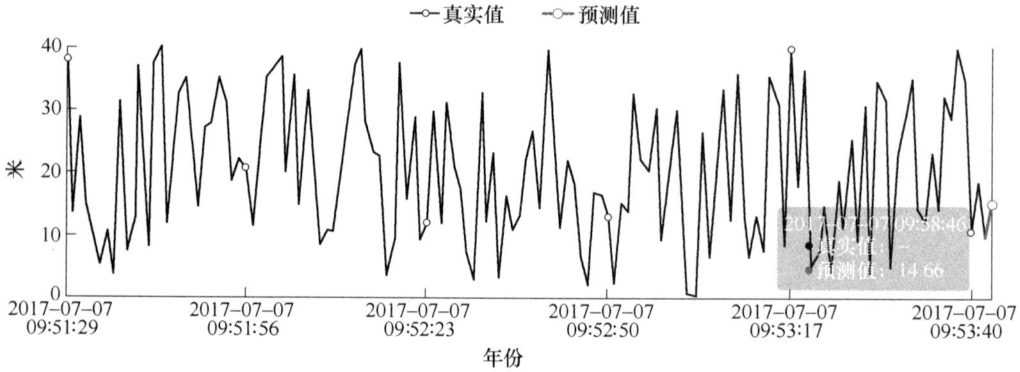

图 7-11　指数平滑时序预测法

d　模型选择

对于相同的时序数据，利用不同的时序分析方法会得到不同的预测结果。选择平均误差最小的模型作为最优预测模型。

7.2.3.4　相关性分析

本小节利用相关性分析方法，对非煤矿山监测指标间的相关程度及相互影响情况进行了量化分析，让使用者更清楚的了解非煤矿山监测指标间的一些潜在规律，为监管部门提供宏观决策支持。

A　分析步骤

非煤矿山监测指标相关性分析主要步骤如下：

（1）从数据源中抽取待分析监测指标数据。

（2）对步骤（1）抽取到的数据进行数据预处理。

（3）利用步骤（2）产生的数据，计算各指标之间的相关系数。

B 建模分析

相关性分析是指对两个或多个具备相关性的变量元素进行分析，从而衡量两个变量因素的相关密切程度。相关性的元素之间需要存在一定的联系或者概率才可以进行相关性分析。衡量变量元素之间的相关性最主要的判断依据为元素间的相关系数。

相关系数是变量之间相关程度的指标。相关系数的取值一般介于-1～1之间，相关系数的绝对值越大则代表其相关程度越高。当相关系数大于零称其为正相关，反之，则称其为负相关。在此，我们使用的是皮尔逊相关系数。其相关系数的表达式为：

$$r=\frac{\sum_{i=1}^{n}(x_i-\bar{x})(y_i-\bar{y})}{\sqrt{\sum_{i=1}^{n}(x_i-\bar{x})^2\cdot\sum_{i=1}^{n}(y_i-\bar{y})^2}}=\frac{n\sum_{i=1}^{n}x_iy_i-\sum_{i=1}^{n}x_i\cdot\sum_{i=1}^{n}y_i}{\sqrt{n\sum_{i=1}^{n}x_i^2-(\sum_{i=1}^{n}x_i)^2}\cdot\sqrt{n\sum_{i=1}^{n}y_i^2-(\sum_{i=1}^{n}y_i)^2}} \tag{7-5}$$

通常通过以下相关系数绝对值的取值范围来判断变量间的相关强度：

0.8～1.0 极强相关；

0.6～0.8 强相关；

0.4～0.6 中等程度相关；

0.2～0.4 弱相关；

0.0～0.2 极弱相关或无相关。

由相关系数矩阵，可以很清楚地看出各指标之间的相关程度。

7.2.3.5 指标重要性分析

利用指标重要性分析方法，对影响非煤矿山关键指标的若干相关因素进行综合评估，并量化各因素对关键指标的影响力大小，为监管部门提供宏观决策支持。

A 分析步骤

非煤矿山关键指标重要性分析的主要步骤如下：

（1）从数据源中抽取待分析监测指标数据。

（2）对步骤（1）抽取到的数据进行数据预处理。

（3）利用步骤（2）产生的数据，通过信息增益的方法，确定各因素对关键指标的重要程度。

B 建模分析

系统中使用信息增益法进行指标重要程度分析。

信息增益法是要找出一个属性 R，这个 R 分裂前后的信息增益要比其他属性大。分裂前的信息计算如下：

$$\mathrm{info}(D)=-\sum_{i=1}^{m}p_i\log_2(p_i) \tag{7-6}$$

式中，m 代表类别个数；p_i 代表这一类别的出现概率；info(D) 表示数据集 D 的信息量。

假设我们选择属性 R 作为分裂属性，数据集 D 中，R 有 k 个不同的取值 $\{V_1, V_2, \cdots, V_k\}$，于是可将 D 根据 R 的值分成 k 组 $\{D_1, D_2, \cdots, D_k\}$，按 R 进行分裂后，数据集 D 不同组的信息量总和为：

$$\text{info}_R(D) = \sum_{j=1}^{k} \frac{|D_j|}{|D|} \times \text{info}(D_j) \tag{7-7}$$

信息增益即为分裂前后两个信息量之差：

$$\text{Gain}(R) = \text{info}(D) - \text{info}_R(D) \tag{7-8}$$

信息增益 Gain(R)表示属性 R 给分类带来的信息量。如果 Gain(R)越大，表明 R 能使分类尽可能的纯，最大可能地把不同的类分开，即 R 对于目标属性越重要。人们发现，对所有的属性，info(D) 都是一样的，所以求最大的 Gain(R) 可以转化为求最小的 $\text{info}_R(D)$。

7.2.4　平台性能技术指标

系统应满足稳定高效实用、数据调用快捷准确、维护简便、可扩展性和兼容性好等指标要求。主要指标如下：

（1）系统功能模块具有可扩展性。

（2）风险监测指标、评估模型、预警规则、趋势分析模型可动态维护。

（3）实现与数据共享平台的互联互通。

（4）提供对外服务开放接口。

（5）能够提供对接其他应用系统接口。

7.2.4.1　时间特性要求

对时间特性要求为：

数据综合查询事务响应时间（平均值）≤3s；

更新处理时间（平均值）≤3s；

客户端访问网页平均响应时间≤1s；

处理时间等要求（平均值）≤2s。

服务端的运行性能稳定，提供 7×24 小时全天候运行，保证系统的运行服务不间断。

7.2.4.2　灵活性

对该软件灵活性的要求，即当需求发生某些变化时，该软件对这些变化的适应能力。系统对于客户访问、业务变化有一定的要求，因此要求系统性能具有一定的灵活性，能够满足如下要求：

（1）操作方式上的变化：要求系统自适应多种用户操作方式。

（2）运行环境的变化：要求系统对环境具有“自适应”，可移植。

（3）同其他软件的接口的变化：要求系统具有通用数据交换接口。

（4）精度和有效时限的变化。

（5）计划的变化或改进。

7.2.4.3 吞吐量

吞吐量为：
同时在线用户数：≥20000 个；
并发用户数：≥1000 个；
数据量支持 PB 级。

7.2.4.4 安全要求

所开发的应用系统须满足等级保护对应用安全的要求，具体的要求包括但不限于以下功能：

（1）应提供覆盖到每个用户的安全审计功能，对应用系统重要安全事件进行审计。
（2）应保证无法单独中断审计进程，无法删除、修改或覆盖审计记录。
（3）审计记录的内容至少应包括事件的日期、时间、发起者信息、类型、描述和结果等。
（4）应提供对审计记录数据进行统计、查询、分析及生成审计报表的功能。

7.2.4.5 部署要求

负责本业务系统的开发并根据系统部署方案进行业务系统的部署工作，要统筹考虑，保障系统的建设进度。具体部署体系结构如图 7-12 所示。

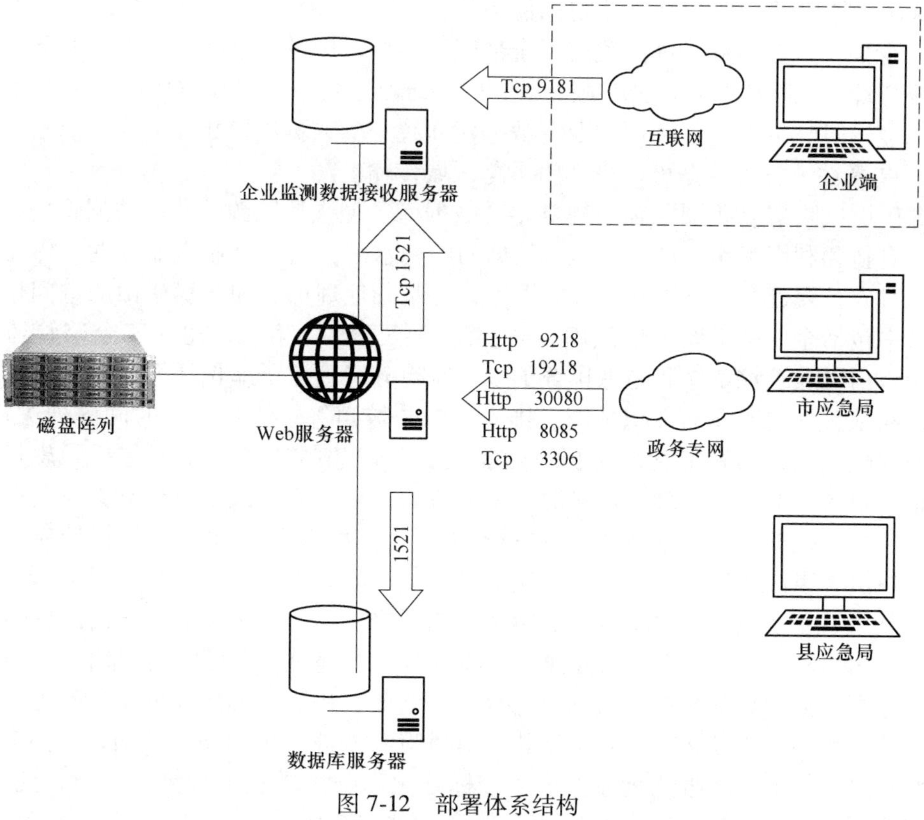

图 7-12 部署体系结构

7.3　综合研判

“风险分级管控”和“隐患排查治理”双重预防机制的实施，在非煤矿山的生产过程中是一项长期持久性的工作，通过对生产过程中的风险及时辨识并进行分级管控、隐患排查及治理解决企业安全管理问题，保证企业更好地完成生产的任务。现阶段企业风险、隐患整治的信息化系统大多数停留在定性管理及分析阶段，无法适应现阶段安全预判、预警、预防和安全生产状况诊断与评估要求的状况，因此，基于大数据技术，通过建立关联规则挖掘、时间序列分析等数学模型，挖掘历史安全风险、隐患数据，揭示历史数据中安全生产发生发展的规律及特征，从而对企业风险、安全隐患的发生发展进行预判、预警，使企业有针对性地制定预案，将安全隐患治理从“事后处理”的传统模式革新到预控层面上。具体体现在以下三方面。

7.3.1　风险一张图

为了更好地进行非煤矿山的动态风险评估，摸清危险源的数据，掌握危险源的状况，提出了非煤矿山风险“一张图”的全面监管理念。从宏观上看，非煤矿山的风险“一张图”是为危险源的形式分析、隐患排查、辅助决策、交换共享和公共服务提供数据支撑所必需的；从微观上看，是基于地理信息框架，采用云技术、网络技术、无线通信等数据交换手段，按照不同的监管方式、应用和服务要求，将各类相关数据整合到一张地图上，实现风险源的动态监管，是一个全面展示危险源现状的“电子图”。

非煤矿山风险“一张图”的主要内涵包括：

（1）全面性，在空间维度上覆盖了全部区域多个尺度的地理信息数据，业务维度上覆盖了责任监管、危险源监管、公共服务等，时间维度上覆盖了非煤款山的整个生命周期。

（2）整体性，面对各类不同的业务数据建立统一的数据库，相互连通。

（3）共享性，各类数据可以跨部门、跨区域传输。

非煤矿山风险“一张图”需要建立多个数据库，加强风险源的相关数据管理，规范数据生产、更新和利用工作，进一步提高数据的应用水平，建立企业生命周期一体化数据管理体系。首先，要建立安全管理基础数据库，将基础地理信息和非煤矿山的空间位置统一起来，其中包括企业基本地理信息库、时空地理信息库。第二，建立安全监管监察数据库，其中包括风险管控子库和隐患排查子库；风险分级管控子库包括风险源生产运行安全控制关键参数，如尾矿库的堆积坝高、排土场的边坡角等；统计分析时间序列关键参数，进行动态风险评估，为智能化决策提供数据支撑；隐患排查治理子库包括隐患排查、登记、评估、报告、监控、治理、销账等7个环节的记录信息。最后，建立共享与服务数据库，其中包括交换共享资源子库和公共服务子库。交换共享子库包括指标控制、协同办公、联合执法、事故调查、协同应急、诚信等数据；公共服务子库包括信息公开、信息查询、建言献策、警示教育、举报投诉、舆情监测预警发布、宣传培训、诚信信息等数据。

非煤矿山风险“一张图”，一方面，是将非煤矿山的各类信息进行整合、统一管理、高效率地监察，方便企业和安全监管部门全局、整体、快速掌握风险的最新动态，有利于及时了解非煤矿山的正常运行和安全现状，对风险源做进一步的动态评估，提高非煤矿山的安全性；另一方面，将推动企业安全生产标准化和隐患排查治理体系建设，建立自查、自改、自报事故隐患的治理信息系统，实现隐患排查、登记、评估、报告、监控、治理、销账的全过程记录和闭环管理。这一模式从根本上改善了非煤矿山安全生产监管企业众多而生产监督管理系统相对滞后的现象。

7.3.2 安全生产事故的立体化

安全生产要坚持“安全第一，预防为主，综合治理”的生产方针，坚持保人身、设备安全的原则，紧紧围绕安全生产，将安全生产责任制、组织措施、技术措施以及各项规章制度融合到一起，形成双重预防机制，保证工作人员的生命财产安全。

安全生产事故预防立体化要从多个方面进行综合的考虑，首先，要形成安全责任制，将安全生产的责任落实到每一个人，同时做到安全工作年、季、月都有计划、有布置、有检查、有总结、有评比。每月都要召开安全工作会议，分析、研究工作过程中存在的风险、隐患，制定安全生产目标，激励员工达到安全生产。面对工作中存在的风险，要进行分级管控，同时定期对工作环境中存在的隐患进行逐一的排查、治理。对作业环境进行充分的风险管控和隐患排查，实现全员、全方位、全过程的安全检查，加强安全基础的建设，不断积累安全工作方面的资料。其次，要加强现场的管理，所有设备的运行、检修、建设等都需要严格按照规定进行，做到安全措施完善，工作环境整洁，人员行为规范等，定期进行安全检查，同时也要不定期的进行抽查、自查、互查。事前列出检查提纲，事后总结，突出重点，发现并及时管控风险，及时认真的借鉴其他企业的安全工作经验和教训。最后，要对安全生产进行监督管理，各级的安全管理人员要按照制度对安全生产进行监督，并且不断完善各级各项技术管理制度，加强安全文化的建设，提高生产作业人员的安全意识和技术服务素质。

7.3.3 有故事有情节的综合研判

安全综合研判是针对企业的生产风险监测、辨识与管控、预测预警以及管理的综合研究判断。安全生产风险是指生产安全事故或职业健康损害事件发生的可能性和后果的组合。作为风险管理的基础，安全生产风险评估是组织确定安全需求的一个重要途径，属于组织安全管理体系策划的过程。持续对安全管理范围内所有危险源进行辨识、风险评价和风险控制的策划，为消除事故隐患奠定基础。

预警是度量某种状态偏离预警线的强弱程度从而发出预警信号的过程。风险预警则是通过组建一个专门的组织机构，利用一定的监管工具作媒介，采用科学的方法对反映企业经营管理活动全过程的数据资料进行分析，获得风险警示信号，督促决策者采取适当的措施，把风险扼杀在萌芽状态的一种信号系统。

参 考 文 献

[1] 国务院安委会办公室．标本兼治遏制重特大事故工作指南［J］．中国应急管理，2016（04）：50-51.

[2] 国务院安委会办公室．实施遏制重特大事故工作指南构建双重预防机制的意见［J］．中国应急管理，2016（10）：33-35.

[3] 国务院安委会办公室．关于进一步加强隐患排查治理体系建设示范试点工作的通知［J］．安全，2018，39（07）：75-76.

[4] 国家安全生产监督管理总局办公厅．国家安全监管总局办公厅关于开展非煤矿山双重预防机制建设试点工作的通知（安监总厅管一［2017］63 号）．［EB/OL］．（2017-07-26）［2017-08-01］https：//www. qichacha. com/postnews_ 1b6bca87336970971de749fcebc510c3. html.

[5] 曾文俊．广西地区中小型露天采石场风险分级管控实践研究［D］．南宁：广西大学，2017.

[6] 刘海峰．基于风险管理理论的政府安全生产监管模式研究［D］．北京：中国地质大学（北京），2014.

[7] 杨雪健．基于双重预防机制的煤矿安全管理信息系统设计与实现［D］．西安：西安科技大学，2018.

[8] 赵璟玲．适于政府监管的重大危险源分级方法研究［D］．北京：中国地质大学（北京），2015.

[9] 高亚青．政府安全监管风险预警方法与模式研究［D］．北京：中国地质大学（北京），2010.

[10] 国家安全监督管理总局通信信息中心．发达国家的安全生产信息化建设［J］．劳动保护，2010（07）：22-23.

[11] 王庆，李仲学，李全明，等．国外非煤矿山安全生产标准研究［J］．中国安全生产科学技术，2008（03）：117-121.

[12] 席酉民，刘鹏，孔芳，等．和谐管理理论：起源、启示与前景［J］．管理工程学报，2013，27（02）：1-8.

[13] 尹红．立足大数据背景对煤矿安全生产信息化建设的分析［J］．数字通信世界，2019（01）：167-168.

[14] 费中强．双重预防机制构建中海事安全监管责任辨析［J］．中国海事，2018（12）：27-29.

[15] 王昆，杨鹏，Karen Hudson-Edwards，等．尾矿库溃坝灾害防控现状及发展［J］．工程科学学报，2018，40（05）：526-539.

[16] 中国安全生产科学研究院．尾矿库重大风险评估监测系统平台［J］．中国安全生产科学技术，2018，14（12）：2.

[17] 钦国伟，孙菊红．“互联网+安全”促监管转型升级——浙江安监系统打造“互联网+安全生产”模式［J］．劳动保护，2016（03）：58-60.

[18] 陈亮伟，邵必林．基于 BIM 与 Eworks 的尾矿库风险监测研究［J］．煤炭技术，2018，37（09）：183-185.

[19] 马雷，王凯．基于大数据分析时代的煤矿安全生产信息化建设研究［J］．计算机产品与流通，2018（09）：268.

[20] 刘宝龙．建筑企业安全生产信息化管理建设方案［D］．唐山：华北理工大学，2018.

[21] 王秉，吴超．科学层面的安全管理信息化的三个关键问题思辨——基本内涵、理论动因及焦点转变［J］．情报杂志，2018，37（08）：114-120.

[22] 史昊楠．煤矿安全生产信息化建设研究［J］．科技风，2019（12）：127.

[23] 于洋．唐钢安全管理信息系统的研制与开发［D］．唐山：华北理工大学，2017.

[24] 张汉阔．XC 金矿安全生产管理现状及其新体系构建 [D]. 沈阳：东北大学，2014.
[25] 王楠．大型矿产资源开采企业安全管理研究 [D]. 济南：山东大学，2018.
[26] 李电辉．非煤矿山安全管理评价及对策 [D]. 兰州：兰州交通大学，2014.
[27] 张雪娟．非煤矿山企业安全管理水平评价研究 [D]. 北京：首都经济贸易大学，2016.
[28] 屈永安．韩城矿区复杂地质条件下安全管理体系研究 [D]. 西安：西安科技大学，2014.
[29] 王亚茹．互联网+智慧安监平台关键技术研究 [D]. 天津：天津理工大学，2018.
[30] 郝豫．环境敏感性重大工程社会安全风险机理分析及量化模型研究 [D]. 北京：中国地质大学（北京），2018.
[31] 罗景泉．基于 GIS 的化工园区安全管理信息系统设计与应急模块实现 [D]. 绵阳：西南科技大学，2018.
[32] 朱龙洁，叶义成，胡南燕，等．基于中国传统文化思想的非煤矿山安全管理方式探讨 [J]. 矿山机械，2016，44（01）：12-16.
[33] 于兆绚．金属非金属地下矿山安全生产标准化管理信息系统的研究与开发 [D]. 赣州：江西理工大学，2015.
[34] 陈璐．矿山企业安全管理成熟度评价研究 [D]. 长沙：中南大学，2013.
[35] 雷小平．煤矿安全风险分级管控及事故隐患排查治理管理系统设计与实现 [D]. 南昌：江西财经大学，2018.
[36] 黄拴雷．企业生产安全事故风险分级及分级监察研究 [D]. 北京：首都经济贸易大学，2018.
[37] 张建波．冶金地质单位安全管理信息化系统研究与设计 [D]. 北京：中国地质大学（北京），2014.
[38] 何学秋．安全工程学 [M]. 北京：中国矿业大学出版社，2000.
[39] 朗庆田，袁秋新．安全管理模式 [M]. 北京：煤炭工业出版社，2003.
[40] 李美庆．生产经营企业事故预防与隐患排查管理指南 [M]. 北京：化学工业出版社，2009.
[41] 刘双跃．安全评价 [M]. 北京：冶金工业出版社，2010.
[42] 罗云，樊运晓，马晓春．风险分析与安全评价 [M]. 北京：化学工业出版社，2004.
[43] 刘铁民．安全评价方法应用指南 [M]. 北京：化学工业出版社，2005.
[44] 罗云，程五一．现代安全管理 [M]. 北京：化学工业出版社，2004.
[45] 金龙哲．安全学原理 [M]. 北京：冶金工业出版社，2010.
[46] 郝贵．风险预控管理体系在神话集团的成功应用及推行前景 [J]. 煤矿安全，2011（10）：149-152.
[47] 李美庆．生产经营企业事故预防与隐患排查管理指南 [M]. 北京：冶金工业出版社，2009.
[48] 李鑫，刘双跃，梁玉霞．煤矿隐患分类处理系统设计探讨 [J]. 中国安全生产科学技术，2012，8（5）：188-192.
[49] 刘茂．事故风险分析理论与方法 [M]. 北京：北京大学出版社，2012.
[50] 王凯全．安全管理学 [M]. 北京：化学工业出版社，2011.
[51] 景国勋，杨玉中．安全管理学 [M]. 北京：中国劳动社会保障出版社，2012.
[52] 吴超．安全科学方法学 [M]. 北京：中国劳动社会保障出版社，2011.
[53] 宋大成．安全生产管理四点一线 [M]. 北京：煤炭工业出版社，2009.
[54] 廖国礼，关清安，荆宁川．矿山安全管理核心框架结构研究 [J]. 中国安全生产科学技术，2010（1）：173-177.
[55] 胡玢，靳江红，王晓冬．生产工艺过程危险、有害因素辨识方法 [J]. 安全与环境学报，2008

(01): 166-169.

[56] 高士军. 对危险源辨识与风险评价的再认识 [J]. 石油化工安全环保技术, 2007 (05): 17-18, 68.

[57] 邱建萍, 骆中友. 非煤地下矿山危险有害因素的识别及消除 [J]. 矿业快报, 2008 (02): 45-48.

[58] 国家安全生产监督管理总局. 安全评价 (第 3 版) [M]. 北京: 煤炭工业出版社, 2005.

[59] 宋攀. 基于 GIS 的危险源信息管理系统的研究与应用 [D]. 北京: 北京科技大学, 2011.

[60] 单国军. 非煤矿山安全管理信息系统的研究与开发 [D]. 北京: 北京科技大学, 2005.

[61] 梁玉霞, 刘双跃, 王娟, 等. 煤矿安全质量标准化管理信息系统的开发与应用 [J]. 安全与环境学报, 2012, 12 (2): 187-190.

[62] 陈友良, 梁玉霞, 廖国礼. "互联网+" 时代非煤矿山企业本质安全管理探讨 [J]. 现代矿业, 2018, 34 (05): 92-95.

[63] 张保, 李全明, 陈友良, 等. 非煤矿山三维预防安全管理信息化平台设计与实现 [J]. 中国安全生产科学技术, 2019, 15 (01): 187-192.

[64] 高晓旭, 申阳阳, 门鸿. 煤矿双重预防机制信息系统研究与应用 [J]. 煤炭科学技术, 2019, 47 (05): 156-161.